国家社会科学基金项目“科技领军企业引领国家战略科
与政策研究”（批准号 22BGL286）

智能化融合战略性新兴产业的内在机理与推进机制研究

郑胜华　倪金美　章佳丽　王世杰　著

ZHEJIANG UNIVERSITY PRESS
浙江大学出版社
·杭州·

内容提要

智能化深度融合战略性新兴产业开始成为全世界聚焦的热点。国际知名研究机构 IDC 预测"到 2027 年，解决方案支出将增长到 5000 亿美元以上"；2024 年世界人工智能大会将"人工智能与产业融合"列入了核心议题；英国、美国和德国更是相继推出了人工智能与量子信息、生物科学和高性能计算网络的融合计划。人工智能是中国国际领先、关键环节独立自主的技术产业，是中央经济工作会议"增强产业链供应链自主可控能力"的主要抓手，无论是百度、腾讯和阿里等的人工智能实验室，还是上海、北京、杭州等地的行动方案都以智能化融合为对象，彰显了智能化融合的战略意义。为此，习近平总书记特别强调"人工智能是新一轮科技革命和产业变革的重要驱动力量"，要"加强人工智能和产业发展融合，为高质量发展提供新动能"①，党的十九届五中全会也将人工智能深度融合作为"加快壮大战略性新兴产业"重大战略的核心基点写入报告。因而，如何演绎信息化、数字化和智能化迭代演进的逻辑？如何论证智能化融合是战略性新兴产业最具潜质赋能模式？影响智能化融合战略性新兴产业的驱动因素是什么？智能化融合战略性新兴产业的作用路径是什么？如何评估智能化融合战略性新兴产业的融合成效？以上问题已成为亟待解决和深入探究的重要问题。

本书聚焦智能化融合战略性新兴产业的基本逻辑、内在机理和推进机制，按照"理论基础—潜质比较—驱动因素—融合路径—融合成效—推进机制"的逻辑思路，围绕"为什么智能化融合是战略性新兴产业最具潜质赋能模式？智能化融合战略性新兴产业如何测量？智能化融合战略性新兴产业的内在机理是什么？

① 习近平主持中共中央政治局第九次集体学习并讲话[EB/OL].(2018-10-31)[2024-06-04]. http://www.gov.cn/xinwen/2018－10/31/content_5336251.htm

如何推进智能化融合战略性新兴产业?”等核心问题展开研究。首先，梳理信息化、数字化和智能化内涵、特征和关系，提出三者迭代演进的逻辑，并从技术范式、融合能力和体系架构三个维度对三者融合潜质进行比较，论证智能化融合是战略性新兴产业最具潜质赋能模式。然后，结合人工智能和战略性新兴产业相关专利统计数据，利用赫芬达尔指数法对近5年来全国和浙江省等代表性省市的融合情况进行对比分析，为后续问卷调查和实证分析提供现实数据支撑。接着，从企业因素(高管认知、技术迭新和整合能力)、产业因素(供需匹配、数据管治和产业协同)和环境因素(政府规制、资本融通和创新生态)解构智能化融合战略性新兴产业的动因;剖析智能化融合战略性新兴产业的路径，包括架构融合、活动融合和要素融合;利用原始创新能力、产业结构调整、三链整体效能和社会经济效益等指标探讨战略性新兴产业智能化融合的成效。

在此基础上，以“融合动因—融合路径—融合成效”为思维逻辑建构智能化融合战略性新兴产业内在机理模型，提出相应研究假设，深度挖掘三者间内在关联。针对上述模型设计制作测度问卷，以浙江省战略性新兴产业核心企业为研究对象，采用问卷调研方式搜集285份有效样本数据，利用SPSS22.0和AMOS24.0对问卷数据进行小样本预测试和大样本正式检验。结果验证三者间内在关系:(1)智能化与战略性新兴产业的融合路径受企业、产业和环境三方面因素的显著正向影响;(2)智能化与战略性新兴产业的融合路径显著正向影响战略性新兴产业融合成效。

本研究论证智能化融合是壮大战略性新兴产业最具潜质模式，为信息化、数字化和智能化的迭代演进框架提供一个全息的理论扫描，有助于破解学术界对三者之间关系的认知误区和研究困境，为智能化融合赋能战略性新兴产业发展奠定理论基石。在此基础上，本研究通过解构智能化融合战略性新兴产业的多层驱动因素、多维作用路径和多重评估指标，构建智能化融合战略性新兴产业的内在机理模型，在一定程度上丰富了战略性新兴产业智能化融合理论体系。同时，本研究基于多方利益诉求探讨智能化融合战略性新兴产业的路径导引，有助于让政府认识到智能化是比数字化更高阶的赋能模式，从而制订更具科学指引性的、明晰的顶层规划，带动后续产业、企业的高效执行，促使我国战略性新兴产业驰上与欧美并驾齐驱的高速轨道。

目　录

图目录

表目录

第1章 绪 论

在绪论部分，首先对智能化融合战略性新兴产业研究的现实背景和理论背景进行阐述，其次提出研究目的、研究意义和研究对象，接着对所涉基本概念进行简要说明，进而详细介绍研究方法和技术路线、研究思路和内容安排，最后点明研究创新之处。

1.1 研究背景

1.1.1 现实背景

智能化融合战略性新兴产业开始成为全世界聚焦的热点。国际知名研究机构IDC预测"到2027年，解决方案支出将增长到5000亿美元以上"；2024年世界人工智能大会将"人工智能与产业融合"列入了核心议题；英国、美国和德国更是相继推出了人工智能与量子信息、生物科学和高性能计算网络的融合计划。人工智能是中国国际领先、关键环节独立自主的技术产业，是中央经济工作会议"增强产业链供应链自主可控能力"的主要抓手，无论是百度、腾讯和阿里等的人工智能实验室，还是上海、北京、杭州等地的行动方案都以人工智能融合为对象，彰显了智能化融合的战略意义。为此，习近平总书记强调"人工智能是新一轮科技革命和产业变革的重要驱动力量"，要"加强人工智能和产业发展融合，为高质量发展提供新动能"①，党的十九届五中全会也将智能化融合作为"加快壮大战

① 习近平主持中共中央政治局第九次集体学习并讲话[EB/OL].(2018-10-31)[2024-06-04]. http://www.gov.cn/xinwen/2018—10/31/content_5336251.htm.

略性新兴产业”重大战略的核心基点写入报告。

然而,我国战略性新兴产业智能化融合尚处于起步阶段,在环境、产业和企业等方面都存在严重阻碍智能化融合进程的诸多问题。具体来看,企业层面:高管认知滞后、技术迭新不足和资源整合能力不强;产业层面:供需匹配失衡、数据管治缺乏和产业协同不足;环境层面:政府管制尚严、资本融通不畅和创新生态不全。同时,尽管国家已对智能化融合战略性新兴产业有一定政策倾斜,但是由于缺乏科学合理的、具有针对性的战略规划,导致具体执行过程中分散化和碎片化情形时有发生,融合总体处于技术先行、落地滞后、地区间发展严重失衡的阶段。

不仅如此,《国家信息化发展战略》《中国制造 2025》等国家重大战略所做出的一系列前瞻性洞见和政策部署未能很好地将智能化与信息化、数字化区分开来,对三者概念与关系界定模糊,出现诸如“信息化等同于数字化”“数字化包含智能化”,甚至“数字化涵盖一切”的认知问题。与此相对应的是,欧美等发达国家的科技战略对于信息化、数字化和智能化有着严格的区分。以美国为例,1993年的《国家信息基础设施》和 1994 年的《全球信息基础设施》标志着“信息高速公路战略”的正式落地。战略明确指出信息化是利用互联网和物联网等通用技术,经由设备集成、程序开发和传输编码等措施,在人—信息系统交互下提供硬件、软件和技术的集成环境;信息化战略要求在数据思维基础上建立便于信息交互共享与数据互联互通的大容量光纤数据通信网络。2013 年的《大数据研究和发展计划》和 2014 年的《大数据:抓住机遇、保存价值》表明了数字化战略的成型,数字化利用云计算、边缘计算等技术对大数据进行捕捉、聚合、协同和集成,在人—云交互下实现可视化数据管理;数字化战略的核心在于以云思维为内核,架设大数据创新生态系统。2016 年的《国家人工智能研发战略计划》和 2019 年的《人工智能时代:行动蓝图》意味着智能化正式替代数字化成为美国国家主导战略,智能化是信息化、数字化迭代演进的最终结果(程栋,2019),具有自主能动的思维系统(刘卫国,2011),能帮助企业战略预判(Nascimento 等,2020),发挥产业发展乘数效应(芮明杰,2021)。智能化利用人工智能和数字孪生等前沿算法技术,通过人—智交互方式从异构数据中挖掘知识;智能化战略旨在以类人思维在价值网络重构中实现多主体协同增值、竞合共生和自我进化。纵观美国国家战略可以窥得,美国已经进入智能化发展阶段,实现了信息化、数字化和智能化在国家战略布局上的迭代演进,即信息化是前提和基础,数字化是信息化的延伸,智能化是信息化和数字化的高级阶段和必然趋势,三者相辅相成又彼此严格区分,进而有序推动美国三化战略及其融合基础之上的战略性新兴产业的持续高效发展。

欧美的成功经验表明,战略规划对象和内容范围的科学界定将极大影响战略的清晰度和有效性(Dess 和 Origer,1987),如果战略存在潜在盲点和模棱两可之处,往往会产生复杂、分层和矛盾的后果。因此,信息化、数字化和智能化的认知问题不仅会因为“数字化涵盖一切”的宽泛性使得政策难于聚焦,导致产业和企业在执行时的低效甚至无效,更会因为忽视“三化迭代演进”特性使政策陷入“数字化陷阱”,失去智能化融合赋能的最佳时机,从而进一步拉大我国战略性新兴产业与欧美等发达国家的整体差距。

不可否认,我国人工智能起步晚但发展迅速,专利数量及企业数量位居世界领先地位,人工智能技术基础雄厚,产业链条完整且独立(黄群慧,2021)。据《人工智能中国专利技术分析报告》显示,2020 年我国人工智能专利申请数量达到 11 万项,首次超过美国,位居世界第一,独角兽企业 218 家,占全球近四成。面对良好的智能化融合基础,当前我国战略性新兴产业仍无法驶上与欧美并驾齐驱的轨道,究其原因,除认知误区外,其根源在于对智能化融合战略性新兴产业的内在机理不明晰,对智能化融合模式的理解尚停留在初期探索的“黑箱”阶段,致使人工智能赋能禀赋和融合潜质未能充分发挥。

综上,对智能化与战略性新兴产业的融合潜质论证及融合机理解构是建构高效完整的智能化融合战略性新兴产业生态体系,驱使我国战略性新兴产业发展与欧美等发达国家并驾齐驱的前提基础和持续保障。因而,在产业链供应链自主可控下,如何论证智能化融合作为最具潜质的壮大战略性新兴产业驱动模式的必然性和合理性,研究智能化融合战略性新兴产业的内在机理和运作机制、融合指数和效应评估、实现路径和政策供给,进而推动战略性新兴产业突破“卡脖子”瓶颈,实现真正意义上的高质量发展目标,是值得深入探究和亟待解决的重要命题。本书正是针对上述问题,在厘清信息化、数字化和智能化内涵特征和作用机制的基础上,提出三者的迭代演进逻辑,并从技术范式、架构体系和融合能力三个维度对三者融合战略性新兴产业的潜力进行对比,论证智能化是最具潜质的融合模式。本书研究跳出了固有的思维模式,为信息化、数字化和智能化的迭代演进框架提供了一个全息的理论扫描,有助于破解学术界对三者之间关系的认知误区和研究困境,为智能化融合主导战略性新兴产业发展赋能奠定理论基石;有助于政府认识到智能化是比数字化更高阶的赋能模式,从而制定更具科学指引性的智能化融合驱动战略性新兴产业发展规划,促进战略性新兴产业驶上与欧美并驾齐驱的高速轨道。

1.1.2 理论背景

产业融合指在各产业交叉点之间既定和明确界定的边界上发生创新的现象，被认为是现代产业发展的新趋势和除创新以外开启中国经济“新周期”的关键钥匙(程广斌和杨春，2019)。产业融合理论源于20世纪60年代因信息技术出现而引发的产业交叉现象，而后从通信产业开始向其他领域拓延。伴随新一代信息技术变革和迭新(Tapscott，1996)，产业融合边界渐趋模糊，融合范围更加广阔，并在市场需求、政府管制和技术创新等要素的驱动下不断释放乘数效应。由于建立在广阔外延现象上的理论研究愈发具备普适性，产业融合的研究引起了国内外理论界的高度重视，学者们依托产业分工、产业发展、价值链等经典理论，从融合动因、融合范式和融合结果等视角界定了产业融合的内涵，从产业要素、市场供需、融合程度和融合过程划分了产业融合的类别，从企业、政府和技术等层面探究了产业融合的内在机制；在此基础上初步建构了产业融合的理论体系(Greenstein 和 Khanna，1997；Malhotra，2001；植草益，2001；胡金星，2007)。

在人工智能情境下，不同战略性新兴产业之间互动和碰撞加剧，涌现诸多新业态、新产品和新产业，由此，产业融合理论被赋予新的研究主题和发展方向。随着模式识别、面部感知、智能机器人、虚拟现实、智能终端等人工智能技术开始运用于高端设备制造、新能源、生物医学以及新一代移动通信等战略性新兴产业，为智能化融合战略性新兴产业带来更大发展潜力和更广融合空间，相应的研究也逐次展开，并在五个方面取得进展：(1)内涵与测度。①技术创新能力。具有更复杂的算法类别、低成本高速处理能力、超大型数据库优势，强大的数据整合、分析和决策能力(Mayer 等，2018)。测度主要采用模块化、可扩性、互操作性(Peres 等，2020)、智能生产、智能检测和智能治理(朱晴艳和田启波，2020)等指标。②协同创新网络。组织业务领域不同 IT 配置和功能(Rachinger 等，2019)，涉及全球化、人机和需求串联式协同创新(汤双霞和徐赛，2019)，形成技术、产品、模式、业态的融合创新产业领域(刘刚和王涛，2020)。测度主要采用自动化效应、信息化效应和转化效应(Taguimdje 等，2020)等指标。③生态系统结构。包括智能认知、决策、控制和执行人机物、环境和信息。测度主要采用竞争力、社会效益和经济效益，以及知识空间、创新空间和共识空间(Cai 等，2019)等指标。④商业模式创新。包括智能协作制造模式、知识驱动的云服务模式、人—机—物协同车间模式和自主智能制造单元模式(Li 等，2017)，测度主要采用组织运营灵活性、市场预测和规划能力(Kuzey 等，2014)、短期盈利性和商业可防御性(周及真,2020)等指标。(2)驱动因素。①内部驱动因素。核心企业/产业的战略愿景和发展规划(Arenal等,2020)、组织内部管理和领导能力、市场需求和消费者偏好(Ehret和Wirtz,2017)、数据技术水平和IT人才储备(Yang,2019)等。②外部驱动因素。国家政策规制和行业标准(Roberts等,2019)、资本市场融通和风险资本(Santos和Qin,2019)、国际竞争态势和国家战略导向(Colvin等,2020)、创新网络演化和创新生态系统(薛澜等,2019)。(3)效应评估。获取产业核心竞争力(Trakadas等,2020;李旭辉等,2020)、提高管理/业务/财务绩效(Dumitrascu等,2020)、提升生产/运营/资源利用效率(Uraikul等,2007)和增进产业综合效能(王砚羽等,2019)。(4)实现路径。市场供需推动(Taguimdje等,2020)、政府政策带动(Buarque等,2020)、核心企业主导(Tarafdar等,2019)和产业集群竞争(Wei等,2018)。(5)应用场景。先进制造业3D打印零件精加工、新能源电力行业自主维护和资产管理优化、辅助药物设计和癌症诊断和5G网络综合智能安全数据分析等(Patham,2017;Alseiari等,2020;Tripathi等,2021)。

综合已有研究,可以看出相较于信息化融合和数字化融合,智能化融合刚刚起步,“智能化融合”作为最具潜质的壮大战略性新兴产业的驱动模式需要科学的论证、完善的理论支撑和实证检验:(1)现有智能化融合的研究对象多聚焦于农业、传统制造业、服务业等传统产业,智能化融合与壮大战略性新兴产业很少有关联成果,两者之间的逻辑关系,即智能化融合是最具潜质的赋能战略性新兴产业的模式,需要通过对比方式加以论证,如与信息化融合、数字化融合的比较来厘清和夯实;(2)智能化融合战略性新兴产业的理论基础、内在规律和运行机制有待明晰,需要构建多元的新支撑理论和促进效应评估体系,以及定性和定量相结合、多层次的研究方法才能真正解构融合的基础要素、内在机理和效益效率;(3)人工智能深度融合壮大战略性新兴产业的经验性数据缺乏,需要针对人工智能及其融合的典型特征,以及各参与主体利益均衡的原则,深入剖析人工智能深度融合战略性新兴产业的优化路径和政策供给。

1.2 研究目的、研究意义与研究对象

1.2.1 研究目的

智能化融合战略性新兴产业的研究尚处于起步阶段,学术研究的前沿性、动

态性和与时俱进性要求不断完善与深化现有领域的探索。本书旨在从产业融合视角出发，借鉴国内外人工智能、战略性新兴产业、产业分工、产业融合、产业共生和产业价值链等最新研究成果，结合国内外经验比较，通过对比论证智能化融合作为战略性新兴产业最具潜质的赋能模式的选择依据，探索其融合的驱动因素、融合路径和促进成效，提出智能化融合是以战略性新兴产业为骨架、人工智能为内容的内外部协同一体化发展结果，并建构多元化、多层次的智能化融合战略性新兴产业内在机理模型。在此基础上，提出智能化融合战略性新兴产业的路径优化和政策建议，为战略性新兴产业高质量发展提供指导依据。

1.2.2 研究意义

本书具有较为重要的学术价值和现实意义。

(1)学术价值

其一，论证智能化融合是壮大战略性新兴产业最具潜质模式，跳出了固有的思维模式，为信息化、数字化和智能化的迭代演进框架提供了一个全息的理论扫描，有助于破解学术界对三者之间关系的认知误区和研究困境，为智能化融合主导战略性新兴产业发展赋能奠定理论基石。

其二，建构智能化融合战略性新兴产业多元、多层次理论分析框架，为新发展格局下的战略性新兴产业路径优化和高质量发展提供了理论支撑，丰富了产业经济学理论体系和学科体系。

其三，通过定性和定量相结合的方式剖析智能化融合战略性新兴产业的内外部驱动力和运行机制，建立智能化融合战略性新兴产业的融合路径模型和效应评估体系，通过问卷调研将融合成效以量化形式直观展示。同时，构建了智能化融合战略性新兴产业的融合指数模型，剖析了智能化融合战略性新兴产业的内在机理，丰富了战略性新兴产业智能化融合理论体系。

(2)现实意义

其一，推动政府认识到智能化是比数字化更高阶的赋能模式，从而制定更具科学指引性的智能化融合驱动战略性新兴产业发展规划。明晰的顶层规划和方向指引将带动后续产业、企业的高效执行。

其二，基于壮大战略性新兴产业需要各参与方利益的均衡，通过对智能化融合战略性新兴产业关键影响因素的分析，探讨针对性和有效性的发展模式和路径导引，为战略性新兴产业高质量可持续发展提供有益参考。

其三，提出智能化融合战略性新兴产业推进机制，有助于贯彻落实《“十三五"国家战略性新兴产业发展规划》和《中华人民共和国国民经济和社会发展第十四个五年规划》,为我国战略性新兴产业高质量发展提供指导性对策建议和营造良好制度环境,促进我国战略性新兴产业驶上与欧美并驾齐驱的高速轨道。

1.2.3 研究对象

本研究以"智能化融合战略性新兴产业"为研究对象,按照"理论基础—潜质比较—驱动因素—融合路径—融合成效—推进机制"的逻辑思路,围绕"为什么智能化融合是战略性新兴产业最具潜质赋能模式?智能化融合战略性新兴产业如何测量?智能化融合战略性新兴产业的内在机理是什么?如何推进智能化融合战略性新兴产业?"等核心问题展开研究。浙江省作为科技创新强省,高度重视人工智能以及战略性新兴产业的发展,可以为案例研究和实证研究提供素材和样本。因此,本研究选取浙江省战略性新兴产业的核心企业及其合作的人工智能企业为样本,通过问卷调查的方式获取相关数据,并运用 SPSS 和 AMOS 软件对获取数据进行分析处理,探究智能化融合战略性新兴产业的内在机理,并据此提出相应的政策建议。

1.3 研究方法与技术路线

1.3.1 研究方法

本书采用管理学研究常用的理论分析与实证检验相结合的方法。一方面,理论分析为理论框架的搭建提供论证基础和方法指导;另一方面,实证检验则对理论框架中模型假设的正确性、合理性和有效性进行验证,确保研究结果的可信度。具体而言,本研究涉及文献研究法、比较分析法、赫芬达尔指数法和统计分析法等四种方法。具体研究方法如下。

1. 文献研究法

通过阅览电子文献、纸质书籍和引文追踪等方式,查阅和梳理国内外学者对智能化融合战略性新兴产业的相关研究成果。主要包括人工智能、智能化、智能化融合和战略性新兴产业等研究密切相关概念的内涵和特征;智能化融合战略性新兴产业的基础理论,如产业发展、产业分工、产业价值链、产业升级和消费升级与智能化融合;智能化融合战略性新兴产业的最新理论和实践研究进展等。厘清和提炼出信息化、数字化和智能化迭代演进的逻辑,智能化融合战略性新兴产业的理论基础、驱动因素、融合路径、融合成效(评估)、实现路径和推进策略等理论和实践要点,归纳文献所涉及的研究方法、案例收集和调查问卷分析以便挖掘经验。

2. 比较分析法

采用比较维度层层细分的方式,即首先将信息化、数字化和智能化三者融合战略性新兴产业潜力的比较维度分为技术范式、融合能力和体系架构三个维度;再将体系架构进一步细分为交互方式和结构层次,技术范式进一步细分为技术共同体、通用技术和技术认知,融合能力进一步细分为自我进化能力、系统整合能力和集成创新能力。在此基础上,围绕技术范式、融合能力和体系架构通过三维视图建模能够更加细致精准地比较分析三化融合战略性新兴产业的潜力,论证智能化融合是最具潜质的赋能模式。

3. 赫芬达尔指数法

赫芬达尔指数法(Herfindahl-Hirschman Index,简称 HI 或 HHI),是利用产业间专利相关系数的变化来判断产业融合度的方法。赫芬达尔指数法的应用范围更加广泛,研究对象更具多样性,适合特定性质产业的集中度研究,数据更易获取,后续处理更加简洁方便,操作性和普适性更强(刘祥恒,2016)。针对人工智能融合战略性新兴产业这类更侧重于技术融合的研究情形,采用赫芬达尔指数法不仅能够通过选取恰当数据来源,客观全面展现一定时间段融合情况和发展趋势,而且不会受到较小市场份额企业数量的影响,更加清晰反映出两者之间尤其是技术领域的内在关联性,论证人工智能产业与战略性新兴产业各子产业之间的融合潜力。因此,本书通过赫芬达尔指数法测算智能化与战略性新兴产业融合程度。公式如下:

$$\mathrm{HI} = \sum_{i=1}^{n} \left(\frac{X_i}{X} \right)^2$$

其中,X 代表战略性新兴产业在人工智能领域的各年专利总数,$n=8$,$i=1\sim8$,$X_1 \sim X_8$ 分别代表本书所选取的新一代信息技术产业、高端装备制造产业、新材料产业、生物医药产业、新能源汽车产业、新能源产业、节能环保产业和数字创意产业等 8 个战略性新兴产业在人工智能领域的各年专利数额。HI 取值范围为 0～1,HI 越趋近于 0,表示产业之间整体融合程度越高;反之,HI 越趋近于 1,表示产业之间融合程度越低。

4. 结构方程模型

利用结构方程模型检验以企业因素、产业因素和环境因素为原动力，架构融合、活动融合和要素融合为载体驱动战略性新兴产业智能化融合成效的内在机理。计量模型如下：

$$S_i = \alpha + \beta_1 CO + \beta_2 IN + \beta_3 EN + \gamma_1 AR + \gamma_2 AC + \gamma_3 EL$$

其中，S_i 为战略性新兴产业智能化融合成效，$i=1\sim4$，分别为原始创新能力、产业结构调整、三链整体效能和社会经济效益等指标；CO、IN、EN 分别为企业因素、产业因素、环境因素等题项，AR、AC、EL 分别为架构融合、活动融合、要素融合等题项，数据来源于大样本调研。

1.3.2 技术路线

见图 1-1。

1.4 研究思路、研究内容与研究重点

1.4.1 研究思路

本研究按照“理论基础—潜质比较—驱动因素—融合路径—融合成效—推进机制”的思路展开。首先，通过文献挖掘、报告解读和政策回顾，梳理智能化、战略性新兴产业和产业融合的相关研究；其次，阐述信息化、数字化和智能化内涵和迭代逻辑，论证智能化融合是战略性新兴产业最具潜质的赋能模式；再次，利用赫芬达尔指数法测算智能化与战略性新兴产业融合程度；进一步地，从驱动因素、融合路径和成效评价三方面对智能化融合战略性新兴产业内在机理进行剖析，提出研究假设，建构融合模型；接着，利用大样本实证调研，采用问卷调查方法获取统计数据，对模型和假设进行验证；最后，提出智能化融合战略性新兴产业的推进策略，指出不足，并展望今后的研究方向。

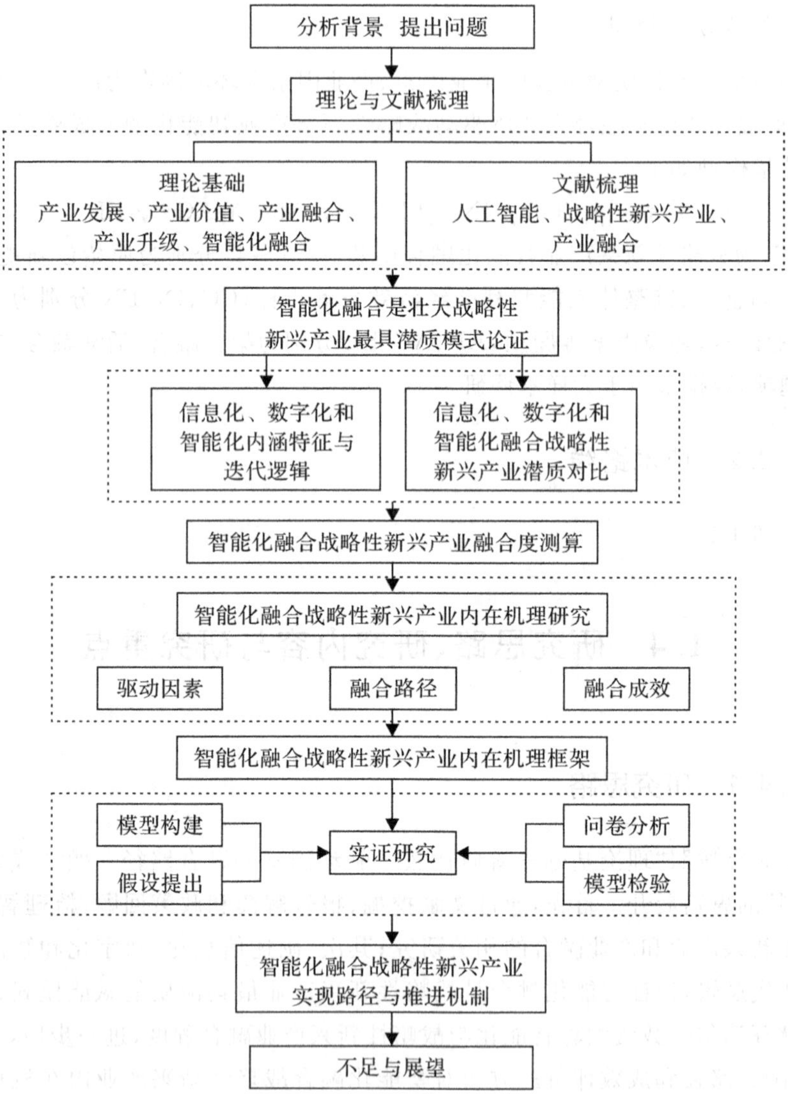

图 1-1　本书研究技术路线

本书研究框架思路如图 1-2 所示。

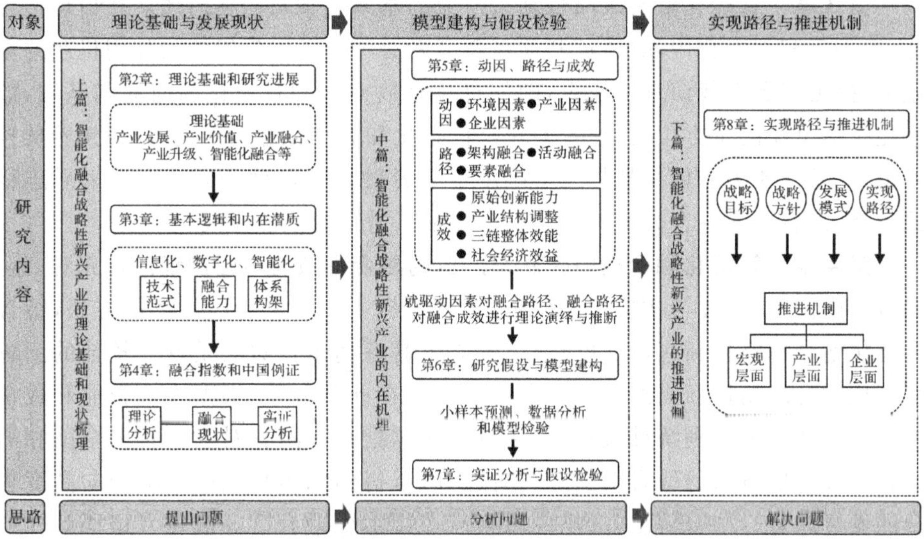

图 1-2　本书研究框架

1.4.2　研究内容

本书共分九章。除第1章绪论和第九章结论与展望外，分为上中下三篇，上篇为智能化融合战略性新兴产业的理论基础与现状梳理（第2章、第3章和第4章）；中篇为智能化融合战略性新兴产业的内在机理（第5章、第6章和第7章）；下篇为智能化融合战略性新兴产业的推进机制（第8章）。各章具体内容如下。

第1章　绪论。首先对智能化融合战略性新兴产业研究的现实背景和理论背景进行阐述，然后提出研究目的、研究意义和研究对象，接着对所涉基本概念进行简要说明，进而详细介绍研究方法、技术路线、研究思路和内容安排，最后点明研究创新之处。

上篇：智能化融合战略性新兴产业的理论基础与现状梳理

第2章　智能化融合战略性新兴产业理论基础与研究进展。对人工智能、智能化和战略性新兴产业的基本概念、内涵特征和评价指标等内容进行总结，对产业发展、产业分工、产业共享、产业价值链、产业融合、产业升级、消费升级和智能化融合等理论进行归纳，为之后机理模型的构建提供基石；对国内外研究进行知识图谱分析，系统梳理智能化融合战略性新兴产业的最新研究动态，指出不足和进一步研究方向，进而提出本书研究切入点。

第 3 章　智能化融合战略性新兴产业的基本逻辑与内在潜质。在梳理信息化、数字化和智能化内涵、特征和关系及三者对产业高质量发展的作用机制的基础上，提出三者迭代演进的逻辑，即信息化是数字化和智能化的前提和基础，数字化是信息化的全方位延伸，智能化是信息化和数字化迭代演进结果；接着从技术范式、融合能力和体系架构三个维度对三者融合战略性新兴产业的潜质进行比较，论证智能化融合是战略性新兴产业最具潜质的赋能模式。

第 4 章　智能化融合战略性新兴产业的融合指数与中国例证。首先对产业融合度的内涵、特征与构成做了分析，接着比较了产业融合度的测试方法，结合智能化融合战略性新兴产业的特点，确立了赫芬达尔指数法是现今较佳的测算智能化融合战略性新兴产业融合度的方法。在此基础上，根据人工智能和战略性新兴产业相关专利统计数据，利用赫芬达尔指数法测算对近 5 年来全国和浙江省等代表性省市的融合情况进行对比分析，得到总体呈现中度融合向高度融合的发展趋势，反映出我国战略性新兴产业智能化融合已经取得一定成效。相较于其他省市，浙江省具有扎实的战略性新兴产业智能化融合基础，测算结果也进一步说明浙江省智能化融合战略性新兴产业的良好发展态势，为后续选取浙江省内样本企业进行问卷调查和实证分析提供现实基础。

中篇　智能化融合战略性新兴产业的内在机理

第 5 章　智能化融合战略性新兴产业的动因、路径与成效。首先，从企业因素、产业因素和环境因素解构了智能化融合战略性新兴产业的动因。其次，剖析了智能化融合战略性新兴产业的路径，包括架构融合、活动融合和要素融合。最后，利用原始创新能力、产业结构调整、三链整体效能和社会经济效益等指标探讨了战略性新兴产业智能化融合的成效。

第 6 章　智能化融合战略性新兴产业内在机理的研究假设与模型建构。分别就驱动因素对融合路径的影响，融合路径对融合成效的影响进行理论演绎和推断，据此提出研究假设并构建相应的智能化融合战略性新兴产业的内在机理理论模型。

第 7 章　智能化融合战略性新兴产业内在机理的实证分析与假设检验。阐述变量设置、问卷设计、样本选择、数据搜集、变量度量和分析方法等内容，先进行小样本预测试，再运用 SPSS22.0 软件对搜集到的大样本数据进行描述性统计分析和信效度检验，接着通过 AMOS24.0 软件对理论模型和命题假设进行验证，而后总结和分析研究结论，对原有模型进行修正。

下篇　智能化融合战略性新兴产业的推进机制

第 8 章　智能化融合战略性新兴产业的实现路径与推进机制。根据前 6 章和第7章的分析结果，结合智能化融合给我国带来的机遇和挑战，提出智能化融合战略性新兴产业的战略目标和战略方针，发展模式和实现路径；从宏观层面（政府规制、资本融通和创新生态）、产业层面（供需匹配、数据管治和产业协同）和企业层面（高管认知、技术迭新和整合能力）提出了三位一体的智能化融合战略性新兴产业的推进机制。

第9章　结论与展望。归纳总结研究成果，指出研究贡献，同时反思研究的不足之处，进一步展望今后的研究方向。

1.4.3　研究重点

明确智能化融合是战略性新兴产业最具潜质的赋能模式，从技术范式、融合能力和体系架构三个维度，对比分析智能化与信息化融合、数字化融合，确定人工智能深度融合是最具潜质的模式。

依托人工智能及其融合的个性特征，确立智能化融合战略性新兴产业的驱动因素与衡量融合水平和促进效应的指标体系，通过因子分析等方法有效架构影响战略性新兴产业智能化融合的动因体系，准确刻画人工智能与战略性新兴产业融合的水平、效率与效益，为两者深度融合的内在机理研究奠定基础。

依托大样本经验数据，揭示智能化融合战略性新兴产业的内在机理与运行机制，通过深度访谈问卷调研和大数据样本的实证研究，建构多元基底的理论模型，解析人工智能深度融合战略性新兴产业的内在机理和运行机制，为加快壮大战略性新兴产业提供新的理论支撑。

提出推进智能化融合战略性新兴产业的实现路径和推进机制，在融合主要参与主体政府、产业和企业利益均衡下，从政府引导、产业推进和核心企业带动的整合视角出发，提出智能化融合战略性新兴产业的实现路径与推进机制。

1.5　基本概念

1.5.1　智能化

人工智能（Artificial Intelligence，AI）是研究、开发用于模拟、延伸和扩展人的智能的理论、方法、技术及应用系统的一门新的技术科学，是对人的意识、思维的信息过程的模拟（肖迪，2018），其研究领域包括智能机器人、语音识别、计算机视觉、自然语言处理、机器学习等诸多方面，已成为引领全球科技革命和产业变革的关键性技术。人工智能是智能化时代的核心，智能化是由现代信息技术、计算机网络技术、网络通信技术、智能控制技术和行业技术共同汇集而成针对某方面的应用（彭卉，2016），其本质是运用人工智能理论、方法和智能信息技术处理信息与问题（林军，2008）。智能化具有自适应性、拟人特性以及感知能力、思维能力和决策能力，广泛应用于安防、医疗、教育和驾驶等领域。

1.5.2　战略性新兴产业

战略性新兴产业（Strategic Emerging Industry）代表我国新一轮科技革命和产业变革的方向，具有战略性、先导性、强关联性和知识密集型等特征，是培育经济发展新动能、获取未来可持续竞争优势的关键领域，包括新一代信息技术产业、高端装备制造产业、新能源汽车制造产业、生物产业等九大领域。现有学术界对战略性新兴产业的理解主要分为战略产业、新兴产业和主导产业三方面，综合已有研究，本书认为战略性新兴产业是在社会进步驱动下，充分依托区域及资源优势，以重大科学技术突破为前提，将主导技术与新兴产业深度融合，能有效满足国家战略需求、实现经济持续增长和产业高度结构化的领航产业，具有广阔市场前景并代表科技前进方向，关系到国家经济命脉和国土安全，对提升综合国力有重要作用。

1.5.3　产业融合

产业融合（Industry Integration）是涉及技术、服务、商业模式以及整个社会运作的一种产业革新方式（European Commission，1997），指不同产业随着时间推移在不同结构层次上相互渗透、交叉和重组，以发展成为新产业形态的过程，其目的是使低端产业成为高端产业的有机组成部分，实现产业结构优化、模式革新和要素升级。产业融合伴随着信息技术与互联网技术的变革与扩散而产生，其实质是现有技术轨道整合所导致的多元素整合过程，已成为现代化产业体系的发展趋势和新经济时代的重要主题（Tapscott，1996）。

1.6 创新之处

1.6.1 学术思想创新

(1)从技术范式、融合能力和体系架构三维度建构了信息化、数字化和智能化融合战略性新兴产业潜力的三维视图比较模型，厘清了信息化与数字化、数字化与智能化的迭代演进关系，为应对“数字化涵盖一切”的认知误区和避免“数字化陷阱”提供了科学的理论依据。

(2)从理论基础多元性、驱动因素多重性、融合路径多层性和融合成效多样性的整合视角建构了基于正向影响链的驱动因素、融合路径与融合成效的内在机理模型，较好地揭示和诠释了复杂性、动态性和模糊性情境下智能化融合战略性新兴产业的基本逻辑和作用机理。

(3)从多方利益兼顾的创新生态系统导向提出了环境、产业和企业三位一体的协同式推进机制，彰显了智能化融合战略性新兴产业的“参与主体利益均衡”的核心思想，克服了传统产业推进机制偏向于宏观层面，特别是政府政策的弊端。

1.6.2 学术观点创新

(1)智能化是信息化、数字化迭代演进的结果，智能化融合战略旨在以类人思维在价值网络重构中实现多主体协同增值、竞合共生和自我进化，是完全不同于数字化融合的战略。我国必须及时纠正“数字化涵盖一切”的认知误区，尽快从顶层设计和制定智能化融合战略性新兴产业的战略，为赶超欧美消除制度和政策障碍。

(2)智能化融合是最具潜质的战略性新兴产业赋能模式，智能化具备类人思维、广阔的技术共同体和丰富的通用技术体系，在人—智交互方式指导下的基础层、平台层和应用层结构均向高阶递进，系统整合能力、集成创新能力和自我进化能力达到较高水平的协同，因此，智能化融合是高于数字化融合的赋能模式。

(3)智能化融合战略性新兴产业内在机理模型主要构成要素有驱动因素、融合路径和融合成效，其中驱动因素包括环境因素、产业因素和企业因素；融合路径包括架构融合、活动融合和要素融合；融合成效涉及原始创新能力、产业结构调整、三链整体效能和社会经济效益。

(4)智能化融合战略性新兴产业内在机理体现在驱动因素、融合路径和融合成效的正向影响链,即环境因素、产业因素和企业因素正向影响架构融合、活动融合和要素融合,而架构融合、活动融合和要素融合正向影响原始创新能力、产业结构调整、三链整体效能和社会经济效益。

(5)智能化融合战略性新兴产业需要环境、产业和企业三层面的共同推动,从传统的偏向宏观策略的推进机制向宏观、中观和微观策略均衡的推进机制转变,更符合“创新生态系统参与主体利益均衡”导向。

1.6.3 研究方法创新

(1)将三维视图建模方式导入信息化、数字化和智能化融合潜质的比较中,能够强化比较的科学性、系统性和逻辑性。通过模型可以实现比较维度的层层分解,从而更加细致精准地比较分析三化融合战略性新兴产业的潜力。

(2)利用赫芬达尔指数法测算智能化与战略性新兴产业的融合程度。由于专利数据获取相对容易且真实、确保连续性,因此,采用赫芬达尔指数法不仅能够通过选取恰当数据来源,客观全面展现连续时间段内融合情况,而且不会受到较小市场份额企业数量的影响,更加清晰反映出两者之间尤其是技术领域的内在关联性,科学论证人工智能产业与战略性新兴产业之间的融合水平。

(3)利用结构方程建模研究智能化融合战略性新兴产业的内在机理。结构方程模型是一种建立、估计和检验因果关系模型的方法,特别适用于路径分析和回归分析,能够清晰分析单项指标对总体的作用和单项指标间的相互关系。本书所要验证的内在机理正是驱动因素、融合路径与融合成效的路径作用关系。

1.7 本章小结

在绪论部分,首先通过阐述智能化融合战略性新兴产业发展的现实背景和理论背景,从中提炼出“智能化融合战略性新兴产业”的关键研究问题;其次,揭示本书的研究目的、意义与对象;在此基础上,提出研究方法、技术路线、思路安排和研究内容;最后指明本书研究创新点。

第 2 章　智能化融合战略性新兴产业的理论基础与研究进展

本章对研究中涉及的概念及理论进行详细阐述，首先对人工智能和智能化、战略性新兴产业等概念内涵、特征、类别等进行界定；其次，对产业发展理论、产业分工理论和产业融合理论等理论进行梳理和总结；最后，对学术界已有研究进行文献综述，主要包括智能化融合、战略性新兴产业融合以及智能化融合战略性新兴产业等文献。

2.1　基本概念

2.1.1　人工智能与智能化

(1)人工智能内涵与发展阶段(如表 2-1)

表 2-1　人工智能定义总览

来源	定义
百度百科	人工智能是“研究、开发用于模拟、延伸和扩展人的智能的理论、方法、技术及应用系统的一门新的技术科学”，是计算机科学的一个分支，包括机器人、语言识别、图像识别、自然语言处理和专家系统等。
维基百科	人工智能就是机器展现出的智能，即只要是某种机器，具有某种或某些智能的特征或表现，都应该算作“人工智能”。
大英百科全书	人工智能是数字计算机或数字计算机控制的机器人在执行智能生物体才有的一些任务上的能力。

续表

来源	定义
德勤	人工智能是对人的意识和思维过程的模拟，利用机器学习和数据分析方法赋予机器类人的能力。
清华大学出版社《人工智能》	人工智能是研究理解和模拟人类智能、智能行为及其规律的一门学科。其主要任务是建立智能信息处理理论，进而设计可以展现某些近似于人类智能行为的计算系统。
艾瑞	广义人工智能是指通过计算机实现人的头脑思维所产生的效果，是模拟、延伸人的智能的理论、方法、技术及应用系统所构建而成的，其构建过程综合了计算机科学、数学、生理学、哲学等内容。狭义的人工智能包括人工智能产业（包括技术、算法、应用等多方面的价值体系）、人工智能技术（包括凡是使用机器帮助代替甚至部分超越人类实现认知、识别、分析、决策等功能）。
科大讯飞	人工智能是指能够像人一样进行感知、认知、决策和执行的人工程序或系统。人工智能主要分为计算智能、感知智能、认知智能。计算智能，即机器“能存会算”的能力；感知智能，即机器具有“能听会说、能看会认”的能力；认知智能，即机器具有“能理解会思考”的能力。

人工智能内涵。人工智能是研究、开发用于模拟、延伸和扩展人的思维意识的理论、方法、技术和应用的综合性新技术科学（Porter，2016）（人工智能的定义参见表 2-1），包含情感发现、人机互动、信息存储以及决策等技术（徐陶冶和姜学军，2011）。作为自动化技术当前和今后的发展动向之一，人工智能与纳米科学、基因工程并称为 21 世纪三大尖端技术，其研究涉及智能机器人、自然语言处理、机器学习和计算机视觉等诸多领域。人工智能及其实际应用快速发展的时代被称为智能化时代（艾伦，2018），包括弱人工智能、强人工智能和超人工智能三个阶段。当前社会仍处于弱人工智能向集成通用型 AI 的强人工智能转变时期，与具备自我意识、突破时空限制的进化型 AI 的超人工智能时代仍有较大距离（Campbell 等，2002）。

人工智能发展阶段。人工智能是人类进入信息产业革命时代，达到认识和改造客观世界能力的高峰，其发展过程包含了四个阶段。①萌芽阶段（1956—1980 年）：1956 年达特茅斯会议上 McCarthy 首次提出了人工智能概念，这时期的研究成果仅停留在简单理论和数学模型中；②新兴阶段（1981—2005 年）：Hopfield 人工神经网络和 BT 算法的出现带来了大量关于语音识别、语言翻译方面的计划，但相关研究并未取得实质性突破，也未曾落地生活场景，AI 发展的第二次浪潮随之停滞；③成长阶段（2006—2015 年）：随着 2006 年深度学习的提出以及 2012 年图像识别领域出现突破性成果，AI 逐步被业界的一些科技巨头所关注，开始在智能方向上布局 AI 系统架构；④成熟阶段（2016 年至今）：DeepMind 公司研发的 AlphaGo 与李世石进行的人机大战掀起了人工智能产业发展浪潮，至此 AI 成为最为火爆的投资领域之一，催生出大量人工智能研究团队及初创公司，各细分领域技术的进步与通用人工智能平台正在政策及资本的支持下以更快的速度实现飞跃。

（2）智能化内涵与特征

智能化内涵。人工智能是影响国际竞争和世界格局的重要资源和战略性技术，已成为智能化时代的核心，智能化（Intellectualization）起源于人工智能技术，智能化水平代表着某些特定领域与现代智能化技术结合的程度（李俊珏，2020），已成为工业控制和自动化领域的发展趋势和显著标志（刘卫国，2011）。智能化可以分为智能化基础、智能技术、智能化结果（市场实践）三个方面（刘亮等，2020），智能化基础是智能化融合和升级的物理基础，良好的智能化基础是推动智能化的基本前提；智能技术以人工智能、互联网＋、大数据、云计算、物联网等技术为核心，是提升智能化水平的动力来源；智能化结果则体现了智能化的运行效率和盈利水平，是智能化的追求目标。现有学者对于智能化的概念界定主要从技术应用视角、运营过程视角和产业革命视角三个方面切入，如表 2-2 所示。

表 2-2　智能化概念界定

研究视角	研究重点	代表学者
技术应用	计算机系统类人化	Mccarthy(1989)；Andrew 和 David（1991)；林军(2008)；杨勇(2014)；吕杰荣和郝力晓(2018)；Yao 和 Yan(2020)
运营过程	各环节全流程管控	龚炳铮（2012)；李西兴等（2016)；Sozontov 等（2019)；Jiao 和 Alavi(2020)；Paul 等(2020)
产业革命	产业智能化改造	黄群慧和贺俊（2013)；周济（2015)；贾根良（2016)；鲍怡发(2020)；Fountas 和 Garcia(2020)；Stasinakis 和 Sermpinis(2020)

资料来源：综合学者研究观点整理得出。

从技术应用视角来看，智能化概念侧重于计算机系统的类人化，以实现人机智能协同。Mccarthy(1989)认为人工智能是制造智能机器，尤其是智能计算机

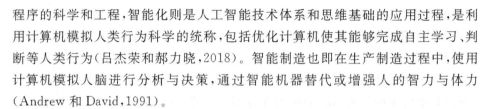

程序的科学和工程，智能化则是人工智能技术体系和思维基础的应用过程，是利用计算机模拟人类行为科学的统称，包括优化计算机使其能够完成自主学习、判断等人类行为（吕杰荣和郝力晓，2018）。智能制造也即在生产制造过程中，使用计算机模拟人脑进行分析与决策，通过智能机器替代或增强人的智力与体力（Andrew 和 David，1991）。

从运营过程视角来看，强调智能化是对研发、生产、制造、销售等环节的全流程智能监测和控制调度，是在智能科学的理论、技术、方法和工具的基础上，通过智能感知、大数据、物联网、信息管理、数据挖掘和专家系统等途径，实现智能控制、管理、决策和调度的过程（龚炳铮，2012）。

从产业革命视角来看，学者们的研究聚焦于产业智能化改造与革新。数字化、网络化普及和集成式智能化创新是第三次工业革命的三大驱动力，具有潜在价值的智能化形成了全球性的“积木式”重组创新，这种集成式创新推动了产业革命（黄群慧和贺俊，2013；周济，2015）。因此，智能化是新产业革命的核心动力和制造业转型升级的主要方向（鲍怡发，2020），在传统运作方式受到冲击下的产业制造模式从原有数字制造到网络制造，再向新一代智能制造方向过渡，实现高度集成的智能制造系统。

在借鉴和总结已有学者对智能化界定的基础上，本书认为智能化是运用人工智能理论、方法和技术处理信息问题的过程，具有自组织、自学习和自修复等拟人智能特性（林军，2008），是智能化基础、智能技术和智能化结果的综合体现（刘亮等，2020），已成为工业控制和自动化领域的发展趋势和显著标志（刘卫国，2011）。

智能化特征。智能化技术体系由现代信息技术、计算机网络技术、网络通信技术、智能控制技术和行业技术共同汇聚而成（彭卉，2016），在超级计算、传感网、脑科学、认知科学等理论技术的驱动下，智能化呈现出人机协同、群智开放、自主操控等新形态。具体来看，智能化具备以下特征：①智能化的基本特征是自适应性（Elsaid 等，2019）。智能系统通过信息收集、分析和决策过程累积知识（刘卫国，2011），在环境、任务或数据变化时能够自行调整参数或对现有模型即时更新，并在此基础上进行更加深入广泛的数字化扩展，在迭代中实现对机器客体的优化，保障系统灵活性，以应对更加多变的情况（徐巾辉，2019）。②智能化具有广泛渗透性。随着人类社会进入万物互联的泛在信息网络时代，人工智能在融合物联网和移动端的基础上，对不同类型的产业终端设备进行智能化升级，逐渐形成智能汽车、智能装备和智能家居等新兴产业，表明智能化具备极强的渗透各行各业的能力。③智能化具有数据驱动性。由于只有在海量的客户和行业数据数量基础上才能不断提升智能化水平，因此，大数据、算法和算力是智能化发展的基础，依托人工智能的计算能力和海量大数据的深度学习训练，能够实现大数据、云计算和物联网等新一代信息技术的高度集成，体现显著的智能化数据驱动性特征。④智能化具有拟人智能特性(Yao 和 Wang，2020)。拟人智能是指事物在大数据、物联网和人工智能等技术的支持下，通过模拟、延伸和拓展人类某些智能特性(杨勇，2014)，能动满足人类各种需求的属性，如自学习、自协调、自组织、自诊断及自修复等(林军，2008)，其核心是利用人类智慧增强资源和技术使用效能，实现人类智能与机器智能、个人智能与社会智能协同发展。⑤智能化具备环境感知能力、思维记忆能力和行为决策能力(刘卫国，2011)。作为智能活动前提基础的感知能力能够将对外界的感知传导为信息并收集，这是产生智能活动的前提基础和必要条件；思维记忆能力指自动捕捉存储感知到的外部信息并利用已有知识对感知信息进行判断、计算和分析；行为决策能力即通过学习过程中总结出的相关经验对外界刺激做出正确反应。具有感知层、思维层和行为层特性的系统即为智能系统。

(3)智能化关键技术与应用场景

智能化技术体系以人工智能为主体，而人工智能作为一门综合性和交叉性极强的学科，其研究方向和技术系统广泛涉及认知心理学、哲学、社会科学、机械自动化等领域，其中与产业融合关联性较大的智能化关键技术包含机器学习、自然语言处理、计算机视觉、智能机器人和专家系统等。

机器学习。作为智能化技术体系的核心和重要发展方向，机器学习集合了计算机科学、概率统计学、神经网络等多门学科，能够对海量数据进行深度挖掘，并通过学习行为使系统功能不断增强，工作性能不断优化，以解决预测问题。机器学习可以细分为决策树、逻辑回归、集成学习等方法(何清等，2014)。

自然语言处理。由于机器采用结构化的机器语言，而人类使用非结构化的自然语言，因此，需要语言模拟工具进行人机互动(王丹，2019)。自然语言处理技术的内核即是通过语言分析和语音识别，采用机器数据结构来替代自然语言，为促成语言生成和转换，实现智能化人机有效协同，提供了技术路径。

计算机视觉。计算机视觉指通过计算机系统模拟人类对现实场景的感知，能够察觉、识别目标对象的动态变化，辅助甚至替代人类感官功能，现今应用较为普遍的是人脸识别、指纹识别和场域监控等领域，其技术精准度不断提升(李敏，2018)。

智能机器人。智能机器人是拟人智能技术和算法训练相结合的具象化产物，是对原有自动化机器人的全面升级，具备基本反应、识别、判断和决策能力，是多传感信息聚合、智能路径规划、AI识别、自主操控等技术的综合性应用。

专家系统。专家系统是一种基于AI技术的拥有大量领域知识经验库的计算机程序系统，能够模仿专家对复杂问题进行推理、判断和决策（王雯姝，2019），专家系统的问题处理能力和专业性水平远高于专业人士。

安防。机器视觉是智能安防的技术核心，公众日常生活中普遍存在的交通摄像、安保摄像、门禁系统等均是人脸识别技术在安防领域的应用，尤其体现在户籍调查、网上追逃、公安巡检等方面，实时保障城市安全，提升公共安全管理力度，加速智慧城市建设。

医疗。智能化的普及帮助医疗行业解决医疗资源短缺和分布不均等民生问题，涉及疾病筛查和预测、医学影像诊断、病例信息分析、新药研发等细分领域。计算机视觉、自然语言理解和大数据处理等技术助力医疗人工智能应用落地，例如基于深度学习的人脸识别系统可以通过患者变容识别来辨识基因疾病，帮助医生精准诊断。

教育。人工智能在教育上的应用覆盖教学全流程，不仅仅局限于采用人脸识别技术防止舞弊现象，更多体现在课堂签到和上课效果检测等方面，通过对学生面部表情和情绪进行识别，监测教学效果。未来教育行业将向学习设备移动化、教育产品个性化、线上线下教育相结合等智能教育发展。

驾驶。自动驾驶和新能源等技术的成熟对民众出行业态产生颠覆性影响，无人驾驶主导汽车行业和交通领域向电动化、共享化方向革新，人工智能拥有的核心算法、强大算力和海量数据构成多维度智慧出行生态，高精度导航、雷达感知、多目标优化决策等AI技术的应用在提高整车性能的同时大幅度减少汽车事故。

2.1.2 战略性新兴产业

(1)战略性新兴产业内涵

产业是生产同类产品或替代性产品的企业集合（Porter，1980），随着科技进步及科研成果商业化应用，新兴产业不断出现。Hirschman（1958）最先提出了战略性产业的概念，最初表示处于投入—产出关系中关联最紧密的经济体系。2009年我国首次提出战略性新兴产业（Strategic Emerging Industry）一词，并于2010年的《关于加快培育和发展战略性新兴产业的决定》中对其概念做出解读：战略性新兴产业是“以重大技术突破和重大发展需求为基础，对经济社会全局和长远发展具有重大引领带动作用，知识技术密集、物质资源消耗少、成长潜力大、综合效益好的产业”。经过 10 多年实践证明，培育和发展战略性新兴产业已成为后危机时代实现经济转型，抢占世界经济和技术发展制高点的重要战略举措（武咸云等，2016），愈加受到国内外各界高度重视。对于战略性新兴产业的概念，学术界仍未能得到统一，现阶段学者们主要从战略产业、新兴产业和主导产业三个视角进行界定。

战略产业角度。战略产业是实现国家产业结构调整、优化和升级，对国民经济发展具有重要意义的产业或产业集群（夏云龙，2011）。原有粗放型经济增长方式向集约型方式转变，有助于实现经济持续增长和产业结构高速化（王元等，2002）。从国际视野来看，战略产业的形成和发展以满足国家多方面需求、提升国际战略地位为目的，是国家经济战略与产业发展的深度融合（来亚红，2011），也是我国基于本土化情境和未来趋势所做出的代表国家意志的重大战略抉择（杨俊，2013），具有前瞻性和支柱性。

新兴产业角度。相对于旧有产业来说，新兴产业指伴随科技研发成果转化和技术创新应用（姜江，2010），在已有产业基础上出现的体现时代性特征的新产业（史忠良和刘劲松，2002）。由新兴科技和新兴市场融合所引致产业转型和结构升级，以突破性技术创新为内驱力，促使新科技生产力带动资源在新领域内流通（施红星等，2009）。产业新兴性体现在其处于产业生命周期的萌芽阶段和成长阶段（宋河发等，2010），具有极大发展潜力，有望成为未来国际竞争主导领域。

主导产业角度。主导产业代表着国家或地区未来发展趋势（陈柳钦，2011），是全面的直观反映（梁威，2016）。当技术先进性与新兴性结合时，重大技术进步或突破性创新所衍生的高新技术体系具有极大附加价值，吸引众多新创企业聚集为技术密集型产业集群，新的经济发展观和产业运作模式出现，指引所有产业演变方向（王缙，2018）。

可以看到，无论是战略产业、新兴产业还是主导产业，每个角度的相对性和狭隘性致使对战略性新兴产业的概念界定缺乏系统整合和全局概括，亦无法体现其重要作用和战略价值。因此，本研究在对已有研究进行充分梳理和总结的基础上，把战略性新兴产业界定为：以突破性技术进步和社会发展需求为基础，具备关键核心技术和广阔市场前景，能够有效满足国家战略需求、带动产业结构升级和实现社会经济可持续增长，且低资源消耗与高综合效益并存的产业集群。依据 2018 年国家统计局颁布的《战略性新兴产业分类》，现阶段我国战略性新兴产业涉及新一代信息技术产业、高端装备制造产业、新材料产业、生物产业、新能源汽车产业、新能源产业、节能环保产业、数字创意产业、相关服务业等九大产业领域，各领域建设重点如表 2-3 所示。

表 2-3 战略性新兴产业领域及建设重点

产业领域	建设重点
新一代信息技术产业	泛在融合的信息网络建设，新一代互联网、物联网、云计算、智能终端的研发推广；集成电路、新型显示器、高端服务器等基础设施和软件服务智能化改造
高端装备制造产业	干支线飞机和通用飞机等的航空设备建设；卫星等空间技术设施研发；城市轨道交通、海洋工程装备智能制造
新材料产业	稀土、特种玻璃等新型功能材料；高品质合金、特殊钢等新型结构材料；聚乙烯纤维、碳纤维等新型复合材料；纳米、超导等共性材料
生物产业	生物技术医药、新型疫苗诊断、现代中药等研发；智能医疗设备及材料制造；绿色农作物、新型海洋生物研发
新能源汽车产业	新能源汽车的动力电池、驱动电机、新型燃料等动力来源研制；自动控制、纯电动、低耗节能等汽车生产
新能源产业	新一代核能技术和核反应堆研发；风能、太阳能、地热能、生物质能等多元化清洁型能源开采和利用
节能环保产业	高效节能技术、先进环保装备的研发和示范性应用；清洁煤炭、海水处理等资源循环利用服务体系建设
数字创意产业	数字文创、数字出版、数字设计、数字图书馆等服务建设
相关服务业	试验、检测、知识产权、现代金融等服务建设

资料来源：根据《关于扩大战略性新兴产业投资 培育壮大新增长点增长极的指导意见》整理得出。

(2)战略性新兴产业特征

随着绿色环保、低碳节能理念的广泛渗透，当前产业正在向绿色经济可持续方向升级，战略性新兴产业以科技创新为主要内驱力，以优势创新和技术进步为基础，具有知识技术密集、物质资源消耗少、综合效益高等优势（王缙，2018），除上述战略性、主导性和新兴性外，战略性新兴产业还具备极强的技术导向性、产业联动性、动态创新性、高风险与高回报并存等特性。

技术导向性。战略性新兴产业具备极强的技术导向性，一方面，其关键核心技术的技术含量和技术难度远超其他产业，并且作为内生要素指引未来技术进步和改革的趋势，为应对我国核心技术空心化的困局提供支撑（杨俊，2013）；另一方面，突破性技术创新要求高新技术转化能力与之适配，进一步带动装备制造、附加服务等的优化重组。

产业联动性。 由于极强的技术溢出性，战略性新兴产业的各种产业活动会辐射带动其他关联性产业，显著提升横向和纵向产业体系经济增长速率。此外，在政策倾斜作用下，产业集聚共融形成跨地域、知识技术密集型的产业集群，助力产业结构调整和市场空间升级（张艳芳，2015）。

动态创新性。 战略性新兴产业的实质是突破性技术创新产业化，无论是在产业萌芽、成长、成熟和衰退过程，还是在不同国家和地区，抑或伴随着技术、知识、管理等革新，为适应不断迭代的消费需求和保持竞争态势，战略性新兴产业的产业属性和发展重点都会应时应势改变（许媛媛，2015）。

高风险与高收益并存。 战略性新兴产业往往是技术带动市场需求，重大高新技术的突破势必建立在经验不足与成果转化困难的风险中（梁威，2016），且在产业起步阶段，初创企业在政策规制、融资断链、生产隐患等多方面存在极大不确定性。与此同时，在高风险的背面是高行业回报率与利润空间，随着企业从萌芽期转为成长期，将迎来巨大的技术产出和规模报酬短期或长期增长（张艳芳，2015），攫取市场利润。

（3）战略性新兴产业评价指标

近年来，对战略性新兴产业发展进行客观科学评价成为该领域另一研究主题，学者们根据不同国家或地区、不同产业类别，按照产业特征以及系统性、层次性、前瞻性、可行性等原则（曹江宁，2015），建构战略性新兴产业评价指标体系，并依据各指标权重对产业创新能力、方向选择、重点领域等主题进行综合评判，评价方法及指标如表 2-4 所示。

表 2-4　战略性新兴产业评价

评价方法	代表学者	战略性新兴产业评价指标
层次分析法	刘艳华等（2013）；宋德金和刘思峰（2014）	技术密集度、产业成长性、市场竞争力、产业关联性、环境友好性、比较优势
模糊综合评价法	肖艳（2012）；刘嘉宁（2013）；党兴华和车渊彬（2014）；张治河等（2015）	技术创新能力、经济增长潜力、关联带动性、政策导向性、产业发展现状和基础、可持续发展能力
Weaver-Thomas 模型	贺正楚和吴艳（2011）；贺正楚等（2013）；周鹏翔（2016）	技术先进性、成长潜力、产业带动性、生态效益、全局性、竞争能力

续表

评价方法	代表学者	战略性新兴产业评价指标
熵权法	卢文光等(2012);王哲和杨桔(2015)	带动性、关联性、动态性、战略性、先导性
模糊优化法	Guo 和 Hui(2012);张丽(2015)	技术创新能力、成长能力、组织管理能力、知识管理能力、内外部协同水平、经营规模
数据包络分析法	万丛颖和徐健(2012);Luo 等(2019)	投入指标、产出指标

资料来源:综合学者研究观点整理得出。

可以看到,学术界主要采取层次分析法、模糊综合评价法、Weaver-Thomas 模型、熵权法、模糊优化法和数据包络分析法等方法对战略性新兴产业发展效应进行评价。在层次分析法方面,刘艳华等(2013)从产业关联效应、市场潜力、比较优势和技术密集度等四个方面对战略性新兴产业融合成效进行评判;宋德金和刘思峰(2014)采用了技术引领性、产业成长性、市场竞争力和环境友好性等四个评价指标。对于模糊综合评价法,张治河等(2015)从研发、产品/工艺创新、营销/组织创新、创新产出和创新环境等四项指标构建了评估体系,刘嘉宁(2013)则将评价指标简化为贡献力、优势、带动性和关系性四项,肖艳(2012)、Guo 和 Hui(2012)与党兴华和车渊彬(2014)等更强调市场需求、产业战略、产业发展现状、发展基础、产业新兴性、经济增长潜力和可持续发展能力等指标在评估体系中的重要性。依据 Weaver-Thomas 模型,贺正楚和吴艳(2011)首先提出了全局性、先导性、关联性和动态性等指标,之后进一步归纳为技术先进性、产业带动性和产业生态性(贺正楚等,2013),周鹏翔和史宝娟(2016)在此基础上加入了生态效益的探讨,完善了评价指标体系。基于熵权法,卢文光等(2012)从战略性、新兴性、带动性和效应性对战略性新兴产业融合成效进行评价,王哲和杨桔(2015)依据产业特征加入成长性和先导性等内容。张丽(2015)采用了数据包络分析法,提出了产业经营规模、组织管理能力、产业成长能力、产业技术创新能力、知识管理能力和产业内外部协同水平六维度评价模型,万丛颖和徐健(2012)则加入了投入产出指标,进一步完善了评价模型。

2.2 理论基础

2.2.1 产业发展理论

产业融合机制需要依据产业发展的一般规律和阶段性特性，产业发展理论(Industrial Development Theory)源于产业生命周期理论，涉及产品生命周期、技术生命周期等概念。其中，产品生命周期聚焦单一产品的阶段性市场演进规律，技术生命周期是基于历史数据来反映技术演化的投影，主要应用于技术发展阶段性评价和对新兴技术的预测。目前学术界普遍认同的是将产业生命周期划分为“导入—成长—成熟—衰退”四个时期，每时期阶段性特征如下。

导入期(Introduction)。在产业形成初期，仅有少数创业公司投资，市场规模小，产品研发费用高且种类单一，基础科学技术问题尚待解决，产业效益低或尚处于亏损状态，厂商面临较高投资风险。此时，选择技术研发的企业相对较少，并且由于新产品高价格劣势致使顾客接受度低，技术应用范围尚不清晰或者主导设计尚未形成(Abernathy 和 Utterback,1978)。

成长期(Growth)。随着技术及市场不确定性减弱，研发风险降低，专利申请量不断增加，市场涌入更多竞争者，厂商数量和规模同步增加。前期市场需求与边际利润攀升，消费者认可度、市场需求以及销售量同步增长，各厂商通过提高生产效率、改进技术、升级产品赢得市场份额；中后期厂商竞争逐步激烈，经营不善的企业会破产或合并成立新企业，厂商数量减少并趋于平缓，外界波动因素对行业影响较小，行业主导设计逐渐形成，较之前进入相对稳定时期，创新突破性减缓。

成熟期(Maturity)。企业管理、生产技术、产品质量日趋完善，生产要素数量基本固定并以十分缓慢的节奏增长，技术创新难度加大且趋向成熟，市场需求增长放缓。行业整体利润率在中后期开始下降，企业进出难度加大，新进入的企业将会面临更高的行业壁垒，行业进入竞争垄断时期。

衰退期(Decline)。企业技术过时且效益下滑，竞争力与创新力持续减退，产业生命衰退性突显，产业内市场需求增长率和消费者需求同步下降，大多数企业出现规模报酬递减、系统庞杂、效率低下、产能过剩、资源枯竭、资金不足等不景气现象，倒逼大量厂商因无利可图而退出行业或将资金转入其他盈利行业，预示产业进入萧条的衰退期，开始逐步瓦解直至消亡。但如果在衰退期有了技术上的重大变革或者新市场出现，那么该产业就会停止衰退，重新进入导入期，该产业的生命周期曲线也会随之改变。

战略性新兴产业总体处于产业生命周期的初创期或成长期，当战略性新兴产业处于不同的发展阶段时，其技术成熟度、市场环境以及产业竞争力都不完全相同，市场培育和发展的战略重点也应该相应调整。战略性新兴产业诸多特征可以由产业发展理论进行解释，如新兴性体现在其处于生命周期的萌芽和成长阶段，具有极大发展潜力，有望成为未来国际竞争主领域；高风险与高收益并存体现于起步阶段时，初创企业在政策规制、融资断链、生产隐患等方面存在极大不确定性，随着从萌芽期转为成长期，将迎来巨大技术产出和规模报酬短期或长期增长，攫取市场利润；对于动态创新性，产业萌芽、成长、成熟、衰退等过程均伴随技术、知识、管理等突破性革新，为适应不断迭代的消费需求和竞争焦点，战略性新兴产业属性和发展重点都将应时应势改变。智能化融合战略性新兴产业本质是战略性新兴产业的转型升级，其同样具备战略性新兴产业的基本特性，因此，产业发展理论可以较好地揭示智能化融合战略性新兴产业的驱动因素、内在机理与实现机制等。

2.2.2 产业分工理论

产业分工理论（Industrial Division Theory）最早是由经济学家亚当·斯密（1981）在《国富论》中提出，他认为分工决定国家发展程度及社会各行业成立与划分，分工与经济增长在长期内表现出互为因果的关系，社会分工促进经济增长，经济不断发展又反向引发更深层次分工。由此，可以尝试通过考察经济体中产业发展程度来度量分工发展的深度与广度。在此基础上，马克思的分工理论认为分工并不是独立存在的，新独立行业随分工深化而不断出现，他指出劳动生产率提高可能源于固定时间内劳动力支出增加，也即劳动强度提升或劳力非正常耗费减少。马歇尔（1981）强调不同分工层次应适配不同专业化要求，当分工不断细化时，各行业间在分工效益上存在较大区别，且在规模经济条件下更容易获得分工效益。随着人类实践活动日益深入，分工理论也由传统的劳动分工理论逐渐过渡到更为高级且复杂的模块化分工理论（胡金星，2007）。

产业融合是社会分工的一种再组织过程，上述学者所阐述的分工理论均为产业融合的发展奠定理论基础及支撑依据。自工业革命以来，社会分工不断发展，产业愈加细化，在这一过程中始终存在与社会分工相反的运动，使原来分工界限重新变得模糊甚至消失(胡永佳,2008),原有产业或者企业间的分工链条被打破,通过重组配对建立起全新且有序的分工链条网。社会分工中被细化的行业部门从原有行业中分离出来,初步建立的新兴独立部门与原有部门分工协作、相互融合,逐渐形成一个全新有序的部门个体(许媛媛,2015)。发展到现阶段,以非线性、网络型为特征的模块化分工生产方式开始占据主流,各模块通过移植、互补、替代和整合等活动进行直接生产,独立模块发展进程同步或异步,在降低协调成本的同时提升各部门在复杂动态环境中的适应能力和协同创新效能。

对于智能化融合战略性新兴产业,分工使一些内部要素从战略性新兴企业或行业分离出来,形成专业化外部要素,这就促使了新一代信息技术向产业化方向发展。一方面,以人工智能产业为首的新一代信息技术产业的不断发展为战略性新兴产业提供更加专业的技术和知识服务,促使其生产效率提高和交易成本降低;另一方面,战略性新兴产业的不断发展需要一系列配套硬软件支撑,这也为智能化产业的融入提供了强大推动作用。此外,产业分工理论也为分析智能化融合战略性新兴产业的产业活动融合提供依据,在模块化分工下的产业活动可以划分为研发、生产、采供和营销等诸多过程。在产业分工视角下,产业链整合也是分工对价值、组织和空间等多维逻辑关系进行重构的过程。

2.2.3　产业共生理论

共生概念最初源于组织生态学,描述生态系统中生物体之间的某种特殊联系,后被广泛应用于经济学领域,成为解释产业分工深化的一种现象。作为产业生态学中的关键概念和重要子领域之一,产业共生(Industrial Symbiosis Theory)是以集体形式参与传统上独立的行业,通过材料、能源、副产品等的物理共享或交换以获取竞争优势的合作协同过程(Chertow,2000)。产业共生理论强调将产业活动放置于相互关联的产业集群或流程系统,不受地理邻近性的限制(Walls 和 Paquin,2015),通过产业之间或产业内部的物质交换和其他共享资源流动而产生丰厚经济、环境和社会效益(Wadström 等,2021)。由于产业共生扎根于广泛的产业、社会和生态系统中的物质交换和能量流动之中,已被认为是在改善生态可持续性的同时实现经济效益前景的最佳解决方案,产业必须将产业共生理念牢牢地根植于商业模式中才能激活可持续价值,以应对环境、经济和社会等多方面挑战(Cardoni 等,2020)。

近 20 年来,产业共生研究已呈现理论化、系统化和多样化的发展态势,在关注产业共生概念及其构建的同时，也聚焦于在实际应用中的本地及全球适用性和复制性问题。Lombardi 和 Laybourn(2012)从共生边界检验、社会因素作用、共生网络设计以及共生实施等四个方面对已有研究进行整合，重新解构了产业共生内涵，提出产业共生使不同组织参与到同一网络中，以促进生态创新和长期文化变革，通过网络为所需产出的新来源带来互利交易，为非产品产出带来价值增值，以改进业务技术流程和创造共享知识。产业共生定义中的交换对象由此扩大为包含无形资源交换，如知识、经验、信息和过剩组织能力及其他闲置资源，对产业共生的解决方案也从技术层面转向于社会非技术层面，如关系、信任、沟通和学习等，并与社会网络理论、制度理论和组织战略理论等相关联(Cardoni等，2020)。

产业共生理论为论证智能化技术产业体系与战略性新兴产业之间存在着密切产业关联提供了理论依据。由于极强的技术溢出性，战略性新兴产业的各种活动会辐射带动其他关联产业，显著提升产业经济增长速率，战略性新兴产业的子产业之间及其子种群之间在种群创建率和种群密度上关联密切，呈现共生演化关系。对于战略性新兴产业，其研发、设计、融资、营销、售后服务等流程最初均依附于制造业，但随着新一代信息技术的发展，物联网、大数据、云计算、人工智能等技术体系逐渐从战略性新兴产业中剥离开来，通过信息产业化、数字产业化和智能产业化，形成独立技术产业，为其他制造行业提供多样服务。由此看出，人工智能产业的新兴子种群往往是从战略性新兴产业中的产业部门及其子种群中分化出来的，如网上银行、电子商务和文化创意等新兴产业，战略性新兴产业子种群密度的增加能促进人工智能产业新兴子种群的创建率提高，在两者融合过程中形成互动关联、协调发展的产业互惠互利共生形态。

2.2.4 产业价值链理论

自波特于 1985 年提出“价值链”概念以来，价值链理论已广泛应用于企业、行业、产业集群以及全球网络等诸多领域。价值链创造活动通常发生在产业内(产业价值链)和企业内(企业价值链)两个层面，产业价值链理论(Industrial Value Chain Theory)用以描述产业从研发、生产、分配和最终处置等不同阶段产品和服务所需的全部活动，是探寻特定行业中不同参与者之间相互作用的有效方法和分解工具(Zamora，2016)。产业价值链增值通过阶段性递进的自然操作顺序来实现，从原材料到初级制造、商品制造、产品开发制造，再到营销和分销给零售商和最终消费者，价值链条中的每个环节都涉及价值创造和获取，且外部知识管理系统使链式成员之间的距离更近，从而提升整个价值链附加值（Danskin 等，2005）。此外，合作创新将产品流程管理所涵盖的要素集中于网络结构中，以创建产品—服务响应机制，任何合作伙伴联动使用网络资源要素，都会促使响应机制向价值链上下游延伸（Walters 和 Rainbird，2007）。产业价值链需要考虑不同参与者的贡献及其相互关系，这样不仅便于判断影响价值链运作成效的因素，而且有助于确定特定行业中获取竞争优势所需的条件以及每个链式主体如何最大限度提升价值回报率。产业价值链的分析可以从参与者、有利环境和服务提供商三个层面展开（Zamora，2016）：其一，对于参与者而言，产业价值链侧重于网络内复杂动态联系，其中价值创造和获取均发生于包含供应商、分销商、合作伙伴和合作者的价值系统中；其二，有利环境包含创造价值链运行条件的关键因素，如基础设施、政策法规以及塑造市场生态系统的制度流程，这些因素超越各参与成员所控范围；其三，服务提供者包括为产业价值链提供商业支持或扩展服务的主体，服务内容涵盖市场信息、金融服务、运输服务、研发设施和认证服务等，极大拓展了上下游各链式主体的资源整合范围（Zott 等，2011）。

战略性新兴产业的智能化融合过程是不断解构和重组、设计和再设计产业价值链的过程。在此过程中，战略性新兴产业相关企业通过对价值链上各环节价值活动的细分，识别自身核心价值活动及业务优劣势（周勇，2012），持续进行技术、管理、服务和机制等创新，突破原有产业边界，向智能化相关产业拓延，再通过价值链内部活动对战略性新兴产业与智能化产业链进行重组、优化和创新，形成包含战略性新兴产业和智能化产业核心价值活动的全新产业价值链。

2.2.5 产业融合理论

建立在产业发展分工基础上，产业融合（Industry Integration）是随着技术创新和传播而出现的一种新经济现象（Greenstein 和 Khanna，1997），最早来源于信息技术带来的行业间交叉转变。随着信息技术与互联网技术的交融发展，以及跨行业、跨地区兼并重组，原有产业边界渐趋模糊，若干新兴产业形态不断衍生重组，推动产业融合持续发生。产业融合是涉及技术、服务、商业模式以及整个社会运作的一种产业革新方式，是现有技术轨道整合所引致的多元素整合结果，其目的是使低端产业成为高端产业的有机组成部分，以实现产业结构优化、模式革新和要素升级。产业融合已成为现代化产业体系的发展趋势和新经济时代的重要主题。对于产业融合概念，学术界仍未有统一且完整的界定，学者们大致从融合动因、融合范式和融合结果这三个视角进行探讨（表 2-5）。

表 2-5 产业融合概念界定

视角	代表学者	产业融合概念
融合动因	植草益（2001）；马健（2002）	技术进步和管制放松引致的产业边界和交叉处的技术融合过程。
	Malhotra(2001)	由于需求方的功能融合和供给方的机构融合使相对独立的企业成为直接竞争对手的过程。
	Sahal（1985）；Greenstein 和 Khanna(1997)；于刃刚等(2006)	技术创新在不同产业之间扩散的现象。
融合范式	厉无畏和王振(2003)	行业产业间相互渗透、交叉，融为一体并形成新产业或新增长点的动态发展过程。
	胡金星(2007)	不同构成要素竞争、协同和演化而形成新产业的自组织过程。
	严奇春和金生(2013)	知识创造与扩散的过程。
融合结果	周振华（2003）；Bally (2005)	原有产业边界或部门边界由固化转向收缩甚至消失的模糊化过程。
	Lind（2005）；Greenstein 和 Khanna(1997)	产业边界重新界定，原有独立市场合并，跨行业进入壁垒降低乃至消除的过程。
	Yoflie(1997)	通过数字技术运用使原先相互独立的产品重新整合的过程。

资料来源：综合各学者研究观点整理得出。

融合动因视角。植草益(2001)和马健(2002)认为产业融合是受技术创新和管制放松的双重作用下发生在产业边界和交叉处的技术渗透现象，并由此催生产品特征、市场需求以及竞合关系的裂变，也即产业融合实质上是建立在技术扩散和创新基础上的产业创新现象(Greenstein 和 Khanna，1997；于刃刚等，2006)。

融合范式视角。产业融合是不同产业间或同一产业不同行业间，伴随知识创造与扩散而产生渗透、交叉、相融，催发新业态或新增长点的作用过程(厉无畏和王振，2003)，并在此过程中以自组织为特征进行要素协同竞争演化(胡金星，2007)。

融合结果视角。产业融合是以数字融合为基础，从产业分立中演变，通过数字技术运用使原先相互独立的产品重新整合的过程，在此过程中产业边界重新界定，原有独立市场合并，跨行业进入壁垒降低乃至消除（Lind，2005）。产业融合的最终结果是从根本上改变原有独立产业或部门的边界，使其由固化转向收缩、消失甚至模糊化重构（周振华，2004）。

综上所述，本书把产业融合界定为：在技术创新、管制放松和市场需求变动背景下，原本独立的不同产业或同一产业内不同行业随着时间推移在不同结构层次上相互渗透、交叉和重组，直至产业边界逐渐模糊甚至消除，以发展成为新产业形态的动态演进过程。应该看出，尽管研究视角存在差异，但综合这些视角可以总结出产业融合的规律和特征：①产业融合是科学技术变革与扩散过程中出现的一种新经济现象，技术进步能够提升两个或多个产业间融合的可能性，在此基础上的产业融合提高了产业的创新能力和结构优化能力，促使新产业或新经济增长点的出现（厉无畏和王振，2003）。②产业融合通常发生在产业边界或交叉处，数字信息技术革命改变了旧有产业结构模式和固有竞合关系，通过相互渗透和交叉，原有独立或性质各异的两个或多个产业边界模糊甚至消失，促使企业成为直接竞争者，企业数量增加进一步激化竞争态势，创造新的机会和威胁（植草益，2001）。③产业融合实质是相互关联产业间的创新形式（郑明高，2010），从信息产业到其他产业，从技术融合到业务融合、市场融合，产业融合是逐步扩散累积的动态过程（Alfonso 和 Salvatore，1998）。④产业融合核心是分工内部化（胡永佳，2008），产业间分工明确是效率提升的前提，产业融合增强行业企业之间协作能力，技术进步也是对产业分工细化而超越结构边界限制的一种创新，能够促进资源在时空范围内合理高效流动配置，催生新业态。

对于产业融合类型，现有学者主要从产业要素、市场供需、融合程度以及融合过程等视角进行划分（表 2-6）。从产业要素来看，产业融合可以分为技术融合、产品融合和管理融合等。产业要素融合侧重于在某一时间点上从不同侧面进行横向整合，如技术融合是将当前现有技术与一种或多种新兴技术合并，实现技术突破下的产品价值倍增。

表 2-6 产业融合类型

研究视角	融合类型	代表学者
产业要素	技术融合;产品融合;设备融合;管理融合	胡汉辉和邢华(2003);胡金星(2007)
市场供需	替代型融合;互补型融合;结合型融合	Greenstein 和 Khanna(1997);Pennings 和 Puranam(2001);Stieglitz(2002);张磊(2001);周振华(2004)
融合程度	全面融合;部分融合	植草益(2001);于刃刚等(2006)
融合过程	渗透型融合;交叉型融合;重组型融合	胡汉辉和邢华(2003);聂子龙和李浩(2003)

资料来源:综合学者研究观点整理得出。

从市场供需来看,产业融合分为替代型融合、互补型融合和结合型融合。替代型融合指特征属性相似且独立的产品、服务或技术对原有类目的相应代替,从需求角度上缩减两者差异和界限;互补型融合指功能互补的产品在独立前提下兼容的过程,增强组合效能,在此过程中产品独立性并未丧失;除此之外,结合型融合则是彻底破除原有独立性之后的整合,形成新产品(周振华,2004)。

从融合程度来看,产业融合分为全面融合和部分融合。全面融合指两个或多个产业进行全方位合并形成全新产业;部分融合指受到技术创新、管制放宽的影响,不同产业部门相互竞争,在差异性部分存在的同时,产品或服务的替代性减弱(植草益,2001;于刃刚等,2006)。

从融合过程来看,产业融合分为渗透型融合、交叉型融合和重组型融合(胡汉辉和邢华,2003)。渗透型融通常发生于新兴产业与传统产业边界结合处,信息技术创新和扩散促进原有产业分化解体,出现新兴产业;交叉融合通过产业间互补和延伸来实现,现代制造业和现代农业即是服务业向一二产业扩展的体现;产业内部重组融合发生在同一标准体系内的强关联性产业之间,与产业纵向一体化不同,重组型融合是对技术、制度、金融、服务等多维度链式升级的过程,催生新产业形态。

作为产业变革的重要模式,产业融合是社会经济进步与产业结构优化的必然趋势,是多种因素综合驱动的结果。Porter(1985)强调信息技术的推动作用,认为技术创新或融合能够改变原有产业边界,是融合的主要驱动力;植草益(2001)、马健(2003)以及薛敬孝和樊长在(2011)均认为产业融合始于技术进步和管制放松;Yoffie(1997)通过对信息产业融合分析进一步得出,政府管制弱化、技术水平成熟和管理方式创新是产业融合的必备三要素；在此基础上，学者们又陆续加入了商业模式创新、市场需求演变（Marxt 和 Hacklin，2005）、跨产业并购和战略联盟组建（于刃刚，2006）等因素。纵观现有学者对于动力机制的探究结果，可以将产业融合的驱动因素归结为企业层市场需求驱动、政府层管制放松驱动和技术层技术创新驱动等三类，如图 2-1 所示。

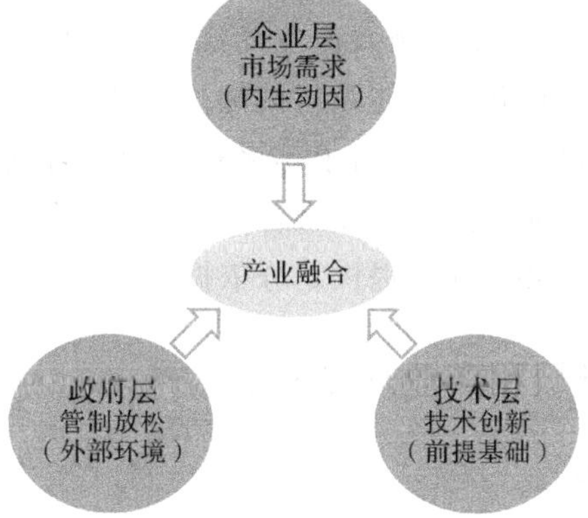

图 2-1　产业融合动因

企业层市场需求驱动。随着人均收入水平提高和消费多元化要求，市场需求作为内生动因，其变化催生企业进行产品创新和结构升级，带来需求驱动型产业融合发展（钟若愚，2007；罗月江，2014）。当前市场经济背景下，消费者对产品的诉求将及时精准反馈于后续产品性能研发中，使得原有产品功能优化和价值倍增，产业融合深化也催生技术升级，技术创新与需求扩大，为产业融合提供广阔市场空间。

政府层管制放松驱动。需求驱动型融合进一步影响政府管制宽松，致使原有独立产业因产品或服务的替代性而互相介入，产业间或企业间竞争进一步激化（程广斌和杨春，2019）。政府规制宽松是融合的另一重要动因，政策制定为产业融合提供外部环境，企业呈现完全竞争状态，在一定程度上能有效降低行业准入壁垒和防止恶性垄断（陈柳钦，2007），开放包容的市场环境使产业边界渐趋模糊，带动上下产业链协调集成，致使产业间出现融合，新产品或新模式的革新将引发产业革命。

技术层技术创新驱动。周振华（2003）指出信息技术融合是整个产业经济信息化的前提，技术进步是产业融合的催化剂和内在驱动力（郑明高，2010），技术

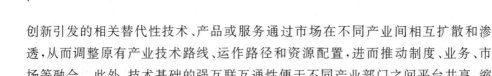

创新引发的相关替代性技术、产品或服务通过市场在不同产业间相互扩散和渗透，从而调整原有产业技术路线、运作路径和资源配置，进而推动制度、业务、市场等融合。此外，技术基础的强互联互通性便于不同产业部门之间平台共享，缩小成本结构和生产工艺等的差异性，形成的通用技术将降低进入壁垒和边界模糊性，加快产业整合速率。

产业融合理论可以被用来解释智能化融合战略性新兴产业的内涵与内在机理。一方面，智能化融合战略性新兴产业的实质是发生在产业边界或交叉处的以人工智能为核心的智能化技术体系对战略性新兴产业的多层次渗透作用；另一方面，技术创新、管制放松、市场需求等多种产业融合动因有助于解释智能化融合新兴产业的驱动机制；此外，产业融合类型也为智能化融合战略性新兴产业的产业活动融合和产业要素融合提供划分依据。

2.2.6 消费升级和产业升级理论

(1)消费升级理论

消费升级也称为消费结构升级，是消费结构在消费水平和消费质量稳步提升前提下，不断由低层次向高层次优化发展的过程。消费升级包括整体消费水平和消费质量的提高、消费结构的合理和优化、消费品提供方式的社会化和专业化三个方面。以更新(或全新)的、更高品质、更高档次的消费品替代原有产品，以更高的质量、档次和消费安全保障提升同类消费品，满足消费者潜在的需求而创造全新的消费品，以人与自然相互协调的消费观推动的理性、绿色和可循环消费等是消费升级的主要方式。

消费升级特征。首先，消费升级具有多样性。消费升级是消费品质、消费理念、消费模式、消费结构和消费环境由低级向高级转进的过程(王蕴和黄卫挺，2013)。由于客户需求具有层次性、发展性和社会性，这就从根本上决定了消费升级的多样性。因此，消费升级既包括对智能化和高端化商品的消费，也涉及对消费品附加价值的追求(王茜，2016)和对更高品质生活的追求。其次，消费升级具有多维性。消费升级包括内容升级和品质升级，是一个多维度的概念(黄卫挺，2013)，内容升级指的是各类消费在居民消费支出中占比，表现为消费结构的变化与调整；品质升级指的是不同品质商品之间在消费支出上的转移，即消费层次的调整与变化(朱孟晓和胡小玲，2009)。

消费升级的影响因素包括内生和外生因素。居民收入、物质财富和消费预期等是主要的内生因素，其中，凯恩斯学派指出居民收入是最根本的消费升级决定因素，包括居民相对收入和居民持久收入，外生因素主要由技术创新、GDP 总量和国家政策等因素组成（杜丹清，2017），其中技术创新是消费升级的主要动力（金晓彤和黄蕊，2017），技术革命推动的供给侧发展创造了消费需求，例如消费者对智能电动车的需求。

(2)产业升级理论

产业升级是一个企业或经济体不断提高迈向更加具有获利能力的资本和技术密集型经济领域的能力的过程（Gereffi，1999）。产业结构的合理化和高级化是产业升级的路径和方式（周振华，1992）。产业结构合理化是产业之间资源配置的质的提升，指通过调整产业供需关系和强化产业之间协同以实现产业动态均衡的供求关系的过程。产业结构高度化是产业之间资源配置的质变，指产业结构从低层次向高层次的演进，具体体现为主导产业的变迁和三次产业产值比例变化（唐志红和骆玲，2005）。

产业升级的本质是技术能力的提升（Tolentino，1993），一般采用技术、市场和管理等多个路径（曹剑飞和齐兰，2016）升级，科技、智能和人文等多种元素的交融构建了产业升级的逻辑，产业升级的趋向是低端、低附加值产业向高端、高附加值产业转型（Hidalgo 等，2007）。除了产业之间资源配置外，产品升级是产业升级又一大领域，其依赖于技术创新，而技术创新又受能力距离的正向影响（张其仔和李颢，2013），反映产业升级收益。但由于新产品研发失败率高，导致产品升级存在巨大风险。因此，寻找或者培育高溢价的创新产品对于产品升级至关重要。智能化情境下，人工智能技术的日新月异推动了各类产业的信息化、数字化和智能化。产业数字化是智能化的技术基础，产业数字化提升了产业的可控性和运行效率，并为智能化融合以及随之而来的产业升级奠定了基础。

(3)消费升级与产业升级

产业升级的基石是消费升级，即产业升级得益于消费升级的驱动。因此，消费升级与产业升级具有一致性特征，这种一致性在智能化情境下表现智能化融合。消费升级从两个层面推动产业升级：一方面，是“量”的积累。消费升级增加了高端消费和提升了消费层次，为产业升级提供了重要的“量”的基础。在智能化情境下，智能化融合和营销创新将提升整个产业智能化的投入产出比，进而促进整个社会的智能化融合产业水平。另一方面，是“质”的贡献。智能化是消费升级的本质特征，这也决定了产业升级的智能化特征，因此，消费升级为产业升级提供了智能化基础。智能化融合将改变产业链的每个环节，成为推动供给侧产业升级的新的动力源泉。

2.2.7 智能化融合理论

经济形态在各个历史阶段有着各自不同的组织单元。以农田为基础的生产要素是农业经济时代的基本单元,以工厂为基础的生产要素是工业经济时代的基本单元。智能经济条件下,以企业为主体,以互联网、大数据、人工智能等智能技术为依托,形成共生共享、唇齿相依的产业组织形式。通过业务交叉、数据流通、业务协同等方式,或借助信息网络技术创造虚拟产业生态,以此构建智能经济的基础结构。

智能经济基本组织单元经过系统性的融合,形成基本产业组织形态,在新技术推动下发展成为智能产业生态系统。智能产业生态系统主要分为空间和产业两个维度(杜爽,2021)。空间维度的智能产业生态系统特指依赖智能技术形成的具有区域特色的产业整体系统。其演进主要由区域经济转型升级中所产生的内生性智能化需求所驱动,并因地制宜地结合产业、科技创新资源,最终呈现出区域差异化特征。产业维度是指企业在智能化生产、智能化进程中,通过网络运营构建起特殊的智能产业生态系统。智能化技术赋能成为产业生态有效运行的重要引擎。

可见智能化融合主要是以人工智能技术为基础构建起来的新型产业组织形态,可为产业的高质量发展提供新动能。其中智能化融合提升的核心是智能要素的投入、技术的研发与运用。要素投入是基础,是智能化融合的集中体现。智能化背景下的企业势必会走向网络化发展趋势,从而催生产业互联网体系,并形成基于数据驱动的智能生产力以连接企业内外部数据链。实现智能化融合产业转型升级的关键在于智能技术的开发与应用,智能化技术升级可以代替体力和脑力劳动,一方面可以减少人力资源的消耗,降低人为操作失误产生的风险损失;另一方面,生产经营期间产生的数据可被用于预防经营风险、创造更多新价值。

智能化融合体现了企业追求劳动效率提高、知识替代的需求,是企业从内生发展演变为社会化的过程,同时又不可避免地突出其所产生的巨大经济和社会效益。产业的高质量发展必须以智能化为契机推动技术革新,将智能化技术渗透制造全过程,达到智能化引领产业实现转型升级的目的(李廉水等,2019)。

(1)智能化融合特征

① 微观层面(企业)特征

以人工智能作为技术支撑。智能化融合的关键是以人工智能为技术支撑实现企业的价值增值。企业层面上，智能化融合的三大主要特点是产品、生产方式以及管理的智能化。生产方式智能化是智能化融合的主体形式。随着消费观念升级，消费需求日渐多元化和细分化，以智能化生产为代表的非标准化生产方式更能适应当今市场主流。产品智能化是智能化融合的初始动力。由于同质化是传统产业时期的典型特征，智能化产品更能实现供需精准匹配，最大限度地满足消费者个性化需求。对新型智能产品的设计与生产要求各流程环节实现智能制造，通过赋予更多科技含量实现产品的价值增值。管理与服务智能化是智能化融合的必然趋势。传统高时效、高成本和高风险的管理服务已无法有效对接智能化生产系统，采用人工智能、大数据分析技术挖掘管理数据，有助于填补管理漏洞、提高工作效率、减少运行成本。

以跨界经营作为提升。企业借力数字技术和智能技术重塑业务、拓展边界，获得更高水平的规模经济和范围经济。智能化融合与网络协同加速企业实现多边关系跨界连接，是企业展露出成长态势的重要推动力量。智能化融合会促进组织扁平化的架构嬗变、平台化的运营管理和业务单元的微型化发展。随着企业边界无限纵深拓展，与其发生联系的个人、组织、企业和机构，都将成为企业价值的创造者。协同共生和跨界经营帮助企业扩大原有资源优势，加速生产要素、信息要素等的自由流通，有利于提高经济效益和促进整体产业发展。

以长期服务作为趋势。由于互联网的扩张、资源与环境的双重约束，原先以制造为主的产业逐步增加软件、文化数字内容等服务型产业，以智能化融合为支撑的生产环节也向研发和营销等延伸，实现产品售前售后的全服务过程管理。智能化融合环境中，智能化产业体系重塑了企业与消费者之间的联系。第一，双方关系更趋紧密。不同于以往企业为获取用户需求信息付出的高额搜寻成本，智能化平台、大数据、云计算等智能技术可以帮助企业实时、直接地掌握消费者信息、产品运行情况、消费者的实时反馈内容，促使企业与消费者能够深入互动，形成良好的客企关系。第二，改变了企业向消费者提供价值的方式和内容。随着生产方式向服务型制造、个性化定制演进，企业从原先消费产品转变为体验服务，“产品＋服务”“产品即服务”等价值提供新方式愈发被认可。第三，企业与消费者之间逐渐形成良好依存关系。智能化融合企业已不再满足于简单的产品出售，而是向消费者提供多元化的产品和服务，以此与消费者共同构筑持久性、多维度的服务关系。

② 中观层面(产业)特征

以适应性为主要特征。产业生态系统在智能化融合过程中呈现出自我适应、自我学习和自我发展能力。一方面基于特定区域的产业及技术基础，智能化融合产业生态系统逐渐发展，其自增强机制得以生成。另一方面，产业生态系统与外界环境存在相互协调、相互适应的关系。产业生态系统在内生动力和外部动力共同作用下实现发展与演进，不可避免地会通过各种反馈进行自我调节，积极适应外部环境变化。智能产业生态系统由智能企业、平台、网络等构成，系统与外部环境不断进行数据、物质、资本、信息与价值等要素的交换（杨仲元等，2016），以此获得持续发展动力并实现从无序到有序的变化。

以平台作为主导方式。在智能化融合发展进程中，产业价值链呈现出高度融合特性，上下游关系发生重组转换为优势互补、互惠共生新模式，其中一些大企业逐步发展成为平台型企业。新一代人工智能技术开放创新平台是借助核心企业在智能技术研发、应用场景设计、投融资服务等领域的深耕和积累，发展起来的具有高扩展性、重大影响地位的核心平台。核心赋能平台企业主要有两类，一类是具有代表性的互联网巨头，利用自身算力算法强大、雄厚资本和辐射范围广等优势，搭建数据智能平台，成为核心赋能主体，并不断探索打造垂直领域子平台，引导智能产业生态系统快速发展。另一类是随着智能技术的发展应用及与产学研的紧密结合而兴起的核心技术平台企业，聚焦于关键难点技术，强调多维度、多平台推动我国智能产业技术创新水平实现新突破。

以生态化发展作为目标。随着智能化融合，产业越来越明显地显现出生态化特征。一方面借助数字化、网络化和智能化技术，产业发展突破区域、空间界限，实现了互通互联和生态化转型。另一方面，产业价值链的深入融合引发产业的横、纵向边界跨越，通过业务交叉、数据联通、运营协同等形成新融合机制，从而打破地域边界和产业类型的限制。智能经济背景下，产业生态系统在组织结构、产业布局、资源配置、空间载体和企业间关系等多方面呈现出巨大优势，企业为实现快速成长必须融入或者创建一个产业生态系统，并借助新一代信息技术在协同、融合与共生的过程中获取生态效益，形成自身核心竞争力。

③ 宏观层面（总体）特征

以培养人才来构建核心竞争力。人才是第一生产力，智能化融合的创新与发展离不开高端技术人才资源的支持，智能化技术的应用又反向对从业者提出新的、更高的要求。全球信息技术飞速发展之际，人才竞争愈发激烈，唯有以人才为主导的创新发展才能不断提高智能化融合产业竞争力。因而，以人才驱动实现未来智能化融合需要通过培养基础应用人才、引进高层次人才、完善人才创新体系，才能为智能化融合提供人才保障。

以统筹兼顾来补齐发展短板。统筹兼顾有利于补齐发展短板，实现全面协调，促进产业行稳致远。智能化融合是一个复杂且涉及大量专业知识与技能的过程，需要多学科多领域的产学研协同创新以保障智能化融合进程。国外智能化融合的重点在于利用智能技术重塑产业并构建智能生态系统，我国应借鉴其优秀做法，结合目前发展现状，通过强化顶层设计，鼓励产学研合作，促进产业技术集成创新和加速智能化产业链转型，从而全方位推进智能化融合进程。

以重点突破来引领智能化融合全方位发展。产业发展进程中重点突破系列关键技术是确保产业生态体统稳定的重要途径。目前智能化融合发展聚焦于新一代智能技术这一关键领域，通过繁育关键共性技术，制定智能化发展标准体系，优化顶层设计和体制机制建设，引领智能化融合迈入发展新时代。

(2)智能化融合基本逻辑和效应

① 基本逻辑

人工智能作为新型高科技技术必将带来生产要素结构的调整，进而推动现有技术经济范式的更新转型。传统产业技术历经数次变革已经形成相对清晰和完善的产业技术生态系统，在既定的经济范式下，产业发展往往存在路径依赖，产业技术积累和转型升级往往依赖于渐进式技术创新方式。除此之外，突破性技术创新也是产业转型升级构建创新优势的主动选择。正如熊彼特提出的“创造性毁灭”过程，新兴技术为产业带来更加智能、更具效率的发展环境，并推动产业结构的跨越。关键生产要素是技术经济范式中的“一组投入”，具有低生产成本、无限供应能力和广泛的应用前景三大特征，是判断和划分技术经济范式是否发生转变的重要依据。当前，人工智能已具备诱发技术经济范式变革、促进关键生产要素升级的潜力。具体来看，人工智能是以大量数据为基础创造价值，从而使数据在产业发展中处于至关重要的位置。而互联网、大数据、云计算等信息技术的应用使得企业挖掘各行业数据的成本逐步下降；生产设备、产品设计的智能化改造会持续创造出海量数据，为智能化融合创造价值提供了先决条件。智能化融合通过与数字化技术、设备和产品的广泛扩散与结合产生大量数据，数据通过与其他生产要素的融合形成新的要素结构并进行价值创造，促进技术经济范式的变革升级。

智能化技术经济范式的创立将为产业转型升级构建一个具有更高生产效率和产出水平的新框架和新标准。在更高效的技术经济范式下，人工智能的广泛应用会加快生产要素流动和生产效率提高，推动传统产业结构调整，催生新兴产业，助力产业转型升级。一方面，拥有高科技水平和生产力的主导产业在驱动产业结构向更高层迈进过程中，会不断搜寻专业人才、金融资本等创新资源，以推动产业向知识积累和技术进步产业发展。另一方面，人工智能技术的广泛普及与渗透，极大地促进了资源配置效率、生产力水平和经济增长。可以说，新兴智能产业的发展、传统产业的变革等创新活动离不开人工智能。历史成功经验也证明突破性技术创新对产业发展有着深刻影响，以智能技术为主导技术确定的技术经济范式，最终都实现了产业跨越式发展（浦悦和胡斌，2021）。因此，智能化融合是产业可持续发展的基石，利用突破性技术创新引发技术经济范式的变迁，从而改造传统产业部门、发展新兴产业。

② 融合效应

智能化融合会深刻影响和改变各个行业，引领产业进入“智能化”新时代，引发产业范式的巨大变革。网络协同和数据智能是智能产业最重要的两个组成部分，二者机制不同却相辅相成。网络协同推动数据智能发展，数据智能也为网络协同扩张助力，构成智能产业的双螺旋（曾鸣，2019）。网络协同作为一种治理模式是指大规模、并发的和多角色的实时互动以解决单一主体无法解决的特定问题。与以往通过命令、科层制方式调整不同，现在更多的是以实时互动方式实现数据智能代替人做出决策。当然智能产业能展现出如此强大的生命力，还与双螺旋所形成的“黑洞效应”有关。“黑洞”也代表着其有巨大的能量场：首先是有着指数型扩张的互联网天然优势的“网络效应”；其次是有着数据智能乘法优势的学习效应；最后网络扩张能天然推动数据智能发展。依托数据资源，人工智能深度应用于产业，创造出新的商业模式，这些商业模式在原有产业的传统基础设施、商业逻辑与决策闭环中往往难以实现。使用信息和数据的过程是价值再创的过程，信息价值在使用过程中以几何级数上升，而数据传播的边际成本却不高。因此，信息的非对称性会加强数据传播力，从而产生天然的网络张力。

(3)智能化融合实现机制与完善路径

① 实现机制

智能化融合为自主创新提供新方向。在产业发展进程中，主要以技术引进、模仿创新、技术溢出等措施追求技术前沿，实现产业技术累积，但这种发展方式极易形成路径依赖，削弱自主创新积极性，导致产业技术持续在低水平循环。为了创建技术新路径和开拓产业发展新空间，现代信息技术、大数据处理技术和人工智能等的应用为智能化融合中的技术创新指引了新方向。通过掌握关键技术路线，打破产业发展中留存的低端锁定效应。另一方面，攻克产业“卡脖子”核心技术仍是难题，对新技术关键路线的深入研究和有效掌握，有利于新技术标准体系建设，提升我国产业在全球价值链中的国际竞争力。

智能化融合促使劳动力禀赋提升。产业发展离不开技能和知识的主要载体以及产业结构升级的重要驱动力——人力资本。智能化融合将提升产业自动化水平，引发劳动力市场变革，为产业转型和升级提供强有力的支持。一方面，智能化融合可以最大限度降低人力资本的使用。在业务流程中重复性高、标准化强的任务可由智能机器进行操作。麦肯锡的报告就认为依赖于智能化融合的不断深入，全球50%的工作内容将实现自动化。另一方面，伴随着人工智能与交通、制造、金融、零售等领域的融合将催生新业态和新模式，并创造大量颇具个性化、含较高附加值的岗位，这也对劳动力提出更高要求，倒逼劳动力禀赋升级。可见，智能化融合需要劳动力市场进行相应的变革提升，为此，需要尽快出台有助于智能化融合领域人才培养的机制和政策，通过人力资本的禀赋升级来推动智能化融合。

智能化融合提升生产效率。智能化融合主要通过代替或辅助劳动力来有效提升部门的智能化程度，进而促进生产效率。一方面，在标准化和流程化的应用场景中，人工智能能更大程度发挥效能，推进应用场景的智能化水平。另一方面，在一些复杂应用场景中，人工智能能更好地替代或辅助人们以提高工作能力和效率。在此期间，人工智能的应用也是资本深化的过程，技术水平提升和产品成本下降为其提供原动力。人工智能作为新兴技术能提升企业生产力水平和利润率，为企业带来较大生产效益，以此成为当前吸引投资最为活跃的领域。资本深化与生产效率提升又进一步推动人工智能让你更加广泛地渗透到生产运营的各个流程环节，形成良性循环。同时，智能化融合还能帮助降低生产服务成本，刺激各产业对人工智能的投资，以此推动人工智能资本深化。

智能化融合催生新业态、新模式。加快高新技术成果的落地转化有利于培育更高生产力的新兴产业，促进产业结构升级，在此过程中，一方面，以人工智能技术为基础的新兴产业将脱颖而出，通过为市场提供智能产品和服务以培养消费者的新需求，进而促进消费结构升级。需求与供给的耦合互动反向推动新兴产业部门提供高质量、具有创造性的产品与服务，最终实现产业升级。另一方面，大量突破性和颠覆性技术容易触发技术创新，形成密集技术创新“簇群”现象，而互补式技术创新的商业化和产业化将催生更多的新兴产业。通过人工智能和技术创新的产业化最终会促使以智能化为核心特征的现代化产业体系构建，实现产业跨越式转型升级。

② 完善路径

加快产业平台建设。随着新一代虚拟技术迅速发展，人工智能与5G商用、云计算等技术的融合，为经济带来互动式体验、智能化升级等新发展动态。通过优秀算法和海量数据的加持为产业的发展与转型带来更多可能性。由于人工智能、大数据、深度学习等关键技术发展仍处于初步阶段，应着力强化其与各领域知识紧密融合，赋能产业智能化；构建智能产业生态系统平台，进一步完善其运行机制和监管体系；鼓励平台企业和平台利益相关者共同参与平台治理，实现资源共享、风险共担和价值共创；加强智能产业生态系统平台的经济基础设施建设，加大对其共性标准、关键技术标准的研制与推广。

突破智能技术瓶颈。加速智能产业生态系统发展，关键在于核心技术、算力算法和重要软件的创新突破。首先要大力支持企业走差异化技术路线，抢占市场先机。其次可以推进强强联合，集中人力、物力、财力强化智能技术创新突破。依托智能产业应用场景和市场空间，引导产业链上下游相互支持，加快智能企业商业化应用和创新迭代步伐（杜爽，2021）。最后，要充分发挥算法在智能化融合发展中的重要作用，通过吸取互联网时代各类算法主导生态的经验，用平台和生态系统思维去设计算法框架。

推进产业生态发展。智能生态系统的建设需要通过开放协作方式，充分利用内外部要素和资源，为企业自身发展注入强大活力。当前智能化融合生态系统的产业集聚效应不强，人工智能技术、产品和服务等多方面都有较大提升空间。要从微观和中观层面分别为智能产业生态系统赋能。微观层面要加强智能化与企业的协同和融合，推动企业智能化、网络化建设与改造；中观层面借助各地区或产业的数据、技术、人力及资金等要素，实现产业智能化升级。此外，还可结合区域特色，加速发展人工智能技术、信息数据服务产业的衍生业态。

发挥政府引领作用。智能化融合的快速发展需要通过政策引导支持，完善自身运行机制。首先政府应着眼于未来产业发展的整体状况，制定相关技术标准体系和智能产业发展政策，引导促进智能生态系统的健康运行。地方政府更应该结合智能化融合区域发展实际情况，采用相关税收及资本等扶持手段，助推区域智能化融合发展。无论在国家或地区层面，都要重视提高政策的针对性和时效性，尤其针对目前形势和发展需求，制订更为切实可行的政策，健全各类政策执行机制。

2.3 文献综述

2.3.1 战略性新兴产业融合相关研究

产业融合是提升产业竞争力的有效方式，在面临挑战的同时，产业融合优化组织结构、改善企业绩效、推动经济增长方式升级，拓宽消费空间，实现社会福利增长。学术界从融合视角探讨战略性新兴产业的促进机制，研究主要涉及产业融合对战略性新兴产业的影响、战略性新兴产业与传统产业融合以及战略性新兴产业与现代服务业融合这三个方面，整理如表 2-7 所示。

表 2-7　战略性新兴产业融合的相关研究

研究主题	研究内容	代表学者
产业融合的影响	融合本质和表现形式	Kim 等(2012)；岳中刚(2014)；宋红坤(2009)
	协调演化机理	Gambardella 和 Torrisi(1998)；梁伟军和易法海(2009)
	作用路径和阶段性影响	林学军(2012)；李丫丫(2015)
与传统产业融合	技术差距与融合可能性	Mendonca(2009)；Osaka(2002)
	促进效应、协同关系和互动特征	马荣华(2015)；黎春秋和熊勇清(2011)；董树功(2013)；孙军和高彦彦(2012)；张倩男(2013)
	融合的作用路径和阶段性影响	张银银和邓玲(2013)；熊勇清和李世才(2011)；林学军(2012)；张治栋和朱国庆(2015)；霍影和霍金刚(2015)
与现代服务业融合	融合内涵及联动重要性	曾铮(2011)；王小平(2011)
	路径选择和促进效应	肖兴志等(2010)；钱志新(2010)；李虹(2011)；
	融合测度	张艳芳(2015)；王缙(2018)

资料来源：综合学者研究观点整理得出。

(1)产业融合对战略性新兴产业影响

产业融合已成为培育战略性新兴产业的重要方式，对于产业融合对战略性新兴产业影响的本质和表现形式，Kim 等(2012)认为新兴产业的出现得益于技术与学科的融合，岳中刚(2014)指出战略性新兴产业成长实际上是新兴技术链与新兴产业链的融合，宋红坤(2009)把信息化和工业化的两化融合作为传统产业与信息技术产业融合的表现形式，目的在于驱动新兴产业发展。有关产业融合的协调演化机理，Gambardella 和 Torrisi(1998)聚焦于高技术产业关键因素分析其融合机制，梁伟军和易法海(2009)以农业与生物技术融合为研究对象得到生物农业的衍生机理，指出生物技术与农业的融合是协同演化的结果。此外，在产业融合的作用路径和阶段性影响上，林学军(2012)认为战略性新兴产业发展必须经历“高技术产业嫁接—传统产业裂变—两产融合”三个模式和阶段；魏芳(2012)强调新兴产业组织结构的促进作用,提出产业的集聚、融合和模块化影响着组织横向联系和空间网络化;而李丫丫(2015)以生物芯片产业为例,从缘起、扩张和绩效提升三个方面研究产业融合对战略性新兴产业的作用路径。

(2)战略性新兴产业与传统产业融合

在分析高新产业与传统产业的技术差距后,Mendonca(2009)提出新兴产业与传统产业互融互通的可能性,两者之间绝不是替代与置换的关系,而是呈现正向非对称共生共存的态势(马荣华,2015);通常情况下,新兴产业通过溢出效应、置换效应和联动效应促进传统产业升级,经由资源转移和市场共享达到良性互动(黎春秋和熊勇清,2011;董树功,2013),在不同发展阶段释放比较优势,呈螺旋式协同关系(孙军和高彦彦,2012)。除理论分析外,张倩男(2013)通过构建耦合协调模型对两产融合情况进行评价。在两产融合的作用路径和阶段性影响上,创新驱动传统产业向新兴产业转型可以分为前端、中断和后端三种路径(张银银和邓玲,2013);针对新产趋同和旧产让位局面,霍影和霍金刚(2015)从外部效应出发,确立了“技术引入—要素升级”和“产业转移—模式创新”两种不同改造路径。而在阶段性影响上,熊勇清和李世才(2011)提出了“双峰逼近—协调发展—良币驱逐”三阶段融合思路;林学军(2012)探讨嫁接式、裂变式和融合式的具体影响;张治栋和朱国庆(2015)则研究了共生、分立与融合三阶段两产互动特征。

(3)战略性新兴产业与现代服务业融合

对于两产融合的内涵和融合重要性,曾铮(2011)强调发挥战略性新兴产业对现代服务业联动作用的重要性,以两业融合促进结构升级;王小平(2011)阐述了新兴产业与现代服务业融合后形成的如新能源服务业、新材料服务业等交叉产业的内涵,并提出完善市场竞争机制、加大资金支持和税收优惠力度、提供专项贷款补贴等政策建议。在与现代服务业融合的路径选择和促进效应上,钱志新(2010)研究了融合后的新能源金融的路径选择以及利用资金融通与资源整合实现互动后的价值增值;刘汉祥(2014)通过对美国、日本和中国两业融合情况的对比研究,揭示了战略性新兴产业与现代服务业融合的内在机制。此外,在产业融合程度评测上,张艳芳(2015)利用投入产出分析法实证分析了天津市两业融合程度;王缙(2018)则采用层次回归模型对新兴产业与生产性服务业协同创新能力进行测度。

2.3.2 智能化融合传统产业相关研究

人工智能是新一轮科技革命和产业变革的重要引擎,对各个产业都具有强大的渗透和改造能力。产业智能化是开发人的智力资本，创造智能硬软件及配套设施，通过人机一体化的智能系统和基于互联网的分散控制，对所有传统产业和整个国民经济体系进行智能化改造的过程（贾根良，2016）。对于智能化融合产业的概念，从狭义层面理解，智能化融合产业仅指智能技术体系与原有产业先进技术的结合（鲍怡发，2020），赋予其新的活力；从广义层面来看，智能化融合产业代表产业全过程智能化，是以人工智能为核心的智能化技术体系对产业架构、活动、要素等的全方位、多层次渗透过程，其核心是人工智能产业化和产业智能化的深度融合。按照产业类型，学术界对于智能化融合的相关研究主要集中在农业、传统制造业、服务业等领域，整理如表 2-8 所示。

表 2-8　智能化融合传统产业的相关研究

研究主题	研究内容	代表学者
智能化融合农业	融合内涵	Spanaki 等（2021）
	应用现状和应用场景	刘双印等（2019）
	技术融合模型开发	Fountas 和 Garcia（2020）；Guillen 等（2020）
智能化融合传统制造业	应用场景	芦永明等（2014）；Rahmanifard 和 Plaksina（2018）
	技术融合模型架设	李西兴等（2016）；Rosienkiewicz（2020）
	内在机理与实现路径	赖红波（2019）
智能化融合服务业	金融领域融合场景和技术渗透路线	Li（2020）；Fan 和 Wu（2021）；Stasinakis 和 Sermpinis（2020）
	酒店和传统旅游业融合影响因素和算法应用	Nam 等（2020）；Lee 等（2021）；Kazak 等（2020）
	文化产业融合现状和融合模式	黄蕊和徐倩（2019）；杨毅等（2018）；黄美玲和向辉（2018）

资料来源：综合学者研究观点整理得出。

（1）智能化融合农业

第四次工业革命重塑了农业技术（AgriTech）领域，带来颠覆性技术创新，对于融合内涵，Spanaki 等（2021）对 AI 驱动下的农业技术进行概念化和分类，探究智能、高效、可持续农业运作背后的相关技术。以人工智能为代表的新兴助农技术已为我国农业经济提供重要动能，对于智能化融合农业的应用现状和应用场景，刘双印等（2019）分析了 AI 技术在种植业、畜牧业、农产品销售等多领域的应用现状，以及智能农业在产前、产中和产后的应用场景。陈桂芬等（2019）

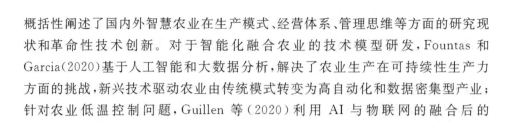

概括性阐述了国内外智慧农业在生产模式、经营体系、管理思维等方面的研究现状和革命性技术创新。对于智能化融合农业的技术模型研发，Fountas 和 Garcia(2020)基于人工智能和大数据分析，解决了农业生产在可持续性生产力方面的挑战，新兴技术驱动农业由传统模式转变为高自动化和数据密集型产业；针对农业低温控制问题，Guillen 等(2020)利用 AI 与物联网的融合后的“AIoT”，建立了一个基于长短期记忆的霜冻预报深度学习模型，AI 赋予的算力和物联网赋予的算据为边缘计算在农业温控中的应用提供新机会。

(2)智能化融合传统制造业

新时代我国制造业高质量发展要求新兴产业培育与传统产业改造并行(任保平，2019)，在智能化融合传统制造业的场景应用方面，芦永明等(2014)分析了物联网信息采集、网络通信、集成应用等技术在钢铁业生产、运输、环保、管理等环节的实践，以实现钢铁企业智能化；Rahmanifard 和 Plaksina(2018)描述了进化算法、群体智能、模糊逻辑和神经网络这四种 AI 技术在石油工程中的应用。对于智能化技术融合的模型架设，李西兴等(2016)针对纺织机械制造业在现有生产加工制造过程中的数据处理问题，架设了决策层、管理层和执行层三层数字化智能化管理平台模型，便于数据集成共享以及全流程监控；Rosienkiewicz (2020)针对采矿业设备需求预测问题，将传统基于时间序列的预测技术与人工智能结合，提出新混合评估模型。此外，赖红波(2019)阐述了设计、互联网与传统制造业的“三业”融合创新内在机理与实现路径，通过 UI(交互设计)赋能情感，共同助推人工智能与传统制造业在智能设计、智能服务、智能生产、智能决策等过程的链式升级。

(3)智能化融合服务业

人工智能赋能服务业可以细分为金融、酒店、文化等产业。首先，智能化在金融领域的应用主要表现在智能客户服务、生物特征识别和智能投资顾问三个方面(Li，2020)，以及保险证券、信用调查、资产配置、大数据风控等场景(Fan 和 Wu，2021)。Stasinakis 和 Sermpinis(2020)探究了人工智能和机器学习在金融技术(Fintech)革命中的技术路线和渗透程度，并从多角度分析这些技术的变革共生对银行、中小金融科技企业的有利影响。其次，智能酒店为传统旅游业带来新生机，Nam 等(2020)以迪拜酒店为例，讨论了人工智能和机器人技术在酒店运营和客户服务中的应用，从技术、组织和环境三个层面调查和揭示了智能酒店的影响因素；Lee 等(2021)利用机器学习算法分析大型酒店餐饮数据，提升用户决策精准度；Kazak 等(2020)认为个性化算法使旅游机器人可以取代甚至更优于传统旅行社。此外，人工智能以其机器智能和创新能力成为驱动文化创意产业转型的新技术范式，对此，黄蕊和徐倩(2019)统计了“AI＋文化产业”的市场需求、技术融合和政策支撑情况；杨毅等(2018)分析了文化生产、文化传播、文化消费三大融合实践模式；黄美玲和向辉(2018)提出技术、业务、市场和运作四种融合方式以及政府、产业和企业三主体优化路径。

2.3.3 智能化融合战略性新兴产业相关研究

现阶段学术界对于智能化与战略性新兴产业深度融合的相关研究主要集中在驱动因素、融合路径、效应评估和政策支持等方面。

(1)驱动因素相关研究

作为产业变革的重要模式，产业融合是社会经济进步与产业结构优化的必然方向，是多种因素综合驱动的结果。诸多学者从不同视角对智能化融合的驱动因素做了分析，如袁野等(2020)从国际竞争态势视角分析 AI 产业化的技术环境；Arenal 等(2020)建立三重螺旋框架以评估中国人工智能创新生态系统的现状和前景，提出有利环境、技术采用率以及区域产业集群之间的人才资本竞争，共同推动了人工智能本土化发展；Basole 和 Accenture(2021)在考察人工智能生态系统演化进程后，发现其在不同行业的发展轨迹受到技术成熟度、经济风险资本、组织领导才能、社会市场偏好和政策管制等因素影响；黄蕊等(2018)提出技术基础、复合型人才和外部环境是实现“AI＋”产业未来发展模式的关键因素，并在此基础上，补充了政府管制放松和消费需求带动。对上述研究进行归纳总结可以得出，现阶段关于人工智能与战略性新兴产业融合主要聚焦于技术环境、政策管制和市场偏好等诸多方面，可以大致提炼出技术驱动为代表的企业因素、供需驱动为代表的产业因素与政策驱动为代表的环境因素，对于主要代表因素的选择缘由及其内涵剖析解释如下：

技术迭新驱动。产业融合的本质是产业边界的打破与重组，而技术扩散与创新是带动一系列变动的开端(Dosi，1982)，共有技术基础才能促进产业边界的互联互通。周振华(2004)指出信息技术融合是整个产业经济信息化的前提，技术进步是产业融合的催化剂和内在驱动力(郑明高，2010)，因此，对于智能化融合战略性新兴产业而言，技术迭新是影响两者融合路径和融合成效的根本决定因素。技术迭新即指企业、产业或国家对已有技术基础和研发水平进行创新升级的提升过程，借鉴何宇(2017)对技术驱动因素的理解，将技术迭新的表现形式分为技术存量、技术创新与技术扩散三个方面。技术存量指企业、产业或国家目前所具备的知识技术经验总量，成为技术研发重要基础之一(Griliches，1998)，技术存量是技术扩散的储备来源，反映出技术迭新在基础层面的能力和潜力。技术创新是企业经由吸收、整合和重组等方式，将原有技术与新兴技术相结合以提升知识技术储备积累的过程（何宇，2017），技术创新为通用知识和共性技术的产生提供基础。技术扩散则是技术创新的普适性再应用，也即将某一产业内技术创新所引致的新产品或新技术应用于与之关联度较小的其他产业的过程（黄琪，2019），在双向影响中实现产业融合在技术边界上的模糊化。

市场供需驱动。当前市场经济背景下，消费者对产品的诉求将及时精准反馈于后续产品性能研发中，使得原有产品进行功能优化和价值倍增，产业融合深化也催生技术升级，技术创新与需求扩大相互作用，为产业融合提供广阔市场空间。新一代人工智能融合实体经济尤其是新兴产业的带动效应可以从供给方推动和需求方拉动这两种视角进行剖析，并最终落实于供给与需求的平衡态（任保平和宋文月，2019）。市场供需是指消费需求扩展、要素禀赋升级，并达到供需平衡的过程，智能化融合战略性新兴产业受到需求拉动、供给推动以及供需平衡三方影响（任保平和宋文月，2019）。其中，消费需求体现在消费市场不断扩大，消费者需求越趋个性化和定制化（綦良群等，2017），由此带来的高度不确定性加快了融合型产品生产进程，以增强对现有其他产品的替代能力（胡金星，2007）。要素供给强调产业人力、物质和资金等要素供给持续增加（任保平和宋文月，2019），要素禀赋全方位升级改变组织原有分工方式，从供给端降低产业融合不确定性。建立在前两者基础上，供需平衡是要素供给和消费需求交互作用的动态发展过程，供需匹配效率的提升将会大幅度降低战略性新兴产业发展中的各种不确定性，形成良性互动的供需关系（任保平和宋文月，2019）。

政策规制驱动。政府规制是产业融合的另一重要动因，政策制定为产业融合提供外部环境，使企业呈现完全竞争状态，在一定程度上有效降低行业准入壁垒和防止恶性垄断（陈柳钦，2007），开放包容的市场环境使产业边界渐趋模糊，带动上下产业链协调集成，致使产业间出现融合，新产品或新模式的革新将引发产业革命。政策规制指各国各地区为加快智能化融合战略性新兴产业所做出的战略部署和顶层设计，涉及生态创设、人才培育、跨域合作、基础支持等诸多方面。政策规制为突破产业融合进程中的政策壁垒提供有利工具，一般分为政策激励、政策监管和政策放松三个方面（邵必林等，2018）。政策激励指政府出台促进融合的相关诱导性政策（吴昊天，2014），以税收优惠、融资支持为例，加速扩大智能化融合新兴产业的资本市场支撑力度，在投融资支持和减税降负方面实现“增”和“减”的飞跃。政策监管指政府出台强制性规章制度来把控产业融合进程与范围（黄蕊等，2020），如大数据监管条例有利于打造一套完整规范的产业级数据治理体系，帮助客户管理数据资产并创造商业价值。政策放松指政府撤除阻碍融合的相关管制规定(邵必林等，2018)，如允许无人驾驶汽车上路测试将降低人工智能应用的外部政策阻碍(李丫丫，2015)。

(2)融合路径相关研究

对于智能化融合战略性新兴产业路径，从狭义层面理解，仅指智能技术体系与原有新兴产业先进技术的结合(鲍怡发，2020)，赋予其新的活力；从广义层面来看，代表战略性新兴产业全过程智能化，是在以人工智能为核心的智能化技术体系对原有产业整体进行全方位、多层次渗透过程，其核心是人工智能产业化和新兴产业智能化的深度融合。现有学者从诸多方向探究“AI+”模式对战略性新兴产业的影响路径，如王砚羽等(2019)通过对比研究外包、合作和自建等技术嵌入模式下的新零售企业实施“AI+”商业模式的作用机理，认为知识融合和管理融合促进了知识流动，实现了价值增值效应；类似的，王烽权等(2020)也肯定了 AI 对商业模式重构的匹配性，立足新零售电商应用情境论证了人工智能对“人”“货”“场”的作用逻辑转变过程；Taguimdje 等(2020)聚焦人工智能项目在促进组织内部转型中的商业价值，指出 AI 通过市场、行政和财务等商业运作过程提升了组织绩效；李爱玲和范春顺(2007)根据产业整合表现形式对信息产业融合阶段做了诊断，提出智能化融合信息产业具体表现为竞争力技术融合、业务融合和市场融合；辛欣(2013)将基于价值创造机理的产业融合路径分为资源、技术、业务、市场和功能等；伍婷(2014)在模块化视角下将产业链融合演变过程剖析为开发、生产、供应、加工和销售等功能。从已有研究总结得出，智能化融合战略性新兴产业的路径不仅涉及基础层、技术层和应用层等产业架构融合，也涉及知识、技术、财务等要素的相互渗透以及研发、生产、供应、营销等活动的互动影响(高文鞠，2021)。由此，本研究将智能化融合战略性新兴产业路径分为架构融合、活动融合和要素融合三个方面，对于不同方式路径的选择缘由及其内涵剖析解释如下。

产业架构融合。产业架构融合主要围绕人工智能产业和战略性新兴产业在基础层、技术层和应用层的相互联通和重组。基础层主要分为数据资源、算力平台和硬件资源，智能化融合战略性新兴产业基础层也即大数据、云计算、芯片和传感器等 AI 基础分别渗透战略性新兴产业相应部分的内在作用路径(Lundvall 和 Rikap，2020)。以智能数控机床为例，智能机床云控制架构将云计算与开放式控制结构相结合，大幅提升运作过程中的计算存储效能(黄莹等，2018)。作为 AI 产业核心以及连接基础层和应用层的桥梁，技术层聚焦数据挖掘、学习与处理，例如李广和杨欣(2018)将深度学习技术运用于数控刀具加工的寿命监控过程。建立在基础层和技术层之上,应用层指人工智能技术体系对各细分领域或交叉领域进行普适性深度渗透所形成的"AI+"行业模式,其中应用终端、系统及配套软件面向特定行业或应用场景,为用户提供个性化和精准化的产品服务或解决方案(Kumain 等,2020)。例如多模式人车交互方式赋予新能源汽车多场景呈现和个性化、情感化交互能力。

产业活动融合。产业融合的主体指从事融合型产品生产运营的企业,其产品聚焦于多元化知识整合且具备多产业属性和功能,产业融合下的产品创新实质上是产业边界模糊化下的模块化分工重组(胡金星,2007),在此过程中涉及诸多子模块。借鉴伍婷(2014)基于模块化视角对产业融合演变过程的界定,智能化与战略性新兴产业的模块化活动融合一般分为研发活动、生产活动、采供活动和营销活动。其中研发活动指调研预测、构思设计、试制评鉴等一系列新产品开发过程(傅为忠等,2017),当下新产品生命周期急速缩短,对于以自行研制为主的新兴企业而言,如何在新产品研发多个复杂阶段中既规避风险、又能实现降本增效,成为新兴企业必须面临的难题。作为战略性新兴产业中各企业经营活动的中心和前提,生产活动指工厂工人通过机械设备对原材料进行加工、处理和装配的过程,由此得到消费市场所需的各类产品,为后续物流供应、销售服务提供核心物质基础,涉及劳动力、资金、设备、信息和材料等各种生产资源的协同运作(何玉长和方坤,2018)。采供活动不仅包含原材料、设备、配件等用品货物的验收、保管和发放工作,防止其变质损坏,严格把关入库质量、数量和价格,做到合理有序采购仓储,而且也涉及对上述物品在提供者和需求者之间的物流供应,在取得资源后完成厂内、厂间和厂外的物流运输,是采购、仓储、供应、物流等过程的整合,也是后续营销的前提和基础(Woschank 等,2020)。美国营销协会把营销活动界定为"为消费者、客户、合作伙伴和整个社会所创造、交流、交付和交换有价值产品的活动、机构和流程",包含识别营销机会、界定营销问题、改进营销活动和评估营销绩效等一系列过程(Salminen 等,2019)。

产业要素融合。从组成要素视角来看,产业融合是数据、网络、人力、知识和资金等组织要素在产业之间和企业之间相互交叉、渗透和重组的过程,要素融合旨在使原有流程在功能和用途上实现持续创新。现有融合路径研究大多聚焦于技术、业务、市场和功能等方面,这些路径本质上是由多要素通过不同方式进行耦合的结果,借鉴高文鞠(2021)对战略性新兴产业融合要素系统的界定,智能化与战略性新兴产业的要素融合路径一般划分为数据要素、人力要素、知识要素、网络要素和资金要素。其中数据要素指企业现有可用于计算分析的信息集合,数据要素融合涵盖数据挖掘、数据决策和数据集成管理等诸多过程(蔡跃洲和马文君,2021)。人力要素是指企业现有普通员工和中高层管理者等人力资源基础总和,人力要素融合集中在人员招聘、员工学习和劳动力管理等方面(Khatri 等,2020)。从知识管理视角来看,知识要素是企业所具备的可用于解决经营管理中实际问题的观点、方法和经验等内外部信息的综合,人工智能通过知识获取、知识共享和知识应用等过程进行知识要素融合(Liebowitz,2001)。网络要素是指企业通过购买、租用或接入等途径所获取线路情况,网络复杂性受到链路体量、链接方式和链接形态等诸多不确定性因素的影响,人工智能通过网络运行支撑、网络安全维护和网络持续优化等方面实现战略性新兴产业网络智能化(Yan 等,2020)。资金要素指企业在生产再循环和财富积累过程中形成的具有价值创造性的资本要素集合,智慧金融的应用主要集中在智能筹资、智能投资和智能营运等财务管理领域(Polak 等,2020)。

(3)融合成效相关研究

无论是驱动因素还是融合路径,智能化融合战略性新兴产业的内在机理最终需落实于对融合成效的适配性和全面性评估。已有诸多学者建立综合性融合成效评价指标体系,如 Brock 和 Wangenheim(2019)认为人工智能融合企业数字化转型项目的评价指标体系包括收入增加、客户体验改善、业务灵活性提高等方面;Trakadas 等(2020)提出人工智能融合工业互联网制造将提升产业创新潜力,以实现数字孪生商业模式;夏湾(2019)从产业结构、研发行为和市场绩效三方面探讨互联网融合制造业影响机理,其中研发行为包括技术创新能力和产品创新能力;周振华(2004)强调产业融合对经济社会所产生的综合影响,尤其是给相关部门带来直接与间接经济效益;高文鞠(2021)将战略性新兴产业融合效应分为自效应和溢出效应,其中自效应包含产业结构改善、产业创新和价值链攀升,溢出效应包括消费升级、生态优化和经济促进。可以看出,智能化融合产业的促进成效大致体现于创新能力提升、产业结构转型、产业链价值链升级、消费结构优化、生态环境改善以及社会经济效益等方面。综合借鉴高文鞠(2021)等学者的研究结果,智能化融合战略性新兴产业融合成效(融合成效)基本可以分为原始创新能力、产业结构调整、三链整体效能和社会经济效益四个方面。

原始创新能力指研发主体在基础前沿领域和高新技术研究领域所做出的重大自主创新,受到科技水平、人才培养和学术积累等诸多因素的综合影响(王云飞,2018),包含技术创新能力、产品创新能力和基础创新能力(Hsiao 和 Hsu,2018;唐孝文等,2021)。对于产业结构调整,从狭义上理解,产业结构调整指主导产业从第一产业向第二产业,并不断向第三产业转化的过程;从广义上理解,产业结构调整指不同产业与生产系统投入产出结构之间进行耦合协调的过程

(Hong 等,2019)。学术界较为普遍的是从产业结构高级化、合理化和高效化三个方面进行评价(干春晖等,2011;吴传清和周西一敏,2020)。三链整体效能指产业链、供应链和创新链有机协同,产业链方面实现产业基础高级化,显著提升产业链现代化水平,促进产业链上中下游及大小企业协同融合创新(芮明杰,2015);供应链方面弥补供应链短板,实现精准施策的同时保障自主可控且安全高效(刘明宇和芮明杰,2012);创新链方面实现基础研究、应用研究和试验开发等环节整体协同(Hu 等,2018)。当前国内经济已由高速增长转变为高质量发展阶段,现阶段的社会经济效益内涵包括两个方面,一方面,传统高投入、高消费、高污染、低城市化的粗放型增长模型正被逐步抛弃;另一方面,经济发展从以数量为中心转型为以质量为中心,从以要素和投资驱动转向以创新和人才驱动(Du 等,2020)。智能化融合的社会经济效益可以涵盖社会生态环境效益提升(Sun 等,2017)、居民消费层次不断升级(姚战琪,2021)以及社会经济综合效益不断提升(Tian 和 Liu,2014)。表 2-9 展示了智能化融合战略性新兴产业的驱动因素、融合路径和融合成效的相关研究总结,包括每个研究主题的划分依据以及研究内容的对应来源。

表 2-9　内在机理相关研究及来源依据

研究主题	划分依据	研究内容	对应来源
驱动因素	黄蕊等(2018);Basole 和 Accenture(2021)	技术迭新	郑明高(2010);何宇(2017);黄琪(2019)
		市场供需	胡金星(2007);綦良群等(2017);任保平和宋文月(2019)
		政策规制	吴昊天(2014);李丫丫(2015);邵必林等(2018)
	Lundvall 和 Rikap(2020)	产业架构融合	黄莹等(2018);李广和杨欣(2018);Kumain 等(2020)
融合路径	伍婷(2014);王砚羽等(2019);Taguimdje 等(2020);高文鞠(2021)	产业活动融合	傅为忠等(2017);何玉长和方坤(2018);Salminen 等(2019);Woschank 等(2020)
		产业要素融合	Liebowitz(2001);Khatri 等(2020);Polak 等(2020);Yan 等(2020);蔡跃洲和马文君(2021)

续表

研究主题	划分依据	研究内容	对应来源
融合成效	周振华(2004);吴昊天(2014);夏湾(2019);Trakadas等(2020);高文鞠(2021)	原始创新能力	王云飞(2018);Hsiao 和 Hsu(2018);唐孝文等(2021)
		产业结构调整	干春晖等(2011);Hong 等(2019);吴传清和周西一敏(2020)
		三链综合效能	刘明宇和芮明杰(2012);芮明杰(2015);Hu等(2018)
		社会经济效益	Tian 和 Liu(2014);Sun 等(2017);Du 等(2020);姚战琪(2021)

(4)国内外智能化融合战略性新兴产业的政策举措

①国外智能化融合战略性新兴产业的政策举措

产业是承载 AI 技术创新融合应用的综合性载体,也是人类与 AI 技术产生全面感知的集中体验地。自 2010 年以来,英美日等发达国家以战略性新兴产业

表 2-10 国外智能化融合战略性新兴产业的政策举措

类别	实施目的	各国政策举措
政府政策激励	政策规划	美国“工业互联网”、德国“工业 4.0”、日本“工业智能化”以及英国“工业 2050”;日本《人工智能技术战略》;欧盟《人工智能协调计划》
	监管规制	美国《人工智能时代:行动蓝图》;欧盟监管沙盒
	政府专项计划	日本发布《第五期科学技术基本计划》;欧盟《2030 自动驾驶战略》
促进人才吸纳和科研水平	鼓励人才吸纳和培养	美国重视 STEM 教育;德国人工智能研究中心(DFKI)
	加强科研水平	美国“开放数据项目”;日本革新智能统合研究中心(AIP 中心)
	知识产权保护	英国《在英国发展人工智能产业》;美国《国家安全战略》
提供投资补贴	税收优惠政策	美国《保护美国人免于高税法》(PATH 法案)
	提供资金支持	日本《机器人新战略》
增强服务体系建设	应用平台落地	英国 GovTech 基金;欧盟《人工智能协调计划》
	产业链保护	美国“可靠代工厂”计划;欧盟数据共享支持中心
	标准制定	美国《国家人工智能研发战略规划》;德国《自动驾驶伦理准则》

资料来源:综合各国相关政策整理得出。

为依托，针对人工智能关键技术制定和实施国家层面的融合发展举措，这些国家通过颁布相关法律法规、促进人才吸纳和科研水平、提供投资补贴、增强服务体系建设等举措，建构了高效完整的人工智能融合战略性新兴产业驱动体系，表2-10展示了发达国家智能化融合战略性新兴产业的政策举措。

② 国内智能化融合战略性新兴产业的政策举措

目前AI技术已在我国金融、医疗、安防等多个领域实现技术落地，且应用场景也愈来愈丰富。人工智能的商业化在加速企业数字化、改善产业链结构、提高信息利用效率等方面起到了积极作用。2017年3月，“人工智能”首次被写入全国政府工作报告，国家层面促进AI产业发展。2019年，人工智能连续第三年出现在政府工作报告中，从“加快”、“加强”到“深化”，说明我国的人工智能产业已经走过了萌芽阶段与初步发展阶段，下个阶段将进入快速发展时期，并且更加注重应用落地。近年来，在科技部指引下，北京、上海、深圳、江苏等省市纷纷出台支持人工智能深度融合战略性新兴产业的政策措施，表2-11展示了国内主要省市智能化融合战略性新兴产业的政策举措。

表2-11　国内智能化融合战略性新兴产业的政策举措

类别	实施目的	各国政策举措
营造产业融合创新生态	建立创新型产业集群	《北京市加快科技创新培育人工智能产业的指导意见》；上海颁布《关于本市推动新一代人工智能发展的实施意见》；《广东省新一代人工智能发展规划（2018—2030年）》
	建设产业应用平台	《深圳市新一代人工智能发展行动计划（2019—2023年）》；《关于建设人工智能上海高地构建一流创新生态的行动方案（2019—2021年）》
推动人才技术集聚	成立企业实验室	北京智源—旷视联合实验室；百度研究院BIM；阿里巴巴人工智能实验室AILabs；腾讯AILab；华为5G人工智能创新实验室
	发布人才专项政策	《深圳市新一代人工智能发展行动计划（2019—2023年）》；北京智源研究院
深化跨区域协同合作	建立创新发展示范区	江苏《关于进一步加快智能制造发展的意见》；北京国家新一代人工智能创新发展试验区
	成立产业技术创新联盟	《广东省新一代人工智能发展规划》；北京人工智能产业技术创新战略联盟；上海人工智能发展联盟（SAIA）

续表

类别	实施目的	各国政策举措
创新产业融合支持方式	加强基础设施建设	《北京市加快新型基础设施建设行动方案(2020—2022 年)》;《上海市推进新型基础设施建设行动方案(2020—2022 年)》
	完善标准规则	上海开展知识产权评议和专利导航;江苏建立人工智能标准测试数据集
	加大投融资支持力度	《关于加快推进上海人工智能高质量发展的实施办法》;江苏建立人工智能首批次产品应用保险补偿机制

资料来源:综合我国各省相关政策整理得出。

③ 国内外智能化融合战略性新兴产业的政策集萃

加大政策扶持力度。首先,增加财政资金投入。设立智能化融合发展专项资金,重点培育智能化融合核心企业、引进高层次人才、鼓励多元化示范应用场景开发、扶持企业研发创新、建设智能创新平台等。其次,给予企业税收优惠。针对智能化融合中小企业发展制定并出台相关税收以及配套财税优惠政策,对智能化融合重点领域、行业、企业还应给予一定税收激励。落实高新技术企业税收优惠政策,可以在增值税、企业所得税等方面进行扶持奖励,减轻企业税收负担,助力企业转型升级活动。同时,可以通过设立绿色通道以加速智能化项目的审批,推动项目的开工建设。此外,要扩大智能化融合项目用地支持。将智能化融合等重点产业用地列入土地利用年度计划,对于建设智能化融合用地计划指标予以政策倾斜。

搭建智能化融合创新发展新平台。首先,打造智能化融合产业公共资源平台。通过建设智能化产业公共服务平台,形成专业化、高水平、强服务性的公共服务体系以支撑产业发展。其次,建设智能化融合产业协同创新平台。以攻克人工智能关键技术和领域为重点,加快建立智能化融合创新基地、重点实验室和研发中心等。最后,搭建智能化融合产业开放合作平台。通过组建专业团队招商引资,深入研究行业前景和挖掘项目资源,绘制智能化融合全产业链的招商地图,出台具体支持鼓励政策,积极开展以商招商、补链招商,着力引进一批行业领先的智能化融合重点企业发展。

促进智能化融合产业集群发展。首先,统筹优化智能化融合的空间布局。明确智能化融合的重点发展对象,统筹规划产业发展布局,加速产业智能化融合落地与升级。其次,加快建设智能化融合产业集聚区。加强区域智能化信息、资源和要素集聚,规划和打造智能化融合产业园区,实现智能化融合的创新增长。

最后，开发智能化融合创新发展试验区。鼓励产业基础较好、发展潜能较大的城市组建智能化融合创新试验和应用试点。

创新智能化融合发展机制。 首先，打造行业领先的智能化融合发展研究中心。紧扣智能化融合主题，制定发展推进工作会议制度，组织实施专项行动计划和重大科技项目，推进智能化融合创新应用示范区与研究中心建设；积极创新人工智能研究院的管理机制体制；充分调动人工智能行业学会的协调、指导功能；成立智能化融合发展专家咨询委员会，为智能化产业发展把脉。其次，搭建智能化融合行业平台。支持搭建以人工智能行业核心企业、科研机构牵头的智能化融合技术创新联盟与产学研合作平台，构建智能化融合产业生态链；鼓励高校、科研院所和企业创建智能化技术研究院等新型研发机构。最后，推进政府数据资源开放。有序开放政务数据资源，打通行业信息壁垒，探索数据资源开放共享、利益协调保障机制，建立人工智能数据资源体系，实现政府数据的价值最优化，促进智能化融合发展。

2.4 研究述评

综合已有研究可以看出，尽管当前我国实践领域迫切希望将战略性新兴产业高质量发展作为政策导向，但国内智能化融合新兴产业的相关理论及应用研究严重滞后于实践。对于智能化与战略性新兴产业融合的交叉领域研究仍处于起步阶段，主要局限性及研究空白如下：

(1)融合动因述评

现有学者对智能化融合产业动因的相关研究可以归结于技术创新驱动、政策管制放松和消费需求升级等方面，其中“人工智能＋”模式的核心驱动力在于用技术创新打破产业壁垒，政策优化、消费需求结构升级为智能经济的持续增长提供长效动力，技术、政策和需求是促进智能化融合产业的根本动力（黄蕊等，2020）。需要指出的是，一方面，大部分学者对于融合动因的剖析仅停留于每个动因的单层面解释，缺乏从多角度对影响机制进行细化和整合；另一方面，现有融合机制的探讨较多通过理论模型和概念定性方式，未能开展上述驱动因素的实证研究。

(2)融合路径述评

对于智能化融合助推战略性新兴产业发展路径，学术界现有研究可以分为三个方面。其一，商业模式革新路径。部分学者将产业领域进行细分，讨论在不同技术嵌入模式下的“AI+”商业模式重构的作用机理和逻辑转变过程。其二，产业集群协同合作路径。在政、产、学、研等部门之间的跨部门合作过程中，实现原有产业智能化转型升级的动态演化。然而，上述研究不仅未能解释战略性新兴产业作为产业集合的综合影响效应，而且组织协同合作形式较为宏观，忽视融合过程中各要素和各活动的互动关系。其三，尽管已有学者从技术融合、产品融合、市场融合、功能融合等诸多模块进行总结，但至今未形成较为一致的划分意见，且各零散模块的选择依据模糊不清。

(3)融合成效述评

从研究对象上看，已有成果鲜有将人工智能融合成效应用于新兴产业研究中，研究对象仍集中于老牌传统产业。从研究内容上看，学术界对于智能化融合产业的效应评估指标较为单一化，缺乏对不同层次评价指标的全局整合，尤其对于具备知识技术密集型鲜明特征的战略性新兴产业而言，需要以产业特征为原则建立最佳适配性指标体系。

(4)研究方法述评

已有研究结合了定性和定量分析，定性分析以个案研究为主，定量分析以单因素居多，缺少系统性的、多层次的机制剖析和基于我国宏微观数据的实证检验，因此，亟需构建多元新支撑理论和效应评估体系，采用定性定量相结合的多层次研究方法以解构深度融合内在机理和演化基本规律。

综上，考虑到我国超大规模战略性新兴产业体系和人工智能技术基础优势，本研究将以战略性新兴产业为骨架，以智能化为内容，从理论演绎、机理剖析、实证研究等方面建构多元化、多层次、多视角的智能化融合新兴产业的内外部协同一体化研究体系。

2.5 本章小结

首先，本章通过对智能化融合战略性新兴产业内在机理的理论基础进行梳理，包含产业发展理论、产业共生理论、产业分工理论、产业价值链理论、产业融合理论等，剖析每种理论对研究问题的解释作用。其次，对人工智能及智能化、战略性新兴产业、产业融合的概念特征等方面进行阐述，并对智能化融合战略性产业的驱动因素、融合路径、融合成效的相关已有研究进行综述。最后，归纳总结出研究现状与现存缺口，为后续智能化融合战略性新兴产业的模式论证、机理探究与路径优化等研究内容提供坚实基础。

第 3 章　智能化融合战略性新兴产业的基本逻辑和内在潜质

本章在纵览国内外已有研究的基础上，厘清信息化、数字化和智能化的内涵特征与作用机制，提炼出三者的迭代演进逻辑，并从技术范式、架构体系和融合能力三个维度对三者融合战略性新兴产业的潜力进行对比，论证智能化是战略性新兴产业最具潜质的融合模式，在此基础上，从融合指数、驱动因素、效应评估和路径优化等四个方面建构智能化融合战略性新兴产业的研究思路，为后续章节提供论证基础。

3.1　信息化、数字化和智能化的内涵及关系

欧美的成功经验表明，战略规划对象和内容范围的科学界定将极大影响战略的清晰度和有效性，如果战略存在潜在盲点和模棱两可之处，往往会产生复杂、分层和矛盾的后果。因此，信息化、数字化和智能化的认知问题不仅会因为“数字化涵盖一切”的宽泛性使得政策难于聚焦，导致产业和企业在执行时的低效甚至无效，更会因为忽视“三化迭代演进”特性使政策陷入“数字化陷阱”，失去智能化融合赋能的最佳时机，从而进一步拉大我国战略性新兴产业与欧美等发达国家的整体差距。那么，如何区分信息化、数字化和智能化，尤其是数字化和智能化？如何证明智能化融合是战略性新兴产业最具潜质的赋能模式？针对上述问题，本章在厘清信息化、数字化和智能化内涵特征和作用机制的基础上，提出三者的迭代演进逻辑，并从技术范式、架构体系和融合能力三个维度对三者融合战略性新兴产业的潜力进行对比，论证智能化是最具潜质的融合模式。

3.1.1　信息化内涵

信息化(Informatization)概念由日本学者梅棹忠夫于 1963 年在其《信息产业论》中首次提出，他认为信息化是由物质生产为主的工业社会向信息产业为主的信息社会的动态演进过程。1967 年初，日本科技与经济研究会首次使用了“社会的信息化”一词，随后，信息化一词被世界各国沿用，大机器生产为主的工业时代向人类智力创造为主的信息时代跨越已成为时代共识。我国信息化发展始于 20 世纪 80 年代改革开放时期，1986 年 12 月，国家科委等单位在北京联合发起召开了首届“中国信息化问题学术会议”，在会上讨论了信息化的战略与政策、道路与发展模式、信息化与社会发展和信息化测度等问题，并编辑出版了论文集《信息化——历史的使命》。1997 年“十五大”报告上提出“推进国民经济信息化”，自此，推进信息化建设成为加快我国促进生产力的重要发展战略(张玉林和陈剑，2005；张秦晋，2015)，并成立国务院信息化领导小组等相应信息化组织管理机构进行管理。

关于信息化的界定，从狭义角度看，信息化是通过充分开发信息技术和充分利用信息资源，促进信息交流和知识共享的过程；从广义角度看，作为科技变革的关键因素，信息化是在信息资源作用得以全面发挥和释放的基础上，重整全社会资源平台，并以此改变社会经济结构和资源配置方式，从而加速提升经济增长质量，推动社会发展转型的历史进程。从研究视角来看，学术界对信息化概念界定可以分为社会视角、经济视角、技术视角三类(表 3-1)。

表 3-1　信息化的概念界定

视角	内涵	代表学者	主要观点
社会视角	指社会主导产业由物质生产变为信息生产，强调社会生产内容的变化	Daniel(1973)	通过信息社会来定义信息化，信息社会是信息的收集、整理、传递和过滤使用等活动为主的后工业化社会
		Toffler (1980)；Arrow 等(1984)	信息是人类社会不可或缺的资源、生产力，信息化是工业社会向农业社会转化的过程中信息资源的作用得以全面发挥和释放

续表

视角	内涵	代表学者	主要观点
经济视角	信息产业在国民经济中地位提高，强调信息技术和信息产业对于经济发展的重要贡献	王亚平(2002)	信息化是信息技术在经济和社会各领域推广应用的过程
		林毅夫(2003)	信息化定义建立在ICT产业发展与ICT在社会经济各部门扩散的基础之上，运用ICT改造传统的经济结构和社会结构的过程
		李泊溪(2005)	信息化是从工业化到信息化的经济形态转变过程，即从以物质、劳动密集投入为主的粗放型生产方式向以知识、信息为主的密集投入的集约生产方式转变
技术视角	信息技术手段在经济社会中的广泛应用和普及，强调信息技术的改造作用	李京文(1994)；钟义信(1995)	信息化是现代信息技术手段(通信现代化和计算机化)、现代信息技术装备被普遍应用在经济社会活动中的过程
		汪向东(2002)	信息化是指人们利用现代信息技术提高自身信息资源利用能力以推动社会经济发展的过程
		郑建明等(2000)	信息化是指在国家信息化发展战略指导下，通过信息技术的研发、信息产业的壮大以及信息人才的培养，以满足全社会不同领域、不同层次对信息资源和信息技术的需求，从而加速提升整个社会信息化发展水平的过程
		赵林霞(2012)	信息化是以信息技术的开发和使用为先导，重整全社会资源平台，并以此来改变社会经济结构和资源配置方式的一个过程

尽管对于信息化界定，学术界未能达成共识，但仍可以从中总结出一些规律和特性：(1)信息化是一个动态演进过程。作为集技术性、时代性和功能性为一体的跨学科综合性概念，信息化发展呈非线性、跃迁性的上升态势(左鹏飞，2017)，其动态性体现在经济转变(工业经济转向信息经济)和社会转变(工业社会转向信息社会)两个方面(乌家培，1999)；(2)信息化具有融合特性。从纵向和

横向两个方面渗透到社会和经济的各个领域及产业的生产、研发和经营活动中，不仅可以深化原有产业分工，催生新行业，而且强化产业间协作关系，加快集群发展，达到产业链改造升级的目的(王金杰，2009)。(3)信息化代表了信息技术和资源得到共用共享的形态。信息技术和信息资源得到高度共用共享，个人潜力和资源潜力得以充分发挥，达到个体行为、组织管理和社会运行的协同状态。(4)信息化最终将反映在经济和社会层面。信息化建设主要包括宏观层面的社会信息化、中观层面的产业信息化和微观层面的企业信息化三个发展阶段(叶初升，2001)，信息技术的推广应用过程不仅仅是重要的技术进程，更是重要的社会经济进程(杨京英等，2011)，信息化已经成为社会生产力和人类文明进步的强大动力(魏礼群，2002)。

信息化对产业高质量发展的作用机制主要通过信息产业化和产业信息化两种并行发展途径(吴伟萍，2008)。信息产业化是指将信息作为核心产品进行销售加工形成的产业，包括信息技术产业化和信息产品服务产业化。前者以信息技术为主的知识密集型产品的推广应用和商品化，后者随着社会对信息需求的增长和劳动分工的进一步深化，原本属于内部管理的信息化产品和工作逐步独立出来，成为专门提供信息产品和服务的新型产业。而产业信息化主要指产业内的信息技术应用，是传统产业通过信息技术来改善优化生产制造、供应链等企业运营领域，从而提升产业能力、产业综合竞争力和产业创新力的过程，其核心是传统产业采用信息技术，从而提高生产效率并促进产业发展(洪棋新，2004)。产业信息化是信息产业化的基础和前提，为后者提供必要的发展基础和发展环境；而信息产业化的孕育、发生、发展、壮大在产业信息化过程得以实现，推动后者向更高阶段演进。

产业信息化和信息产业化两者相互联系、相互制约，贯穿于产业发展始终，并从产业结构、要素组合、集聚方式、技术应用四个方面(廖荣俊，2010)推动产业高质量发展(图 3-1)：

(1)产业结构升级

信息技术与信息经济为中国产业体系的重构、升级提供了契机，一方面，驱动软件产业、微电子产业等新兴产业集群的形成与壮大，产业结构呈现出高技术密度、高生产附加值等特征；另一方面，信息技术进步与专业化协作协同共进，优化传统产业技术结构、就业结构和资本结构，带来规模经济效益(余冬筠和魏伟忠，2008)。

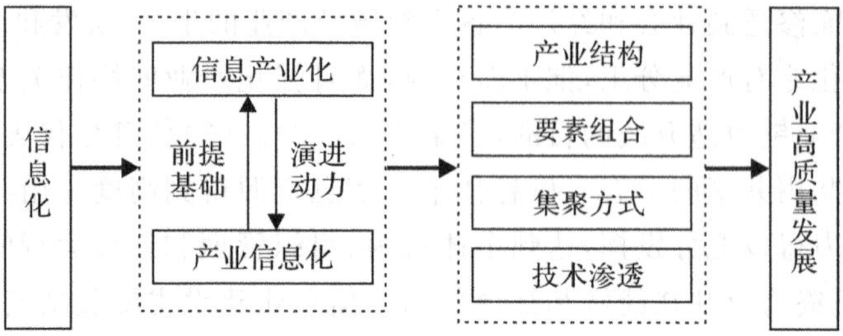

图 3-1　信息化推动产业高质量发展的作用机制

(2)要素组合优化

以信息技术为主导的新技术革命改变了要素的相对重要性和全球分工体系，提高了行业全要素生产率，推动了知识、人才、技术和资金等关键要素组合优化，经济增长的“内生作用”更为突出，传统产业从物质劳动密集投入的粗放型增长模式逐步向知识信息密集投入的集约型增长模式过渡(李健，2011；Ceccobelli等，2012)。

(3)集聚方式创新

信息技术渗透至各行各业，对现有生产和需求体系产生强烈冲击，持续改变着宏观经济态势以及微观企业的生产组织方式。“互联网＋”彻底实现了去中心化，打破了产业中由强势在位企业形成的“金字塔”结构(赵振和彭毫，2018)，各经济主体之间的交易费用大大减少，推动专业化分工水平，新旧产业之间、产业部门之间的联系从单循环向多循环发展，产业间传导效应及依赖程度加强。此外，随着以信息基础为核心的高新技术的快速发展，基于工业经济时代大规模生产分工的产业边界逐渐模糊乃至消融，直接带动原有产业交叉、融合、重组和分化，形成新型产业集聚格局。

(4)技术高度渗透

由于广泛适用性及高度渗透性，5G、互联网和物联网等现代信息技术的应用提高了原有产业技术水平和技术含量，有助于产业实现市场供需协同、资源高效整合和管控一体化衔接，推动信息化融合下的产业高质量发展(孙承志，2020)。

3.1.2　数字化内涵

数字化这一概念早在 1703 年 Wilhelm 的出版物 *Explanation of Binary Arithmetic* 就得到了解释和设想。最初，数字化被定义为二进制系统，即用 1 或 0 所表示的系统。随后学者 Bilinskis 等(2013)从技术角度定义数字化为通过生成一系列数字来表示信号、图像、声音和对象的过程。可以看出在计算机术语中，数字化被定义为“模拟信息到数字形式的转换”（即二进制格式）。数字化的发展历程分为三个阶段。(1)萌芽期（1998—2002 年）：聚焦数字技术创新等方向的探索；(2) 发展期（2003—2014 年）：基于数字技术的产业发展，这一时期研究集中在以数字技术为基础的产业变革与商业价值创造等场景；(3)高速增长期（2015 年至今）：学术界与产业界聚焦企业如何构建平台与生态系统等促进产业与数字化融合发展，重点关注以“数字”为基础的创新、创业议题（严子淳等，2021）。

数字化（Digitalization）最早产生于 20 世纪 50 年代，早期阶段的数字化仅指“无纸化”，即用 0 和 1 编码所表示的二进制系统模拟信息到数字形式的转换（王小平，1999）。伴随大数据和云计算等前沿技术逐步与行业结合，数字化的范围、规模和影响不再局限于 IT 领域，开始与社会变革、横向组织、业务发展及新价值创造相关联，对数字化的理解已经超越了模拟信号转换为数字信号的单一信息处理过程，具备更深层内涵：数据资源和数字技术经计算机存储、传输和利用，驱动网络高效联接和数据管理集成，通过量化管理对象与管理行为，为研发/计划/组织/生产/销售/服务/创新等活动提供新的价值创造机会，从而提高组织效益或效益可达限度，进而引发商业模式数字化转型和社会经济变革的过程（Ahmed 等，2021）。见表 3-2。

表 3-2 数字化概念

视角	学者	数字化概念
技术视角	郑明珍(2000)	数字化是通过用 0 和 1 编码表示和传输一切信息的综合性技术，是信息处理的变革
	姚媛(2009)	数字化的本质是借助计算机技术促使数据资源在计算机上存储、传输和利用的技术过程，是信息网络化的基础
	Yoo 等(2010)	数字化是指数字编码模拟信号的过程，即用二进制数 0 和 1 表示信息的过程
	Lerch 和 Gotsch (2015)	将制造业的数字化定义为信息和数字技术所驱动的机器智能连接的现象
	Eva Bogner 等 (2016)	数字化远不仅是从模拟信号转换为数字信号的技术过程和产品技术架构的变化过程，而是关于业务流程之间更强大的网络连接、高效接口的创建以及集成的数据交换和管理
	李长江(2017)	数字化是借助计算机技术将计算机中的所有信息对象用二进制数 0 和 1 表示的技术过程

续表

视角	学者	数字化概念
社会经济变革视角	McAfee(2012)	数字化指通过引入和应用数字技术转变商业活动，为企业提供新的价值创造机会
	Tilson 等(2010)	数字化实现数字技术和物理产品的融合，不仅改变了产品的技术架构，而且还变革了产品的生产、使用和消费的方式，从而引发产业的变革。
	Hess(2015)	数字化指通过应用数字技术而引发生产网络变化的过程
	Hagberg 等(2016)	数字化是指广泛的数字化应用而引发的社会经济变化的过程，特别是生产网络的数字化应用
	唐雪芩(2018)	数字化指基于信息通信技术的应用，从而改变商业模式和企业核心流程
	Sjodin 等(2018)	数字化是在行业中使用先进技术引发变革的过程，这个过程催生出了诸如物联网、工业互联网、工业 4.0、大数据、区块链、加密货币等新的现象

数字化的规律和特性体现在：(1)数字化具有跨时空性、虚拟现实性和低成本复制性，利用数据压缩和错误纠正的优势，通过网络等跨时空方式连接、传输和聚合，高效、便捷和低成本地进行图文声像与数字信息的双向转换，实现资源共享(赵东，2014)；(2)数字化本质是数据驱动的价值创造过程，组织使用数字技术或基于数字化信息，重新调整或投资数字技术、商业模式和流程，以新的方式创造和获取价值，数字化为新功能、高可靠性和高效率提供了机会，从而成倍增加了企业交付给客户的价值(Kirsi，2020)；(3)数字化催生新旧商业模式创新升级，最终实现数字化转型。由于创造价值的过程中既需要创新，又需要转型，因此，将这种"数字创新和转型"(即数字化转型)称为数字化。经历了信息数字化—业务数字化—数字化转型的不同演变阶段，数字化改变了市场开拓模式、交易机制及客户接触方式，数字化不仅仅是开发一个 APP 或构建一些模型算法，也不再仅仅是技术人员的事情，更关乎全流程增值、客户价值重构和认知思维更新(Oswald 和 Kleinemeier，2017)。

作为信息社会的技术基础和中坚力量，数字化正引发一场广泛的产业革命，信息经济转向数字经济，数字技术进一步促使生产要素优化配置，带动新一轮产业升级(Humphrey 和 Schmitz，2002)。如图 3-2 所示，数字化驱动产业高质量发展的作用机制源于数字创新，通过数字与物理组件组合方式的革新，产生诸如全流程数字追踪、广渠道客户洞察和用户交互体验等新产品或新服务，这些产品或服务既嵌入到数字技术中又受到新技术的持续驱动，从而在生产过程中不断孵化新组合方式。通过产业组织的数字化契约和企业间数字化分工，数字创新驱动价值供给优化形成网络闭环（Yoo 等，2010）。数字化在消费者、核心企业和辅助企业三者之间建立起价值供给网络，以使用价值为内核，以数据为关键生产要素，形成知识共享、技术协同和要素协同的产业数字化生态。在面对潜在原生数字化公司竞争或企业自身转型升级的情况下，企业运用数字化创新改造传统逻辑思维、运营模式和商业生态，以价值共创为主要模式，推动质量变革、效率变革和动力变革，形成以隐性知识的数字化管理、生产技术的数字化协同、产品系统的数字化集成三位一体的产业数字化体系，最终实现产业高质量发展（戚聿东等，2020）。见表 3-2。

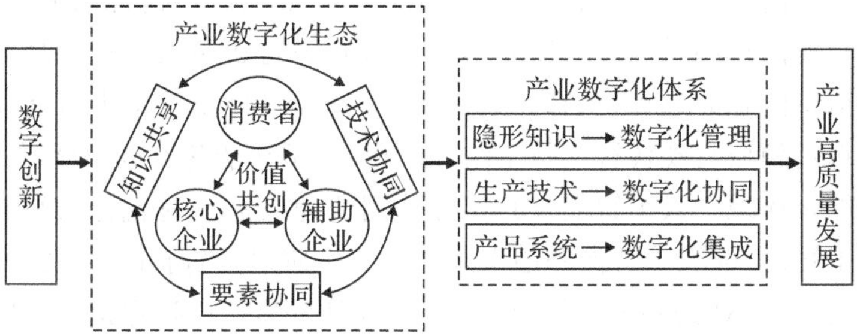

图 3-2　数字化驱动产业高质量发展的作用机制

3.1.3　智能化内涵

人工智能是人类进入信息产业革命时代，达到认识和改造客观世界能力高峰的产物，其发展至今经历了四个阶段。(1)萌芽阶段(1956—1980 年)：1956 年达特茅斯会议上 McCarthy 首次提出人工智能概念，AI 被认为将在十年内广泛应用，但这时期的研究成果仅停留在简单理论和数学模型中；(2)新兴阶段(1980—2005 年)：Hopfield 人工神经网络和 BT 算法的出现带来了大量关于语音识别、语音翻译方面的计划，但相关研究并未取得实质性突破，也未曾落地进入生活场景，AI 发展的第二次浪潮随之破灭；(3)成长阶段(2006—2015 年)：随着 2006 年提出的深度学习方法以及 2012 年图像识别领域的突破性成果，AI 开始逐步被业界的一些科技巨头所关注，开始在人工智能方向上规划布局 AI 系

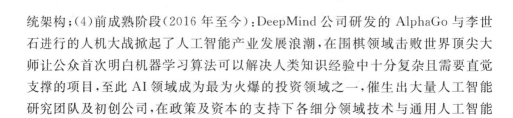

统架构;(4)前成熟阶段(2016 年至今):DeepMind 公司研发的 AlphaGo 与李世石进行的人机大战掀起了人工智能产业发展浪潮,在围棋领域击败世界顶尖大师让公众首次明白机器学习算法可以解决人类知识经验中十分复杂且需要直觉支撑的项目,至此 AI 领域成为最为火爆的投资领域之一,催生出大量人工智能研究团队及初创公司,在政策及资本的支持下各细分领域技术与通用人工智能平台正以更快的速度实现飞跃。

人工智能(Artificial Intelligence,AI)是研究、开发用于模拟、延伸和扩展人的智能的理论、方法、技术及应用系统的一门新的技术科学,是对人的意识、思维的信息过程的模拟(肖迪,2018),包含情感发现、人机互动、信息存储以及决策等技术(徐陶冶和姜学军,2011)。人工智能是自动化技术当前和今后的发展动向之一,与纳米科学、基因工程被认为是 21 世纪三大尖端技术,其研究领域包括智能机器人、语音识别、计算机视觉、自然语言处理、机器学习等诸多方面,其中,机器学习所包含的深度学习、强化学习等方向成为最热门的研究领域。人工智能是智能化时代的核心,智能化(Intellectualization)是运用人工智能理论、方法和技术处理信息问题的过程,具有自组织、自学习和自修复等拟人智能特性,其水平衡量了特定领域与现代智能技术结合的程度,是智能化基础、智能技术和智能化结果的综合体现。人工智能及其实际应用快速发展的时代称为智能化时代,包括弱人工智能、强人工智能和超人工智能三个阶段,当前社会仍处于弱人工智能向集成通用型 AI 的强人工智能转变时期,但与具备自我意识、突破时空限制的进化型 AI 的超人工智能时代仍有较大距离(Neuhofer 等,2021)。

具体来看,智能化的规律和特性有:(1)智能化的基本特征是自适应性,智能系统通过信息收集、分析和决策过程累积知识,在环境、任务或数据变化时能够自行调整参数或对现有模型即时更新,并在此基础上进行更加深入广泛的数字化扩展,在迭代中实现对机器客体的优化,保障系统灵活性,以应对更加多变的情况;(2)智能化具有拟人智能特性,拟人智能是指通过模拟、延伸和扩展人类某些智能特性,能动满足人类各种需求的属性,如自学习、自协调、自组织、自诊断及自修复等,其核心是利用人类智慧增强资源和技术使用效能,实现人类智能与机器智能、个人智能与社会智能协同发展;(3)智能化具备感知能力、思维能力和决策能力,作为智能活动前提基础的感知能力能够将对外界的感知传导为信息并收集,思维能力指利用已有知识对感知信息进行计算分析,决策能力即通过学习过程中总结出的相关经验对外界刺激做出正确反应,具有感知层、思维层和行为层特性的系统即为智能系统。

作为新一轮产业变革的核心驱动力，智能化驱动产业高质量发展的作用机制如图 3-3 所示。

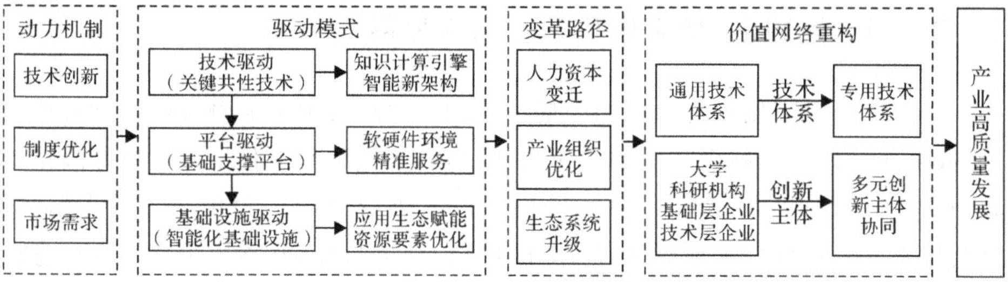

图 3-3　智能化驱动产业高质量发展作用机制

(1)动力机制

“人工智能＋”模式的核心驱动力在于用技术创新打破产业壁垒，政策优化、消费需求结构升级为智能经济的持续增长提供长效动力，技术、政策和需求是促进智能化融合产业的根本动力。

(2)驱动模式

关键共性技术、基础支撑平台和基础设施的协同驱动智能化融合产业，其中关键共性技术(包含虚拟现实建模、智能计算芯片系统和自然语言处理等)为培育 AI 算力提供知识计算引擎和智能新架构；基础支撑平台(如开源软硬件平台、无人系统平台和群体智能平台等)为引导智能系统运行提供软硬件环境和精准服务；智能化基础设施(包括网络基础、大数据基础和高效能计算基础等)为应用生态赋能，加速资源要素优化配置。技术、平台和基础设施通过“智联网＋”赋能虚拟产业链建构，孵化全新产业运行模式，形成协同驱动的“AI＋产业”耦合体系。

(3)变革路径

智能化驱动产业可分为产业组织优化、人力资本变迁和生态系统升级三大路径，组织优化体现在业务流程重组中，且由于智能化的劳动力替代性，随着一般型与技能型人力资本贬值和需求量的下降，AI 无法替代的创新型人才价值增强。不仅如此，智能化还能提高行业准入门槛和提升市场集中度，促进与产业发展应用场景相匹配的数据生态的创设与升级，呈现协同增值、竞合共生和自我革新的特征；(4)价值网络重构。智能化融合产业的本质是实施创新型战略的过程，在这一过程中原有技术体系被摧毁，包含数据、算法、算力的通用技术体系转变为相配套的智能化专用技术体系，原有创新主体通过吸纳 AI 技术形成多元创新主体协同，从而实现价值网络重构。

3.1.4 信息化、数字化和智能化的关系

信息化是数字化和智能化的前提和基础。信息技术革命触发电子计算机技术、数字通信技术等高新技术的飞速发展，为数字化和智能化提供重要的理论基础和模式借鉴。不难发现，信息化开创了以人类智力活动为生产力的先河，21 世纪技术发展趋势呈现全球化、网络化和虚拟化的特征，其本质仍离不开信息技术"倍增器"作用下对信息价值最大化的探求。

数字化是信息化的延伸。数字化是信息化过程中一种信息转换技术，即将连续信息的二进制化的技术转换过程。作为经济转型的产物，互联网经济在内容上的特征是信息化和知识性，而在形式上的特征是数字化（奚欣明，2016），由于数字化的根本原理在于可量化和可存储化，企业的所有资源和行为都是透明化的，大大提高管理可控性，使企业内外部协同管理成为现实，所以数字化即是企业充分利用信息化技术来提高经营以及管理决策水平的过程。信息化强调信息准确传递，注重业务流程再造与优化，而数字化不仅仅进行连续信息二进制转换，更重要的是数字资源的量化存储使内外部协同管理成为可能，数字技术和物理产品的融合不仅改变技术架构，还促进生产、使用和消费方式的转换，从而引发产业变革。

智能化是信息化和数字化的高级阶段和必然演进趋势（王同军，2018）。由于信息技术、计算机科学和先进制造技术的广泛应用，智能化发展已从数字化制造过渡到网络化制造阶段，并演变为现今的智能制造阶段（Zhou 等，2018）。信息化是一种对数字信息资源高效利用的基本分析和传播方式，数字化则是将抽象模拟信号转化为数字信号的处理过程（林军，2008），而智能化是建立在两者基础上的全面升级，并赋予能满足人各种需求的属性，例如识别分析、自主决策等，可以对数据学习进行思维模拟、对知识处理进行心理模拟、对人机交互进行感知模拟（程栋，2019）。

值得注意的是，近几年"数智化"概念的提出，引起社会广泛重视。然而，对数智化的现有理解存在"数智化即是数字化"错误认知，实际上，"数智化"是与"数字化"和"智能化"完全不同的概念。作为对"数字智商"（Digital Intelligence Quotient）的简述，数智化侧重经济转型中"人"的核心作用，最初旨在强调数字智慧化与智慧数字化的合成。数字智慧化指在大数据中引入人类智慧的算法，

智慧数字化是运用数字技术管理人类智慧，实现从人工到智能的过程，两者相结合即构成以智慧为纽带的人机深度融合新生态。可以说，数智化是数字化向智能化演变过程中的中间阶段，数字化下的数字技术驱动数智化的产生，数据上云后的人机协同促进智慧城市与万物互联，最终实现人与人之间的思维互联。

总体而言，信息化、数字化和智能化是迭代演化关系（图 3-4）。一方面，三者递进演化，处于从低阶到高阶的不同发展阶段。信息化从根本上解决了大量数据存储检索以提高劳动效率的问题，经由数字化进行信息收集、处理和传递（如机器计算和无人工厂），最后智能化实现自主知识学习及人机深度交互。另一方面，三者相辅相成，共同促进产业高质量发展。信息化、数字化所引致的 5G、物联网、大数据、云计算等技术，成为人工智能发展的基础，而智能化技术和系统的运用又反哺信息/数字技术，例如人机协同在协调线上线下关系的同时提升了大数据技术的开发应用水平，为原有产业全过程、全要素转型升级赋予新动能，有助于催生新业态、重塑价值链，实现颠覆式创新。

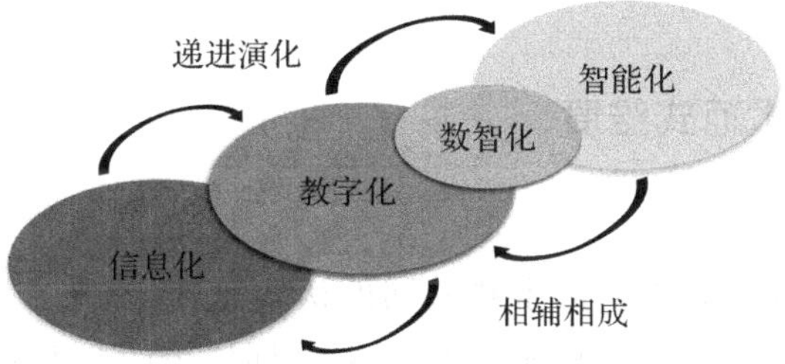

图 3-4　信息化、数字化和智能化的关系

3.2　信息化、数字化和智能化融合战略性新兴产业的潜力对比

潜力指存在于持续改进的一系列活动中潜在且非现实的能力，是未来可能实现的竞争力（冯学钢和王琼英，2009），产业融合潜力（Industrial Convergence Potential）是对产业之间渗透、整合和重构等作用情况的竞争力评估，具有可变性、完整性等特征，可以用来分析产业耦合协调水平和产业关联程度影响产业未来发展态势与方向（Konstantinova，2019）。信息化、数字化和智能化融合战略性新兴产业的潜力可以从技术范式、体系架构和融合能力三个方面进行对比（图 3-5），其中，技术范式由于其生产全过程的渗透性成为融合潜力测度的首要指标；信息技术所具备的异构特征及数据集多样性要求从体系架构维度评估一体

化融合程度;此外,融合能力是对融合可能性和融合效应的反映和概括,代表着信息通信技术变革下产业融合需具备的条件集合。

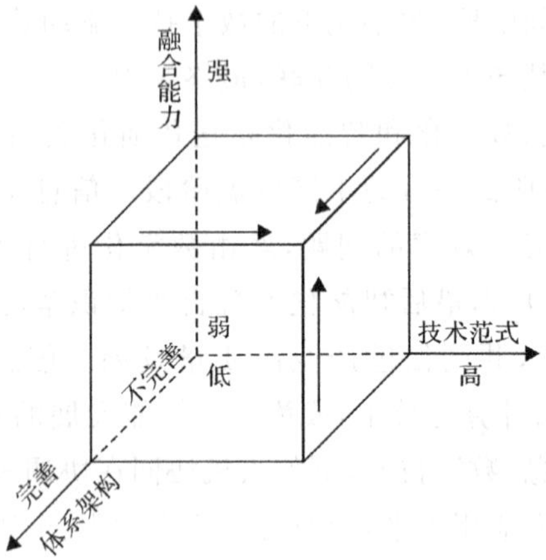

图 3-5 产业融合潜力三维对比

3.2.1 技术范式维度

(1)技术范式内涵

范式(Paradigm)是人们对事物共同的认知态度、思维方式和价值框架,是被共同体所一致认同的方法和理论体系,对共同体中的个人或群体的认知行为起导向作用(Kuhn,1962)。为解决创新动力机制中"技术推动"与"市场拉动"的争论,Dosi(1982)首先提出技术范式(Technological Paradigm)概念,认为技术范式是人们立足于自然科学的选择性原理,解决技术经济问题时所依据的工艺知识、技术期望、现有技术水平及资源利用形式等的集合(焦勇和公雪梅,2019),包含某个领域内广泛接受的科学概念、思维模式与行动方案,主要用于分析工程领域的技术变化和创新。技术范式包含作为技术知识本质的内部技术硬核和为新旧硬核更替提供缓冲的外层技术保护带两部分,在市场需求和技术创新推动下,技术范式转变不仅对技术保护带中的辅助技术和管理模式进行变革,而且还通过技术硬核更替驱动新旧动能转换,在这个过程中规定了进一步创新的技术机会及如何利用这些机会的基本程序和经济量纲,并尽可能防止这些新知识过快扩散到竞争者的特定规则(Pavitt,1984;邓龙安和徐玖平,2009)。无论是文明演进还是技术发展过程中,技术范式都在进行着历史性转化,包含技术认知、技术传统、技术价值观和技术共同体等全方位嬗变,涉及知识基础、资源类型和应用领域等方面。

技术范式在技术领域中普遍存在且占主导地位（Mun 等，2019），其演进轨迹是理解技术领域演化过程的潜在知识结构的重要框架。技术范式主要用于分析工程领域的技术变化和创新，提供了一种调查过去趋势以及预测未来可能性的方法，通过演示各种因素如何相互作用（例如科学进步，经济发展和组织结构变化），暴露使用现有技术无法解决的障碍，并确定未来的技术轨迹，其演进过程可以分为竞争阶段、扩散阶段和转移阶段（邓龙安，2013）。技术范式的演进是螺旋式上升和选择性扬弃的过程，在面临新兴产业形成的市场机遇时，技术范式随着主导技术转换而演进，为了符合经济社会发展需求，新兴产业中的企业对自身发展战略进行调整，对原有技术范式进行消化吸收并在此基础上建立新范式，此时的企业大多为了规避纵向兼并重组战略带来的路径依赖陷阱，而选择与竞争对手形成技术联盟的横向拓展战略，以共同应对新技术范式带来的不确定性和共同分担研发失败的风险（周绍东，2012）。技术范式更替与文明演进是相互制约、相互生成的关系，但相比较而言，一则因为技术范式更替更易于以技术主导体系的根本性变革来辨识和区分，二则因为技术范式更替不仅包含技术概念、技术认知、技术传统、技术价值、技术共同体等技术综合体系的全方位嬗变，而且推动相关的社会制度、文化观念朝着新技术范式引导的方向发生系统性变革，所以，技术范式更替成为二者关系中更为积极主动的显性力量，文明演进的阶段划分也往往以技术范式更替作为重要的衡量标准（邬晓燕，2016）。

作为解决技术问题的模式，技术范式包括技术所依赖的知识的性质、技术需要的资源类型及其性质、技术应用的主要生产领域、体现了技术特性的产品，是一组处理问题的原理、规则、方法、标准、习惯的总称（罗仲伟等，2014），为设计师、工程师、企业家和管理者所接受与遵循。冀宏和赵黎明（2013）提出构成技术范式结构的三方面要素是技术特征属性、技术共同体和技术认知。Breschi 和 Malerba（1997）以技术机会、创新的可收益性、技术进步的累积性和相关知识基础四个维度来刻画产业创新活动的技术范式，其中，技术机会是指给定研发投资规模时成功实现创新的概率，概率越大表示技术机会越高；创新的可收益性表示创新及其成果避免被模仿的概率，概率越大表示可收益性越低；技术进步的累积性表示下一期的技术对当期技术的依赖程度；创新相关的知识基础可以分为通用知识和特定知识通用知识，是指可被应用于其他领域的知识，特定知识则不然。此外，郑雨和沈春林（1999）把技术范式划分为核心技术硬核和外层技术保护带两层结构，其中技术硬核主要是指对生产成本下降具有显著作用、有模板功能和良好利润前景的生产要素，是作为技术发展知识内容的本质部分，如科学定律、技术原理，为一些技术初创者或共同体内的学术权威所掌握，因此，这部分在技术发展进化过程中，并不会发生太大的变化；而作为外层部分的技术保护带包括直接辅助技术、成本性辅助技术和生产管理模式，是内核部分与其他技术之间的缓冲区，由于要和已有的技术进行磨合，会不断进行变化。随着技术范式共同体的活动，旧有范式的保护带阻力逐渐消除，在改造吸收的基础上重建一套新保护带，为新技术范式核心提供缓冲，完成新旧范式的交替（郑雨和沈春林，1999）。对于战略性新兴产业来说，其技术创新不仅是对技术保护带中的辅助技术和管理模式进行变革，更重要的是，还将通过产业之间的投入产出关系对其他行业产生影响，极大改变行业成本和利润预期，即技术硬核的更替（周绍东，2012）。综上，从技术层面看，技术范式是社会生产主导的技术体系的基本特征和程序的集合；从社会层面看，技术范式是对科学知识进行物化的特定社会集团或群体；从产业层面看，技术范式是一个技术共同体所共有的思想和技术体系的模式（张华，2007）。即技术共同体、通用技术和技术认知构成了技术范式的三个维度，信息化、数字化和智能化融合战略性新兴产业的技术范式可以从这三个维度进行剖析。

(2)技术范式构成及特征

① 技术共同体

技术共同体（Technical Community）是在科学活动中对科学知识进行物化，通过相对稳定的联系而结成的特定社会集团或群体，主要指工程师集团或工程师共同体。在技术共同体形成之前，即当工程师还没有形成为一个专业集团之前，显然不存在约束该共同体的特定的技术规范（张永强，2014）。技术共同体属于一种关系类型的共同体，是随着技术的不断发展形成的一种社会的亚文化，具有自己特殊的行为规范和价值构成，通过技术规范影响社会伦理秩序，是集体科学劳动的一般社会存在形式（陈凡，2005）。对于技术共同体的理解，要从时代的特征出发。当技术共同体形成以后，相应地产生了规范技术共同体的规范。特别是近代工业革命以来，技术共同体成员数量急剧扩大，其成员的行为产生广泛而深远的影响，技术规范无论从形式还是内容都必然改变自己的形式，以适应技术共同体发展的需要。例如，近代以来，工程技术领域法规增多，技术规范的产生形成发展受技术共同体的制约，体现出技术规范的适应性。从更深层次看，技术规范的适应性与当时的政治经济状况以及统治阶级的需要和支持有密切相关性，技术共同体影响到技术规范构建，并以此为中介作用于社会伦理秩序（邬晓燕，2015）。受到技术手段与目的、技术水平与社会需要、技术目的与方法等多重矛盾和因素的联合制约和推动，技术范式更替意味着新旧技术范式矛盾冲突中，逐渐形成自己的主导技术(群)以及技术体系,并确立与该范式相适应的技术认知、技术制度、技术共同体等系统性的规范要素(盛国荣,2005)。技术范式的更替是技术价值、技术传统、技术理念、技术方法等全方位变革,包含技术共同体和技术文化的变革(刘焕明,2019)。道德行为是技术共同体正常运作的基石,共同体成员之间的互动进步取决于对过程公正和运行程序道德规范的信任,只有在避免利益冲突和声誉损害的前提下才能成功实现共同目标。技术共同体作为变革中的主体,只有保持其资源禀赋、专有功能和制度安排三大要素协同发展,才能使产业创新健康有序进行(姚铮和朱强,2002)。

技术范式不单独是一个客观的物质技术体系,同时也包括从事这一物质体系活动的主体属性。因为技术活动与技术人员活动是分不开的,技术是"处处把内在的尺度应用到对象中去",也就是技术范式构成应包含作为技术主体客观化的技术共同体内容。当一项技术被某一研究群体创新时,由于成员的彼此交流,创新群体通过"传染"作用去影响还没有接受创新的群体,并进一步在量上发展,当原创的"技术硬核"被逐步确定,这一群体就具有了技术共同体的性质(冀宏,2013)。一个技术共同体具有以下特征:①具有自己独特的技术内容(即技术硬核及相关辅助技术),并可以进一步的发展;②有一批技术人员占有或从事这一技术范式的进一步开发;③有自己的技术传播渠道,并能和其他群体进行技术竞争和发展。

② 通用技术

通用技术(General Technique)指能够增加就业机会、增强社会凝聚力、提高生产生活质量的跨部门、跨行业和跨领域的关键核心技术,对于产业而言,特指能够给产业经济带来最大潜力,并对社会有综合效益的基础性通用技术和应用性产业技术(邓龙安和刘文军,2011)。由于技术融合是产业融合最主要的原因,由通用技术、基础设施和组织原则所构成的技术经济范式的建立皆因主导技术扩散所引致经济社会发展(许轶旻,2013),例如蒸汽机时代,通用技术是工程机械及蒸汽能源技术,技术经济范式表现为规模扩大制造及城市工业化经济;信息通信时代,通用技术是计算机及信息通信技术,技术经济范式表现为信息资本、知识资本等(许轶旻,2013)。通用技术具备两个突出特性:一是产业共生性,即技术领域广阔,具有良好的技术经济效益,通过乘数效应带动相关产业发展,进而提升全产业生态结构层次和发展水平;二是产业范式性,指该技术一旦初具雏形,将迅速成为相关产业技术研发的范本,技术体系不断壮大(邓龙安和刘文军,2011)。

对于战略性新兴产业而言,其经济功能不仅体现在创造(或形成新的需求而拉动创造)的经济价值,更体现在新兴技术及展示这些技术的装备在其他产业的广泛应用所引致的产业组织方式的深刻变革和生产效率的大幅提升,其包含的新材料、工业生物以及工业机器人等通用技术和设备的广泛应用引发了新工艺、新装备和精细制造能力,成为决定整个产业链竞争力的瓶颈和节点。因此,在战略性新兴产业创新过程中,不仅要关注产业间的市场依赖和供需平衡,更要着眼于产业发展所蕴含的通用技术与其他产业的渗透融合所导致的丰富的技术机会的涌现和生产方式的变革(吕铁和贺俊,2013),让产业创新有良好的经济技术效益和强有力的产业带动效力。作为智能时代的典型"卡脖子"技术,前沿通用技术创新对中国在智能时代能否占据技术制高点起着决定性作用(张辉等,2021),随着全球产业竞争和贸易摩擦日益加剧,战略性新兴产业的发展更加强调对于新技术创新和应用的统筹部署,谁能在产业数字化、智能化所涉及的通用技术和原创技术上占据制高点,谁就能在竞争中占据优势地位。近年来,以5G技术、物联网、大数据、云计算、人工智能等新一代信息技术为基础的通用技术发展迅速,在社会生产、流通等环节应用广度和深度不断拓展,各类通用技术概述如下:

5G技术。5G(5th Generation wireless systems,即第五代移动通信技术)通过超高速度、超低延时来实现信息随时随地传送。1G时代实现了模拟语音通信,2G实现了语音通信数字化,3G实现了语音、图片等的通信与传播,4G实现了高速上网,而5G则实现了数据的超高速传递,让用户享受更低延时。产业数字化转型的关键是建立起具有信息感知获取、智能判断决策、自动执行等功能的先进制造过程及系统与模式,5G具有毫米级的传输时延和千亿级的连接能力(王威,2019),其广泛应用为大众创业、万众创新提供坚实支撑,助推制造强国和网络强国建设,使新一代移动通信成为引领国家数字化转型的最重要的通用技术(黄群慧和贺俊,2019)。

互联网及物联网。物联网(Internet of Things,IoT)指物体设备之间的网络互接,任何物体都可以通过网络进行数据的交互往来,即万物互联。从原先人—人互联,过渡到人—物互联,再转向物—物互联,未来融合AI技术的AIoT(AI+IoT,即智能物联网)将成为发展趋势,每一个设备不仅仅是可以相互连接通信,还能够通过机器学习对数据进行智能化分析,实现物联设备的自我进化、自我预测和自我改造,真正做到物联设备的感知智能化、分析智能化和控制智能化。与之相对应的互联网仅指网络与网络之间串联形成的庞大网络,用以传递数据进行分析,物联网是以物为介质连接而成的网络,物与物之间产生的数据通过传感器进行收集并传递到数据中心,经处理分析便于用户决策。从微观上来看,物联网是互联网的扩展,从宏观上来看,物联网与互联网是生产一切数据的本源，处在技术金字塔最底层。

大数据。大数据(Big Data)指无法用现有的软件工具提取、存储、搜索、共享、分析和处理的海量、复杂的数据集合，具有数据体量巨大(Volume)、数据类型繁多(Variety)、价值密度低(Value)、处理速度快(Velocity)的4V特征。大数据的本质是应用多种现代信息化技术手段，实现对海量数据资源的采集、存储、分析和应用管理，其核心是在庞大数据库中通过分析处理去挖掘复杂数据中的特定规律以此来预测未来事件的发展。通过自主研发的大数据平台，采用分布式处理技术、感知技术、存储技术等技术手段(徐耀勇和陈建逢，2020)集成多数据源接入、自动化数据萃取和分布式数据存储，实现多元数据集成和数据实时响应，为用户决策判断提供全面的数据支持。大数据有几大关键环节，分别为数据来源→数据存储→数据分析处理→实际应用。具体来看，数据来源主要可以分为企业数据、IoT 设备数据、社交数据；数据储存通常采用云储存的形式；数据分析处理则为其中的关键，因为要分析处理数据类型既有结构化数据也有非结构化数据，如照片、音频、视频、符号、表情等，这对分析处理能力提出了较高的要求；最终分析处理的数据都是为了创造价值、应用于生产生活实践，去预测和超前反应。

云计算及边缘计算。云计算是可以提供可用、便捷、按需的网络访问的使用模式，把计算机硬件、系统、网络等资源集中部署进行二次分配，达到资源利用效率最大化，根据提供资源的内容不同分为基础设施即服务(Iaas)、平台即服务(Paas)和软件即服务(Saas)三种服务模式。其运行依托计算机和存储系统等对大数据进行深度收集、加工、处理，只需投入很少的管理工作或与服务供应商进行很少的交互，即可快速进入包括网络、服务器、存储、软件的可配置资源共享池。根据 Gartner 统计，至 2021 年，全球云计算渗透率将上升至15.3%，可见，随着世界互联网飞速发展，产业应用云计算成为大势所趋。云计算的发展离不开服务器和 IDC(Internet Data Center，网络数据中心)的技术支持，服务器为云计算提供了强大的计算和存储能力，而 IDC 将规模化的硬件服务器整合虚拟到云端，为用户提供服务能力和 IT 效能，是云计算发展的重要支撑。云服务能够有效容纳企业各信息化应用中对通用技术构件的要求，云计算的核心在于云服务器的数据分析处理，巨大的数据计算处理请求程序被分解成无数个小程序，通过多部服务器计算并返回结果给用户(梅德奇，2015)。作为云计算的补充，边缘计算是在边缘节点对资源做计算工作，在边缘计算模式中，数据无需传到云端，只需传递到最近的边缘节点服务器终端进行处理，极大缩短了运输时间和反馈效率，最大程度发挥了云计算能力。

人工智能。人工智能是研究计算机来模拟人的某些思维过程和智能行为（如学习、推理、思考、规划等）的学科，包括三大要素：算法（解决实际问题的方式、方法、模型）、算力（处理海量练习数据需要强大的计算能力，由AI芯片及处理器承担，可理解为电脑CPU）和数据（训练算法模型的原料，通过不断练习以优化算法），其核心在于算法，算法决定了人工智能的发展高度和广度。根据应用层级可将人工智能技术分为推动社会生产力进步的通用技术、改革社会秩序的信息化技术以及实现社会形态转变的智能化技术，具体包括RPA技术、自动语音识别、文字识别、网络爬虫、复杂数据分析、自然语言处理与知识图谱等技术（张庆龙等，2020）。人工智能通过改善技术的性能与创新过程，建构与人脑类似甚至超越个人的思维与操作能力，对技术创新和经济发展产生巨大的影响（Kromann等，2020）。不过，作为一项通用技术，只有与物联网、智能电网、通信基础设施等互补性技术和要素相匹配（李廉水等，2019），才能产生乘数效应，有效促进全要素生产率的提高（刘亮等，2020）。

5类通用技术的关系。5G、物联网、大数据、云计算、AI技术之间紧密连接，共生共存，彼此依附。5G作为通信网络，在整个流程中起到搬运数据的纽带作用，与其他基建层技术（如云计算、大数据等）结合进行应用与升级（梁毅芳，2020），其广泛运用成为物联网及相关行业的关键支撑技术和网络基础设施，以5G技术为支撑，建立在互联网基础上的物联网为大数据提供主要来源，再由云计算及辅助边缘计算进行储存和分析，因云计算的存储和计算能力以及分布式结构，都为大数据的商业模式提供了实现的可能。云计算提供了价格低廉的基础设施，使用户能够按照需求获得相应的服务，其分配机制满足了大数据系统中海量、多种类型数据的存储和计算要求。人工智能借助大数据和云计算（提供算力）优化自身算法模型，并反哺物联网设备以提升其智能化程度。近年来兴起的数字孪生是一种基于大数据技术发展形成的数字化通用技术，指在虚拟世界中对各类数据的仿真，以“模型＋数据＋软件”成为数字社会/智能社会的“遗传基因”（赵敏和朱铎先，2020），人工智能通过智能匹配最佳算法，可在无需数据专家的参与下，自动执行数据准备、分析、融合对孪生数据进行深度知识挖掘，从而生成各类型服务，是数字孪生生态的底层关键技术之一；数字孪生有了人工智能技术的加持，可大幅提升数据的价值以及各项服务的响应能力和服务准确性，赋能给各垂直行业。

③技术认知

技术认知（Technological Cognition）是在技术系统视角下经过获取、存储、计算、分析等环节处理事物信息得到知识的认知机制和认知方式（刘君，2015），和作为"科学共同体共有信念"的技术范式特征相似，共同体在思维层面对各技术体系的统一看法和价值取向即为技术认知。随着技术范式更替，与其相适应的新技术认识等系统性规范要素得到确立（盛国荣，2005），引导相关社会制度、文化理念朝着认知方向发生系统性变革（邬晓燕，2016）。与传统的人脑认知机制相比，虽然两者都是对信息的处理，但技术认知是以信息传输、计算处理、反馈等环节为核心，以传感器、体感、数据分析等技术为基础，以认知科学、仿生学、人机工程学等学科为指导，可以实现量化解析、精确控制等技术特点的认知方式和认知过程，为分析预判提供重要借鉴（刘君，2015）。然而，对技术认知的越位会导致技术异化发生，例如消费共同体盲目信任技术产品，认为存在即合理，对所有技术产品都包容，不断放大技术的教育功能，甚至取代一些所谓传统的技术或手段，对技术产品的认知缺位和越位是技术异化的重要主体性根源。思维是人类头脑活动的内在逻辑程序，是一种习惯性的思考问题和解决问题的模式，并由此引导自我行为（宋德瑞等，2017），根据技术基础的不同，本书把信息化、数字化和智能化的技术认知分别总结为大数据思维、云思维和类人思维。

（3）技术范式对比

① 技术共同体对比

技术共同体是包含科学家、工程师等专家的跨学科、跨领域融合的交互式社群网络集体。由于信息化、数字化和智能化共同体成员涉及领域不同，可以大致分为网络通信类、数理逻辑类、自动化工程类、大数据处理类、生物医学类和语言伦理类等，各细分领域及交叉关系如表 3-3 所示。

信息化技术共同体主要由网络通信和数理逻辑领域专家组成。其中，数学和逻辑学为信息化融合新兴产业提供了量化逻辑与思维规律；网络架构、移动通信、软件工程、信息安全等网络通信技术人员通过研发资源管理系统、管理信息系统和客户管理系统等，对数据库中关联性数据进行处理，在不改变流程的基础上提高效率。

数字化技术共同体在信息化技术共同体基础上增加了大数据处理领域的专家（张新新和刘华东，2017）。海量非结构化的数据对信息化传统数据库分析工具提出了新的挑战，大数据挖掘、数据库采集解析和大数据可视化等领域的大数据工程师，以及分布式资源管理、并行编程和中台系统等领域的云计算工程师，成为数字化技术共同体为解决大数据挖掘和处理难题提供数字技术支撑的主要成员，也是其复杂性、交互性和融合性高于信息化技术共同体的显著特征。

表 3-3　信息化、数字化和智能化技术共同体对比

	信息化	数字化	智能化
网络通信类	网络架构、移动通信、信息安全、软件工程	网络架构、移动通信、信息安全、软件工程	网络架构、移动通信、信息安全、软件工程
数理逻辑类	数学、逻辑学	数学、逻辑学	数学、逻辑学
大数据处理类	/	大数据挖掘、数据库采集解析、大数据可视化、分布式资源管理、并行编程、中台系统	大数据挖掘、数据库采集解析、大数据可视化、分布式资源管理、并行编程、中台系统
自动化工程类	/	/	机械工程、自动控制、传感技术
生物医学类	/	/	生命科学、认知科学、神经科学、脑科学、心理学、仿生学
语言伦理类	/	/	哲学、语言学、伦理学
图示			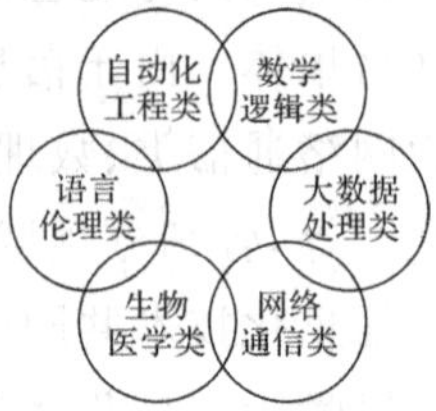

由于处于三化演进的最高阶段，除信息化和数字化技术共同体固有的网络通信、数理逻辑和大数据处理领域专家外，智能化技术共同体还涉及自动化工程、生物医学和语言伦理方面。自动化工程专家所熟知的机械工程与自动控制技术确保在生产过程中操控指令的精准性，以提升企业生产的效率和质量，且传感技术的应用提高了智能机器人的机动性和适应性；随着人工智能进入生物启发的智能阶段，生命科学、认知科学、神经科学和仿生学等领域的顶尖专家为遗传算法、机器学习和仿生模拟等提供研发支持；同时，语音识别、自然语言处理等技术的渗透，也引起了语言、哲学和伦理学领域专家对智能化的深度探讨。人工智能是一门综合性更强和高度交叉的复合型学科，基于人工智能基础之上的智能化技术共同体参与群体将更加广泛与繁杂。

② 通用技术对比

5G、物联网、大数据、云计算和人工智能等新一代通用技术在社会生产、流通等环节应用广度和深度不断拓展，信息化、数字化和智能化代表着不同通用技术运用形式（彭继增等，2019），三者所包含的核心技术基础不断扩大（如图 3-6 所示），共同驱动战略性新兴产业向数字新基建、供应新网络、产业新价值与商业新生态等方向迈进（杨卓凡，2020）。

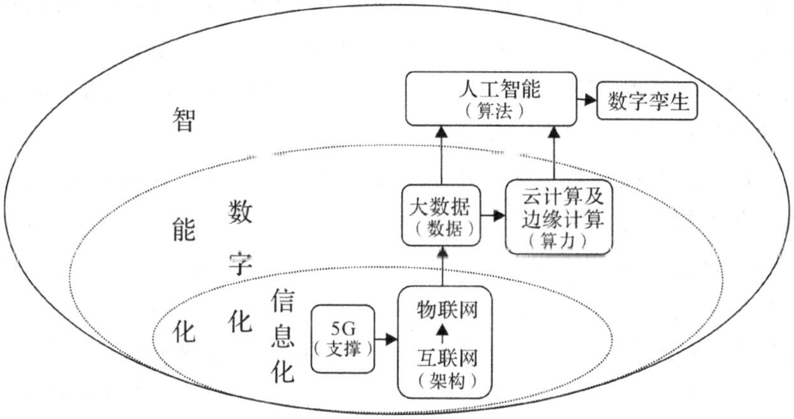

图 3-6　通用技术的关系及对比

20 世纪以来的信息化革命被视为是一次“通用技术革命”（邵文波，2015），信息技术以其渗透性、带动性、倍增性、网络性和系统性等特点，推动了信息产业融合（胡汉辉和邢华，2003），信息技术成为一种通用技术（Ceccobelli 等，2012）。信息化的通用技术主要包括 5G、互联网和物联网。5G 作为新一代移动通信技术，具有毫米级的传输时延和千亿级的连接能力与渗透性、倍增性、网络性和系统性的特点，可以在超高速度、超低延时下实现信息随时随地传送；以 5G 为支撑，互联网（Internet）为物体设备之间的网络互接提供了基本架构，信息通信产业围绕互联网技术进行大规模改造重组；建立在互联网基础上的物联网（Internet of Things，IoT）则为大数据提供主要来源，从人—人互联、到人—物互联、再到物-物互联，物联网使万物都可以通过网络进行数据交互。5G 直接促使移动通信技术和产品产业链的重大进步和飞跃，并带动传统通信行业基础产业的同步快速发展，为新兴行业信息化和现代化发展提供强大动力和推力。以信息资本主义为特征的信息技术范式建立了以互联网和物联网为基础和组织形态的信息通信产业，通过信息设备生产技术进步和人均信息化资本提高，催化经济各部门围绕信息技术进行大规模改造重组(李坤望等,2015),发展成为一种新的经济社会形态,形成新的产品、服务和市场领域。

相比于信息化,数字化通用技术还囊括了大数据、云计算和边缘计算。大数据(Big Data)应用多种现代信息化技术手段,在庞大数据库中通过分析、处理以挖掘复杂数据中的特定规律来预测未来事件发展;云计算(Cloud Computing)及边缘计算(Edge Computing)依托计算机存储系统和分布式结构对大数据进行深度收集和加工处理,快速进入网络、服务器、存储和软件等可配置资源共享池。以大数据、云计算和边缘计算为代表的数字化通用技术推动理了新兴产业知识化、平台化和集成化,例如柔性制造、数字工厂从整体上缩短产品研发周期;基于云服务的AR辅助作业提高数字化可视水平,使整个系统便于集成。数字经济时代,云计算、大数据等数字通用技术正在推动全球产业结构的知识化、科技化,成为决定各国战略性新兴产业结构竞争力的重要元素。数字技术具备了从研发、生产到销售的全流程应用基础,个性化定制、柔性制造、数字工厂为战略性新兴产业数字化提供了方向,数字通用技术的研发和推广应用,从整体上缩短了产品研发周期,降低了生产成本,基于云服务的AR辅助作业可以有效提高数字化可视水平,使整个系统便于集成(肖文磊等,2020)。云计算是通向数字化的关键,为数据信息的交换流动提供了平台和载体,提高战略性新兴产业的数据整合交换能力、网络信息传输能力以及数字通用技术的融合能力(王开科等,2020)。

在数字化基础上,AI和数字孪生成为智能化最具特色的通用技术。AI借助大数据(提供数据)、云计算和边缘计算(提供算力)优化自身算法模型,利用计算机模拟人类思维过程和智能行为,建构与人脑类似甚至超越人脑的思维与操作能力;作为智能社会的"遗传基因",数字孪生(Digital Twins)通过对虚拟数据进行合成和仿真,在虚拟世界中预知创新性尝试与决策的可行性并不断调优,减少试错成本,成为人工智能未来发展方向。以AI和数字孪生为主导的智能化通用技术具备从研发、生产到销售的全流程应用基础,逐渐作为全新生产要素被投入产业链和供应链的各个环节,成为决定战略性新兴产业结构竞争力的重要元素,加快了产业高端化、集群化。因此,通过加速智能化转型,可以推动新产业、新业态、新模式兴起。此外,智能化技术提高了本土企业在世界竞争环境中作为技术领先者的先进能力,增加了与先进知识生产者联系的机会,使技术追赶成为可能(Kiamehr 等,2014)。

③ 技术认知对比

信息化的技术认知是大数据思维。数据思维(Data Thinking)指利用数据的原理、方法和技术来发现、分析和解决现实场景问题的思维逻辑，包含量化思维、相关思维和实验思维。毕克新等(2012)从技术、组织、环境三个维度验证了技术认知等八个因素对制造业企业信息化与工艺创新互动关系的影响，其中，技术认知对互动关系的影响也取决于制造业企业的技术认知能力，包括技术感知能力、技术同化能力和技术回应能力(苏敬勤和崔淼，2011)。游丽君(2016)通过对国内外税收征管信息化相关文献的梳理研究，认为大数据是信息时代的必然产物，大数据技术对税收征管信息化产生了强大冲击，提出要将大数据思维和技术融入工作中，做好信息化建设。大数据思维引导互联网企业创新升级，顺应了目前经济社会金融行业发展的潮流，以互联网企业掌握的内部数据为原始基础，构建互联网企业大数据平台，带领管理决策向信息数据化方向发展，最终实现产业信息化互联。大数据思维也是一种认为公开数据一旦处理得当就能为千百万人急需解决的问题提供答案的意识(Schönberger 和 Cukier，2012)，一切社会现象和经济现象的解释和预测都离不开数据挖掘和分析，以大数据思维构建产业信息化是现代信息化社会的重要特征(陆岷峰和虞鹏飞，2015)。在大数据思维下，信息化出现了三大改变：全部样本代替了随机抽样的样本；在大趋势正确的前提下效率较精度重要；不再单纯追求因果相关而追求事物演变的主流趋势(宋德瑞等，2017)。大数据思维的本质是对“人类自然认知模式”的模拟，只不过这种模拟是在信息被数据化的基础上展开的，最基本要求即是充分利用信息化沟通渠道代替原有传统渠道，灵活利用信息技术手段，借助互联网各类信息化平台，让大数据时代的知识资源在互联网平台上充分流动、公开共享。

数字化的技术认知是云思维。云思维(Cloud Mind)是随着云计算的运用普及而产生的一种思维范式，云计算的大规模普及还需要经过科学技术、用户习惯、网络环境、法律法规等方面的创新变革，以及随之而来的思维范式的更新。数字化的本质是开放性、兼容性和共享性，以云思维为主的数字化思维是对数字社会的发展起决定性作用的核心内容(贺艳和马英华，2016)。大数据、区块链、物联网、云计算等在形成端、管理端、利用端创造了一个新的信号系统，人们把这个新信号系统创造的机器大脑(网络大脑)叫“云脑”(孙富春等，2015)，其思维称之为“云思维”。云思维能力是组织在知识共享情境下延伸组织 IT 能力的意识能力，一方面关注并利用云计算改善当前知识资源的管理和共享，另一方面熟练应用和增强基于云的相关技术设备和积极跟进最新发展动态，云思维能力不仅可以使组织利用云环境迅速延伸其知识共享的 IT 能力，还能够使组织更容易地在云环境中发现机遇，提高知识共享的效率，组织云能力越强，其在知识共享过程中感知的可掌控程度就越强。变化、创新、通达是云思维的根本特性（盛国荣和葛莉，2012），依托云的技术优势，通过汇聚多种不同形式的思维形成思维池，参与到新的集体应用程序中，改变传统产业的服务平台建设方式，避免重复建设的困境，提高资金使用效率，提升数据分析能力。技术共同体积极借助互联网、大数据、云平台，运用数据思维、数据技术，推动经营管理线上化进程（姜建南，2020），通过云资源和云措施，提供云服务，实现基于云思维的协作学习，以云思维重构新兴产业发展新动能（刘琼莲，2020）。

智能化的技术认知是类人思维（Human-Like Thinking）。类人思维是把学习、感知、识别和推理等人脑功能应用于人工智能机器人及智能系统开发全过程的一种思维认知，使其具备类似“人脑”的智能，是在云思维基础上对人类智能的扩展和延伸。类人思维是智能化的重要特性之一，随着强人工智能时代的到来，人工智能机器人以及各种人工智能系统得到开发使用，被赋予包括学习、感知、识别、推理、决策等智能功能，也即具备类人思维方式和行为能力。制造企业的智能化转型是以新一代信息技术为基础，通过互联网、物联网设施的系统互联，结合新能源、材料以及工艺的运用，使各个制造环节能够以类人思维方式运作的过程（韩江波，2017）。高度智能化的无人平台不仅是执行特定任务的工具，还是集环境感知、决策分析等于一体的具有自适应能力和类人思维能力的综合体。在类人思维指导下，依靠传统的人际可视化交互手段，在整理、加工以及挖掘、创造数据信息的过程中，智能化技术对用户和环境特征进行检测、分析、推理、学习、决策和执行，使各个环节能够以类人思维方式运作。同时，算法模型不断优化迭代，充分发挥 AI 对于企业业务流程的感知能力，借助于类人思维，实现传统产业从低端向高端智能化的有效转型。然而，需要指出的是，在人工智能的技术研发过程中，机器人具有独立“智能”意识和解决问题的能力是开发者必须迈出的一大步，也是摆脱“无心机器”困境，实现真正智能化的核心问题（卢鑫鑫和徐明，2018）。

3.2.2 体系架构维度

(1)体系架构内涵

体系架构（System Architecture）作为解决体系相关问题的最直观有效的方式，描述了系统、模块、组件、框架等组成部件及其协作关系、约束规范和指导原则（束哲，2018），是现有资源约束下使团队个体思想层面达到一致的最合理决策。其中，系统（System）是由根据某种规则运行、共同完成特定功能的关联个体所组成的群体；模块（Module）和组件（Component）是系统的组成部分，模块从逻辑角度拆分系统，例如子系统、功能块、函数等，更好实现职责分离、分而治之，而组件是为了实现复用从物理角度进行拆分，包括数据库、网络、应用服务等；框架是为了实现行业标准或完成特定任务制定的规范，是为了提供直接使用或在此基础上进行二次开发的具有基础功能的软件产品。当前，战略性新兴产业的发展迫切需要创新服务和协同机制的促进，协调机制的薄弱导致战略性新兴产业内部各行业形成看似完整实则相互独立的"信息孤岛"，无法实现纵深发展和横向延伸。体系架构以推动区域经济发展和科技创新需求为目标，具备集成、整合、共享等功能和高性能、可用性、伸缩性、安全性、可扩展性等特性，是区域产业升级和战略性新兴产业发展的有效载体（李璋琪，2019；全志薇和陈晓玲，2020）。信息化、数字化到智能化所促进的产业融合导致了整个新兴产业体系架构的历史性变迁，主要体现在交互方式和结构层次两个方面。其中，基于信息高效采集与实时反馈的多维数据计算引擎是实现人机交互的软件载体和主渠道，涉及人类所使用的交互式计算系统的设计、实施和评估等方面，属于体系架构的顶层设计。结构层次是体系架构构建时需要遵循的原则，指导着每个层次的排序先后和运行逻辑，保障上下层信息模块变更的独立性、稳定性和秩序性。

体系架构的本质是对系统进行合理有序的重构以符合当前业务发展需求，可以分为业务架构、应用架构和技术架构三种类型。①业务架构：包括业务规划、业务模块、业务流程，是对整个系统的业务进行拆分，对领域模型进行设计，把现实的业务转化成抽象对象；②应用架构：定义数据管理和业务支持所需的应用程序，整合系统结构的相关决策及指导组织架构风格，作为独立可部署的单元，应用架构为系统划分了明确的边界，通过系统拆分来平衡业务和技术复杂性，深刻影响系统功能组织、代码开发、运维部署等各方面，按照单体应用—服务化—微服务的过程演进；③技术架构：主要考虑系统的非功能性特征，确定组成应用系统的实际运行组件、各组件之间的关系，以及部署到硬件的策略（饶玮等，2016；蒋云钟等，2019）。总之，业务架构是生产力，应用架构是生产关系，技术架构是生产工具，业务架构与应用架构是决定与适配的关系，并依托技术架构实施最终落地。此外，还包括数据架构（持久化数据存储方案）、物理架构（部署机器网络增强系统适配性）、运行架构（运行过程中各单元交互）、开发架构（指导源程序的编译）等类别，各架构之间相互关联，共同组成架构金字塔。

(2)体系架构构成

① 交互方式

交互(Interaction)是发生在相互影响的两方或多方之间的互联互通行为,同一系统内多个简单交互的联合可能构成惊人的复杂交互,交互方式即交互的具体方法。人机交互(Human-computer Interaction,HCI)是以用户为中心的交互设计,最早可追溯到 Shackel B(1959)提出的计算机人类工程学理论和 Licklider(1960)提出的人机紧密共生理论(张兴旺等,2018),1992 年 ACM SIGCHI 课程发展组报告中正式提出人机交互概念:人机是一门研究人类所使用的交互式计算系统的设计、实施、评估及相关主要现象的学科。20 世纪 90 年代以来,随着高速处理芯片、多媒体技术及 Internet 技术的迅速发展和普及,人机交互领域研究范围逐渐涵盖计算机科学、心理学、社会学等多个学科,研究内容包括但不限于计算机应用情境、项目测试、人类特征、架构设计等方面,逐渐形成了自己的理论体系和实践范畴。人机交互是以用户为中心的交互设计,目的是提高系统可用性、易用性和用户友好性,打通人与机器交互的知识渠道,建立一种用户与系统高度契合的互联关系。从触控技术到多媒体技术,再到虚拟现实技术,人机交互的发展过程也即人适应计算机到计算机不断地适应人的需求变化的过程。

以用户为中心是人机交互的核心,交互设计的目的是提高系统可用性、易用性和用户友好性,打通人与机器人交互的知识渠道,建立一种用户与系统高度契合的互联关系。虚拟交互和人机协同交互成为人机交互研究重点,达到语音交互、图像交互、数据交互、动作交互,甚至情感交互的技术高度,虚拟键盘、肢体捕捉、眼球追踪、智能手环、AR 试衣、刷脸支付等都是人机交互技术带来的改变(罗勇,2019)。从触控技术到多媒体技术,再到虚拟现实技术,人机交互的发展过程也即从人适应计算机到计算机不断地适应人的需求变化的过程,向着自然化和仿真性方向发展。信息化、数字化和智能化的发展均依赖于利用数据信息和人机交互技术,实现从定性到定量的系统综合集成,然而三者在人机交互方式上有所区别,呈现从人—信息系统交互到人—云交互,再到人—智交互的递进过程。

② 结构层次

结构层次(Structure Layer)指根据不同体系架构,由不同功能且可以交换的模块组成的特定嵌套结构,在分层原则下,不同层次之间通过界面彼此连接,子系统与连接层及两者的相互作用共同构成结构层次模型框架(朱韫哲,2018)。对于产业而言,合理化和高级化是内外部路径共同作用下产业结构优化升级的必然要求，包括劳动密集型产业向知识技术密集型转移，以及产业高附加值化、高技术化和高集约化等方面，是内外部路径共同作用的结果。需要指出的是，产业融合作为产业结构高度化的必然趋势（陶长琪和徐晔，2009），尤其是战略性新兴产业对数据信息的依赖程度远高于传统产业，信息化、数字化、智能化融合新兴产业能够促进产业结构协同发展，并在基础层、平台层和应用层三个层次上呈现规模不断扩大、结构渐趋复杂的演进态势，信息化、数字化和智能化的结构层次对比如图 3-7 所示。

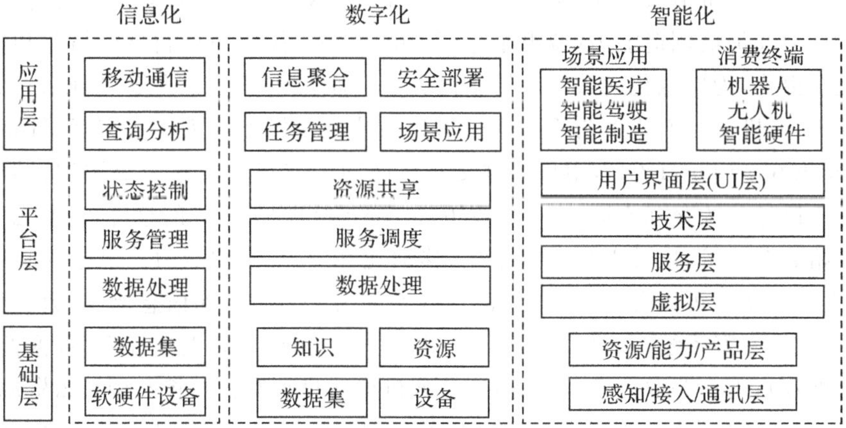

图 3-7　信息化、数字化和智能化结构层次对比

（3）体系架构对比

① 交互方式对比

信息化、数字化和智能化的发展均依赖于利用数据信息和人机交互技术，实现从定性到定量的系统综合集成，然而三者在人机交互方式上有所区别，呈现从人—信息系统交互到人—云交互，再到人—智交互的演进过程。

人机交互的起点是人与信息系统之间的信息交换，这种交换以信息技术为支撑、以计算机为操作平台，人—信息系统交互（Human-Information System Interaction，HISI）也叫人机信息交互，是人处理信息和系统响应信息输入的认知互动过程。在这个过程中，以计算机和各种信息系统为工具，人输入的信息转换成系统内部语言，信息系统进行“判断用户意图—执行相应程序—改变系统状态—生成信息输出”的一系列操作，人类大脑的感知处理器接收信息从而做出决策，导致新一轮互动过程。人、任务、信息系统等各种资源协同工作，共享数据、信息和知识（Zhang 等，2018），其交互过程具有连续性、复杂性和动态性，在人类洞察力和信息系统发展中具有重要作用，从信息技术角度看，人—信息系统的交互程度在一定程度上决定了效率高低（杨文彩等，2007）。对于战略性新兴产业供应链上的节点企业来说，其进行初级阶段的信息化建设需要内外部协同，通过信息平台的建立实现内外部企业信息交互与共享，随着两化融合的深度发展，信息化赋能管理实践，企业通过平台化、内外交互完成组织惯例重构（郭会斌等，2017）。

数字化交互方式是人—云交互（Human-Cloud Interaction，HCI）。数字技术应用实现了价值流优化、生产要素调整和人机交互方式升级，进一步提高了技术生产力及价值创造能力（戚聿东等，2020）。“云”作为一种新型网络化和敏捷化概念模式，为信息化向数字化转型提供了一种强有力的新形式，依托云存储和云计算，人机交互方式由初级的人—信息系统交互转型为人—云交互（Human-Cloud Interaction，HCI），用户通过交互界面同步或异步共享云资源和云服务。与人—信息系统交互不同，人—云交互是云平台和数字系统的整合，企业无需掌握原始数据技术，也可以具备数据化、移动化和 IOT 化的能力。根据发起者不同，人—云交互可以分为人机—云交互（人发出、云响应，如信息检索、数字互动媒体、在线专家系统）和机人—云交互（机发出、人响应，如人群计算、数据挖掘、信息推荐），用户获取公有云服务，企业或机构通过私有云掌控和调整云资源（许金叶等，2013）。云计算是通向数字化的关键，在人—云交互设计下，云数据、云计算和云存储等作为数字化融合新兴产业的基础支撑，将原本由大量普通计算机服务器构成的信息集群，转化为易扩展、高弹性、透明化的虚拟社区，为数据信息交换提供了平台和载体，用户通过交互界面同步或异步共享云资源和云服务，连贯的云交互平台可以在不同数字化场景中提供更加个性化的解决方案，促进“上云”普及化。

人工智能推动了人机协同方式从人—云交互向人—智交互升级（汤双霞和徐赛，2019），让数字化迈向新高度。人—智交互（Human-AI Interaction，HAII）也称智能人机交互，指以人工智能为计算方法的人机交互方式。智能化技术整合用户和组织运行的互动关系，通过 AI 技术对现实使用场景进行思维模拟、心理模拟和感知模拟（肖迪，2018），智能设备在与用户交互的过程中不断了解适应其个性化需求和特定使用环境，并进行自我修复、更新和优化，使整合智能设计生态系统根据数据信息不断升级（荆伟，2020）。智能生态系统根据数据信息的改动进行自我修复、更新和进化，得到持续升级。同时，开发者将各种 AI 能力集成到面向用户的系统中，例如人脸识别、语音助手等。除原有可视化图形界面外，产品设计还更多注重光感声效的传达媒介、动作情感的表达方式以及传感设备的感知程度。光模态、声音模态、表情动作模态等多模态跨域联动、有机协同，促进链路中信息高效能传递，这种多模态用户体验促进人与智能体之间深度交流，为战略性新兴产业的价值链带来新的迸发机遇，未来的智能化时代将是人—智相互依存的社会(杜悦英，2016)。

② 结构层次对比

战略性新兴产业对数据信息的依赖程度远高于传统产业，信息化、数字化和智能化融合战略性新兴产业促进产业结构高级化发展，并在基础层、平台层和应用层三个层次上呈现规模不断扩大、结构渐趋复杂的演进态势(见图 3-7)。

以产业结构高级化为视角，信息化是信息产业成长和发展的过程。作为产业高级化的第一突破口，信息化为企业管理提供实时准确的决策支持，重塑了原有产业结构层次，引发了工业技术、产业组织、经营管理等在内的整个组织结构革命性的变化。从图 3-7 可以看到，信息化结构层次的基础层由初始数据集和软硬件设备构成，其中数据集包括用户数据、网络数据、流表数据等，设备包括移动终端 APP、用户 UI 等软件架构和终端中的部件等硬件架构，通过移动网络接入使其具备较强的数据传递速率和信息处理能力(吴吉义等，2015)。在平台层中，大量非结构化的数据经过采集、传输、存储，再由大数据分析平台进行利用算法分析建立流量模型、用户行为模型等，将决策信息传递到服务器进行处理(孙远芳等，2017)，经公用网络接入后为各管理系统提供全域服务和执行状态检测，从而在应用层中可以进行安全质量评估、移动通信和业务信息识别查询等基本操作，产业信息化结构层次的建立为企业经营和管理提供实时准确的决策支持。

随着信息领域新技术、新业态、新模式的涌现，信息化发展鸿沟和地区水平差异渐趋扩大，倒逼信息产业结构向数字化转型升级，从数字经济内部看，产业结构优化促进数字服务、数字产品等相关产业的发展，产业数字化的主引擎地位不断巩固。在数字化结构层次中，除传感器、传感网关等固有硬软件设备外，基础层还包含数据集、资源、知识等单元模块，其中数据集由识别、采集、清洗后得到的网络数据、环境数据、设备数据和人员数据等组成，资源模块分为物理资源(包括存储器、服务器、数据库等)及相对应的虚拟资源池(包括存储虚拟、服务器虚拟、数据库虚拟等)(张兴旺等，2011)，用户行为、运营管理、决策规律等组成知识模块。在平台层中，利用云计算系统、有线无线通信网等技术手段对感知到的数据信息进行传输处理，同时，通过服务调度算法定位服务模块，快速识别和匹配客户需求，实现云服务资源的高效协同(涂莹等，2017)，且在这种 IT 服务模式下，资源提供者和资源使用者可以不设限、弹性、按需访问和使用资源共享池。基于平台建设中间件对资源管理复杂均衡优化和调度，通过多源海量动态信息聚合在应用层上实现风险识别、故障检测、数据运维等安全部署，以及利用多集群资源模拟提供任务规划、调度等多任务管理功能。此外，除上述业务管理和基础服务外，还涉及泛在物联等场景应用。

在数字技术转化应用过程中，其所产生的正负向反馈将倒逼战略性新兴产业不断创新升级，增强原有产业部门之间的互动协同性，实现产业结构高级化和合理化（李彦臻和任晓刚，2020）。人工智能的商业化对促进企业数字化、完善产业链结构、提高信息利用效率起到了积极的作用，智能化下的新兴产业全部相关要素之间能够在结构层次内相互协调以满足综合需求（朱洪波和尹浩，2017）。智能化结构层次是对信息化、数字化在内容上的扩充和结构上的延伸，首先新智能资源/能力/产品层和新智能感知/接入/通信层共同构成基础层次，其中包括以仿真设备、新材料、新能源为核心的新软硬件智能资源；AI 相关研发运维等新智能能力；云端化、网络化、智能化新智能产品；二维码、传感器、RFID 等新感知单元、感知技术、物联技术，以及将上述资源、能力、产品接入到 SDN 等的新网络，实现智能感知、互联和融合等功能（李伯虎等，2019）。其次，智能化结构平台由虚拟层、服务层、技术层和用户界面层（UI 层）组成，其中基础层的新资源、新能力、新产品等经由边缘处理和数字孪生进行虚拟化封装，形成云池虚拟化资源（石婷婷等，2021）；新一代 AI 技术引领下智能系统服务共性基础件由服务支撑层提供，包括大数据引擎服务、嵌入式仿真服务等；技术层由底层框架（如 Caffe、Torch、Tensor Flow 等）、算法理论（如机器学习、深度学习、强化学习）、通用技术（图像识别、语音识别、知识图谱）三方面构成，旨在通过建立算法模型形成有效应用技术（徐伟杰和刘彦君，2017）；用户界面层（UI 层）主要负责为用户（包括服务提供者和使用者、平台运营者）提供普适性智能终端交互设备和云端个性化定制界面以便对数据信息进行快速精准查询编辑。每个层次在结构上相互独立且功能上紧密相连，严格遵循程序设计时的“高内聚、低耦合”原则，在满足日益增长的灵活性、敏捷性、稳定性应用需求的同时，不断提升系统内部可扩展性、可维护性和模块可重用性（聂恩明等，2016）。处于结构顶端的应用层可以分为场景应用和消费终端两部分，场景应用包含智能医疗、智能驾驶、智能制造等产业融合领域，消费终端涉及无人机、机器人、智能硬件等产品。智能化融合新兴产业下的产业体系，架构了一种“以用户为中心，人＋机＋物＋环境＋信息协同整合的柔性化、定制化、服务化的新模式以及服务共享、万物互联的新业态”（李伯虎等，2019）。

3.2.3 融合能力维度

(1)融合能力内涵

产业融合过程受到产业融合能力和环境因素的影响(Sun等,2017),融合能力(Fusion Capability)是一个综合性概念,在一定程度上反映了产业融合阶段中在建设上的投入、供给与需求,具体而言,融合能力是一个地区在当前经济水平、政策取向、行业竞争和社会基础等大环境下,响应市场需求,利用科技、资本和人才的充分供给,实现产业融合的能力集合(程广斌和杨春,2019)。融合能力是对融合基础、应用程度、绩效结果的评价,应用程度越深,融合能力越强。具有融合能力和能够反映产业融合优势的融合产品是决定产业之间真正融合的关键要素,因为融合型产品能够取代原来相互独立的产品,将原来的产品性能和功能融合到一个产品中,最终切实提升产品品质并满足消费者的需求。原有产业在具有新附加功能和更强竞争力之后,使形成的新产业体系具有产业融合能力,产业间能够功能互补和延伸。

产业融合能力是地区在基础环境下响应需求,利用人力、物力实现产业融合的能力集合(贾洪文和赵明明,2020),因此,其形成受到多种因素的影响。从产业供需角度看,需求拉力、供给推力及环境支撑力是影响产业融合能力的三大要素(程广斌和杨春,2019),区域需求拉力越强、供给推力越大、环境支撑力越大,则该地区融合能力越强,发生融合的概率越大;从产业融合产生的前提条件看,产业融合产生的障碍分成制度障碍、能力障碍与需求障碍等三类,其中能力障碍包括整合能力、核心能力刚性、知识学习与创新(胡金星,2007);从产业互动角度看,产业互动融合系统由主体要素、支持性要素和辅助资源要素组成,各要素彼此相互联系,形成有机整体,共同影响融合能力(綦良群和李庆雪,2016);从网络资源视角看,融合能力指各参与主体各自的创新能力及主体之间的网络关系,体现了网络资源的整合和运用力度,直接影响融合系统的经济效益和技术效益,受到融合系统各参与要素的创新能力、融合意愿、融合环境及R&D资金投入等因素的影响,融合系统通过融合投入、融合能力、融合环境、融合产出四个子系统之间相互交换知识、信息、资金、设备、技术等资源,在融合环境背景下,融合资源的投入影响融合能力,直接决定着科技创新与商业模式创新融合的产出,基础设施、融合氛围等环境因素也会制约融合能力。

(2)融合能力维度

作为产业能够融合所需具备的综合条件,产业融合能力是多种能力的集合,可以分为系统整合能力、集成创新能力和自我进化能力三个维度（如图 3-8 所示）。

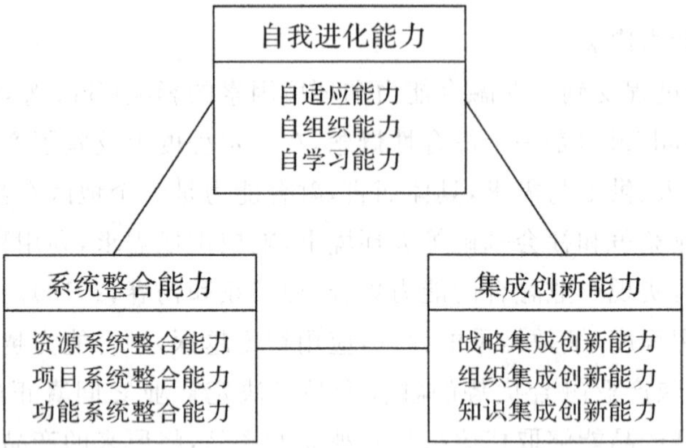

图 3-8　融合能力维度

①系统整合能力

系统整合能力（Systems Integration Capability）是对不同子系统及其在体系结构中相互依存关系进行界定、协调、统一的能力。系统整合能力能够使产业链各主体结合各种生产投入，包括软硬件、技能、知识等技术和非技术要素（Acha 等，2004），设计和生产产品或系统，进行生产投入。系统整合能力建设需要一个基于项目的组织，以便在一个多功能框架中合并操作和学习。由于系统行为的高度非线性（Eisner，2005），系统架构对项目阶段产生着深远影响，包括开发、制造、集成和运营，系统架构的基本目的是对子系统（或模块）的任务或连接进行协调界定，即通过将不同功能分属于系统的特定部分来降低结构复杂性和提高专业化（Pavitt，1984），呈现出不同程度的整体性或模块化（Ulrich 和 Eppinger，2011）。系统整合能力的本质是一种核心技术和战略能力，在以技术知识系统模块化为基石的产业中，技术是决定企业竞争能力的关键要素（吕一博和苏敬勤，2007），技术整合是整合创新的核心和基础（王毅和吴贵生，2002），以技术为核心的系统整合能力决定了企业可持续发展水平。系统整合能力在新的产业模式下成为现代企业（尤其是大型高科技企业）的一种核心能力（Hobday，2005），对于战略性新兴产业来说，其竞争力不仅仅指单个企业或单个产业的竞争力，而是产业在内外部各系统相互协调和耦合的系统整合能力上产生的一种持续竞争优势，是使产业保持长期动态发展的内在成长能力（范太胜，2006）。

依据活动属性，系统整合能力分为资源系统整合能力、项目系统整合能力和功能系统整合能力(Kiamehr,2014)。a.资源系统整合能力。是企业在面临市场机遇时,对知识、技术、关系、人力等资源要素系统进行优化配置和重组利用的能力,这种能力具备高度的利润渠道扩展弹性、敏捷的市场反映能力,快速感知客户价值要求(顾弘,2003),将资源组合优势转化为市场份额。b.项目系统整合能力。涉及项目开始前、项目进行中和项目完成后的所有活动,进而将复杂资本、货物交付给客户的能力。复杂产品项目的生命周期往往因为在项目运行中提供的一些服务而得到延伸,具体而言,项目系统整合能力包含项目期间管理设计、采购安装、测试调试等活动所需的项目管理能力;与供应商和客户互动,以识别和分析他们需求的能力;在提交方案中确保资金和分销商等资源的配备能力。c.功能系统整合能力。围绕系统工程和软件设计(Sercovich 和 Teubal,2013),以及诸如提供部分或完全整合所需的服务(研发、运行、维护、财务)等核心技术领域构建解决方案(Kiamehr,2014)的能力,功能系统整合能力允许公司先进行概念层面设计界定,将其分解为子系统,再执行子系统的详细设计,之后协调其制造,将其组件集成为系统,并时刻监督系统运行及提供后续服务。

②集成创新能力

集成是一种创造性融合过程(Bengtsson 和 Solvell,2004),各种要素经过选择、优化,相互之间以最合理的结构形式组成有机体(Morosoni,2004)。在新产品开发中,由于能力变化、知识整合以及市场导向重要性的日益增加,集成创新过程取代了组织创新过程,技术集成是集成创新的基础和核心(朱孔来,2008)。集成创新是组织利用各种信息技术、管理技术与工具等,对创新要素和创新内容进行选择、集成和优化以促成优势互补的有机整体发生质变的动态跃迁过程(程磊,2019)。在此过程中,各集成创新要素能力的总和即为集成创新能力(Integrated Innovation Capability)。集成创新能力是原始创新能力和消化吸收能力向经济和市场领域延伸的能力,本质是集体组合、资源配合和个体知识集成(Spender 和 Grant,1996),体现出企业对创新活动及其创新系统的科学管理,具有整体性、开放性、系统性、动态演进性等特点。在构成维度上,集成创新能力可以分为战略集成创新能力、组织集成创新能力和知识集成创新能力。a.战略集成创新能力。这是企业在创新过程中为确定行业价值链地位和战略重点,通过提高开发效率、减少开发时间、降低开发成本以增强可持续竞争力的战略属性集合(张炜,2004),包括外包程度、技术选择、合作伙伴确定、退出缺乏吸引力的市场以及适应新市场(Kiamehr 等,2014),战略集成创新需要组织不可避免地与供应商和客户保持紧密联系,并对环境变化保持警惕。b.知识集成创新能力。由于产业环境具备高度创造性和高度交互性,因此,知识创新是不可避免的、完全自然的且极精彩的过程，必然涉及知识之间的联系、结合和衍生（陈劲，2002）。知识集成创新能力就是组织通过对现有知识进行分类、加工和提炼，建立独有知识库系统并且不断发展知识储备资产的能力。c.组织集成创新能力。传统结构难以适应新环境的要求时，企业必须打破直线制组织的部分规则，用团队智慧取代个人智慧，建立在以人为本基础上的组织集成创新能力强调“实现沟通”的重要性，包括提升研发部门、营销部门、制造部门、营销部门等之间的交流程度（陈劲，2002），是参与集成创新的所有部门和个人的整合能力。组织集成能力是落实战略集成和知识集成的核心。

③ 自我进化能力

自我进化能力（Self-evolution Ability）是指组织在进化过程中提高环境适应性，得以生存与发展并保持持续竞争优势的能力。自我进化能力是能力体系的重要组成部分，是核心能力的前提与基础，主要体现在组织为提升对环境的适应能力，不断进行知识和能力的积累，并主动调整自身行为以保证与环境变化相适应，随环境变化不断更新、持续改进，静态或缺乏进化能力的产业会随着内外部环境的变化逐渐失去独特性与价值性。自我进化能力具有以下特征：a.差异性。由于自身系统结构的不同或战略差异性，即使结构相同或相似，不同组织个体在特定环境下仍表现出不同的进化能力特征。b.动态适应性。随着环境和系统结构的变化，进化能力在组织每个进化过程均汇聚成一条空间进化轨迹，与利润最大化的目的相比，组织价值目标是在保持环境适应性的同时提升自我生存与发展的能力。c.惯性。组织惯例在长时间内保持一定的稳定性，是在进化过程中不断累积形成的特定产物，其成长过程具有不可逆性，因此，包含其特有经验知识的进化能力难以被复制和模仿。

根据进化过程，自我进化能力可以分为：a.自适应能力。自适应能力指系统按照环境变化而调整自身行为使其在全新或者变更环境下达到最优或至少在容许范围内的特性和功能。适应性是企业生存的前提和基础，存在适应机制和选择机制两方面：一方面，组织进化建立在环境选择的基础上，另一方面，企业具有随环境变化而自我调整结构和行为的环境适应性。b.自组织能力。指系统内的有序结构或这种有序结构的形成过程，能力自行演化或改进其行为结构的能力即为自组织能力。自组织性是商业生态系统进化的基本特征之一（窦广涵，2008），一个系统自组织功能愈强，其保持和产生新功能的能力也就愈强，在无外部指令的前提下，组织按照固有规则各尽其责、相互协调形成有序结构，与环境相互作用而自发选择演化。c.自学习能力。自学习能力指通过评估已有行为的正确性或优良度，自动修改系统结构或参数以改进自身品质的能力。由于适应过程是累积知识和能力的过程，企业学习是在经验基础上保持或改进的能力和过程，因此，自学习能力在一定程度上也是进化能力的一种表现形式，与自适应能力不同之处在于，经自我学习得到的改进可以保存固定在系统结构之中，并可作为自动设计或调整的一种办法。

(3)融合能力演化

系统整合能力、集成创新能力和自我进化能力既构成了融合能力的三个维度，也代表了融合能力不同阶段的表现形式，呈现出“系统整合—集成创新—自我进化”的三阶段融合形态。在新经济环境下，组织通过对资源系统、功能系统和项目系统的整合完成传统组织范式初步革新，在有限资源和既定路径的基础上，利用对复杂产品设计、制造、管理过程中系统模块化的分解—协同—整合的技术范式(吴正刚，2005)，调整组织惯例，不断克服核心能力刚性，实现渐进式创新。然而，要实现整合型产品结构向模块化过渡，仅仅依赖系统整合能力是不够的，企业必须在战略、组织、知识等方面培养集成创新能力，才能提高复杂产品整体性能以适应多变的市场需求(张学文等，2017)，在加速变化的环境中建立和重新配置核心能力。为保持系统整合能力和集成创新能力与企业结构跃升相匹配，组织学习和知识创新需要企业提高自我进化能力，实现从低阶能力到高阶能力的跃进。进化能力不仅有助于企业深化对已有能力的吸收和利用，对现有技术和复杂产品系统进行完善和改进，而且通过知识共创和能力进化式重构推动创新生态系统中的各企业协同演化，以适应战略环境变化规律，提升产业创新生态共同体整体绩效(胡畔和于渤，2017)。

总之，系统整合能力和集成创新能力作为企业基础能力，两者之间的耦合竞合机制推动着自我进化能力的协同提升，企业由渐进式创新迈向突破式创新，由线性治理思维转变为非线性治理思维，由能力替代式重构转换为能力进化式重构，通过自身进化以适应战略生态环境变化规律，实现产业生态共同体整体绩效。

(4)融合能力对比

对于战略性新兴产业，在与信息化、数字化、智能化融合的过程中，其核心企业的能力建设同样遵循融合能力演化三阶段特征，并且在不同阶段的能力层次具有的能力程度不同，信息化、数字化、智能化融合能力演化三阶段模型如图3-9所示。

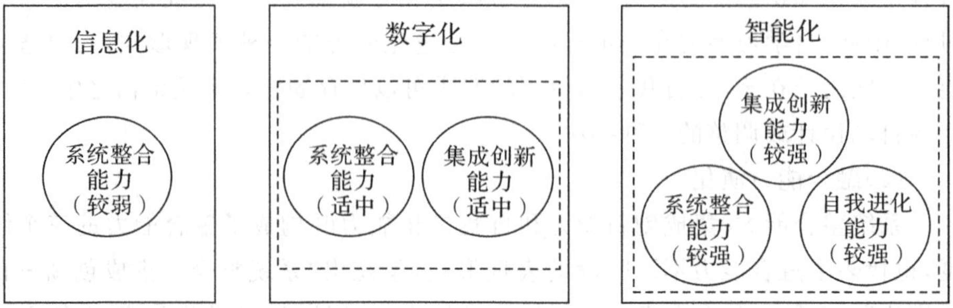

图 3-9　信息化、数字化和智能化融合能力演化三阶段模型

①信息化：融合能力初级阶段

信息化融合战略性新兴产业下的核心能力建设处于融合能力初级阶段，组织信息化管理和资源开发利用程度低，企业具备较弱的系统整合能力，且与重组转型能力有明显差距，需要长时间积累才能发生能力进化（曾萍，2009）。战略性新兴产业以技术知识系统模块化为基石，系统整合能力聚焦于内外部系统的协调耦合，由此产生的持续竞争优势可以为产业高速发展提供内在动力。然而在信息化建设过程中，不同目的业务系统的建立使系统之间相互孤立，出现大量分散独立的异构系统，这种“信息孤岛”“数据孤岛”现象致使信息数据无法及时有效进行共享。

②数字化：融合能力中级阶段

随着数字融合在行业间的扩散和延伸（周振华，2003），企业具备一定程度的集成创新能力，且开始向进化能力演进。数据资源系统整合能力决定企业数字化发展程度，进而决定企业降本增效能力与全面提升消费者体验的上升空间（艾瑞咨询，2019），由于技术基础的扩大及应用领域的延伸，企业所需的控制能力和知识利用能力得到加强。相比于信息化，企业系统整合能力增强，且具备一定程度的集成创新能力。一方面，基于大数据技术思维，数字化技术帮助企业快速建构各业务模块的整合能力，协助企业内部数据高效安全流动，并做到实时全局掌握最新动态，依托“管理＝实时数据＋分析预警＋判断决策”的思想从数据层、指标层、展现层三大层面综合架构企业数字化管理系统，完成资源管理、项目运行和功能建构的升级；另一方面，数据资源系统整合能力决定企业数字化发展程度，进而决定降本增效的上升空间，由于技术基础的扩大及应用领域的延伸，企业所需的控制能力和知识利用能力得到加强。此外，以物联网、大数据、云计算为核心的新一代信息技术融入数字化管理系统中，企业内部壁垒被打破，在交互赋能与创新协同中实现全流程数字化贯通，重构物理空间与数字空间。数字化是从计算机化到数据化的过程，能够有效打通产业间创新链、应用链和价值链，实现跨城市、跨区域、跨部门的数据共享，促进跨行业、跨企业、跨平台的供需信息互联互通（陈蕾和周艳秋，2020）。在信息化基础上使数字技术融入管理系统中，以物联网、大数据、云计算为核心的新一代信息技术让企业实现“上云”，呈现出稳定、有序且可持续的动态平衡状态，使资源得到进一步优化与配置，实现云平台服务功能与服务效益最大化（张季平和骆温平，2019）。在企业推进数字化战略及组织变革过程中，以数据整合者、业务优化者、市场创新者为主体，打通企业内部壁垒，实现全业务、全流程数字化贯通，在交互赋能与创新协同中实现能量积累与流动，重构物理空间与数字空间，推动深度互联与能力升级。需要指出的是，重构、整合和变革现有资源和新资源以实现新的复杂资源组合的双元能力（O'Reilly 和 Tushman，2013），对于数字化转型和启动数字化创新的企业至关重要，系统整合能力与集成创新能力的双元能力协同，激发自我进化联动机制建立，不断提升战略性新兴产业成长绩效。

③ 智能化：融合能力高级阶段

为避免企业进入生命周期的老化期，只有不断变革创新，修正原有单簇知识链、技术链、关系链及协同整合各族群关系，培育自我进化能力，才能在新一轮产业革命中具备可持续发展优势。高技术企业的技术创新过程具有自组织、自学习、自进化的特性，具有较强的自我进化能力，在智能化背景下，企业实现系统整合能力、集成创新能力、自我进化能力三者在较高程度的协同，即达到融合能力成熟阶段。

首先，智能化是在数字化融合基础上进行“引进—消化吸收—再创新”的二次创新过程（吴晓波和张好雨，2018），战略性新兴产业作为技术密集型产业，其生产技术和产品更新速度远高于其他产业，因此对企业管理提出了更高的要求，向着智能管理的必然方向迈进。智能管理系统是以实现“人因素”的高效整合和“人机协调”为目的的综合管理体系，其核心是智能决策，追求“人机结合智能”和“企业群体智能”，注重隐性知识和显性知识与新一代智能化管理软件的紧密结合，能有效整合创新资源和能力，使产业获得类似于生物般指数繁殖和进化发展的能力。通过强大的客户管理、营销业绩管理、精准的统计分析、灵活的自定义编辑等智能功能，以及私有云部署，使多功能、高性能、多平台的智能化管理系统有效整合资源、功能和项目。

其次，人工智能作为一种高精尖技术的综合体，其通用性特征以突破产业共性与关键技术为目标，具有极强的基础设施外溢性，是新一轮科技革命和产业变革的重要引擎，对各个产业都具有强大的渗透功能和改造能力。一方面，智能化带动企业集成创新，主要聚焦在感知、控制、决策、执行等关键环节（万志远等，2018）。AI算法提升知识处理的准确性和运算效率，包含的深度学习技术从数据预处理、深度网络设计和决策模块三个层面进行整合，是“数据＋信息＋知识”的深度融合（文成林和吕菲亚，2020）。另一方面，语音识别、机器人客服等专用人工智能技术在企业现有业务中广泛运用，优化业务服务流程，增强组织内部交流程度，以实现组织结构渐进式创新。此外，智能化加速构建行业内和跨行业的融合协作平台，以龙头产业中的若干核心企业为中心进行跨界协同，实现人工智能在战略布局上的全面渗透，打造集成创新和智能制造有机整体（赵福全等，2017）。

同时，智能化是在信息化和数字化基础上把以AI技术为核心的智能集合应用到生产运营中，是将现代通信技术、计算机网络技术、智能控制技术、信息处理技术通过运用网络实现智能化控制的应用状态。智能系统包含模拟、延伸、协调、修复、群体智能等拟人智能特性，能够自动感知、处理和适应内外部信息，并按照行为（低级智能）—感知（中级智能）—思维（高级智能）三个层次完成智能水平进阶：在低级智能层，能够通过自身系统的感知了解到外部的状态，提取出有效信息，即感知能力；在中级智能层，能够在感知后通过自身信息处理，储备提取的信息并记忆，同时将储备的信息加以处理，做出有效判断和决策，即记忆和识别能力；在高级智能层，基于感知、记忆和识别，通过实践作用，能够学习并积累更多的知识能力，进行复杂计算、控制以及修正误差和扩展，在复杂程序指导下自动完任务，帮助其适应环境，即学习和适应能力。

在战略性新兴产业与信息化、数字化和智能化融合的过程中，企业核心能力建设遵循融合能力演化三阶段规律，呈现出“信息化初始阶段—数字化中级阶段—智能化高级阶段”的特征（见图3-9）。企业发展为新形态——基于环境自适应、自组织和自学习“元学习”系统（徐宗本，2019），知识链、技术链和关系链等多链整合，各企业共同参与而形成的一种互利共生、协同演化的智能网络生态系统（张季平和骆温平，2019）。

3.3 信息化、数字化和智能化融合战略性新兴产业的比较总结

以上剖析了信息化、数字化和智能化的内涵特征，提出三者的迭代演进逻辑，并从技术范式、体系架构和融合能力三个维度对比三者融合产业尤其是战略

性新兴产业的潜力(图 3-10),论证了智能化融合是壮大战略性新兴产业最具潜质的模式。

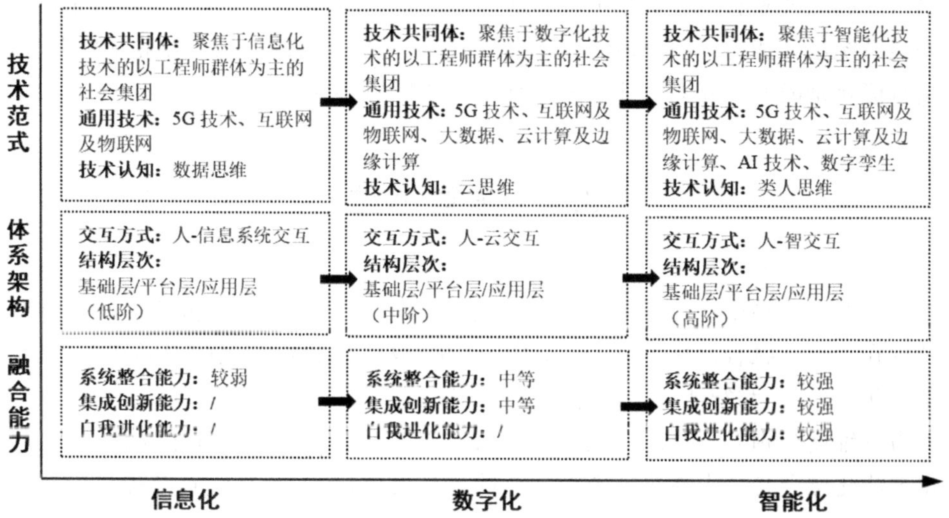

图 3-10　融合潜力三维度对比总结

(1)信息化、数字化和智能化在概念上相区别,且呈现迭代演进关系

信息化代表信息技术和资源被高度共用共享的状态,通过信息产业化和产业信息化两种方式推动产业发展;从二进制系统模拟信息转换,数字化赋能数据驱动的价值创造过程,催生商业模式转型升级,构建产业数字化生态体系;智能化具有自适应、自组织、自学习和自修复等拟人智能特征,通过人工智能的数据、算法和算力的应用为产业价值网络重构提供全新优化模式。三者相辅相成又彼此严格区分,信息化是数字化和智能化的前提和基础,数字化是信息化的延伸,智能化是信息化和数字化的高级阶段和必然趋势。

(2)智能化融合是壮大战略性新兴产业高质量发展最具潜质模式

其一,在信息化—数字化—智能化过程中,技术共同体所涉及的复合型人才领域不断扩大,通用技术由 5G、互联网及物联网发展到大数据、云计算,再向人工智能技术、数字孪生迈进,技术体系渐次完备和丰富,并与大数据思维云思维和类人思维的技术认知相对应。其二,在信息化、数字化和智能化均为人机交互的共性基础上,又存在着人—信息系统交互、人—云交互和人—智交互的方式区别,且在此指导下的基础层、平台层和应用层三层结构层次分别呈现出低阶、中阶到高阶的递进趋势。其三,战略性新兴产业与信息化、数字化和智能化融合过程中的核心企业能力建设遵循融合能力演化三阶段特征，即信息化融合处于初级阶段，企业具备较弱的系统整合能力，数字化融合处于中级阶段，企业具有中等水平的系统整合能力和集成创新能力，发展到成熟阶段的智能化融合，企业达到强系统整合能力、强集成创新能力和强自我进化能力的协同。在此基础上，得出智能化是战略性新兴产业发展最佳模式选择的结论。

3.4 本章小结

本章在全书中作为论证铺垫章节，主要聚焦于智能化融合战略性新兴产业的内在逻辑与融合潜质。首先，基于信息化、数字化和智能化的内涵特征，提出信息化、数字化和智能化三者迭代演进逻辑；其次，从技术范式、体系架构和融合能力三维度分别对三化融合战略性新兴产业的融合潜质进行详细对比；最后得出智能化融合是壮大战略性新兴产业的最具潜质模式，为后续章节提供论述前提和基础。

第4章　智能化融合战略性新兴产业的融合度与中国例证

第3章从技术范式、体系架构和融合能力三维度分别对三化融合战略性新兴产业的融合潜质进行详细对比,得出智能化融合是壮大战略性新兴产业的最具潜质模式。本章利用面板数据对智能化融合战略性新兴产业的融合度进行测算,通过赫芬达尔指数法得到全国及各区域融合程度,并对结果进行对比分析,为后续章节从多维度、多层次深入探究智能化融合战略性新兴产业的内在机理提供实际基础。

4.1　产业融合度

4.1.1　产业融合度内涵、特征与构成

产业融合作为一种经济复合结构,通过一定规则将部分子系统连接起来,形成更为复杂的系统或流程(张贵和周立群,2005),也即产业融合体是一组具有高活跃性的横向或纵向联系的产业部门或创新组合(黄建康,2004)。因而产业融合绝非要素的简单叠加,而是要素之间根据融合规则进行选择适配、有机结合、高效构建、主动优化以达到最优整体效果的过程。

产业融合度(Industrial Integration Degree)是评判考量不同产业之间在某阶段的融合程度以及未来融合趋势的核心测度指标,对于产业融合的内在机理、发展路径以及政策建议等研究内容有着重要作用,产业融合度通过定量方法客观说明产业集群有机体各融合要素创造性发展程度,能够综合反映某一区域产业融合发展状况。在本书研究情境下,智能化与战略性新兴产业融合度指人工

智能产业与战略性新兴产业在某时间范围和空间范围内阶段性相互融合、相互渗透的大致程度。

融合度是产业融合的本质属性，随产业集群演进升级而变化，兼备多种特性：①全面性和科学性。产业融合度能够兼顾局部特征和综合情况，从科学角度反映客观指标与实际情况的内在联系。②可控性和机动性。由于所需数据需要从现有多种行业统计结果中获取，因此，数据来源可以通过计算结果揭示和解释融合中的一系列问题，且在一定程度上过程可控。③方向性和普适性。产业融合度的测算方向需与国家宏观产业政策相一致，并尽可能调动企业、高等院校、科研机构、金融机构和政府部门开展一体化创新活动，不仅如此，尽管某个区域产业的生命周期发展路径存在一定共性，但应充分考虑区域差异，确定一个广泛而全面的测算体系。此外，产业融合不仅改变了战略性新兴产业集群分工协作模式，也改变了以往竞争合作方式，甚至对提升产业竞争力、优化产业结构产生深远影响。以电子信息产业为例，Chen 等(2019)检验得出产业融合度与产业竞争力之间存在单方面因果关系，即产业融合度单向影响产业竞争力，产业融合度越高，产业竞争力越强。

产业融合度主要由融合范围(Integration Scope)、融合深度(Integration Depth)和融合相关度(Integration Correlation)三个维度构成。融合主体内包含诸多数量和类型各异的要素单元，这些要素单元是产业集群融合发展的基本条件之一。而融合范围即指产业集群在进化到生命周期某个阶段过程中所包含的要素丰富程度或广阔性，受到集群规模、集群生命周期、政策环境和文化氛围等因素的综合影响(赵瑞霞等，2005)；融合深度是融合的深化程度，主要表现为知识、技术、信息等资源的充分利用，产业总体创新绩效、信息交流反馈程度、价值链整合度、行业标准化水平以及内部知识丰富性等影响融合深度的变化(吕宏芬和余向平，2007)；融合相关性是产业集群单元要素的内部耦合，也即融合主体相互影响和依赖的程度，具体表现为协同合作的各集群主体的相关性强弱(Barut等，2002)，以此评估融合关系质量，融合相关性与产学研合作绩效、产业集群中企业之间关系质量、核心层(企业)—支撑层(中介机构、科研院所、政府等)之间的网络效应以及产业联盟现状等关键影响因素息息相关，一般来说，耦合度越高，元素组合越紧密，融合相关性越强。

本章对智能化与战略性新兴产业深度融合的融合度进行测算，一方面，通过实际数据验证两者之间存在融合事实及客观必然性，得到近几年融合程度及融合趋势；另一方面，为第七章采用问卷调查实证检验融合机理模型铺陈，从而架构完整的智能化融合战略性新兴产业内在机理的理论体系。

4.1.2　产业融合度测算方法

产业融合度的常用测算方法包含投入产出法、熵指数法和赫芬达尔指数法三种代表性方法，每种方法的研究特性及测算思路各有所区分。

(1)投入产出法

在国民经济中，各个部门之间存在着千丝万缕的关系，投入产出法(Input-output Method)就是一种针对研究产业之间某一产业对于另一产业的投入量与产出量关系的研究方法，基于产业价值链层面判断各产业生产与分配使用、生产与消耗之间的融合关系。以国家及各省统计局编制的投入产出表作为数据来源，利用投入产出公式，依据产业关联理论对各产业间关联紧密度进行计算，从而判断产业融合程度。作为宏观经济分析的重要依据，投入产出表是根据国民经济各部门生产中的投入来源和使用去向形成的棋盘式平衡表。用经济活动中实际的数据建立起的矩阵列，各个部门由于存在着技术和经济上的密切关联，交织成一个复杂的网络，清晰呈现并描述经济系统各部门彼此之间的投入产出关系。有学者采用投入产出法研究新兴产业融合效应，如学者冯居易和魏修建(2021)利用投入产出法分析了我国互联网行业与各产业部门之间的关联效应和波及效应；为概览新能源产业技术领域发展情况，刘建华等(2017)创造性从投入产出视角分析新能源行业专利投入产出系数；García 和 Vicente(2014)聚焦欧洲信息和通信技术产业，应用投入产出法分析 ICT 部门技术传播和创新推动能力及其在整个经济网络中对其他部门的依赖程度。

利用投入产出表可以得到多个投入产出系数，如直接消耗系数、感应度系数和影响力系数等，其中普遍应用的直接消耗系数(用 a_{ij} 表示)是通过部门之间消耗系数将个别产品的局部指标与全部产品的总量指标联系起来。设 A 为直接消耗系数矩阵，矩阵 A 的元素 a_{ij} 为第 j 产业产品对第 i 产业产品的直接消耗系数，即生产一单位 1 产业 j 产品所消耗的 i 产业产品的数量。X_j 表示第 j 部门的总投入，x_{ij} 为第 j 部门生产中所直接消耗的第 i 部门的产品数量。a_{ij} 越大，表明第 j 产业对第 i 产业的直接依赖性越强。计算公式如下：

$$a_{ij}=\frac{x_{ij}}{X_j}\ (i,j=1,2,\cdots,n)$$

(2)熵指数法

熵指数法(Entropy Index，简称 EI)是通过产业指标之间离散程度的大小来判断产业之间融合情况，利用指标熵值大小来确定指标重要性的一种方法。熵是对系统无序程度的度量，用以描述特定物质在特定情境下表现出来的具体状态，如果指标的信息熵越大，则该指标提供的信息量越大，在综合评估中所起作用越大，权重则越高。因此，也可以用熵值累判断某个事件的随机性和无序程度。现有学者采用熵指数法对战略性新兴产业进行研究，如学者赵玉林和魏芳(2008)基于熵指数和行业集中度，对我国高技术产业及其内部各子行业在近10年内的集聚程度进行精准测定，研究其与经济增长的拟合关系；肖泽磊等(2010)利用熵指数法分别测算省内各战略性新兴产业的综合区位熵值，从而对各产业科技资源投入和布局状况进行详细分析；此外，宁亚东等(2014)针对能源行业，利用泰尔熵指数法对我国近15年区域能源效率进行差异化实证研究，并由此分析差异变化情况及其产生原因。

熵指数通常用DT表示，计算公式如下：

$$DT = \sum_{i=1}^{n} P_i \ln(\frac{1}{P_i})$$

其中 P_i 代表样本企业在某行业中所拥有的专利数量/销售额/投资额等，n 表示所涉猎的行业数量。在公式中，企业研发产品所涉行业与产业融合程度呈现正相关，当样本企业所具备的专利数量(或销售额、投资额等)涉及行业数目众多，涵盖领域广泛，信息量和不确定性增大，则DT值越大，样本企业的产业融合程度越小，反之，若DT值越小，则样本企业融合程度越大，如果企业只涉猎一个行业，也即熵指数为0时，代表样本公司进行专业化经营。

(3)赫芬达尔指数法

赫芬达尔指数法(Herfindahl-Hirschman Index，简称HI或HHI)又称为赫芬达尔—赫希曼指数法，是利用产业间专利相关系数的变化来判断产业之间融合度的方法，原本是一种测算产业集中度的综合指数，具体是指一个行业中，各个市场竞争主体收入或资产占行业总收入或总资产百分比的平方和，产业经济学上常用该指数来度量竞争主体所占市场份额的变化，也可以视为市场中厂商规模的离散度。一些学者也常把HI值用于衡量技术与企业融合的程度。在战略性新兴产业领域，学者曹楠楠等(2021)利用赫芬达尔指数测度新能源产业集聚程度，论证其与金融支持之间的影响关系；郭冬梅和王英(2013)将赫芬达尔指数引入医药制造业集聚评价体系，测度医药制造各子产业集聚水平和总体趋势；Theler等(2020)针对新材料研发指标数据，依托赫芬达尔指数对原始数据进行分析，报告历年各元素市场份额，从而提出数据效用的可能场景；此外，Tanusondjaja等(2021)通过对比集中率、赫芬达尔指数和基尼系数等三种不同市场集中度指标在消费品市场中的应用情况，证实赫芬达尔指数法的实际效用。

在如下赫芬达尔指数计算公式中，HI值是所有变量值与总体比重的平方和，其中 X 与其衡量对象有关。如果采用专利数据衡量技术融合程度，则 X 代表专利数据总额，X_i 表示企业在第 i 个行业的专利数；如果采用投资额衡量企业融合程度，则 X 表示总投资额，X_i 表示企业在第 i 个行业的投资额；如果采用融合型产品衡量市场（或产品）融合程度，则 X 表示融合型产品的总产（或总销售额），X_i 表示企业在第 i 个行业的产值（或销售额）。赫芬达尔指数法表达式如下：

$$\mathrm{HI} = \sum_{i=1}^{n} \left(\frac{X_i}{X} \right)^2$$

其中HI取值范围为0～1，HI越趋近于0，表示产业之间整体融合程度越高，反之，HI越趋近于1，表示产业之间融合程度越低。借鉴曲瑞（2017）对赫芬达尔指数取值的划分标准，对HI区间和对应融合程度进行分类，如表4-1所示。

表4-1 赫芬达尔指数测度区间及类型

HI测度区间	0.01～0.20	0.21～0.40	0.41～0.60	0.61～0.80	0.81～1.00
融合程度	高度融合	中高度融合	中度融合	中低度融合	低度融合

经过对比和评判的综合考量，本书选择赫芬达尔指数法对全国战略性新兴产业与人工智能产业融合度进行测算，具体依据如下：首先，尽管投入产出法可以综合测算技术融合、业务融合、市场融合和组织融合等诸多情形，且对于渗透型产业融合测度具有较好应用效果，但是依据国家统计局统计数据，仅能得到2012年、2017年和2018年的数据来源，难以满足近三年的详细测算数据需求，且投入产出表中的部门分类无法清晰体现人工智能产业特性，因此不采用。其次，熵指数法以指标数据作为测算依据，其权数是市场份额倒数的对数，熵值越大则指标权重越大，因此，赋予小企业以更大的权重，测算结果易受小市场份额企业数量的影响而产生波动，得到与实际情况存在较大偏差的可能性结果。相较于前两种方法，赫芬达尔指数法的应用范围更加广泛，研究对象更具多样性，适合特定性质产业的集中度研究，数据更易获取，后续处理更加简洁方便，操作性和普适性更强（刘祥恒，2016）。针对本书中人工智能融合战略性新兴产业这类更侧重于技术融合的研究情形，采用赫芬达尔指数法不仅能够通过选取恰当数据来源，客观全面展现近几年融合情况和发展趋势，而且不会受到较小市场份额企业数量的影响，更加清晰反映出两者之间尤其是技术领域的内在关联性，论证人工智能产业与战略性新兴产业之间的融合潜力。

4.2 变量选择与数据处理

4.2.1 变量选择

赫芬达尔指数法的测度变量选择众多，在面对同样包含较多子产业的战略性新兴产业来看，如何选择合适变量是进行融合度测算的首要内容。本书最初拟选取 n 家企业(均分属于不同战略性新兴子产业)作为样本企业，且这些产业均与人工智能产业有所融合，用 X 代表融合后的战略性新兴企业总投入/总产出/总销售额/专利总数，$X_1 \sim X_n$ 代表第 i 家样本企业在人工智能领域的投入/产出/销售额/专利数，由此测算两产业融合度。但需要指出的是，此测算方法存在诸多问题，不仅代表性样本企业的选取存在困难，不同样本企业所涉新兴行业容易产生分配不均，进而导致结果失真的问题，而且由于企业内部数据的保密性，难以获取样本企业在人工智能领域的总投入和总产值情况，更重要的是现有多渠道数据来源无法保障计算统一性，通过查询中国战略性新兴产业综合指数样本股列表中所公布的统计信息，发现各上市公司在不同来源上的数据信息存在较大差异，无法标准化测度结果，因此，不采用上述测算思路。

针对测算中容易出现的问题，本书对上述思路进行改良处理：对于变量选择，本书选取 8 个战略性新兴产业在人工智能领域的专利数量作为人工智能与战略性新兴产业融合的测度变量，其中 X 代表战略性新兴产业在人工智能领域的各年专利总数，$X_1 \sim X_8$ 分别代表新一代信息技术产业、高端装备制造产业、新材料产业、生物医药产业、新能源汽车产业、新能源产业、节能环保产业和数字创意产业等八个子产业在人工智能领域的各年专利数额；对于数据来源，本书选择公开在“企知道”国家专利检索数据库网站上的全国及各地区战略性新兴产业在近 5 年有效专利数量，从中筛选出人工智能相关技术领域专利。上述测算方法在一定程度上弥补了原有思路的缺陷，首先，相比投入产出值，选取专利数量作为测算变量更符合本书技术融合的研究情境；其次，采用信息统计口径一致的数据来源保障测算结论的正确性和可信度，在不影响结论的前提下对搜集数据进行归类合并；此外，测算数据涵盖所有战略性新兴产业，避免样本分类不均所导致的结果误差；最后，数据搜集整理过程和融合度测算过程由繁化简，在保障客观性和精准性的同时提升操作便捷度。

4.2.2　数据处理

在确定测算思路的基础上，本书进一步进行数据检索和整理。对于数据检索，本书旨在得到我国及主要省市的战略性新兴产业在近 5 年内所申请到的人工智能相关技术领域的有效专利数量。在“企知道”专利数据库的高级检索框内输入“人工智能 OR 智能 OR 机器学习 OR 深度学习 OR 自然语言处理 OR 计算机视觉 OR 语音识别 OR 专家系统 OR 智能机器人 OR 知识图谱 OR 神经网络 OR 数字孪生 OR 云计算 OR 大数据”，在检索出的全领域专利结果中进行二次筛选，其中专利类型选择“发明专利 OR 发明授权 OR 使用新型 OR 外观设计”，申请人国别选择“中国”，专利有效性选择“有效”，当前法律状态选择“授权 OR 公开 OR 专利权恢复”，战新分类依次选择从 A 到 H 不同产业，年份选择“公开(公告)日”所在年份，由此得到相应数据结果。表 4-2 展示了我国战略性新兴产业于 2017—2021 年间在人工智能领域所申请成功的有效专利数量，在上述检索基础上，按照“申请人地址”分别对人工智能专利申请量排名前 5 的省市进行统计，也即广东省、北京市、江苏省、浙江省和上海市，各产业各年专利数量分别如表 4-3、表 4-4、表 4-5、表 4-6 和表 4-7 所示(单位:项)。

表 4-2　2017—2021 年我国战略性新兴产业人工智能专利数量

产业编号	表示	战略性新兴产业	2017 年	2018 年	2019 年	2020 年	2021 年
A	X_1	新一代信息技术产业	26923	38111	36557	42248	53135
B	X_2	高端装备制造产业	14874	23606	27145	39152	46497
C	X_3	新材料产业	1883	2699	2955	3680	4597
D	X_4	生物医药产业	2900	3729	5272	7805	11145
E	X_5	新能源汽车产业	3097	4812	6223	8306	8780
F	X_6	新能源产业	6617	9098	9626	13113	16437
G	X_7	节能环保产业	8887	13999	16308	25161	34233
H	X_8	数字创意产业	632	1151	1487	2013	2625
	X	专利总数	65813	97205	105573	141478	177449

表 4-3 2017—2021 年广东省战略性新兴产业人工智能专利数量

产业编号	表示	战略性新兴产业	2017 年	2018 年	2019 年	2020 年	2021 年
A	X_1	新一代信息技术产业	7487	11585	11119	13250	16125
B	X_2	高端装备制造产业	3326	5799	6255	8467	9443
C	X_3	新材料产业	382	611	622	682	802
D	X_4	生物医药产业	498	681	1059	1569	2215
E	X_5	新能源汽车产业	689	1180	1485	1780	1899
F	X_6	新能源产业	1154	1757	1901	2558	3063
G	X_7	节能环保产业	2210	3670	4344	5882	7609
H	X_8	数字创意产业	1301	2337	2677	2973	3580
	X	专利总数	17047	27620	29462	37161	44736

表 4-4 2017—2021 年北京市战略性新兴产业人工智能专利数量

产业编号	表示	战略性新兴产业	2017 年	2018 年	2019 年	2020 年	2021 年
A	X_1	新一代信息技术产业	6570	8414	7193	6813	8827
B	X_2	高端装备制造产业	1588	2045	2363	2778	2965
C	X_3	新材料产业	143	189	223	235	224
D	X_4	生物医药产业	299	350	462	540	764
E	X_5	新能源汽车产业	393	512	670	841	770
F	X_6	新能源产业	800	743	766	823	872
G	X_7	节能环保产业	817	960	982	1155	1483
H	X_8	数字创意产业	386	682	875	854	1058
	X	专利总数	10996	13895	13534	14039	16963

表 4-5　2017—2021 年江苏省战略性新兴产业人工智能专利数量

产业编号	表示	战略性新兴产业	2017 年	2018 年	2019 年	2020 年	2021 年
A	X_1	新一代信息技术产业	2220	3085	3339	4688	5948
B	X_2	高端装备制造产业	2059	3321	4253	7003	9163
C	X_3	新材料产业	303	427	460	670	915
D	X_4	生物医药产业	353	390	681	901	1403
E	X_5	新能源汽车产业	471	614	917	1492	1613
F	X_6	新能源产业	982	1265	1458	2135	2878
G	X_7	节能环保产业	912	1582	1924	3959	5563
H	X_8	数字创意产业	147	244	333	635	1133
	X	专利总数	7447	10928	13365	21483	28616

表 4-6　2017—2021 年浙江省战略性新兴产业人工智能专利数量

产业编号	表示	战略性新兴产业	2017 年	2018 年	2019 年	2020 年	2021 年
A	X_1	新一代信息技术产业	1398	2163	2270	3297	3876
B	X_2	高端装备制造产业	1225	2133	2489	3538	3651
C	X_3	新材料产业	141	234	259	363	368
D	X_4	生物医药产业	260	388	483	683	1056
E	X_5	新能源汽车产业	274	468	581	753	738
F	X_6	新能源产业	658	973	1077	1398	1620
G	X_7	节能环保产业	853	1559	1790	2745	3244
H	X_8	数字创意产业	220	347	560	679	787
	X	专利总数	5029	8265	9509	13456	15340

表 4-7　2017—2021 年上海市战略性新兴产业人工智能专利数量

产业编号	表示	战略性新兴产业	2017 年	2018 年	2019 年	2020 年	2021 年
A	X_1	新一代信息技术产业	2043	2622	2528	2695	3259
B	X_2	高端装备制造产业	942	1335	1483	1993	2306
C	X_3	新材料产业	115	126	151	156	212
D	X_4	生物医药产业	234	268	342	495	736
E	X_5	新能源汽车产业	179	264	360	445	499
F	X_6	新能源产业	415	531	474	638	857
G	X_7	节能环保产业	481	623	667	1050	1496
H	X_8	数字创意产业	129	220	304	361	512
	X	专利总数	4538	5989	6309	7833	9877

根据上述数据检索结果运用赫芬达尔指数法进行数据处理。在以下赫芬达尔指数公式中，X 代表战略性新兴产业在人工智能领域的各年专利总数，$X_1 \sim X_8$ 分别代表新一代信息技术产业、高端装备产业和新材料产业等 8 个子产业在人工智能领域的各年专利数额，也即 $n=8, i=1\sim8$。由此计算从 2017 年到 2021 年近 5 年的全国及各代表省市人工智能与战略性新兴产业融合程度，测算结果总结如表 4-8 所示(结果保留 4 位小数)。

表 4-8　2017—2021 年全国及各代表省市人工智能与战略性新兴产业融合度

地区	年份				
	2017 年	2018 年	2019 年	2020 年	2021 年
广东省	0.2612	0.2518	0.2259	0.2197	0.2191
北京市	0.3921	0.4006	0.3295	0.2939	0.3198
江苏省	0.2060	0.2129	0.2054	0.2061	0.2018
浙江省	0.1908	0.1925	0.1843	0.1906	0.1866
上海市	0.2710	0.2658	0.2417	0.2175	0.2051
全国	0.2518	0.2470	0.2251	0.2133	0.2114

4.3 结果分析

为更清晰直观展示融合度测算结果，本书对表 4-8 中的测算结果以折线图形式进行绘制，如图 4-1 所示。结合表示和图示对结果进行分析，从宏观来看，无论是全国还是代表性省市，其战略性新兴产业融合人工智能产业程度均匀分布在 0.15～0.40 之间，除北京市外，全国及其余 4 个省市融合度差异较小，均低于 0.30，也即总体处于中高度融合和高度融合态势，并呈现下降趋势，融合程度整体上升。从局部来看，各省融合度从高度融合到低度融合依次排列为浙江省、江苏省、广东省、上海市和北京市，全国处于居中水平，全国战略性新兴产业与人工智能产业融合度集中在 0.21～0.25 之间，偏向高度融合；北京市产业融合度从 0.40 波动到 0.30，变化幅度较大，相较其余地区融合程度偏低；广东省、江苏省和上海市的产业融合度均集中保持在 0.20～0.27 之间，每年变化细微，波动幅度小于 0.05，产业融合度从中高度向高度缓慢趋近；对于浙江省，其近 5 年产业融合度均低于 0.20，处于高度融合状态。

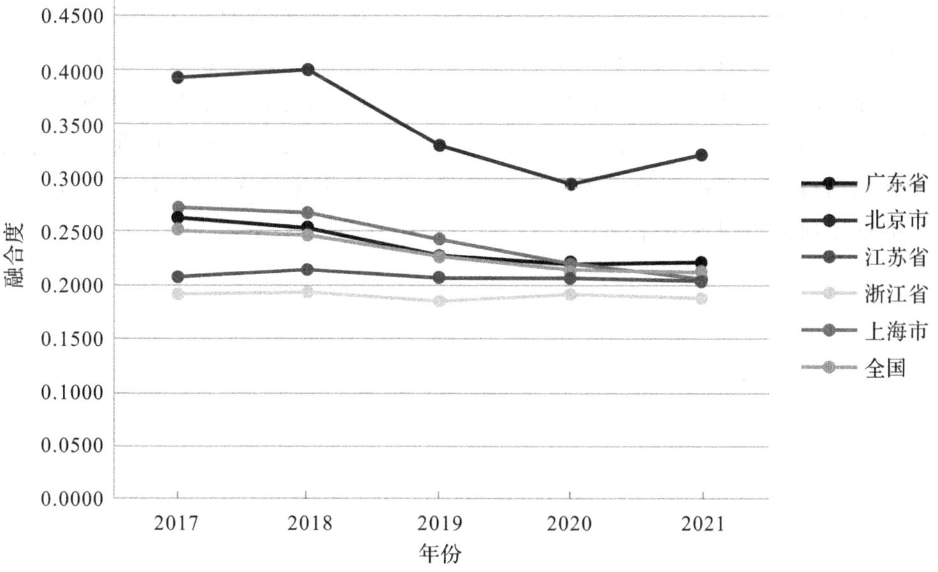

图 4-1　2017—2021 年全国及代表省市人工智能与战略性新兴产业融合度

通过采用赫芬达尔指数法对智能化与战略性新兴产业的融合度进行测算，

得到全国及代表性省市战略性新兴产业智能化融合情况，验证两者之间存在融合事实，并且总体上呈现中高度融合向高度融合的发展趋势，进而反佐本书研究指向和研究内容的战略正确性。上述测算结果在一定程度上反映出我国战略性新兴产业智能化融合在一定程度上已取得良好成效，这与近年来国家及各地区的扶持政策、科研布局和经济发展等方面有密切关系，而江苏省、广东省、浙江省、上海市和北京市是国内智能化融合战略性新兴产业的代表性地区，其中北京市较低融合度也表明其与其他省市之间存在一定发展差距，仍有较大融合跃升空间亟待挖掘。此外，相较于其他省市地区，浙江省政务服务领先、中小企业众多、经济科技发达、创新资源丰富，具备了良好的人工智能融合战略性新兴产业的发展基础，而测算结果也进一步说明浙江省人工智能高度融合战略性新兴产业的突出发展程度，为后续选取浙江省内代表样本企业进行问卷调查和实证分析，检验人工智能融合战略性新兴产业内在机理模型提供论证基础。

4.4 本章小结

本章首先详述产业融合度的内涵、特征以及架构，并说明写作目的；其次，在梳理已有产业融合方法的基础上，针对本书研究情境选择赫芬达尔指数法对人工智能与战略性新兴产业融合程度进行测算；再次，在选取专利数量作为测算变量后，通过在国家专利网站上进行定向检索得到全国及代表省市在近 5 年有效专利数据；最后，经由测算得到融合度情况，并对结果进行详细分析，为后续进一步的理论研究提供研究基础。

第5章 智能化融合战略性新兴产业的动因、路径与成效

本书第4章通过面板数据测算智能化与战略性新兴产业融合度，为内在机理研究提供现实基础。本章深入探究智能化融合战略性新兴产业的动因、路径和成效，为之后的智能化融合内在机理提供基础。

5.1 智能化融合战略性新兴产业驱动因素

回顾第2章文献综述中对产业融合动因的归纳，可以总结为技术、政府和市场三方面驱动因素，然而需要指出的是，一方面，这三个原因过于聚焦，对于某细分产业场景是否使用还未可知，缺乏针对性剖析和深层次解释；另一方面，定性描述的主观性较强，缺少定量化的实证检验，且贡献权重的大小无法衡量。因此，对于智能化融合战略性新兴产业，本书将其驱动因素解构为企业层内部驱动、产业层内部驱动和环境层外部驱动三个维度，分别探讨三者对融合的驱动作用。

5.1.1 企业驱动因素

(1)高管认知

企业高层管理者作为推动变革的掌舵人，其研判导向和思维认知时刻影响着企业发展全局。面对VUCA(易变、不确定、复杂和模糊)世界的挑战以及人工智能技术在各行各业的无缝流动(Venkatesh,2020)，原有企业的智能化转型不仅仅是依据自身发展状况、实施环境和技术成熟度等是否能够接受和适应转型的分析考量，还包含企业高层领导者对潜在发展机遇的前瞻能力，同时伴随着

思维认知方式的嬗变甚至是颠覆，这些因素共同驱动着智能化与战略性新兴产业的深度融合。

人工智能技术正迅速成熟，倒逼企业加快人工智能技术布局速度。如何实施智能化融合战略性计划，如何定义价值驱动因素、如何培养适应智能化融合的知识型员工等问题正成为高管亟须解决的问题和难题。据罗兰贝格2019年对人工智能市场调查的数据显示，83%的顶级欧洲公用事业公司高管认为需要优先发展人工智能业务，43%的高管认为人工智能将推动新型商业模式的发展。从对战略导向的精准研判来看，市场需求倒逼企业内部变革，因此，高管需要摒弃根深蒂固地对人工智能技术先进性的疑虑态度，肯定和重视其对行业的颠覆性作用，促使他们的企业发展价值观和战略导向从产能驱动转型为数据驱动，从而为企业建立长期明确的智能化融合战略的愿景使命和发展规划。然而，在预判到其巨大潜力的同时，高管对于企业发展的已有认知也不能仅仅满足于在产业智能化趋势中充当“追随者”，无论是自行研发解决方案还是全流程应用成熟产品，更重要的是高管需要培育企业自身核心创新竞争力，更好地平衡智能化融合带来的机遇与风险。

对于战略性新兴产业中的核心企业，其高层领导者既需要具备对外部环境中人工智能及其融合战略性新兴产业发展趋势的敏锐洞察力和快速响应能力，又需要具备智能化思维认知的全局性变革能力，为企业内部智能化改革提供思想基础，从而加速产业智能化进程。除原有首席执行官、首席财务观、首席运营官等最高层主管外，企业还需设立首席智能官，助力企业整体培育复合型的战略思维、跨界融合的产业思维、信息技术服务于社会的商业思维以及去中心、平台化的管理思维，使原有“技术使能者”转变为“价值赋能者”。从对内部业务的领导能力来看，高层管理者的决策观念要从经验判断向“数据说话”和“智慧决策”转变，组织需拥有战略能力、技术能力、数据能力和安全能力等相互关联的智能化转型能力(Brock和Wangenheim，2019)。此外，大多数战略决策是非结构化的，而对于结构化的管理控制和运营控制，则需要在不同组织层面发挥包括专家系统在内的AI系统的各种职能，这体现在为问题提供建议及解决方案的支持性角色和系统自动操作的替代性角色(Edwards等，2000)，以提高领导者战术层面和业务层面的管理效能和敏捷性。

(2)技术迭新

产业融合的本质是产业边界的打破与重组，而技术扩散与创新是带动一系列变动的开端(Dosi，1982)，共同拥有的技术基础才能促进产业边界的互联互通。尽管现阶段我国战略性新兴产业技术体系日趋成熟，然而华为、中兴、中芯等企业所遭受的“卡脖子”问题愈加严峻，微软、谷歌、英特尔和高通等老牌国际科技巨头实行“技术锁定”，芯片、集成电路、新材料和高端制造等关键领域发展障碍重重，暴露出我国尖端核心技术仍受制于人的局面。在后发追赶理论中，先发国家企业对产业共性技术和核心技术的垄断使后发国家企业难以掌握关键研发流程和技术创新模式，从而导致作为后发国家的我国战略性新兴产业企业处于技术惰性和技术陷阱的“黑箱”之中，无法实现高质量发展目标。由此可见，对技术研发的探求推动着人工智能与战略性新兴产业的深度融合，与已有信息化和数字化技术相比，智能化通用技术具备更加广泛的适用范围，我国人工智能技术基础较为雄厚，以人工智能为核心的智能化技术体系的渗透不仅有助于提升战略性新兴产业共性技术和核心技术的研发能力，其所涵盖的智能计算芯片及系统等关键核心技术也为破除技术壁垒提供可能。

除此之外，智能化技术具备创新周期短、技术转化快等特性（李修全，2020），已成为推动战略性新兴产业高质量发展的新引擎。由于技术研发最终将落实到产品化，以满足消费者不断更新的市场需求，且产品使用过程中产生出的大量数据和反馈信息又将反向为技术研发和产品更新提供突破口，最终实现信息和数据“创新—迭代—积累—再创新”的技术转化和迭新的循环过程（袁野等，2021）。因此，以人工智能为核心的智能化技术体系的转化模式不仅体现在智能产业上，更多地体现在对其他行业产业技术迭新的赋能作用，诸如将语音识别和自然语言处理技术应用于智能客服机器人，实现客服系统“自助＋智能＋人工”的三层服务模式，同步提升销售转化率、用户体验和客服效率，在降低人力成本的同时实现精准营销。

如今，新一代人工智能正在由感知智能逐步向认知智能转化，进一步加快了智能化技术应用的步伐。以往的感知智能兼备视觉、听觉、触觉等多种类人感知能力，可以将多元数据结构化，使用与人类相似的方式进行互动沟通，而认知智能则在此基础上加入人类的思维逻辑和认知能力，尤其是理解、归纳和知识应用能力，进行知识图谱、持续学习和因果推理的交互，真正意义上实现服务智能、高效和便捷。人工智能技术的迭代更新使得诸多战略性新兴产业领域的跨界协同成为可能，尤其是以高端装备制造、新材料产业、新能源汽车等为代表的战略性新兴产业，通过智能感知的技术迭新和应用进一步提升智能装备、智能材料和智联网汽车等的质量和效益。

（3）整合能力

对于企业的智能化融合而言，除价值认知缺乏、信任机制缺失、服务社会化程度低等诸多障碍性因素外，企业能力也可能成为阻碍智能化融合战略性新兴产业的制约条件，其中就包含核心能力、技术能力、学习吸收能力以及整合能力（胡金星，2007），尤其是企业整合能力直接决定着产业融合的最终效果（邱淑萍，2021）。广泛的产业关联、显著的溢出效应以及长期的产业政策倾斜造就了丰厚的产业基础和融合能力，企业整合能力的强弱在一定程度上影响着产业融合新业态、新产品和新服务出现的进程（金媛媛和王淑芳，2020），同时，在融合过程中对于资源的高水平整合无疑能够有效促进新兴产业创新（綦良群和高文鞠，2020）。当前，全球新一代人工智能产业依赖强大的技术创新积累优势，进入规模增长的稳步发展阶段，以谷歌、英特尔、微软、亚马逊和华为等跨国大型科技核心企业为主导，联合旷视科技、商汤科技等人工智能核心企业建立技术战略联盟，联盟凭借强大的资源整合能力持续创新，不断加快基础层底层技术研发与应用产品实践步伐，围绕智能硬件与软件核心算法产业上下游进行有效部署，推动智能化融合。

作为对企业不同类别资源进行集成、重构和创新的能力，整合能力对产业融合的驱动效应主要体现在产品生产的模块化分工和创新资源整合这两个方面。对于融合型产品，其创新来源于企业长期模块化分工的实践，把企业系统细分为管理系统、生产系统、运维系统等不同子系统，各子系统再分解成子模块，使得专业领域人才各司其职，多种碎片化数据高度集中，基于模块化架构所培育的整合策略，能够将技术、产品、知识、人才等内外部资源进行串联、重组和优化配置，实现劳动分工效率和效益的同步提升，发挥“1＋1＞2”的效能。生物工程、新材料、新能源等各新兴高科技产业的企业之间存在极强的关联性，拥有较为一致的生产特性、工艺技能和市场需求，为资源整合提供可能，在融合过程中实现共享下的资源效能高度释放。在现代产业体系转型战略路径中，“世界级”创新型企业无论在外部规模效益还是内部资源整合效果均与一般创新型企业有较大差距，尤其体现在其对创新资源的整合能力上（芮明杰，2018），一般创新型企业不仅资源获取途径和范围受限，而且不具备资源利用的高能级创新网络平台，无法系统搜集和整合全球所需资源。

战略性新兴产业因其产业特殊性，其发展除技术创新和产品创新外，更多的是依据内部中小企业尤其是“链主企业”商业模式的重构，通过资源整合能力将技术、产品与模式进行相应匹配（岳中刚，2014）。对于战略性新兴产业和人工智能产业，两者所下设的企业均具备成为“世界级”创新企业的可能性，受到政策倾斜、资金投入、社会支持等多方面影响，核心企业在融合过程需要有效整合额外所需的大量且高质的创新资源，从而推进智能化融合的进程。

5.1.2 产业驱动因素

(1)供需匹配

需求拉动和供给推动的双重力量共同驱动着人工智能与战略性新兴产业的深度融合。在需求拉动方面,面对消费结构升级和需求渐趋多样化的市场,智能化为原有产业难以满足市场需求或需求不足的难点和痛点提供了解决方案,数字经济规模的扩大和高端消费趋势的回流在"量"和"质"上带动着产业智能化升级(张梦霞等,2020),且产品拟人化和个性化设计在一定程度上影响着消费者的感知偏好,因而,为了满足市场需求,战略性新兴产业需要智能机器人等智能化技术的应用结合(Ene等,2019),更重要的是,大数据和深度学习可以通过对产品数据的提取、整理和分析现有消费需求、行为模式和使用场景等信息,精准定位目标市场群体,且建立在数据基础上的人—智能设备交互能够加深智能产品对用户定制化需求的适应程度,并做到实时更新和自我优化(荆伟,2021)。此外,在运营和物流职能领域,自动化引擎可以引导工作流程,优化供应链规划,提升库存生产力和运营敏捷性,快速部署下一代需求解决方案,提高短期需求预测的准确性。

在供给推动方面,人力资源、组织能力和资本供给等要素禀赋的全方位升级和集聚方式的多维化转变带动着产业深度智能化进程。以群体智能、跨媒体分析、虚拟现实和自主无人系统等技术为主的新一代人工智能不仅有利于提升要素市场的资源配置效率,而且改变了企业生产方式和组织分工原则,从而带动全产业链上下游进行空间布局和协同模式的全局性变革。如今,战略性新兴产业正处于快速转型的十字路口,监管严格、风险大、投资周期长和可预测性低的传统模式时代即将过去,受智能技术的推动,更加复杂且市场化的新型模式出现,如果沿用或适应现有资源配置模式,则失去竞争优势的风险将更高,因此,战略性新兴产业必须独立自主进行人工智能技术创新,通过数据高度集成的智能化软件技术,能够快速反应并自动管理供需匹配优化运营和决策流程。

综上,作为国家经济发展的主导性和方向性产业,战略性新兴产业通过智能化融合能够极大地解决发展中面临的技术不确定性和市场风险,提升规模效益和增长速率。一方面,大数据和人工智能为消费结构升级提供技术保障,使企业能够精准挖掘潜在消费者需求和预判市场导向,从而快速做出决策;另一方面,智能化技术范式在产业间的扩散带动生产方式和要素集聚方式的转变,上下游企业价值链分工细化,最大程度规避技术创新过程中的风险,提高整体产出效能。可以看到，新一代人工智能无论是对于消费端需求还是生产端供给都有着积极促进作用，供需匹配效率的提升将会大幅度降低战略性新兴产业发展中的各种不确定性，形成良性互动的供需关系（任保平和宋文月，2019）。

（2）数据管治

以往数字化转型在治理方面存在巨大的思维误区，认为抓住数据就是占据竞争优势，从而忽视了数据管治的重要性，实质上，研发、生产、采供和销售等业务流程均依赖于数据分析与管控，企业数据管治可以分为先前的数据治理和延伸后的数据管理两大部分。其中，数据治理包含对数据资产的盘点（如业务流程梳理和数据分类）、数据标准化（如数据采集和清洗）、数据重组（如数据标签和数据仓库建设）、数据治理持久化（如日常维护和自动化更新）等过程，而数据管理则始于数据治理的结束，企业进而对数据模型、数据生命周期、数据中心运营等内容进行相应监管和维护。

数据是企业在当下竞争日益激烈的市场中抢夺先机的关键，高质量数据是业务创新的基础，决定算法训练成果，只有架构了完整的数据治理体系，保障数据内容质量，才能真正有效挖掘内部数据价值，在大数据时代提升企业竞争力。然而，如今企业的 IT 系统正处于海量数据高速膨胀的阶段，尤其对于战略性新兴产业来讲，结构化、半结构化和非结构化数据并存，这些分散且体量巨大的异构数据导致数据资源的利用复杂性和管理高难度，无标准、低质量且独立系统使企业难以从业务视角统一概览企业内部数据全局信息，数据孤岛现象普遍存在，且数据治理和管控成本非常高昂。而基于人工智能基础之上的大数据操作系统可以实现多工种可视化协同作业，管理大数据采集、加工和应用环境等所有资源和任务，打造一套完整的产业级数据治理体系，帮助客户管理数据资产并创造商业价值。未来，随着更多大体量、高质量的训练数据资源的介入，智能化赋能下有助于进一步增强算法的泛用性。

对企业内部数据治理和数据管理的急切需求推动着智能化与战略性新兴产业的深度融合。在“浅尝试”到“规模化”的过程中，战略性新兴企业应该充分认识到数据管治的重要性，在云端建立数据管治基础框架，确保将人工智能融入技术研发、产品开发、生产制造和销售服务等业务运作所需的所有流程和方法（Thuraisingham，2020），从人员组织、流程制度和技术支撑等方面测度其数据成熟度和行业所处阶段，建立数据管理团队，依据发展现状制定短、中和长期数据管治规划。这不仅有助于企业在数据开发和利用的基础上进行业务创新，而且大数据和云计算的结合使万物“上云”，算力算据同步提升，摆脱以往数据孤岛的局面，知识计算引擎和群体智能等智能化共性技术也推动了数据挖掘与算法优化，进而架构高质量、标准化、场景全面以及安全可靠的数据管理体系。

(3)产业协同

我国战略性新兴产业长久受制于全球价值链中低端的困局，随着生产方式由劳动密集型逐渐向技术密集型转变，倒逼中小型实体企业选择将剩余劳动力“挤出”，这将带动整体产业结构由中低端向中高端转型(何玉长和方坤，2018)。现阶段，我国经济结构优化和产业转型升级的需求日益增长，在数字红利影响的当下，产业数字化升级换代出现瓶颈，亟需探求全新的产业升级模式，而作为数字最大化利用的工具——人工智能技术将成为我国产业升级和经济转型的主要动力，为产业融合提供基础支撑和持续动力。

从智能化通用技术应用于产业，到产业主动适应智能化需求，这背后是建立在产业协同共生基础上的产业结构转型升级和价值链中高端化的过程。事实上，产业协同发展的内在基本规律是产业融合的根本驱动力(郑明高，2010)，产业融合是在动力机制、激励机制与障碍机制的三重因素互动影响下的产物(胡金星，2007)，在技术变革和模块化分工的产业环境背景下，产业共生与协同效应作为内生性因素激励产业走向融合趋势，并消除宏观层面的制度、能力与需求等障碍因素。

通过物联网发展、产业架构优化和信息技术迭新等多重路径，产业协同共生成为推动彼此间融合渗透的内部驱动因素(许士道和原小能，2021)，主要体现在对产业标准的管理和平台间共享两个方面。在标准管理方面，融合成果最终体现在对要素和过程的标准化和规范化的落实，建立包括产品服务标准、生产模式标准和运营模式标准等标准体系，对于融合型产品，产业标准的有效管理则将提升原有市场间产品替代性，加速市场融合进程。然而，尽管当前各地政府和机构已牵头制定各项标准，但由于产业的多样性和复杂性，不同产业之间的标准仍存在较大差异，更为关键的是，我国战略性新兴产业国际化趋势的加强吸引了大批国外厂商寻找合作，国外产业标准更加差异明显，因此，厂商之间软硬件不兼容的现象极大阻碍着标准设计与执行，带来标准无法匹配和难以落地的风险。在平台间共享方面，平台化共享程度也影响着人工智能与战略性新兴产业融合的可能性，融合平台的构建能力有助于实现融合资源的共享及优化配置，最终促成产业融合(綦良群等，2017)。如今，“人工智能新基建”已经成为国家新型基础设施建设的七大方向之一，包含围绕提供基础智慧能力的一系列芯片、设备、算法、软件框架等内容。通用型人工智能平台的构筑不仅有助于大数据的分布式存储和处理、大规模神经网络的计算，实现研发信息、生产信息、运营信息和监管信息的共享，而且有助于加速“人工智能新基建”的铺设，促进产业智能化融合。例如，谷歌、百度、旷视科技等科技企业正在推出智能化平台型产品，为各行业应用部署提供基础和技术支撑，通过逐步开源深度学习核心框架、开放算力和数据平台的方式实现人工智能与产业的协同，助力企业和开发者提升生产效率、规范生产流程，加快基础设施领域布局，推动智能化融合进程。

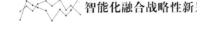

5.1.3 环境驱动因素

(1)政策规制

在全球一体化背景下，规模经济和范围经济使产业融合降本增效，跨国家、跨地区的兼并和重组形成一批批大体量、多板块和强竞争力的巨型集团(吴昊天，2014)，国际竞争态势日趋激烈，智能化融合正逐渐成为产业和企业国际地位竞争制高点。随着人工智能的高速增长和加速渗透，已经从新兴技术浪潮转变为长期发展趋势，各社会主体对智能化的认知过程也从“感知阶段”到“适应阶段”，再到“应用阶段”渐次递升，推动经济增长方式逐渐由高成本、高消耗的粗放式增长转向低成本、低消耗的集约式增长(何玉长和和方坤，2018)。

尽管技术迭代和创新是引发产业融合的核心驱动因素，然而技术的边界性突破并不完全代表产业之间的边界也随之消除，资金壁垒、规模壁垒和政策壁垒等行业壁垒的存在仍成为人工智能与战略性新兴产业融合的外在阻碍因素，其中国家政策管制更起决定性作用，通过诱导性或强制性的规章制度来掌控产业融合进程与范围(黄蕊等，2020)。因此，为了对抗原有产业业已形成的自然垄断白热化竞争局面，国家必须出台相关政策管制条例，一方面，相似行业企业获得进入权限，通过将业务活动融入竞争环境中以获取自身优势，且原有自然垄断的独立产业以其技术、运营、服务等优势相互渗透，最终形成和谐竞争的局面(Bain，1956)；另一方面，不同行业企业的涌入为原有市场注入活力，打破原有内部规制，为产业融合创设良好条件(郑明高，2010)。

从国内外相关政策规制可以窥得，当前世界各国的政府管制放松正在为智能化融合战略性新兴产业之路扫除障碍，通过政策规制优化促进人工智能“头雁效应”最大化，牢牢抓住和占据智能化时代发展先机。国内外推动智能化融合战略性新兴产业的政策规制可以大致分为激励性政策和管制性政策，涉及总体布局、平台搭建和税收支持等内容。有关激励性政策，美国“工业互联网”、德国“工业 4.0”、日本“工业智能化”以及英国“工业 2050”等，发达国家近几年推出的“再工业化”战略均涉及如何利用人工智能推动新兴产业智能化；欧盟委员会 2018 年发布《人工智能协调计划》以支持“人工智能欧洲造”进程，提出建立 5G 跨境通道，为 AI 在能源、医疗保健、制造业、地理信息等领域的应用开发提供相应平台，推进大型试点工作，架设更多世界一流的 AI 应用产品和服务试验基地；2020 年北京出台《加快新型基础设施建设行动方案》，强调要“推动人工智能、5G 等新一代信息技术和机器人等高端装备与工业互联网融合应用”。有关管制性政策，2019 年欧盟各委员会成员国共同打造了“AI 监管沙盒”，推动应用方案的公共测试，创设有利于人工智能发展创新的环境；美国 2019 年推出的《人工智能时代：行动蓝图》中提出建立多边出口管制，保护美国在硬件方面的优势；我国高度重视基础数据集建设，在《新一代人工智能发展规划》中明确提出构建智能化监测预警与控制体系，加强数据安全与隐私保护，提高安全应用和数据风险防范的重视程度。

(2)资本融通

资产通用性特质和现有资本市场环境为智能化融合战略性新兴产业提供了资本融通支撑。对效益最大化的追求是产业融合的内在驱动力，战略性新兴产业智能化融合最终将落实到生产能力和盈利能力的提升，金融资产和实物资产在产业和企业资产体系中的地位日渐衰退，取而代之的是信息技术资源和人力资本等知识资产。新一代信息技术所引致的知识资产或柔性资产在总资产结构中占比加大，资产模块化特质愈加凸显，这些条件促使原本局限于特定交易的专用性资产转变为强流动性和高转换能力的通用性资产(郑明高，2010)。资产通用性指在完全竞争市场状态下，资产能够在不发生较大贬值的情况下实现重置，此时各产业间和各部门间的要素转移成本几乎为零，竞争主体进入或退出某一行业产业的阻碍降至最低(刘京和杜跃平，2005)，由此资产通用性成为驱动智能化融合新兴产业进程的外部因素之一。资产通用性的推动作用主要体现在，一方面降低乃至消除原有产业壁垒，减少行业垄断程度，另一方面，在信息技术创新和政府管制放松的基础上，原有独立市场相互渗透和重组，智能产业与各战略性新兴产业的基础设施、人力资源、信息资源等固有资本存在相似性，大大降低资本转换互通难度(吴昊天，2014)。

近年来，国内外纷纷颁布有利于智能化融合资本融通的政策条例，加速扩大智能化融合战略性新兴产业的资本市场支撑力度，在投融资支持和减税降负方面实现“增”和“减”的飞跃。在提供投资补贴方面，2019 年上海市将人工智能纳入本市战略性新兴产业重点领域，按照发展专项资金管理办法，对符合条件的人工智能类重大项目及平台给予支持，发挥政府投资基金撬动作用，引导社会资本设立千亿规模人工智能产业发展基金；2020 年江苏省建议吸收社会资本和国有资本，重点支持人工智能与实体经济融合，拓展应用场景，建立人工智能首批次产品应用保险补偿机制；2019 年英国提出向极端环境中的机器人与 AI 项目投资 930 万英镑，研发用于离岸和核能、空间与深度开采等产业的机器人与 AI 技术，提高极端环境作业安全性。在降税减负方面，美国政府维持 2015 年的《保护美国人免于高税法》(PATH 法案)，提出永久性地延长联邦研发税收抵免；英国将研发支出信贷的比率由 11%提升至 12%；近年来，我国增值税改革规模空前，累积调整超 16%，通过提供税收优惠为开展和扩大研发提供了强有力的动力。除此之外，据毕马威在 2017 年关于风险投资趋势的全球性季度报告中已强调："人工智能将成为中国风险投资决不可错过的重要机会"，当前对于人工智能等新兴高科技产业的风险资本投入已进入第三次浪潮，其所带来的超额收益能够抵消其余投资的预期损失，AI 对市场的颠覆性变革作用驱使投资者们在初创企业的干草堆中不断挖掘独角兽(Santos 和 Qin，2019)。

(3)创新生态

在新兴信息技术不断涌现的情境下，创新生态系统对科技资源共享需求逐步升级，由此驱动着生态化、智能化范式的形成(王宏起等，2019)，为破解智能化融合战略性新兴产业障碍和瓶颈，亟待构筑互惠共生的产业融合创新生态系统(邵必林等，2018)。创新生态系统的概念已被广泛用于创新活动环境的研究，在此环境中，设定随时间演变的"游戏规则"，由提供知识和资源的企业和机构作为"玩家"参与其中，多个互为主体的利益相关者之间的竞合互动构成了生态网络(Arenal 等，2020)，生态系统随创新活动协同进化，各参与者、活动进程、整体环境和相互依赖关系所产生的创新要素同样具备动态相关性。在创新生态系统理念的加持下，从企业合作到产业联盟，各共同体逐渐向政产学研金等多个互为主体的利益攸关者所组成的集群变迁，产业融合的实质也由此演化为更广泛意义上的生态系统各伙伴协同共生、互惠互利的过程。

诸如微软、苹果、谷歌、阿里巴巴等信息技术产业和互联网产业的新老 IT 巨头正在抢先布局人工智能技术的产业创新生态产业，抢占人工智能产业制高点(谭铁牛，2019)，在此背后是智能化融合对产业边界的拓延和对产业逻辑范式的革新。一方面，实证检验得出，建立一个开放的创新生态系统在人工智能融合产业情境下的成效更显著，以人工智能为主的突破性技术创新带动新一轮产业革命，使产业之间的边界渐趋模糊，不断拓展延伸(杜传忠等，2019)，无论是供应商、竞争对手、客户还是联盟伙伴，智能化融合下的创新生态系统与企业业务关系网络的资源、能力和强度相关联，给予被融合产业发展更强大生态系统的机遇(Brock 和 Wangenheim，2019)。另一方面，智能化创设了一种更复杂的创新逻辑，以开源算法、智能芯片、量子计算、群体智能和跨媒体感知等技术生态正与智能零售、智能医疗、智慧城市、智能制造等应用生态相结合，构成“AI+”行业新范式，在金融、人才、平台和政策等创新要素集聚下，创新物种形成创新群落，再迭代升级为创新系统（张辉和马宗国，2020），政府、跨国企业、国内外高校和科研院所等多个利益攸关方共同架构了政产学研创新生态系统（Cai 等，2019）。当前，国内战略性新兴产业对智能化技术认知仍滞留于数据思维和云思维，未能明确类人思维背后暗藏的人智交互所将带来的巨大红利，因此，政府应不断出台智能化融合相关帮扶政策，指明战略性新兴产业前进方向，也为 AI 企业锻造关键共性技术提供一定市场空间和试错时间，与此同时，人工智能核心企业与战略性新兴产业核心企业共建生态试验基地和科技研发中心，在取得示范性成果后再联合高校、科研院所和其他企业共同建构联盟网络，促进融合模式从微利转向互利，从寄生转向共生（邵必林等，2018）。

综上所述，智能化融合战略性新兴产业是企业、产业和环境多种因素共同驱动下的结果，总结如图 5-1 所示。

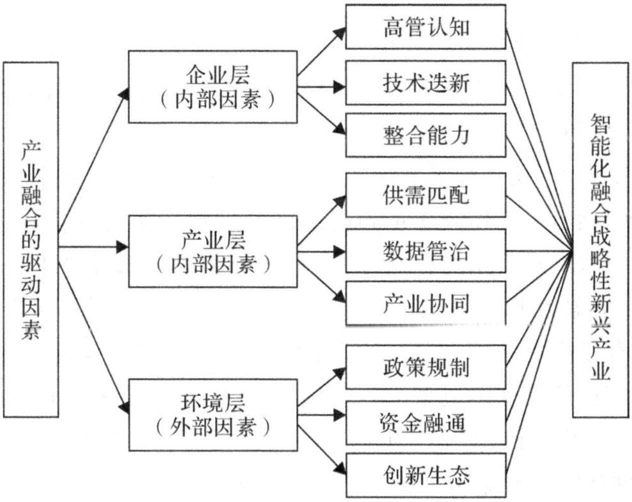

图 5-1 智能化融合战略性新兴产业的驱动因素

5.2 智能化融合战略性新兴产业作用路径

智能化融合战略性新兴产业实质上是由人工智能技术渗透所引致的产业智能化重组过程。作为战略性新兴产业高质量发展的驱动机制，产业智能化可以从三个层面进行剖析:从宏观层面来看,产业智能化是经济社会高质量发展的重要路径;从中观层面来看,产业智能化为各行各业智能化转型提供变革逻辑;从微观层面来看,产业智能化是企业价值增长模式和综合竞争力提升的核心主旨。产业融合的主体指从事融合型产品生产运营的企业,其产品聚焦于多元化知识整合且具备多产业属性和功能,产业融合下的产品创新实质上是产业边界模糊化下的模块化分工重组(胡金星,2007)。本书把智能化融合战略性新兴产业的路径分为产业架构融合、产业活动融合和产业要素融合三个方面,全方位深入探究其融合机理。其中,产业架构融合包含基础层、技术层和应用层三层融合结构;产业活动融合包括研发、生产、采供和营销四种运营流程;产业要素融合涵盖数据、人力、知识、网络和资金等五类新兴产业组成要素。

5.2.1 产业架构融合

(1)基础层融合

作为产业发展的支撑者与使能者,人工智能基础层负责搜集数据资源和提供算力支撑平台,主要分为以大数据为核心的数据资源、以云计算为核心的算力平台以及以芯片和传感器为核心的硬件资源。其中海量数据资源是人工智能技术(尤其是深度学习)获得长足发展不可或缺的重要组成部分之一,犹如为发动机提供的充足"燃料",使用高质量和高关联度的数据集可以快速提高人工智能算法的准确性;对海量数据的存储、处理和传输依赖于云计算平台,通过把大量计算资源封装抽象为 IT 资源池,创建高度虚拟化资源供用户使用;作为基础层核心,芯片具有极高的技术门槛,是智能化发展水平的重要衡量标准和关键因素,其产业生态搭建已基本成型。与应用层相比,基础层和技术层企业均具备更强的创新能力和辐射带动能力。目前 Nvidia、Mobileye 和英特尔等国际科技巨头在基础层拥有更大的竞争力和话语权,尽管国内寒武纪和深鉴科技等 AI 新创企业也在跟进,但总体上我国无论是人工智能还是战略性新兴产业的基础层实力都相对较弱。

战略性新兴产业的基础层可以划分为数据资源、算力平台和硬件耗材等三个部分,因而,智能化融合战略性新兴产业的基础层就是大数据、云计算、芯片和传感器等 AI 基础层分别渗透新兴产业数据资源、算力平台和硬件耗材的内在作用路径的产物。以新能源汽车行业基础层融合为例,大数据挖掘快速捕捉和处理车辆数据及环境数据,提升智能网联汽车的自动驾驶系统能力;云计算汇总、计算、调度和监管汽车运行信息平台,车用无限通信网络实现车—云—路—

人等多方互联；智能车载终端、高精度传感器负责采集车辆内外部信息并提取命令；智能化辅助驾驶芯片实现对不同车辆、行人、车道线及交通信号标识的识别与监测，汽车电子架构向高性能集中式计算单元发展。在生物医疗领域，云计算带来的算力提升解决了计算蛋白质结构之间相互作用的难题；基因测序技术产生的大量数据积累成为 AI 算法优质数据源；小分子药相对结构化的化学结构很适用于数据建模，也进一步促进了 AI 在药物结构预测领域的发展；传感器和芯片等硬件耗材搭载 AI 技术软件系统共同组成 AI 医疗机器人，承担辅助诊疗功能。此外，高端装备制造区别于传统劳动密集型和资源密集型制造业，是具备高知识技术含量、高附加值以及强竞争力的行业，其中，作为新一代 AI 技术和先进制造技术深度融合的产物，智能数控机床赋予机床知识学习能力，自主建模、优化并控制运行，广泛应用于航空航天、城市轨道交通与海洋工程等领域的复杂构件加工制造。在此领域，数控系统利用大数据自主感知与连接内部电控数据，建立工况和运行状态之间实时且精准的互联互通关系；智能机床云控制架构将云计算与开放式控制结构相结合，大幅提升运作过程中的计算存储效能（黄莹等，2018）；智能芯片融合嵌入式工业主板，使智能数控机床在处理精密部件时兼具控制稳定性与运转精准性。

近年来，各国政府和产业界纷纷采取行动推进基础性研究及产业实践部署，为智能化应用落地提供基础后台保障。以基础层核心的芯片为例，美国对华为芯片的断供和施压迫使中国加速在核心基础领域的追赶（Lundvall 和 Rikap，2020），无论是《促进新一代人工智能产业发展三年行动计划（2018—2020 年）》，还是《新一代人工智能发展规划》等政策文件中均强调研发神经网络芯片以及高能效类脑计算芯片的重要性，鼓励 AI 芯片规模化量产。为了应对 Google 发布 TPU 芯片，寒武纪、地平线和华为海思等国内芯片独角兽企业纷纷推出可大规模商用的 AI 专用芯片，且研发的异构芯片在兼备低能耗和低成本的同时，集成传感、计算和通信等多种功能，现已逐步应用于诸如阿里云 ET 医疗大脑、平安智慧医疗等生命科学领域，吉利星越、特斯拉 Model3 等新能源汽车领域，以及海天精工、华明装备等数控机床领域，为战略性新兴产业智能化基础层融合提供了前提。

（2）技术层融合

作为 AI 产业核心以及连接基础层和应用层的桥梁，技术层聚焦数据挖掘、学习与处理，以模拟人类智能相关特征为出发点，构建技术路径，依托基础层提供的算力平台和数据资源进行海量识别训练和机器学习建模，开发面向不同领域的应用技术，包括生物特征识别、类脑智能计算、自然语言处理、计算机视觉和机器学习等各类技术，涉及感知、认知和决策等不同智能方向。算法是人工智能技术驱动层的核心，这些技术通过深度学习框架和强化学习算法实现算法封装，快速推动人工智能产业商业化进程。技术层“玩家”开发底层框架、研究新型算法和提高通用技术水平，实现计算机从感知到认知的技术革命。当前，谷歌、IBM、亚马逊、苹果、阿里和百度等科技巨头均在该层次深度布局，我国近年来在技术层发展迅猛且全球领先，除BAT外，先后涌现如商汤科技、旷视科技和科大讯飞等诸多独角兽公司，非巨头公司和巨头公司分庭抗礼的格局初步形成，为我国人工智能产业应用从边缘到核心做好了充足技术准备。

由于战略性产业各细分产业涉及不同技术领域，智能化技术层融合也即以深度学习为代表的生物特征识别、自然语言处理和计算机视觉等算法技术对各细分产业关键核心技术的深度渗透。以新能源汽车产业为例，智能化已经融入动力电池、车联网和自动驾驶等领域顶尖技术，如AI电池容量测算、智能焊接技术和AI自放电检出等技术创新提高了动力电池性能；基于生物特征识别、自然语言处理、计算机视觉和机器学习等技术，搭载智能语音平台和高精算法地图的多屏互动、多模交互的智能车载操作系统面世，为智能座舱生态系统提供端到端解决方案；自动驾驶作为最大落地场景，AI感知、决策和控制算法能够在极短时间内处理实况中的海量异构数据，并以超低时延上传控制终端，深度学习模型在出错后自主溯源和改进；AI技术和智能交互式能源框架将改善集中能源控制中心，用于集成智能电池的AI模型与能源管理系统以及电动汽车充电器支持可再生能源一体化（Ahmad等，2021）。同时，AI技术已渗透诸多生物医疗技术领域，如化合物设计、靶点发现、分子生成、活性预测和ADMET预测等，通过计算机视觉技术解决病灶识别与标注、靶区自动勾画与自适应放疗和影像三维重建；将深度学习技术应用于药物临床前研究，达到快速、准确挖掘和筛选合适的化合物或生物，从而缩短药物研发周期、降低新药研发成本、提高新药研发成功率；基于自然语言处理技术，将患者病症描述与医学标准结合，实现医疗自诊、导诊等人机交互服务。此外，AI技术已经推动数控机床向柔性自动化集成方向迈进，例如，李广和杨欣（2018）将深度学习技术运用于数控刀具加工的寿命监控过程，构建的卷积神经网络能够精准监测刀具异常状态。对于大型复杂结构件产品，基于知识图谱、自然语言处理和计算机视觉等AI技术的智能编程能够建立面向结构件产品的定制化参数方案，且自适应编程结合逆向工程技术，提升薄壁弱刚性产品的合格率（孙瑜等，2021）。

总体而言，技术融合优劣直接决定各战略性新兴产业应用落地成效，随着核心算法突破，并行计算能力提升以及海量数据支持，AI技术体系正迎来质的飞越，进入新一轮发展阶段。据统计，2020 年 AI 行业规模占计算机市场的 57%，并且已经向多模态信息融合、主动感知与适应复杂情境的高水平技术迈进，智能语音技术在垂直行业应用产品规模达到 57.7 亿元，NLP（自然语言处理）和知识图谱带动相关产业规模达到 133.7 亿元。在群雄角逐的万亿赛道上，尽管核心技术由科技巨头掌控，新创企业和开源组织的涌入驱使共同探索 AI 关键技术，催生诸如百度 Paddle-paddle 等算法技术开源平台的构建，为战略性新兴产业智能化技术层融合奠定了基础。以新能源汽车为例，目前商汤科技、依图科技等 AI 独角兽和特斯拉、蔚来、长城等主流车企均有望实现自动驾驶、智能交互以及自我进化相互协同的智能化技术层融合工作。

（3）应用层融合

建立在基础层和技术层之上，应用层是指人工智能技术体系对战略性新兴产业各细分领域或交叉领域进行普适性深度渗透所形成的“AI＋”产业模式，其中应用终端、系统及配套软件面向特定行业或应用场景，为用户提供个性化和精准化的产品服务或解决方案。现阶段，智能交通、智能制造、智慧城市和智能教育等成为重点关注领域，呈现互促共进、繁荣共生的全方位爆发态势。未来，场景数据完整、反哺机制清晰，且追求较强效率动力的行业应用场景或将率先实现人工智能的大规模商业化。获益于 AI 全球开源社区，应用层企业进入门槛相对较低，从全球来看，Facebook、苹果侧重于在应用层的智能助理、语音识别和图像识别等领域进行布局，我国应用层企业规模和数量在基础层、技术层和应用层三个层面中占比最大。

智能化深度赋能战略性新兴产业应用主要集中在生物医疗、新能源汽车和高端装备制造等产业领域，为这些领域带来提效降费、转型升级的实际效能。在生物医疗方面，基于图像分析的影像辅助诊断和医学病例研究相结合，提高了流程管理效率和医疗诊断准确性；深度学习和机器学习技术因其强大的数据分析和特征提取能力，成为对疾病分类和药物发现的关键参与者。在后疫情时代，基于 AI 的药物携带智能机器人以及患者检测智能系统给予疫情防控极大支持，模式识别方法有助于研判患者体内风险发展状况（Kumain 等，2020）。在新能源汽车方面，自动巡航、主动刹车和车距保持等自动驾驶功能提供更加安全便捷的驾驶体验；车联网通过传感器、中控大屏等车载系统实现对车辆情况动静信息采集、存储和发送，利用移动网络实现人、车、路和云相互协同；智能座舱包含车载信息娱乐、空气净化、灯光控制等智能系统，提供更加简洁高效的多样化体验；多模式人车交互方式赋予新能源汽车多场景呈现和个性化、情感化交互能力。高端装备制造包含诸如航空航天耗材、城市交轨、海洋工程等建设领域，智能制造分阶段且持续性获取制造要素，建立、完善并扩展企业在研发设计、生产制造、物流仓储和产品服务等环节制造能力，最终形成完整高效且科学的智能制造系统，不仅为B端用户提供准确适用的冶金、钢铁和石化等原材料，生产具备感知环境、互联互通和远程可控的智能设备，而且诸如智能穿戴设备、智能3C产品可以同步满足C端用户个性化和定制化需求。

应用层融合的核心任务是实现人工智能在战略性新兴产业各垂直行业的场景化落地。得益于海量搜索数据、丰富产品线以及广阔市场优势，智能化应用节奏得以不断加快，加上国内外科技巨头对开源科技社区的推动，助力新创企业突破技术壁垒，直击终端产品研发和应用。作为一项典型使能型技术，未来人工智能将广泛渗透于百行千业，引发全球范围内战略性新兴产业的智能化深度应用变革，一方面，基于海量数据库和知识库的智能算法在高端制造、生物医疗和新能源等领域应用不断拓展，多类别智能机器人和智能化系统将高效替代人力劳动，推动生产力跨越式升级；另一方面，高水平人机协同正成为主流生产服务方式，跨界融合作为重要经济形态加速人工智能应用新生态构建。

5.2.2 产业活动融合

(1)研发活动融合

菲利普·科特勒在《市场营销》一书中指出，产品创新时刻往往伴随着高昂费用和极大风险的两难窘境，新产品研发项目是企业生存立足的基石。在新产品生命周期急速缩短的情境下，对于以自行研制为主的战略性新兴企业而言，如何在调研预测、构思设计以及试制评鉴等新产品研发的多个复杂阶段中既规避风险、又能实现降本增效，成为必须面对的重点和难点。研发活动受技术层融合的推动成为产业边界模糊化的首要内容，人工智能产业作为知识密集型产业，其与战略性新兴产业的研发融合有助于智力成果的辐射和渗透，促进技术创新能力提升(傅为忠等，2017)。由此，无论是调研预测、构思设计还是试制评鉴，智能化融合为战略性新兴产业的新产品研发活动提供赋能，例如，AI方法的应用为生物医学、新能源汽车等新兴产业提供了高度可靠的计算方法，以机器模型形式来模拟人类智能，纠正研发过程中的复杂问题(Selvaraj，2021)。

在调研预测方面，大数据部署和人工智能旨在通过控制制造装备线上不可预测的人为因素来实现“预测性管理”(Cooke，2020)。机器学习是涉及多种算法来识别数据模式的基本范例，能够精准预测不可见的数据集(Selvaraj，2021)。例如，面对复杂而富有挑战性的经济商业环境，基于人工智能技术的灰色预测模型能够为企业开发和实施策略提供财务比率(如流动性、偿付能力和盈利能力等)方面的指导(Hu 等,2020)。此外,通过人工智能算法对 Twitter、谷歌和百度引擎等数据集进行信息整合,构建流感预警模型,有效实现疾病预防和风险筛查。

新产品构思设计是一个依赖于完整的工程师团队进行的高度个性化过程,基于人工智能的计算机辅助系统的建立有助于对公司内部现有组件进行概括性描述,并从中提取隐含的经验知识使其形式化和参数化,有效避免了工程师在自动化产品设计过程中极易出现的设计冗余和时间浪费等问题(Krahea 等,2019)。以美国两大军机制造商波音公司和洛克公司为例,其对飞机进行的"无纸化"设计均采用了基于三维模型的人工智能协同研制和虚拟制造技术,通过"虚实结合"极大提升了智能制造研发效能(汪林生,2018)。

当构思设计完成后,智能化通用技术也为战略性新兴企业产品的试制评鉴过程降本增效。以药物研发和疾病预防为例,药物靶标确定后,人工智能和机器学习方法将应用于计算机辅助药物所涉及的每个步骤,利用其与高维数据的强大集成能力,进行临床试验输出预测结果,进而提高成功率和降低试验成本,为制药产业带来挑战和机遇(Selvaraj,2021)。其中,人工神经网络(Artificial Neural Networks,ANNs)被公认为是基于智能大脑及其网络化趋势而发展起来的计算机模型,模型中信息以分层形式在输入层、隐藏层和输出层之间传播和转换,能为分子建模和药物设计提供便利,从而顺利预测药物成功的发明过程,由于在 STEM 领域(科学、技术、工程和医学)的强大应用能力,人工神经网络也被称为"数字化模型大脑"。

(2)生产活动融合

作为战略性新兴产业中各企业经营活动的中心和前提,生产活动指工厂工人通过机械设备对原材料进行加工、处理和装配过程,由此得到消费市场所需的各类产品,为后续物流供应、销售服务提供核心物质基础,涉及劳动力、资金、设备、信息和材料等各种生产资源的协同运作。如今,大数据、云计算、智能机器人等智能技术正在引领工业生产范式转变和技术认知的跃迁,人类与智能助手在知识工作领域的合作关系不断紧密。例如,战略性新兴企业正面临着更短交货时间与更快动态反应的双重影响,而现有控制机制(如启发式算法和数学优化)难以有效处理这些复杂、动态和不可预测的生产环境(Stricker 等,2018),亟需智能化领域的数据驱动方法为其提供有价值的解决方案(Kuhnle 等,2019),从而改变人类与人工智能成功合作的网络生产管理系统(Burggräf 等,2018),在未来实现社会可持续的人—人工智能交互。可以看出,对于智能化融合驱动战略性新兴产业，人工智能作为生产要素与其他生产要素进行融合，在生产过程中共创产品价值（何玉长和方坤，2018），人与 AI 之间实现交互共享式合作决策，人工智能助力管理者应对生产活动中日益增长的复杂性和不确定性，在过程控制、生产调度和预测性维护等生产管理方面释放出巨大效能。

对于过程控制，人工智能能够揭示和学习过程控制中所涉及的参数组合与产品质量之间的依赖关系（Burggräf 等，2020）。其中，强化学习（Reinforcement Learning，RL）作为机器学习范式的重要分支，是人工智能在环境的奖励和惩罚下能够做出类似条件反射的预期刺激性反应，从而逐渐形成产生最大效益的人工智能与环境之间的习惯性互动激励行为。这种以数据驱动的最优控制为核心的强化学习广泛适用于无人驾驶、生物制造等战略性新兴企业生产活动中的动态决策控制过程。此外，数字孪生的应用有助于将其作为强化学习的模拟，通过算法自学习来取代原有过程控制系统（Jaensch 等，2018）。

与此同时，人工智能也为生产管理领域的生产调度问题提供了良好的解决方案，使调度问题的固有复杂性降低到易处理的大小，弥补了原有运筹学只能处理中等复杂决策问题的弊端（Arff 等，1991）。传统调度系统不具备在短时间内生成详细计划的反应能力，且改进后的 MRP 和 MRPII 系统（材料需求计划和制造资源计划）围绕 MPS 系统（主生产计划）及时处理库存材料需求，并以迭代方式制定生产计划，缺乏具体生产地点和时间的详细说明。而基于 AI 的调度系统通过弥合主计划和详细计划之间的差距对 MRP 系统进行完善，快速生成与容量限制或其他指定约束相一致的详细且完整的高质量生产计划。智能化线性规划排程系统（IAPS）与 ERP、PLM 等系统协同运作，诸如启发式调度算法和作业计划规则有效解决了缺乏经验的生产调度问题，实现柔性生产（Wang 等，2021）。

在预测性维护方面，人工智能能够根据当前机器状态和机器历史预测机器故障。AI 通过模拟任务执行过程，发现制造过程中的潜在问题，并且基于传感器数据监测设备运行中的异常情况，主动预留磨损部件，为意外故障做好准备（Wang 等，2021）。如此，较早执行预测和运行维护，将最大程度减少停机时间，从长远来看，预测性和规范性维护的进一步发展将改变机器的商业模式（Burggräf 等，2020），实现可持续制造。以新能源汽车产业为例，特斯拉在复杂汽车生产过程大范围应用人工智能驱动的机器学习解决方案，Model 3 汽车的生产基础设施已广泛涉及自我诊断内部问题和订购更换部件、连接供应链，具备丰富的预测性维护经验（Cooke，2020），是智能化融合战略性新兴企业生产活动的典范。

(3)采供活动融合

企业采供活动不仅包含原材料、设备、配件等用品货物的验收、保管和发放工作,防止其变质损坏,严格把关入库质量、数量和价格,做到合理有序采购仓储,而且也涉及对上述物品在提供者和需求者之间的物流供应,在取得资源后完成厂内、厂间和厂外的物流运输,是采购、仓储、供应和物流等过程的整合,是后续营销服务的前提和基础。无论是企业自供还是三方外包,采购管理信息系统和物流信息系统是采供活动信息化的必然趋势,生产商、供应商、分销商和零售商各主体有机协同,通过信息共享、技术扩散、资源优配合等共同构成战略性新兴产业上中下游产业一体化体系。在数据时代的大背景下,人工智能被公认为智能采购和智能物流的主要推动力之一(Woschank 等,2020),智能化先进技术与新一代智能采供活动结合应用,全面提升采购系统、仓储系统和物流系统的智能化和自动化水平,加速厂—车—货匹配效率和运转效率,从而改变行业原有运营形态和市场环境。智能化融合战略性新兴企业采供活动主要体现在采购需求的精准预测、仓储库存的高效管理和运输过程的网络设计等方面。

供应链规划和管理很大程度上依赖于精准的需求预测(Hassija 等,2020),当前学术界已有大量研究证实人工智能对改进需求预测的有效性(Min 等,2010;Riahi 等,2021)。需求规划是企业劳动力调度、库存控制、新品开发促销等活动的基础,对需求的精准预测将减少企业固有不确定和可变性,传统的长短期预测技术如指数平滑法、移动平均法和时间序列法等仍固囿于遵循以往的需求模式,也即很大程度依赖于历史数据的准确性和有效性,因此,无法预测过去不存在的新产品或新服务的未来需求(Min 等,2010)。人工智能为克服传统预测技术的固有缺陷提供了可替代方案,这是因为人工智能具备从海量数据提取模型的潜力,广泛适用于企业需求预测,并转化为整个供应链的切实利益(Riahi 等,2021),如 Yu 等(2002)基于代理系统框架提出了一个动态模式匹配方法,利用多主体捕捉过去、现在和未来客户的行为,结合人类专业知识和数据挖掘技术精准预测新产品需求。

作为供应链中与需求管理密切相关的另一重要组成部分,库存管理指监督货物从制造工厂到仓储设施以及从这些设施到零售商店的过程(Hassija 等,2020)。库存是成本的主要来源,库存管理通过确保产品在正确时间可取用来增加可满足的需求数量(Riahi 等,2021),最低成本控制和计划库存正成为企业在竞争性市场中领先的决定性因素(Min 等,2010)。面对利率上升所带来的仓储成本增加,机器学习技术可以通过事先精准确定供应量和开发动态运营策略以减轻风险,为自动化库存系统、车辆部署策略和提高供应链决策敏捷性提供强大洞察力(Hassija 等,2020)。此外,人工智能系统能够自动跟踪销售情况,存储用于实时监控仓储的数据,避免库存冗余或不足,并自动生成关于需求变化的报告,如库存管理中最常用的人工神经网络建模技术,能够精准处理高波动性数据,有效实现流程自动化(Riahi 等,2021)。

物流运输涵盖了交通网络设计、过程安全监控和运输车辆调度等诸多领域,如何为 TSP 问题、车辆路径问题、最小生成树问题、货物合并问题和多式联运问题等找到全局最优解,成为当前供应链领域可持续建设的首要问题(Min 等,2010)。遗传算法(Genetic Algorithm, GA)和蚁群优化算法(Ant Colony Optimization,ACO)被公认为处理传输网络设计问题各方面的人工智能技术形式(Chambers,2001),两种元启发式算法均为一种通用算法框架,可以应用于交通网络设计中的大量不同的组合优化问题,相较传统启发式方法更加灵活多变。此外,智能运输物流在基于数据的交通优化和自动驾驶车辆应用的情境下取得巨大进展(Woschank 等,2020),诸如 GPS、GPRS、RFID 和 GIS 等技术能够实时监控重要道路和交通枢纽,跟踪运输车辆,最大限度地减少交货时间延误;车载物联网传感器检测各种参数和发型异常,并及时更新以避免事故和其他安全威胁;用于视频监控的深度学习模型通过交通模型动态分析,快速规划供应路线以节省燃料和时间(Hassija 等,2020)。

(4)营销活动融合

美国营销协会把营销活动界定为"为消费者、客户、合作伙伴和整个社会所创造、交流、交付和交换有价值产品的活动、机构和流程"(AMA,2017),其中包含识别营销机会、界定营销问题、改进营销活动和评估营销绩效等一系列过程。技术进步通常引致业务范式的结构性转变,智能化技术的渗透性融合赋能营销活动的全过程,使企业能够在以数据为导向的营销环境中保持持续竞争力(Salminen 等,2019)。近年来,人工智能在营销活动中的应用革命及其产生的卓越价值成果的潜力,引起企业界和学术界广泛研究关注(Mustak 等,2021),例如探索 AI 主导的营销和销售策略(Davenport 等,2020);人工智能聊天机器人对客户购买行为的影响(Luo 等,2019);AI 技术致使劳动力及工作场所的重新界定(Chui 等,2015)等等。智能化融合对战略性新兴企业营销活动的影响不仅体现在提升营销决策支持系统的准确性上(Toorajipour 等,2021),更集中在市场细分、目标市场选择、市场定位、用户体验、产品研发和客户关系管理等其他方面。

对整体市场结构(如品牌定位、竞争位势)的全局性分析是企业进行营销活动的首要内容。机器学习技术为将客户细分为具有共同特征的群体提供良好算法工具,使切分海量非结构化的数据集成为可能(Syam 等,2018)。一旦目标定位完成,亟须在目标市场内进行需求估计和销售预测,神经网络(Neural Networks)可以有效处理基于混沌时间序列数据的需求预测(Lawrence 等,1996),例如,Sohrabpour 等(2020)依托人工智能生物进化模型,通过遗传编程建模提出了出口销售预测框架。此外,自然语言处理工具(Natural Language Processing,NLP)作为一种有效的语言分类方法,使人工智能能够基于受众目标的社会环境、需求和期望来感知含义,识别出潜在消费者语音和电子邮件中的关键词,从而预测其购买可能性。

在"零售即服务"(Retail as a Service,RaaS)概念渗透的当下,提倡"内容与互动的自然结合"的新零售模式逐渐成为主流,智能化技术为新零售提供了更加个性化和全面化的多模态内容,助力消费者、产品和零售场景(即人—货—场)三方实现线上或线下的深度融合(Zhou,2018),极大提升消费者购买体验和参与度。当消费者在线浏览时,机器学习算法根据用户行为数据、交易数据和特征数据等,从中提取用户偏好,进行定向广告投放和个性化推荐,精准捕捉购买兴趣;当消费者访问实体店时,增强现实和虚拟试衣间等 AI 工具为其提供个性化和定制化帮助,通过人脸识别技术进行自主结算和支付,实现高效且愉悦的购物体验;在购买后,智能机器人客服自动提供使用技巧等售后服务,语音识别和自然语言处理算法支持购买全过程查询处理(Ma 等,2020)。以智能化技术系统和算法模型所驱动的全渠道新零售不仅全方位增强用户购买体验,而且极大提升供销存系统的运营效率,打通上下游产业链,实现产业优化目的。

营销活动中的客户关系管理不仅指建立、发展和维护企业与客户之间的关系营销(Berry,1995),还涉及对客户情绪的理解和预测;分析客户态度、敏感性和行为;增强客户忠诚度和信任度等旨在进一步提高关系营销效用的所有行为(Mustak 等,2021)。智能化融合是建立客户认知信任的有效手段,聊天机器人和嵌入式 AI 虚拟助手能够在除却社会因素情况下为客户问题提供快速而准确的解决方案,并且在与人类互动过程中增进情感信任和培养融洽关系。不仅如此,面对诸如文本、图像、音视频等非结构化的庞大客户数据,营销人员通过人工智能可以识别数据中的结构、潜在含义和主导情绪,并对未满足的客户需求进行衍生洞察,明确其进一步改进产品和服务创新的需求(Zhang 等,2018)。此外,人工智能神经网络能够测量各种营销计划的预期效果(Ansari 和 Riasi,2016);创建价值合理的数据基础架构,从而集中且灵活地部署客户关系系统(Kitchens 等,2018);将模糊逻辑与专家判断相结合所构建的决策支持模型,用以为企业客户忠诚度管理提供工具(Lau 等,2015)。

5.2.3 产业要素融合

(1)数据要素融合

从组成要素视角来看,产业融合是数据、网络、人力、知识和资金等各组织要素在产业和企业间相互交叉、渗透和重组的过程,要素融合目的是使原有流程在功能和用途上实现持续创新。随着数字经济和智联时代的到来,在智能化融合趋势的推动下,建立在数据要素基础上的云计算、大数据、物联网和人工智能等通用技术所组成的信息技术系统,逐渐替代传统资源禀赋要素在价值创造中的核心地位(李若辉和关惠元,2018)。对于以信息技术为核心的战略性新兴产业而言,数据要素在要素市场化配置中的重要性愈加凸显,战略性新兴企业能否通过智能化融合进程充分挖掘数据要素价值,进而推动商业模式演化,成为亟需解决的难题之一。

智能化技术与战略性新兴企业数据要素的融合渗透贯穿企业数据挖掘、数据决策以及数据管理等全过程。数据挖掘是以模式和规则形式探索大量数据以发现关于数据有意义信息的过程(Dhlamini 等,2007),无论是环境感知,还是 AI 与人类个体和集体互动行为的社会感知,数据挖掘过程均蕴含于这些无处不在的感知情境中。在大数据体积、速度和多样性等诸多挑战下(Klein 等,2013),数据挖掘模型及其结果的可译性需求促使乃至强制性要求将机器学习方法应用于领域知识(Nalepa 等,2021)。对于高数据密度行业(如电子信息行业)和敏感型环境(如医学行业)而言,智能数据(也即大数据智能化)不仅应用于数据建模表征、数据清洗转换、关联聚类演化分析和数据质量评估等数据挖掘过程(Han 和 Kamber,2001),还能够在自学习过程中实时且灵活更新知识和估计变量缺失,提升技术安全性。在数据决策方面,Hou(2021)基于人工智能技术建立了电力行业大数据决策平台,并通过了可用性、可扩展性和计算性能的测试,验证其具备良好的稳定性和较强的预处理能力,有助于实现能源供应的电网智能化发展。此外,人工智能技术同样使数据中心管理自动化成为可能,例如,利用数据科学的智能监控和管理系统,实时搜集和共享信息,实现远程跟踪;基于数字孪生仿真工具,模拟真实数据世界的多种场景;应用于过程自动化的机器人技术(如物理机器人、软件机器人和云机器人等),以减少特定过程和重复性任务中的人为错误(Levy 和 Subburaj,2021)。

随着数据来源逐渐拓展至社会环境、行业态势和企业管理等诸多方面,在存量治理和精细化发展需求共同影响下,企业大数据平台效能也从相互交换发展为多方共建共用共享。智能化融合将分散在产业和企业内部各领域、各部门的相互孤立的数据资源互联互通，实现多源数据集成交换和深度挖掘，通过数据融合分析与管控，最大化发挥数据要素效能，捕捉不同新兴行业利益主体的需求，实现服务精准化供给、企业科学决策和高效内部治理。以智能化赋能新零售为例，AI投入规模在零售业智能化转型建设中的比例持续上升，传统零售场景通过商品和资金形成闭环，而“AI＋新零售”为行业数据互联互通提供新驱动力，从客户群体到货物供应，再到消费场景互动式重构，智能技术高度内嵌在新零售全流程中，各环节通过数据纽带形成闭环，实现客户群体、零售商和生产商的三方动态利益均衡。

(2)人力要素融合

当前社会正处于弱人工智能向强人工智能的转变时期，随着弱人工智能技术的日益普及，人类劳动在社会生产中所占比重渐趋下降，智能化环境下的劳动价值和关系分配得以优化。然而随之带来的负面效应也不断涌现，一方面，物质生产领域中重复性和低技术含量工作被基于工业机器人的全自动化生产系统所取代(Ding，2021)，导致失业率骤升；另一方面，可以执行人类独有任务的AI技术认知能力正在增强，对现有工作产生潜在挑战和威胁。面对人工智能以非侵入性形式广泛渗透，企业亟须在确保数据安全、场景有效的前提下积极拥抱新技术所带来的潜在机遇和革新挑战，促进“业务痛点”与“技术优势”的完美契合。实际上，智能技术干预与新兴产业人力资源要素之间存在着不断发展的互惠互利关系，涵盖人才吸纳、岗位培训、员工管理和绩效评价等人力资源管理全过程，涉及人工神经网络、模糊逻辑、机器学习、遗传算法和数据挖掘等诸多人工智能相关技术的综合应用。具体来看，人工智能在新兴产业中的应用倾向主要集中在人员招聘、员工学习与发展以及劳动力管理这三个子模块，用以解决不同的问题。

在人员招聘方面，智能招聘的高准确性和低成本为业务功能实现带来各种长期利益，在加速招聘过程的同时吸引全世界各地的潜在员工。AI对各种图片文字等内容进行快速识别、信息抽离和格式化处理，提取人才典型特征，并运用自然语言处理技术构建模型，对简历中包含的KSAM内容(知识、技能、能力、动机)进行自动匹配，解析出最符合公司人才标准的候选人，再通过AI聊天机器人和AI视频面试对人才综合性考评结果进行初筛。例如，Kot等(2021)以印度尼西亚生物制药行业为研究对象，证实以人工智能为基础的招聘流程对公司形象(也即雇主声誉)所产生的积极影响。

在员工学习与发展方面，智能课程推荐平台可以根据员工学习行为精准推送学习课程，AR/VR场景化培训与现实工作场景更贴合，在节省用料损耗的同时降低危险工种的事故发生率，兼备互动性和安全性。例如，Modran等(2021)基于人工智能学习方法研发出一款工程师岗位培训机器学习系统，使其具备预处理、分析和清理深层神经网络数据集的良好技能，能够广泛应用于自动驾驶汽车和医学诊断等新兴行业。此外，智能融合也推动了人才异动的基础审核和员工绩效优化等HR流程的高效性和自动化，且线上绩效和360测评等AI系统能够对多维数据进行盘点并生成人才报告，实践证明神经网络、层次分析法和模糊输入法三者相结合能够应用于预测人力资源管理实践对组织绩效的影响结果(Manafi和Subramaniam，2015)。

在劳动力管理方面，业务场景多样化能够增强员工体验感，智能考勤深度分析员工长短期工作状态与行为模式，从而制定灵活便捷的考勤管理制度；智能工时计算监测用工时间合规性，有效衡量劳动力利用率；智能排班满足员工个性化需求，尤其对于大规模、多覆盖的企业来看，区域化排班能够根据业务情况和人员特征灵活调整计划，最大化用工柔性。面对由过度依赖技术干预所导致的"技术压力"认知困扰，Malik等(2021)针对"如何通过智能化融合创设积极的员工体验?"进行深度访谈调研，结果显示人工智能将物理基础设施和数字通信技术相结合所产生的远程办公极大提升了员工工作灵活性和自主权，打造了多样化职业道路，实现了工作与生活良性平衡，且AI部署下的信息决策更加透明高效，机器人自动化使员工更专注于创造性思维培养，达到企业绩效提升与职业进阶发展和谐共赢的局面。

对于以需要实时聚焦市场动态和科技迭新的战略性新兴产业来说，智能化融合人力资源管理领域已成为企业管理发展大势所趋。企业需要做好面对其威胁和挑战的充足准备，采取相应策略保留、激励和开发人力资源需求，通过智能化融合创设就业机会和工作技能，从而形成人工智能与人力资源两者相辅相成而非相互取代的良性关系(Khatri等，2020)。与此同时，智能化融合也倒逼工作者自身提高技术知识素养，培养学习能力和管理能力，具备对行业趋势的高度敏感性，成为拥有综合素质的复合型专业人才。

(3)知识要素融合

从知识管理视角来看，企业知识指可用于解决企业经营管理中实际问题的观点、方法和经验等内外部信息的综合。与模式化数据的信息不同，知识是行动的能力，包含一系列事实和经验法则，并以内隐或外显的形式展现。知识管理聚焦知识获取、分享和利用，从无形资产中为组织创造增值效益(Liebowitz，2001)。随着Web6.0时代的到来，智能化基础设施不断完善，组织内部智能化成本趋低，为企业步入知识管理阶段奠定基础，智能化融合战略性新兴企业知识要素的过程也即运用AI通用技术体系改善企业知识获取、知识共享和知识应用等主要职能的过程。

知识获取侧重于从领域专家或其他来源取得隐性知识并在知识管理系统中开发知识库（桂卫华等，2020）。知识管理系统通过智能编辑程序对接和设计感应程序提取这两种途径来获取知识，前者侧重于自动识别和元数据采集标准化，而后者基于自然语言处理、机器翻译等AI技术构建知识库，架设多网络结构关联模型，为知识共享奠定基础（张省和周燕，2019）。此外，数据/文本挖掘技术能够归纳分类知识库中的关系和趋势，从动态性、关联性数据中获取更深层次的隐性知识，通过知识图谱在知识库框架中编入并表达出来（Liebowitz，2001）。

作为知识管理的基本功能之一，知识共享是知识所有者交流传播以发挥知识效能最大化的过程，在此期间个体知识转变为组织知识，进而成为知识共同体（张省和周燕，2019）。无论是岗位培训还是项目总结会议，企业日常工作场景中所产生的大量经验和知识需要精准推送给潜在使用者，有关买方行为、客户概况、竞争动态以及社交舆情等方面的共享数据能够帮助团队从多个角度分析客户，从而更好设计用户体验，催生新产品和新模式。智能化融合知识共享可以划分为前期显性知识交流传播和后期隐性知识转化共享两个阶段（秦红霞等，2019），通过数据挖掘和深度分析，在满足各主体共享需求的同时创建搜索引擎，快速实时匹配和自动推送相关最新内容，促进企业内外部知识流动（张省和周燕，2019）。

知识应用已成为战略性新兴企业一个基本战略要素（Lee等，2013），是企业为适应需求、解决问题、做出决策和降低成本等有效利用知识的过程（Markus等，2002）。当面临识别并快速满足消费者需求和客户满意度的局面时，企业如何应对和利用不同类型的信息和知识至关重要（Nascimento等，2020）。作为智能时代知识表示的重要方式之一，知识图谱是一种用图谱形式对世界万物之间关联关系进行知识描述和建模的大规模语义网络，弥补了传统知识管理难以适应开放应用和规模化需求等固有缺陷。知识图谱能够对海量结构化和非结构化数据进行知识萃取并形成网状结构，对概念间关系属性进行联结转换，建立数据从实体、概念和关系到知识的映射，为图谱分析、知识检索、智能推荐、过程监督和规划预测等知识应用过程提质增效。

当前我国战略性新兴产业已初步具备智能知识管理基础，如小米机器人智能知识融合平台是基于AI技术和多模型数据融合能力构建的知识统一管理平台，支撑智能化知识检索、推送及应用，助力企业完善知识管理运营体系；京东数科研发的大数据可视化引擎系统可以在数据不出库的情况下实现知识共享，打通数据壁垒；竹间智能作为一站式企业级情感人工智能平台，能够满足认知搜索、文本抽取、审核比对、产品推荐等知识应用需求，为AI＋医疗医药、AI＋互联网、AI＋装备制造等领域提供完整解决方案。基于数据挖掘和知识图谱等智能化技术工具的融合应用，一方面，在细分领域打造知识共享和经验交流社区，引导科技型中小微企业和创新创业人员在开放创新平台中开展产品研发和应用测试，降低技术与资源使用门槛，营造全行业协同创新创业的良好氛围；另一方面，战略性新兴企业通过构建符合自身特点的企业级内部知识管理平台和商业洞察系统，从多源异构海量数据中发现业务规律，形成从研发、生产、采供到营销的完整智能商业闭环，实现精准洞察、实时决策和高效运转。

（4）网络要素融合

随着企业互联网化趋势愈演愈烈，企业网络要素规模和复杂程度持续提升，底层技术的异构性以及新兴垂直领域的需求矛盾性，促使网络编排和管理变得更加充满挑战性（Bagaa 等，2021）。战略性新兴产业与其他类型产业最大不同之处在于技术核心复杂性，因此，需要具备更高的网络强度和网络密度，网络要素与其他要素之间进行高频率互动互联，进而推动新兴产业之间特别是跨领域之间的创新行为。当前我国正加大以信息网络为首的新一代基础设施建设，智能化技术以其强大的分析、预测和策略优化等能力赋能战略性新兴企业网络系统，传统网络控制和管理技术正被人工智能技术所取代（Long 等，2017）。网络智能化涵盖网络制造、通信系统、社会网络和网络物理系统等诸多领域（Yan 等，2020），对于战略性新兴产业而言，智能化融合网络要素主要集中于网络运行支撑、网络安全维护和网络持续优化三大方面，从整体上实现网络管理自主高效。

智能化网络具备自我运营、自我配置和自我管理等特性（Long 等，2017），当应用于网络运行支撑时，智能化网络为降低运营成本、提升运维效率和便捷性，以及增强资源编排精准程度等痛点问题提供了解决方案。随着物联网、网络切片等新技术和新场景的加入，在网络路径规划和流量调度方面，需要满足高吞吐量、低时延和随需而动的要求，基于人工智能对多维历史数据进行算法分析和流量预测，为后续路径优化处理和网络资源储备提供辅助，且AI算法能够学习历史KPI变化数据，检测实际网络环境和负载的波动情况，提升企业网络服务质量。以战略性新兴产业中广泛应用的视频监控为例，智能监控能够通过机器视觉处理系统实时按需进行图像分类、对象检测、目标跟踪和智能识别等任务，建立智能视频处理平台。

网络安全攻击对战略性新兴企业是较大的潜在威胁之一，人工智能在网络安全维护领域的应用已成为新兴趋势和研发重点（Abbas 等，2019；Bresniker

等,2019;Balmer 等,2020)。在日常维护中,通过 AI 算法能够对网络健康度进行实时监测,判断并预测故障发生概率,实施前瞻性预防,当多层网络设备发生故障时,对各层次关联告警关系进行排查溯源,挖掘故障潜在特征和匹配规则。此外,基于深度学习的短信分类器可以对海量数据信息进行深度挖掘,甄别垃圾信息语义和内容;综合使用威胁情报、流量特征标记的训练模型和无监督训练可以对网络特征进行分类,标记和排除对企业具有安全威胁的可疑网络站点。

网络智能优化进一步提升网络运营管理绩效,赋能战略性新兴产业网络升级。例如,Bagaa 等(2021)提出的协同跨系统人工智能框架,利用服务端到端通信所涉及的不同数据、不同技术和不同工具,创建了一种能够根据网络状态进行适应的自优化和自协调网络。因此,AI 算法不仅能够进行最优路径计算和资源调度来指导网络流量调优,而且还可以结合场景特性分析和群体用户行为画像进行自动场景识别,对各应用场景下的网络参数进行优化。对于新一代信息技术产业等高度依赖数据中心的产业而言,冷却设施装置会极大影响数据中心能耗情况,通过 AI 算法跟踪设备能耗、室内外气温以及制冷等机电设备的设置情况,从大量数据中挖掘参数与能效之间的模型关系,能够优化制冷设备。在新能源勘探行业,中国石化搭建智能一体化 AI 服务器集群,对勘探平台算力和存储扩容进行优化升级,每台服务器节点配置高速互联核心网络,形成 AI 服务器集群全节点全线速互联网络,在充分发挥性能的同时满足大吞吐量数据访问需求。

当前,伴随 AI 技术的大规模商用和网络人工智能平台的建设趋于成熟,战略性新兴企业网络智能化应用得以落地并发挥良好效果。从网络内部来看,智能化技术挖掘分析海量数据中的隐藏因素,辅助战略性新兴企业提升网络运营服务效能;从网络外部来看,基于业已成熟的智能技术有助于网络业务多元化,扩展行业企业市场空间和业务形态。总之,智能化作为网络要素的重要使能技术已成为各战略性新兴产业共识,随着产业智能化网络应用不断落地并释放价值,网络智能化将贯穿企业网络端到端全生命周期的运营和演进,赋能网络“规划—建设—维护—优化”各个环节,进一步带动新一代信息基础设施的发展升级,为战略性新兴产业及其各垂直行业带来泛在智能能力支撑。

(5)资金要素融合

资金要素在智能化融合战略性新兴产业的规模化推广阶段起到关键作用,据埃森哲数据科学家团队基于企业特征和财务数据所创模型显示,企业成功实现智能化与估值收入比、市盈率和市销率之间存在正相关。对于企业财务管理而言,其职能特征正由物理过程向高度自动化的虚拟过程转变,财务部门的知识工作者需要综合考虑环境因素(如汇率、国内生产总值)、内部因素(如增长需求、业务趋势）以及其他影响财务决策的因素，在动态框架内进行分析并做出复杂决策（如对冲、投资、流动性水平等）（Polak 等，2019）。“AI＋金融”的智慧金融（Fintech）模式逐渐成熟，为智能化融合新兴产业资金要素提供基础技术支撑，其应用主要集中在智能筹资、智能投资和智能营运等财务管理领域。

高科技行业技术发展的主要因素是金融支持，战略性新兴企业具备投资规模和投资风险较大的双重特征，其与商业性金融机构之间存在着信息不对称的投资困境，在政策性金融举措的有效引导下，资金要素得以流入高投入高回收的战略性新兴产业（刘慧，2014），因而，在初期阶段对资本市场的融资需求主要依赖于政策性银行的信贷支持（熊广勤，2012）。大数据改善了新兴小微企业与金融机构之间信息不对称的情况，利用工商信息、合规情况、关系族谱和舆情分析等数据建立企业信用评级体系，有效解决融资难题。多元化融资平台的搭建有助于优化企业内部资本结构，提高融资流动性，多种银行理财产品（如承兑汇票、信用证和商贴保理业务等）与智能信息系统相结合，衍生出诸如智能货币池、智能仓位管理、智能供应链金融等创新产品，以及智能资金管理系统、智能投融资系统等共享平台（Polak 等，2019）。

技术创新推动资本市场产品和服务不断迭代升级，当前我国战略性新兴企业在资本市场中的投资规模、投资额度和投资目标等方面都难以适应新创企业发展需求，亟需人工智能技术促进资本市场多层次联动发展，加快我国战略性新兴企业在国内主板、中小企业板、创业板和科创板以及新三板等的上市速度（Jing 等，2019）。基于 AI 算法的机器人投顾（Robo-Advisor）具备流程自动化运营和低成本消耗的双重优势，为战略性新兴企业智能投资提供技术支撑，增添投融资渠道，有利于金融服务普惠化（Lee，2020）。智能投顾的业务流程包含风险测试—资产配置—流程引导—资产管理—投后服务等环节，能够根据企业投资风险偏好、资本状况和财务目标，结合算法模型，定制个性化资产配置方案，并实时跟踪调整投资策略组合，提供资产管理和投资建议服务，在企业可承受范围内实现效益最大化（Polak 等，2019）。

通用 AI 工具也为账户管理、现金流预测和智能支付等应用场景提供日常营运支持。账户是财会活动的起点和终点，账户系统运行流程包括财务核算、交易管理和资金管理等金融业务，AI 图形计算技术能够对各种账户进行聚类和关联分析，提供更精准的企业画像，同时，区块链技术实现交易平台上的用户数字身份信息高效识别和安全管理，提升战略性新兴企业跨境业务交易效能。此外，基于机器学习算法和知识图谱等技术建立现金流预测机制，有助于财务部门高效管理现金流量，并在固定参数内自动化匹配现金头寸和外汇交易组合，实现智能仓位管理(Polak 等,2019)。在智能支付方面,企业架设统一支付结算平台,广泛适用于内外多渠道资金划转、支付和结算等交易环节,交互介质革新打造极致便捷的用户支付体验,人脸识别、虹膜识别、声纹识别和指纹识别等生物识别技术简化支付流程,在"秒速"同时保障资金安全。

大数据、人工智能和机器学习的变革共生推动了战略性新兴企业金融技术革命(Stasinakis 等,2020)。融合于资金要素的智能化系统能够快速捕获分类并准确管理整合数据,正广泛应用于金融危机预警、融资风险诊断和资金信息数据质量控制等领域(Polak 等,2019)。未来随着人工智能产业核心企业的迅猛发展并趋于成熟,人工智能有望渗透战略性新兴企业财务管理全流程,实现资产投资、资本融通和财务营运等环节智能化管理。新兴产业中的核心企业应抓住机遇,加速架构一体化智能财务管理共享平台,最大程度规避信息不对称、获客成本高以及风险不可控等遗留难题,推动战略性新兴产业、人工智能产业和金融服务机构三足鼎立局面的形成。

综上所述,智能化融合战略性新兴产业涵盖架构融合(基础层、技术层和应用层)、活动融合(研发活动、生产活动、采供活动和营销活动)和要素融合(数据要素、人力要素、知识要素、网络要素和资金要素)三方面,共同构成智能化融合战略性新兴产业作用路径体系,参见图 5-2。

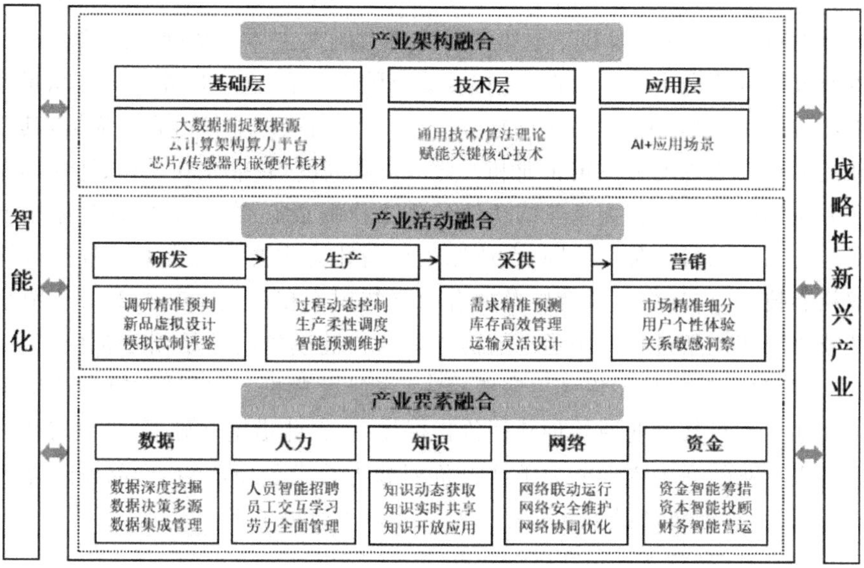

图 5-2　智能化融合战略性新兴产业作用路径体系

5.3 智能化融合战略性新兴产业成效评价

智能化融合战略性新兴产业的内在机理最终落实于对融合成效的适配性评价，为此，本书综合战略性新兴产业评价指标和人工智能产业特征，从产业融合角度架构智能化融合战略性新兴产业融合成效评价指标体系。具体来看，可以分为微观评价指标、中观评价指标和宏观评价指标。其中，微观评价指标聚焦企业层原始创新能力，包含技术创新能力、产品创新能力和基础创新能力；中观评价指标评估包括产业层产业结构调整和三链整体效能，前者细分为产业结构高级化、产业结构合理化和产业结构高效化，后者包含创新链整体效能、产业链整体效能和供应链整体效能；宏观评价指标测试环境层社会经济效益，涵盖生态环境效益、消费升级效益和经济综合效益。

5.3.1 原始创新能力

原始创新是以高新技术为核心的战略性新兴产业发展的原动力，孕育科技变革质的发展，促进人类认识和生产力飞跃，体现民族智慧及其对人类文明进步所做出的贡献（Li 等，2014）。原始创新能力指研发主体在基础前沿领域和高新技术研究领域所做出的重大自主创新，受到科技水平、人才培养和学术积累等诸多因素的综合影响（王云飞，2018）。对于战略性新兴产业核心企业而言，其原始创新能力在一定程度上决定企业和产业的发展高度，智能化在架构、活动和要素的全方位深度融合能够为企业的初始研创工作提供必要支撑，提升其原始创新水平。与高校和科研院所不同，企业原始创新能力主要针对企业依赖自身探索获取核心技术、突破核心概念以及拥有独立知识产权（原长弘等，2015），中小战略性新兴企业创新过程则是通过模仿创新从单纯模仿向原始创新转变（Yu 等，2015）。李海超等（2015）以人力资源投入、科研经费投入、环境支撑和产出水平等维度建立高科技产业原始创新评价指标体系，在此借鉴基础上，本书将智能化融合新兴产业的原始创新能力维度评价划分为技术创新能力、产品创新能力和基础创新能力，通过产品创新检验原始创新投入产出水平。

(1)技术创新能力

后工业化国家企业的技术变革在很大程度上是获得和提升技术能力的过程(Berger 等,2006),早在 2018 年中央经济工作会议中已提出“增强制造业技术创新能力”,强调高端装备制造业技术革新的重要性。从知识要素角度进行理解,技术创新能力可以界定为企业将现有知识元素与新知识元素进行重组的能力,也即将技术引进吸收并将科技成果转化为产品的能力(刘岩等,2016;唐孝文等,2021)。从目标市场角度来看,具备技术创新能力的企业能够同时满足已有客户和新增客户对现有产品和服务的需求,且有望超越能力和市场界限,识别并进入新兴领域实现产品商业化(Yu 等,2017)。

作为原始创新能力的核心构成维度,企业技术创新能力受到其技术知识基础多元化的正向影响,对于特定高新技术领域,技术创新能力依据不同多样化技术组合可以划分为开发型技术创新和探索型技术创新,前者聚焦于沿着现有知识维度进行密集实验,从而优化能够实现公司盈利目标和满足客户需求的方法或材料;相比之下,后者根植于追求潜在新知识的广泛探索,涉及来自不同知识库或重组知识流的新方法或材料(Quintana 和 Benavides,2008)。在评价指标方面,Camelo 等(2005)将技术创新能力界定为技术创新的投入产出水平;唐孝文等(2021)把技术创新转化能力作为评估高端装备制造业技术创新能力的重要指标,强调在行业技术引进后的消化吸收与再创能力;刘岩等(2016)认为知识重组后所产生的技术创新成果产出可以测度企业技术创新程度。可以看出,现有学者对技术创新能力的理解较为侧重于技术创新的有效转化,因而,综合已有研究,本书将智能化融合战略性新兴产业的技术创新能力指标解释为“本企业技术引进和成果转化能力持续增强”。

(2)产品创新能力

产品创新是企业一种广泛的产品开发活动,如何将产品创新管理与现有产品经营相结合,构建具有产品创新能力的企业管理体系,是企业共同关注的问题。得益于庞大消费基础,发展中国家天然具备较高产品创新能力,并从当地市场向其他发展中国家和发达国家扩展(Lim 等,2013)。作为原始创新能力测度指标之一,产品创新能力特指企业创造、设计和研发原创新兴产品以满足客户需求的能力(Yu 等,2017),是企业对商品或服务在基本特征、技术规范、设备组合或其他材料等方面进行显著改进或修改(Razali 等,2013)。产品创新能力在促进研发导向成效中起到重要作用,产品团队创造新想法以进行新产品开发,从而带动创新绩效提升,以研发导向为主的新产品开发项目专注于获取新技术知识并利用现有知识培养更高水平的产品创新能力,能够根据客户需求开发差异化产品，高度创新的产品具备技术突破优势和更高利润潜力，因而产品创新能力为新产品开发项目提供获取消费者需求的关键环境因素。

在现有关于原始创新能力解构的研究中，Menguc 和 Auh（2010）将产品创新能力划分为突破型产品创新能力和增量型产品创新能力，他们以高科技企业为样本进行研究，发现组织结构影响产品创新能力程度和新产品绩效预测：正式结构下的突破性创新能力负向影响新产品绩效，增量式创新正向影响新产品绩效，而非正式结构下则完全相反。产品创新能力实质上是一系列相互关联的惯例，涉及开发新产品和提高现有产品质量等领域所进行的特定产品创新活动，李海超等（2015）采用新产品销售收入利润率评价高科技产业原始产出水平，杨华峰和申斌（2007）建立包含原创产品率、原创产品增加值和原创产品市场占有率等 10 项指标来测度装备制造业原始创新产出成果效益。因而，本书将测度智能化融合战略性新兴产业的产品创新能力定义为“本企业原创产品的投入产出率持续提升”。

（3）基础创新能力

发改委在 2010 年提出“加强区域创新平台建设，提高产业基础创新能力，构建产业创新体系”的重要指示。产业基础包含基础组件、基础工艺、基础材料、基础软件和基础技术等内容，以及基础设施、资本环境、行业标准、政策规定、人才队伍和创新平台等影响产业基础的诸多因素（周毅彪，2021）。而基础创新能力也即创新基础能力，其内涵从产业基础视角进行诠释，产业基础创新能力可以概括为保障和实现区域产业自主创新所具备的基础支撑性综合实力。黄攸立和刘永锐（2010）从核心竞争力视角入手，将企业自主创新能力解剖为创新核心能力、创新关键能力和创新基础能力三层架构，其中基础能力从核心能力和关键能力中进行细分和延伸，组成包含战略能力、信息能力、学习能力、管理能力和研发能力等能力体系，每一种能力相互作用、协同共生，是企业培育创新能力的基础要素。由此可见，创新基础能力是自主创新能力的初级阶段，区别于中级创新能力和高级创新能力（Figueiredo 等，2020；郭爱芳等，2021）。

对于基础创新能力评测，罗宇航（2015）在对比分析发达国家科技创新基础能力建设经验的基础上，针对重庆市科技创新现状，从三个维度对科技创新基础能力进行剖析：研发经费投入产出力度；研发平台、共享平台和转化平台所构成的基础设施和科研条件水平；科创政策措施完善程度。在智能化融合战略性新兴产业的作用情境下，其基础创新能力包含两个层面：一方面，企业拥有实现自主创新所具备的内外部基础资源条件，如人才基础、物质基础和资金基础等（唐孝文等，2021）；另一方面，在上述共性条件下，重点强调材料设备先进程度、关键共性技术供给水平，以及研发机构、重点实验室或技术中心数量（杨华峰和申斌，2007；尹西明等，2021）。借鉴周毅彪（2021）的界定，本书从产业基础视角将智能化融合战略性新兴产业的基础创新能力测度为“本企业基础组件、基础工艺、基础材料和基础软件等持续升级”。

5.3.2 产业结构调整

在当前市场经济环境下，产业结构调整是产业转型升级的基础，影响包括居民消费率和政府投资率等要素在内的长短期均衡关系，以产业结构调整为核心的经济结构调整是实现我国经济发展方式转变的关键步骤（Xu，2017），产业结构不合理和产能过剩已成为社会经济可持续发展的制约因素，迫切需要建构产业结构调整有效评价指标体系（Yao 和 Wang，2021）。从狭义上理解，产业结构调整指主导产业从第一产业向第二产业，并不断向第三产业转化的过程；从广义上理解，产业结构调整指不同产业与生产系统投入产出结构之间进行耦合协调的过程（Hong 等，2018）。在选择产业结构调整指标时，张翠菊和张宗益（2015）把第一产业增加值占GDP比重的下降趋势作为产业结构升级的重要指标，也即第二、第三产业增加值占当年GDP总值比重相应增加，而Duarte和Restuccia（2010）则认为采用第三产业增加值当年GDP比重可以代表产业结构第二阶段变化特征，比前者更适合测度我国产业结构升级。然而随着研究深入，产业结构调整升级并不能完全代表产业结构变化的全部内容，由此产业结构高级化、产业结构合理化和产业结构高效化等多维指标被提出（Hong 等，2018）。

（1）产业结构高级化

作为衡量产业结构调整的重要指标，产业结构高级化也即产业结构高度化，指一、二、三产业随经济持续增长各类产业比重不断上升，并从低级层次形式向高级层次形式迈进的变化趋势。在实现产业结构高级化过程中，第三产业在GDP中的占比总体呈现上升趋势，中高端制造业优先发展，工业附加值提升，高耗能、高污染且产能过剩的行业被压缩，二、三产业内部结构得到整体优化（Xu，2017）。具体表现在以劳动密集型为主的第一产业向以资本密集型为主的第二产业转变，再向以知识技术密集型为主的第三产业演进递升（李治国等，2021），其中各产业产值或增加值占比此消彼长，产业关联从独立个体到联盟集聚，总体结构向高集约化、高附加值化、高技术密集化等方向动态延伸（程翔等，2020）。

产业结构高级化的核心和最终实现目标是“经济服务化”，为达到经济结构全方位服务化，需要使第三产业发展增速和发展效能显著高于第二产业（林春艳和孔凡超，2016)，由此，可以衍生出产业结构高级化的测算指标。现有学者对于产业结构高级化的测度指标可以分为两种类型，第一类指标与产业结构层次系数有关，也即各产业增加值或总产值比重(干春晖等，2011；林春艳和孔凡超，2016；徐盈之等，2021)；例如，李治国等(2021)提出第三产业增加值与第二产业增加值之比；李东海(2020)采用产业增加值与总产值比值加总；韩文艳和熊永兰(2020)细化为服务业增加值与工业增加值比值；付凌晖(2010)创造性提出向量夹角法，将 GDP 根据三产业划分为三个部分，在空间向量中每部分增加值占 GDP 比重设为分量，由此组成三维向量，分别计算各维度夹角余弦，进而根据指数公式得到产业结构高级化水平。第二类指标侧重于劳动与资本等多要素生产率，如彭冲等(2013)使用区域各产业部门产值比重与劳动生产率的乘积测算区域产业结构高级化程度。由此可见，产业结构高级化同时包含产业占比关系优化和要素生产率提高这两个方面，是产业结构升级、部门结构优化和产业附加值提升的协调耦合(张翱祥和邓荣荣，2021)，因而，本书将上述定量指标总结为定性题项，把智能化融合战略性新兴产业的产业结构高级化测度界定为“产业服务化水平全方位提升”。

(2)产业结构合理化

产业结构合理化指有效利用资源和调整行业间结构转变的能力，侧重于反映各产业部门之间的协同程度。产业结构升级是战略性新兴产业高质量发展的重要指标之一，在数字经济环境下，一二三产业均呈现不同程度的分化、重组和互融，以人工智能为代表的新一代信息技术成为产业转型新动能，推动劳动密集型产业向技术密集型、环境友好型产业转移，实现产业结构渐趋合理化(李治国等，2021)。此外，Hong 等(2018)探究新能源产业结构变化对能源结构清洁化的影响，结果表明产业结构合理化对区域能源结构清洁化发展的正向影响效应显著高于产业结构高级化，因而，在我国产业结构加速调整的经济背景下，区域产业结构调整不应一味追求升级，也应重视产业结构合理化发展。

现阶段文献较多采用静态面板模型测度产业结构合理化程度，常用指标包括结构偏离度指数和泰尔指数，由于计算经济系统结构偏离度指数绝对值的方法不仅计算繁杂，且易忽视各行业重要性，因而较多使用泰尔指数(Li 等，2021)。泰尔指数(Theil Index，记为 TL)由 Dono 和 Thompson(1994)提出作为产业结构合理化指标，泰尔指数(TL)越低代表产业结构越合理，当泰尔指数为 0 时代表产业结构处于完全均衡状态。国内学者较多采用干春晖等(2011)在研究产业结构调整对经济增长影响中对泰尔指数方法的修正后量化思路(李治国等，2021)，除此之外，刘淑茹(2011)将一二三各产业产值占 GDP 比重作为合理化指标之一，陶长琪和彭永樟(2017)采用区域产业结构中各产业的产值比重与就业比重作为技术创新影响下各地区产业结构合理化度量指标。通过归纳整理定量评价指标可以发现，产业结构合理化的实质是产业间投入产出结构和要素配置结构的合理化，从产业内部层面反映产业间聚合质量、产业比例协调程度和产业结构均衡程度(干春晖等，2011；张翱祥和邓荣荣，2021)，因而，本书将智能化融合战略性新兴产业的产业结构合理化指标题项概括为"产业聚合与协同程度全方位增强"。

(3)产业结构高效化

产业结构高效化是对高级化和合理化的完整性补充和延伸，其中产业结构高级化侧重于描述产业所在层次由低端劳动密集型的简单初级层次向中端资金密集型的中级层次跃升，再实现高端知识技术密集型的高级层次的迭代过程，强调产业结构服务化；产业结构合理化集中在产业间协同聚合程度提升和部门之间资源利用效能增强，强调要素结构与产业结构的最佳适配(吴传清和周西一敏，2020)。与前两者不同，产业结构高效化较好弥补了产业比重均衡和结构高度化所忽视的产业行业间内在发展质量和经济效益问题，是指低效率产业与高效率产业占总产业比重循环往复、此消彼长的过程(王志标和刘冰冰，2017)，主要表现为低效率产业比例不断下降，高效率产业比例不断上升(杜宏宇和岳军，2005)。总之，高级化、合理化和高效化分别展现了产业结构"从低端到高端"、"从不协调到协调""从低效率到高效率"的动态演化过程。

除上述学者从高低效率角度剖析产业结构高效化外，诸多学者从其他方面对产业结构高效化进行了界定和测度。如吴传清和周西一敏(2020)将各区域全要素生产率作为当地产业结构高效化水平的评测指标，并利用改良后的超效率 SBM 模型进行计算；陆小莉和姜玉英(2021)同样采用全要素生产率直观高效测度产业资源要素配置程度。此外，徐盈之等(2021)使用第三产业与第二产业的劳动生产率比值来表征绿色技术创新影响下的结构高效性；龙海明等(2020)采取区域 GDP 占该区域社会固定资产投资额的比重来测度金融发展影响下的产业结构高效水平，而杨秀玉和乔翠霞(2022)则提出用各产业增加值与中级消耗值的比值作为各产业生产率，再将标准化后的生产率加权总和作为总产业结构高效化结果。可以看出，尽管上述学者提出的产业结构高效化测算指标各不相同，但均强调产业生产效率与资源利用的适配程度，其实质是产业内外部集约化发展和行业间协调效益最优(杜宏宇和岳军，2005)，因而，本书将智能化融合战略性新兴产业的产业结构高效化指标测算题项描述为"产业生产效率和资源配置效率全方位提升"。

5.3.3 三链整体效能

产业链、供应链和创新链是"十四五"规划和2035年远景目标建议的重要内容，其中产业链方面提出产业基础高级化，显著提升产业链现代化水平，促进产业链上中下游及大小企业协同融合创新；供应链方面弥补供应链短板，实现精准施策的同时保障自主可控且安全高效；创新链方面强调提高创新链整体效能。实际上，产业链、供应链和创新链之间呈现有机协同关系，其核心均是通过上游链路创造价值基础、下游链路实现价值增值的链式循环更新，正确理解产业链、供应链和创新链结构平衡的内在机制和基本逻辑，从中提炼三链整体效能测度指标，综合反映智能化融合战略性新兴产业的整体融合成效。

(1)产业链整体效能

随着经济全球化和分工合作制度的日益渗透，当前世界范围内产业链正在进行价值重构、组织重构和空间重构的新一轮链式演变(石建勋等，2022)，产业间竞争已由单一企业竞争逐步演变为上下游产业链竞争。产业链管理是一个动态协调过程，其运行绩效受到产业集聚程度、链式长度和信息技术等多重影响(戴鸿绪和王宇奇，2021)，并通过收缩延伸、价值分布和空间布局等方面提升产业链各节点效率(Li 和 Li，2014)，企业以最终产品和辅助产品为上下游链式主体提供纽带，通过资源循环流动实现区域内经济发展。此外，产业链从纵向和横向实现一体化整合，实现企业资源整合掌控能力和市场领导掌控能力的协同增强，从协调发展角度来看，产业链整合是对价值链、生产链、技术链、供需链和空间链等五个维度的逻辑关系重构，从社会分工角度来看，产业链整合是产业分工对生产方式的重组，受到生产要素、技术创新、产业管制以及相关支持性产业等方面的影响(Li 和 Li，2014)。

对产业链整体效能的合理评判是提升产业链竞争力的重要途径，Li 等(2020)摒弃传统单一产业链评价思路，创新性提出基于云台环境的多核跨链协同模式评价指标，构建多核心跨链合作关系模型，为广域智制造环境下产业链上下游企业大规模业务协同绩效评估提供一种科学可行的决策支持方案；Dong 和 Li(2020)对我国风电产业链上中下游企业间耦合关系进行梳理，从政策指导层、产业链核心层和辅助层建立风电产业链上中下游耦合协调绩效评价体系；戴鸿绪和王宇奇(2021)分别从资源配置能力、规模效率和技术效率三维度评价产业链运营绩效。此外，Fan 等(2014)从顶层管理协同、中层营运协同和底层产品应用协同三个层次构造物联网产业链协同效应评价指标体系，其中，管理协同包含管理效率、协作能力、目标一致性和信誉水平;营运协同包含资源共享程度、技术合作范围等;产品应用协同包含营销信息共享、销售网络共享等。可以看出,产业链整合的实质是产业资源集成控制、产业空间均衡发展以及自主创新能力持续强化(芮明杰,2015),是多层次多主体对资源、空间、技术和规模等链式循环要素的深入融通和优化升级,因而,本书将智能化融合战略性新兴产业后的产业链整体效能测度题项描述为"产业链已实现空间均衡发展、多产业共同主导,以及关键环节自主可控"。

(2)供应链整体效能

产业供应链是指上下游企业进行商品协调或服务配给的链式循环,主要表现形式为上游成员输出与下游成员输入之间的转换递进关系,其实质是信息、产品和资金等要素的端到端流动,通过供应链网络集成管理将采购、生产、运营和物流等多环节进行全渠道衔接(Nikfarjam 等,2015)。供应链整体效能是战略性新兴产业核心企业获得竞争优势的关键之一,从集成供应链角度来看,供应链整体效能受到物流、商业流和信息流的三方面共同影响(Li 和 Bian,2012)。

供应链管理最终落实到对供应链整体效能的恰当评估,评估活动能够为供应链价值最大化、周期缩短以及跨主体(如供应商、核心企业和客户)运营等诸多方面提供针对性改进建议(Nikfarjam 等,2015)。作为一种非参数动态工具,数据包络法已被广泛应用于供应链效能评估,用于衡量具有多个输入输出的供应链相对效率,通过建立多级供应链模型,利用最大化决策法同时反映系统要素绩效和系统整体绩效(Wu 等,2014),由此建立的 EDA 模型为供应链长短期绩效评估提供决策支持和改进基准(Nikfarjam 等,2015),Chorfi 等(2016)以医药行业为例,基于数据分析建立了供应链绩效评估框架,评判不同供应链的相对效率和投入调整幅度。在供应链整体效能测度指标上,周涛等(2021)从科技自主性、组织安全性和产业脆弱性三方面架构供应链自主可控能力评价指标,宋华和杨雨东(2022)则将现代产业链供应链的高质量发展演化路径剖析为网络结构、运营流程和价值要素三维度,强调供应链生产经营组织全渠道高效协同。同样,"十四五"规划中多次强调"供应链自主可控和安全高效"的重要性,由此可以看出,供应链整体效能是价值网络重组、持续自主创新和一体化协同的深度耦合(刘明宇和芮明杰,2012),以维护供应链渠道安全高效和生产活动稳定运行。基于此,本书将智能化融合战略性新兴产业后的供应链整体效能测度界定为"产业供应链已实现多环节跨企业分工协作,关键环节自主可控"。

(3)创新链整体效能

创新链是一种通过主体协作和知识创新活动有效衔接,生产出能够满足市场需求的产品并将相关知识创新活动分配给各参与者的过程。因而，创新链的本质是以知识创新为基线，由不同知识创新活动组成的链式循环，其中不同参与者通过在知识创新活动中进行转换和移动，获得知识创新增值效益和实现知识创新系统优化（Liang 和 He，2008）。然而，现阶段我国创新链存在活动主体之间要素流动不畅、创新活动目标不一致、转化利用效率低等问题，高校、科研机构和企业是知识创新活动承担主体，各主体之间缺乏有效联络机制，导致长期存在的科学研究、技术开发和生产需求之间严重脱节。因此，亟需构建创新链循环目标体系，使知识、信息、人才、资金和技术等要素在创新主体中循环流动，形成从知识创新到技术创新的创新链条循环效应，实现产品创新、工艺创新、组织创新和市场创新的要素协同创新（芮明杰，2016）。此外，创新链主体应将思维方式从平面一维转为空间多维，与其他链式主体建立战略合作伙伴关系，实现优势互补、协同发展和整体优化（Liang 和 He，2008）。

由此可见，创新链整体效能的测度与参与主体各链式活动紧密相关，如陈劲和朱子钦（2021）认为创新链整体效能需突出各类主体在基础研究、应用研究和核心技术攻关等环节的功能定位，加强战略科技力量布局、科学中心建设等内容，促进融通创新；陈平和韩永辉（2021）将创新链上中下游剖析为“知识创新—产权保护—技术转化”三个环节，并据此建构区域科创能力评价体系；Pei 和 Chen（2016）认为创新链产出应包含知识产权、技术应用和无形产出三部分；Hu 等（2018）将能源创新链划分为研究、开发、示范、市场建构和传播等五个过程，通过国际对比证实我国在一系列创新投入和研发产出方面处于领先地位，但在专利成果、产品出口等方面与国际竞争对手仍有较大差距。对于战略性新兴产业而言，其创新链主要由基础研究、应用研究和试验开发等诸多关键路径共同构成，还包含技术扩散、商业应用等后续内容（孙喜和毕亚雷，2021），链条中各主要要素并非单向流动而是具备循环可转移性，因而，商业应用后仍需回归研发等一系列活动（Liang 和 He，2008）。由此，本书将智能化融合战略性新兴产业的创新链整体效能评估指标题项界定为“本企业所处产业创新链已实现基础研究、应用研究和试验开发等环节整体协同”。

5.3.4 社会经济效益

当前，国内经济已由高速增长转变为高质量发展阶段，一方面，传统高投入、高消费、高污染、低城市化的粗放型增长模型正被逐步抛弃；另一方面，经济发展从以数量为中心转型为以质量为中心，从以要素和投资驱动转向以创新和人才驱动(Du 等,2020)。任何长期经济竞争力均取决于对资源的可持续利用,如何克服经济模式与可持续资源利用之间的长期差异,渐进实现广泛社会经济效益,成为战略性新兴产业当下亟须解决的不可逾越的难题(Maes 和 Jacobs,2017)。社会经济效益一般包含社会效益和经济效益,在借鉴已有研究的前提下,本书将智能化融合战略性新兴产业所产生的社会经济效益划分为生态环境效益、消费升级效益和经济综合效益,构建以"环境—消费—经济"为目标的指标体系,实现三种效益协调发展。

(1)生态环境效益

自 2015 年来,GDP 增速放缓,人口红利下降,经济结构不平衡,环境制约因素突出等一系列问题抑制了总体经济效益的提升,高质量发展不断强调经济效益、社会效益和生态效益的有机协同,实现人、经济和社会三者之间的包容性增长,达到适度发展和均衡发展。在经济增长与环境保护之间的权衡已成为促进中国生态产业园发展的一个关键问题,受到国际国内日益严格的环境资源法规的驱动,战略性新兴产业园区一直致力于改善资源密集消耗和污染物处理的现实瓶颈(Hu 等,2021)。以节能环保产业而言,垃圾分类的社会经济效益随着分类率的提升从负值变为正值并不断增长,除垃圾分类回收所带来的直接经济效益外,垃圾管理全生命周期造成的环境和资源损害也不容忽视,这些共同构成整体生态环境效益(Wang 和 You,2021)。

以人工智能为代表的绿色技术创新将较低层次的基础技术创新整合至较高层次的知识技术发展型创新,提升生态环保效益(Sun 等,2017),如可再生能源的应用使能源供应多样化、就业机会扩大化,带来绿色可持续生态效益。除能源、垃圾处理外,生态环境效益还涉及水、电和气等多种企业生产生活运行所用所需的基础自然资源,通过循环利用、节能减排、污染控制以及绿色管理等措施以降低废水、废气和废渣的单位面积用地综合排放量(周章伟等,2011;李素峰等,2015)。现有学者采用面板数据定量分析生态环境效益,如企业增加值综合能耗、增加值新鲜水耗、固废综合利用率、增加值废气/废水/固废排放量及达标排放率等(梁彬等,2009),测试节地、节能、节水和节材等方面的综合生态效益(李明和李干滨,2017)。鉴于此,本书把上述诸多定量指标转化为定性指标,将智能化融合战略性新兴产业的生态环境效益测度题项设定为"社会生态环境效益不断提升"。

(2)消费升级效益

当前,高质量、高效率和可持续性消费模式成为社会经济效益的指标之一,对于节能环保产业,推动能源消费结构向清洁化方向升级是实现低碳经济增长的根本途径(Li 等,2021)。消费升级也即消费结构升级,包含消费内容升级、消费方式升级和消费者权益升级三个方面(杜丹清,2017),指居民各类消费支出占总消费支出中的比例不断优化,直接反映居民消费质量和消费潜力,代表性指标有恩格尔系数、人均居民可支配收入等。由于消费热点和消费结构易受到购买决策、个性化需求以及消费规模等诸多因素的影响,使得难以捕捉其微弱变化趋势,已有学者利用大数据分析技术挖掘消费者行为知识,在电子商务平台中根据群体智能有效提取消费结构,证实消费结构在不同时期的稳定升级(Guo 和 Zhang,2019)。

对于消费升级效益的评测指标,叶菁菁(2021)把居民消费升级划分为内容升级、能力升级、模式升级和环境升级,其中消费内容测算生存型/发展型/享受型消费占比,消费能力测算收入增长和工资水平,消费模式测算快递量、手机通信量和低碳消费水平,消费环境测度互联网、医疗社保等环境状况。姚战琪(2021)实证检验产业数字化转型对消费升级的影响效应,其中,企业消费升级由员工人均 GDP、员工人均消费支出和企业 HR 资本等指标进行测度。此外,申俊喜和徐晓凡(2021)认为消费结构与高低层次有关,因而,先基于八大类消费支出得到需求收入弹性,接着确定消费层次类别,再将各类消费支出占比设定为消费升级测度指标。实验证实,人工智能具备显著正向消费升级效应(陈智,2021),通过数智技术赋能提升居民消费需求、消费能力和消费质量,提升消费升级效益,因此。本书将智能化融合战略性新兴产业的消费升级效益测度题项概括为"居民消费层次不断升级"。

(3)经济综合效益

区别于生态环境效益和消费升级效益这两类社会效益,经济综合效益更侧重于社会经济效益中的经济总体效益,两类效益在不同区域呈现不同程度的协调发展(周章伟等,2011),通过直接或间接途径产生引致效益或关联效益(王玲玲和李芳林,2017)。经济综合效益即经济综合绩效,广义上指产业生产中的资源配置利用效率和投入产出效率,也就是所获取的有效产出成果与所付出的各类消耗成本之间的比例关系。

对于测算指标,综合经济效益包含产业用地总产值、人均 GDP、投资效益、产业增加值、各单位投入产出 GDP 总值等(李素峰等,2015)。具体来看,王玲玲和李芳林(2017)采用各部门增加值占国民经济总增加值百分比来衡量其创设的经济综合效益;梁彬等(2009)采用工业增加值年增长率测算工业园区经济发展水平;周章伟等(2011)使用地均国内生产总值、单位面积用地总产值等评估用地经济效益;于赛渊(2017)把企业经营现金净流量与净利润的比值、净利润与企业平均资产总额的比值作为企业经济效益指标；Tian 和 Liu(2014)建立五类产业经济效益评价指标体系，包含企业综合劳动生产率、利润资金比、利润产出比、单位销售收入毛利和单位产值使用流动资金等。经济效益是评判战略性新兴产业融合成效的重要指标，覃周展(2020)以规模以上企业利润、新产品销售收入和当年价总产值测算战略性新兴产业发展经济效益；周鹏翔和史宝娟(2016)将增加社会财富的经济效益作为产业带动能力的一部分，采用利润与主营业务收入比值衡量战略性新兴产业对区域财政收入增长的贡献程度。可以看出，现有学者对产业经济综合效益的评价集中于经济增值占比、利润产出比以及总产值波动等方面。综上，本书将经济综合效益作为智能化融合战略性新兴产业的评价指标之一，并在对定量指标进行整合后概况性提出"社会经济综合效益不断提升"的测度题项。

可以看出，对上述指标进行总结归纳，构建智能化融合战略性新兴产业成效评价指标体系如图 5-3 所示。

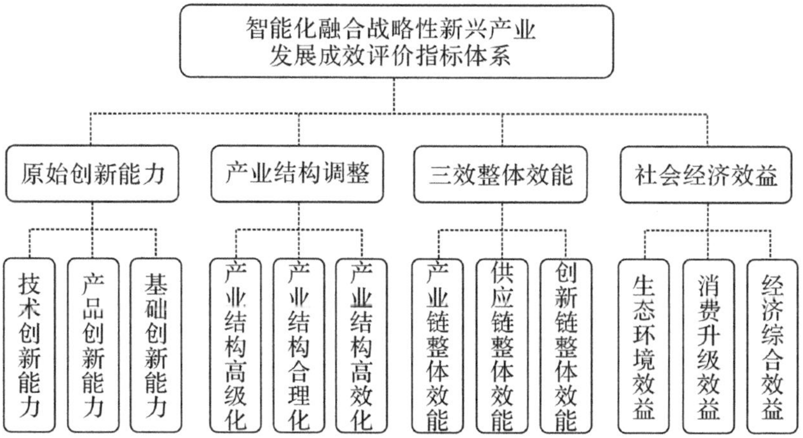

图 5-3　智能化融合战略性新兴产业融合成效评价指标体系

5.4　本章小结

为进一步深入探求智能化融合战略性新兴产业的内在作用机理，本章从驱动因素、融合路径和融合成效评价三种递进视角进行切入，详细论述企业、产业和环境三大主体融合驱动因素；产业架构融合、产业活动融合和产业要素融合三层面融合作用路径；原始创新能力、产业结构调整、三链整体效能和社会经济效益四维度融合成效性评价。为第六章智能化融合战略性新兴产业的内在机理提供理论基础。

第6章　智能化融合战略性新兴产业内在机理的研究假设与模型建构

第5章对智能化融合战略性新兴产业的驱动因素、融合路径和融合成效做了详细分析。本章在此基础上，探讨驱动因素、融合路径和融合成效的关系，并建立理论模型提出研究假设，之后利用大样本数据和统计软件进行实证。

6.1　智能化融合战略性新兴产业驱动因素与融合路径

产业融合动因可以总结为企业层内部驱动、产业层内部驱动和环境层外部驱动三个维度，其中，企业层驱动因素包括高管认知、技术迭新和整合能力，产业层驱动因素包括供需匹配、数据管治和产业协同，环境层驱动因素包括政府规制、创新生态和资本融通，这一节将分别探讨三者与融合路径的关系。

6.1.1　企业驱动因素与融合路径

(1)高管认知与融合路径

人工智能技术正迅速成熟，倒逼企业加快技术布局速度，如何实施战略性新兴产业智能化融合的战略计划，如何定义价值驱动因素、如何培养智能化融合相匹配的知识型员工等问题正成为高管亟须解决的问题和难题，也即高管对于智能化融合的认知将决定企业智能化融合的高度。

从对战略导向的精准研判来看，市场需求倒逼企业内部变革，具有战略定力(既具备对外部环境中人工智能发展趋势的敏锐洞察力和快速响应，又具备智能化思维认知的全局性变革能力)的企业高管会肯定和重视人工智能先进性及其对所有产业的颠覆性作用，为组织内部智能化改革提供思想基础，这种嬗变甚至是颠覆的思维认知方式将促使企业发展价值观和战略导向从过去产能驱动转型为数据驱动，并据此建立长期明确的智能化融合愿景使命和发展规划，加速企业的智能化融合进程。

在预判到智能化融合巨大潜力的同时，高管对于企业发展的已有认知也不能仅仅满足于在产业智能化趋势中充当“追随者”，因为企业的智能化转型不仅仅是依据自身发展状况、实施环境和技术成熟度等是否能够接受和适应转型的分析和考量，还包含企业高层领导者对潜在发展机遇的前瞻能力（Venkatesh，2020）。因此，无论是自行研发解决方案还是全流程应用成熟产品，智能化融合过程中最重要的是企业需培育自身核心创新竞争力，良好平衡人工智能所带来的机遇与风险。

具有培养自身核心创新竞争力认知的高管倾向于从底层架构打造智能化融合的基础，即首先以大数据、云计算、芯片和传感器等人工智能基础层分别渗透数据资源、算力平台和硬件耗材等战略性新兴产业的基础层，具备更强的创新能力和辐射带动能力，成为智能化融合和产业发展的支撑者、使能者和领导者，获得长久发展的可持续动力；其次，有远见的高管也注重作为AI产业核心以及连接基础层和应用层的桥梁的技术层，他们会聚焦数据挖掘、学习与处理，明白算法是人工智能技术驱动层的核心，这些技术将通过深度学习框架和强化学习算法实现算法封装，快速推动人工智能产业商业化进程。由于战略性新兴产业各细分行业具备不同技术领域，智能化技术层融合也即以深度学习为代表的生物特征识别、自然语言处理和计算机视觉等算法技术对各细分行业关键核心技术的深度渗透。因此，有卓越战略预见性的高管会通过各种方式推动企业依托基础层提供的算力平台和数据资源进行海量识别训练和机器学习建模，引进或者开发面向自己企业领域的应用技术，为智能化融合做好充足技术准备。此外，多数战略性高管更关注应用层的融合，建立在基础层和技术层之上，应用层指人工智能技术体系对各细分领域或交叉领域进行普适性深度渗透所形成的“AI＋”行业模式，应用层融合的核心任务是实现人工智能在战略性新兴产业各垂直行业的场景化落地。得益于国内外科技巨头对开源科技社区的推动，一方面，智能算法在高端制造、生物医疗和新能源等领域应用不断拓展，多类别智能机器人和智能化系统将高效替代人力劳动，推动生产力跨越式升级；另一方面，高水平人机协同正成为主流生产服务方式，跨界融合作将加速新生态构建。

从产业链协同的认知视角，高管普遍重视智能化融合过程中的产业链各个环节的整合问题，因为产业链的整合是智能化融合成功与否的关键（Cooke，2020；Hu et al.，2020；Selvaraj，2021）。企业高管层往往通过联盟、合资、并购和联合等方式构建外部网络关系，推动研发、生产、采供、营销等产业链主要环节的一体化(Krahea 等，2019)与人力、资金、数据、网络和知识等要素的互联互通，为人工智能与战略性新兴产业的产业活动和产业要素融合奠定基础。而从企业内部的领导能力来看，当高层管理者的决策观念从经验判断向“数据说话”和“智慧决策”转变，使原有“技术使能者”转变为“价值赋能者”，企业就拥有战略能力、网络能力、数据能力、资金能力和知识能力等相互关联的智能化转型能力(Brock 和 Wangenheim，2019)，这极大增强了企业融合内外人力、数据、资金、网络和知识等产业要素的能力，为企业的智能化融合做了良好铺垫(Edwards 等，2000)。

(2)技术迭新与融合路径

智能化技术具备创新周期短、技术转化快等特性(李修全，2020)，已成为推动战略性新兴产业高质量发展的新引擎，对技术迭新的探求推动着人工智能与战略性新兴产业的深度融合。与已有信息化和数字化技术相比，智能化通用技术具备更加广泛的适用范围，我国人工智能技术基础较为雄厚，智能化技术体系的扩散有助于战略性新兴产业高精尖技术的攻难克艰，以人工智能为核心的智能化技术体系的渗透不仅有助于提升产业共性技术研发能力，其所涵盖的智能计算芯片及系统等关键核心技术也为破除技术壁垒和实现产业技术基础的互动互联提供可能，而技术基础的强互联互通性便于不同产业部门之间平台共享，缩小成本结构和生产工艺等的差异性，形成的通用技术将降低进入壁垒和边界模糊性，加快产业整合速率，从而促使人工智能基础层、技术层和应用层与战略性新兴产业基础层、技术层和应用层的融合(Roris 等，2014)。

技术存量涵盖原有知识技术及整合后的新兴技术，充足的技术存量有益于产业边界处的技术扩散和技术融合，技术存量不足就无法满足对研发、生产、采供和营销等后续活动流程对技术的巨大需求，导致新产品和新工艺研发落后，影响互动融合演进发展速率(何宇，2017)。尤其对于研发过程而言，技术研发最终将落实到产品化，以满足消费者不断更新的市场需求，且产品使用过程中产生出的大量数据和反馈信息又将反向为技术研发和产品更新提供突破口，最终实现信息和数据“创新—迭代—积累—再创新”的技术转化循环过程(袁野等，2021)。

技术创新引发的相关替代性技术、产品或服务通过市场在不同产业间相互扩散和渗透，从而调整原有产业技术路线、运作路径和资源配置，进而推动制度、业务、市场等融合。如今，新一代人工智能正在由感知智能逐步向认知智能转化，进一步加快智能化技术对于数据、人力、资金、网络和知识等产业要素的应用步伐。以往的感知智能兼备视觉、听觉、触觉等多种类人感知能力，可以将多元数据要素结构化，使用与人类相似的方式进行互动沟通，而认知智能则在此基础上加入人类的思维逻辑和认知能力，尤其是理解、归纳和知识应用能力，进行知识图谱、持续学习和因果推理的知识交互，真正意义上实现服务智能、高效和便捷。

在人工智能迭代更新的过程中，需要多方面产业领域的跨界协同，尤其是以高端装备制造、新材料产业、新能源汽车等为代表的战略性新兴产业，通过感知技术的应用进一步提升智能装备、智能材料和智联网汽车等的网络质量和经济效益。以人工智能为核心的智能化技术体系的转化模式广泛扩散和应用于对战略性新兴产业的各要素赋能，诸如将语音识别和自然语言处理技术应用于智能客服机器人，实现客服系统“自助＋智能＋人工”的三层服务模式，同步提升销售转化率、用户体验和客服效率，在降低人力成本的同时实现精准营销。

(3)整合能力与融合路径

广泛的产业关联、显著的溢出效应以及长期的产业政策倾斜造就了丰厚的产业基础和融合能力，企业整合能力的强弱在一定程度上影响着产业融合新业态、新产品和新服务出现的进程(金媛媛和王淑芳，2020)，在融合过程中对于资源的高水平整合无疑能够有效促进新兴产业创新(綦良群和高文鞠，2020)。当前，全球新一代人工智能产业依赖强大的技术创新积累优势，进入规模增长的稳步发展阶段，以谷歌、英特尔、微软、亚马逊、华为等跨国大型科技企业与旷视科技、商汤科技等各人工智能龙头企业为主导，凭借强大的资源整合能力持续创新，不断加快基础层底层技术研发与应用产品实践步伐，围绕智能硬件与软件核心算法产业上下游进行有效部署，实现人工智能与战略性新兴产业产业架构(基础层、技术层和应用层)的融合。

作为对企业不同类别资源进行集成、重构和创新的能力，整合能力对战略性新兴产业智能化融合的驱动效应主要体现在产品生产的模块化分工和创新资源整合这两个方面。对于融合型产品，其创新来源于企业长期模块化分工的实践，把企业系统细分为管理系统、生产系统、运维系统等不同子系统，各子系统再分解成子模块，使得专业领域人才各司其职，多种碎片化数据高度集中，基于模块化架构所培育的整合策略，不仅能够将产业链的研发、生产、采供和营销等环节组合起来，实现产业活动的融合；而且也能够将技术、产品、知识、人才等内外部要素和资源进行串联、重组和优化配置，实现产业要素的融合，促进劳动分工效率和效益的同步提升，发挥“1＋1＞2”的效能。

战略性新兴产业因其产业特殊性，其发展除技术创新和产品创新外，更多的是依据内部中小企业尤其是“链主企业”商业模式的重构，通过资源整合能力将技术、产品与模式进行相应匹配(岳中刚，2014)。对于战略性新兴产业和人工智能产业，两者所下设的企业均具备成为“世界级”领军创新企业的可能性，受到政策倾斜、资金投入和社会支持等多方面影响，企业在融合过程中额外所需的大量且高质的创新资源能够进行整合。

综上所述，本书提出研究假设 H1。

假设 H1：企业驱动因素正向影响智能化与战略性新兴产业的融合路径。

H11：企业驱动因素正向影响智能化与战略性新兴产业的产业架构融合。

H12：企业驱动因素正向影响智能化与战略性新兴产业的产业活动融合。

H13：企业驱动因素正向影响智能化与战略性新兴产业的产业要素融合。

6.1.2　产业驱动因素与融合路径

(1)供需匹配与融合路径

作为国家经济发展的主导性和方向性产业，战略性新兴产业的发展面临较大的技术不确定性和市场风险，极大制约着规模效益和增长速率的提升，消费市场需求和要素禀赋供给的总体平衡深刻影响智能化与战略性新兴产业的融合路径。在需求拉动方面，面对消费结构升级和需求渐趋多样化的市场，智能化为原有产业难以满足市场需求或需求不足的难点和痛点提供了解决方案，数字经济规模的扩大和高端消费趋势的回流在“量”和“质”上带动着产业智能化升级(张梦霞等，2020)，首先，高质量的需求促使产业智能化必须完成人工智能和战略性新兴产业底层架构(基础层、技术层和应用层)的融合，以便为战略性新兴产业智能化融合的深入开展(活动融合和要素融合)奠定技术和应用基础。其次，高端消费者的感知偏好在很大程度上影响产业智能化融合的活动融合，例如，产品拟人化和个性化等产品研发活动。因而，需要智能机器人等智能化技术的应用结合(Ene 等，2019)，通过对各个产业活动的融合最大限度应对消费需求的变迁，如在营销领域，大数据和深度学习可以提取、整理和分析现有消费需求、行为模式和使用场景等信息，精准定位目标群体和市场，且建立在数据基础上的人—智能设备交互加深了智能产品对用户定制化需求的适应程度，并做到实时更新和自我优化(荆伟，2021)；在运营和物流职能领域，自动化引擎可以引导工作流程，优化供应链规划，提升库存生产力和运营敏捷性，快速部署下一代需求解决方案，提高短期需求预测的准确性。

在供给推动方面，数据、人力、知识和资金等要素禀赋的全方位升级和集聚方式的多维化转变带动着产业深度智能化进程。智能化技术范式在产业间的扩散带动生产方式和要素集聚方式的转变，以群体智能、跨媒体分析、虚拟现实、自主无人系统等技术为主的新一代人工智能不仅有利于提升要素市场的资源配置效率，而且改变了企业生产方式和组织分工原则，上下游企业价值链分工细化，最大程度规避技术创新过程中的风险，提高整体产出效能，从而带动全产业链上下游进行空间布局和协同模式的全局性变革。如今战略性新兴产业正处于转型升级的十字路口，监管严格、风险大、投资周期长、可预测性低的传统模式时代即将过去，受智能技术的推动，更加复杂且市场化的新型模式出现，如果沿用现有要素和资源配置模式，失去竞争优势的风险将更高，因此，战略性新兴产业必须通过产业活动和产业要素的智能化融合，大幅度降低战略性新兴产业发展中的各种不确定性，提升供需匹配效率，形成良性互动的供需关系（任保平和宋文月，2019）。

（2）数据管治与融合路径

高质量数据是人工智能融合战略性新兴产业的基础，决定算法训练成果，只有架构了完整的数据治理体系，保障数据内容质量，才能真正有效挖掘内部数据价值，在大数据时代推动战略性新兴产业智能化融合进程，提升产业和企业竞争力。然而，如今企业的IT系统正处于海量数据高速膨胀的阶段，尤其对于战略性新兴产业来讲，结构化、半结构化、非结构化数据并存，这些分散且体量巨大的异构数据导致数据资源的利用复杂性和管理高难度，无标准、低质量且独立系统使企业难以从业务视角统一概览企业内部数据全局信息，数据孤岛现象普遍存在。此外，战略性新兴产业的发展在一定程度上受制于高额的数据治理成本，难以实现不同种族、不同年龄等要素特征的全覆盖。大数据操作系统可以实现多工种可视化协同作业，管理大数据采集、加工和应用环境等所有资源和任务，打造一套完整的产业级数据治理体系，帮助客户管理数据资产并创造商业价值。随着更多大体量、高质量的训练数据资源的介入，智能化赋能下有助于进一步增强算法的泛用性。

对企业内部数据治理和数据管理的急切需求推动着智能化与战略性新兴产业的深度融合。在“浅尝试”到“规模化”的过程中，战略性新兴产业及其细分产业应充分认识到数据管治的重要性，在云端建立数据管治基础框架，确保将人工智能纳入如产品开发、生产制造和销售服务等业务运作所需的所有流程和方法（Thuraisingham，2020），从人员组织、流程制度和技术支撑等方面测度其数据成熟度和行业所处阶段，建立数据管理团队，依据发展现状制定短、中和长期数据规划。这不仅有助于企业在数据开发和利用的基础上进行业务创新，推动人工智能与战略性新兴产业的产业架构融合；而且大数据和云计算的结合使万物“上云”，算力算据同步提升，摆脱以往数据孤岛的局面，知识计算引擎和群体智能等智能化共性技术也推动了数据挖掘与算法优化，进而架构高质量、标准化、场景全面以及安全可靠的数据管理体系，在此基础上，实现人工智能与战略性新兴产业在产业活动（研发、生产、采供和营销等产业链各个环节）与产业要素（人力、资金、网络、数据和知识）的融合。

(3)产业协同与融合路径

从智能化通用技术应用于战略性新兴产业，到战略性新兴产业主动适应智能化需求，这背后是建立在产业协同共生基础上的产业结构转型升级和价值链中高端化的过程。事实上，产业协同发展的内在基本规律是产业融合的根本驱动力（郑明高，2010）。胡金星（2007）认为产业融合是在动力机制、激励机制与障碍机制的三重因素互动影响下的产物，在技术变革和模块化分工的产业环境背景下，产业共生与协同效应作为内生性因素激励产业走向融合趋势（人工智能与战略性新兴产业同样如此），并带动宏观层面的制度、能力与需求等障碍因素的渐趋消除。

通过物联网发展、产业架构优化和信息技术迭新等多重路径，产业协同共生成为推动人工智能和战略性新兴产业彼此间融合渗透的内部驱动因素（许士道和原小能，2021），主要体现在对产业标准的管理和平台间共享这两个方面。在标准管理方面，融合成果最终体现在人工智能与战略性新兴产业之间在产业活动（研发、生产、采供和营销）和产业要素（资金、人才、网络、知识和数据）管理的标准化和规范化，建立包括产品服务标准、生产模式标准、采供模式标准等标准体系，对于融合型产品，产业标准的有效管理则将提升原有市场间产品替代性，加速市场融合进程。除此之外，平台化共享程度也影响着两产融合的可能性，綦良群等（2017）认为融合平台的构建能力有助于实现融合资源的共享及优化配置，最终形成产业融合。如今“人工智能新基建”成为新型基础设施建设的七大方向之一，包含围绕提供基础智慧能力的一系列芯片、设备、算法、软件框架等产业结构内容。通用型人工智能平台的构筑不仅有助于大数据的分布式存储和处理、大规模神经网络的计算，进行研发信息、生产信息、运营信息和监管信息的共享，而且有助于加速“人工智能新基建”的铺设，促进人工智能和战略性新兴产业之间在底层产业架构（基础层、技术层和应用层）的优先融合，为之后的产业活动、产业要素乃至产业整体融合打下基石。

综上所述，本书提出研究假设H2。

假设H2：产业驱动因素正向影响智能化与战略性新兴产业的融合路径。

H21：产业驱动因素正向影响智能化与战略性新兴产业的产业架构融合。

H22：产业驱动因素正向影响智能化与战略性新兴产业的产业活动融合。

H23：产业驱动因素正向影响智能化与战略性新兴产业的产业要素融合。

6.1.3 环境驱动因素与融合路径

(1)政策规制与融合路径

尽管技术迭新是引致战略性新兴产业智能化融合的核心驱动因素，然而技术的边界性突破并不完全代表产业之间的边界也随之消除，资金壁垒、规模壁垒、政策壁垒等行业壁垒的存在仍成为智能化融合的外在阻碍因素，其中，国家政策规制更起决定性作用，通过诱导性或强制性的规章制度来把控产业融合进程与范围(黄蕊等，2020)。国内外推动智能化融合战略性新兴产业的政策举措可以大致分为激励性政策和管制性政策，并伴随相关阻碍融合的管制松动。

对于激励性政策，近年来，无论是发达国家还是发展中国家抑或是中国的“再工业化”战略均涉及如何利用人工智能推动战略性新兴产业智能化融合升级，尤其是人工智能和战略性新兴产业的基础架构(基础层、技术层和应用层)的融合，如日本的“工业智能化”、英国的“工业 2050”；2020 年北京出台的《加快新型基础设施建设行动方案》，强调要“推动人工智能、5G 等新一代信息技术和机器人等高端装备与工业互联网融合应用”；美国政府维持 2015 年的《保护美国人免于高税法》(PATH 法案)，提出永久性地延长联邦研发税收抵免。这些激励性政策不仅从总体上为推动智能化融合战略性新兴产业保驾护航，而且也提供资金补贴、人才培养、技术研发和生产供应等方面支撑，加速了生产、研发和营销等产业活动融合以及人才、资金、知识和网络等要素的融合。因此，人工智能对战略性新兴产业市场的颠覆性变革作用加上支持性的政府规制驱使投资者们在初创企业的干草堆中不断挖掘独角兽(Santos 和 Qin，2019)。

对于管制性政策，如美国于 2019 年在推出的《人工智能时代：行动蓝图》中提出建立多边出口管制，保护美国在硬件方面的优势；我国高度重视基础数据集建设，在《新一代人工智能发展规划》中明确提出构建智能化监测预警与控制体系，加强数据安全与隐私保护，提高安全应用和数据风险防范的重视程度。一方面，相似行业企业获得进入权限，通过将业务活动融入竞争环境中以获取自身优势，且原有自然垄断的独立产业以其研发、运营、生产、服务等优势相互渗透，最终形成和谐竞争的局面(Bain，1956)；另一方面，不同行业企业的涌入为原有市场注入活力，打破原有内部规制，为战略性新兴产业智能化融合创设良好条件(郑明高，2010)，增强数据要素安全性、网络要素稳固性、人力要素灵活性、知识要素多元性和资金要素通用性。

当前世界各国的政府管制放松正在为智能化融合战略性新兴产业之路扫除障碍，通过政策优化促进人工智能"头雁效应"最大化，牢牢抓住和占据智能化时代发展先机。对效益最大化的追求是产业融合的内在驱动力，战略性新兴产业智能化融合最终将落实到生产能力和盈利能力的提升，金融资产和实物资产在产业和企业资产体系中的地位日渐衰退，取而代之的是信息技术资源和人力资本等知识资产的重要性愈发提升，新一代信息技术所引致知识资产或柔性资产在总资产结构中占比加大，资产模块化特质愈加凸显，这些条件促使原本局限于特定交易的专用性资产转变为强流动性和转换能力的通用性资产（郑明高，2010）。管制放松提高资产通用性水平，推动智能化融合新兴产业进程，一方面降低乃至消除原有产业壁垒，使得基础层、技术层和应用层为基石的产业架构融合变得更为顺畅；另一方面，在信息技术创新和政府管制放松的基础上，原有独立市场相互渗透和重组，人工智能产业与战略性新兴产业的各种产业活动（研发、生产、采供和营销）以及人力、资金和信息等要素相似性不断增加，大大降低了转换互通难度（吴昊天，2014）。

（2）资本融通与融合路径

资产通用性特质和现有资本市场环境为智能化融合战略性新兴产业提供资本融通支撑。对效益最大化的追求是产业融合的内在驱动力，战略性新兴产业智能化最终将落实到生产能力和盈利能力的提升，金融资产和实物资产在产业和企业资产体系中的地位日渐衰退，取而代之的是信息技术资源和人力资本等知识资产的重要性愈发提升，新一代信息技术所引致知识资产或柔性资产在总资产结构中占比加大，资产模块化特质愈加凸显，这些条件促使原本局限于特定交易的专用性资产转变为强流动性和转换能力的通用性资产（郑明高，2010）。资产通用性指在完全竞争市场状态下，资产能够在不发生较大贬值的情况下实现重置，此时各产业间和各部门间的要素转移成本几乎为零，竞争主体进入或退出某一行业产业的阻碍降至最低（刘京和杜跃平，2005），由此，资产通用性成为驱动智能化融合新兴产业进程的外部因素之一。资产通用性的推动作用体现在，一方面降低乃至消除原有产业壁垒，减少行业垄断程度，促进人工智能与战略性新兴产业的融合；另一方面，在信息技术创新和政府管制放松的基础上，原有独立市场相互渗透和重组，智能产业与各战略性新兴产业的基础设施、人力资源、信息资源等固有资本存在相似性，大大降低资本转换互通难度（吴昊天，2014），加快了人工智能和战略性新兴产业在产业架构、产业活动和产业要素等方面的融合进程。

近年来，国内外颁布多项政策条例，加速扩大智能化融合新兴产业的资本市场支撑力度，在投融资支持和减税降负方面实现“增”和“减”的飞跃。例如，上海市在2018年将人工智能纳入本市战略性新兴产业重点领域，对符合条件的人工智能类重大项目及平台给予支持，发挥政府投资基金撬动作用，引导社会资本设立千亿规模人工智能产业发展基金，为人工智能与战略性新兴产业的基础层和技术层融合提供了资金支持；江苏省建议吸收社会资本和国有资本，重点支持人工智能与实体经济融合，拓展应用场景，建立人工智能首批次产品应用保险补偿机制。英国提出向极端环境中的机器人与AI项目投资930万英镑，研发用于离岸和核能、空间与深度开采等产业的机器人与AI技术，提高极端环境作业安全性。英国将研发支出信贷的比率由11%提升至12%。这些政策为人工智能与战略性新兴产业的应用层融合奠定了资金基础。

除了政府投融资政策支持外，当前社会对于人工智能等新兴高科技产业的风险资本投入也已进入第三次浪潮，其所带来的超额收益能够抵消其余投资的预期损失，AI对市场的颠覆性变革作用驱使各类风险资金投资者们在初创企业的干草堆中不断挖掘独角兽(Santos和Qin，2019)，他们关注的焦点在于基础架构、应用场景与关键产业链活动环节和重要产业要素。

(3)创新生态与融合路径

随着生态化、智能化范式的形成(王宏起等，2019)，为消除智能化融合战略性新兴产业的障碍，亟需构筑互惠共生的产业融合创新生态系统(邵必林等，2018)。在创新生态系统理念的加持下，从企业合作到产业联盟，各共同体逐渐向政产学研企等多个互为主体的利益攸关者所组成的集群变迁，创新生态系统伙伴之间协同共生、互惠互利的过程实质上就是人工智能融合战略性新兴产业的内在驱动力。

诸如微软、苹果、谷歌、阿里巴巴等信息技术产业和互联网产业新老IT巨头正在抢先布局智能科技的创新生态产业格局，抢占人工智能产业制高点(谭铁牛，2019)，在此背后是智能化融合对产业边界的拓延和对逻辑范式的革新。一方面，实证检验得出，建立一个开放的创新生态系统在人工智能情境下的成效更显著，以人工智能为主的突破性技术创新带动新一轮产业革命，使各产业间的边界渐趋模糊，不断拓展延伸(杜传忠等，2019)，人工智能早已超越现有产品，而是将其视为技术合作伙伴，无论是供应商、竞争对手、客户还是联盟伙伴，智能化融合下的生态系统与企业业务关系网络的资源、能力和强度相关联，给予原有产业发展更强大生态系统的机遇(Brock和Wangenheim，2019)，为人工智能与战略性新兴产业在产业架构的基础层和技术层与产业活动(产业链关键环节)的融合创造条件。另一方面，智能化创设了一种更复杂的创新逻辑，以开源算法、智能芯片、量子计算、群体智能、跨媒体感知等技术生态正与智能零售、智能医疗、智慧城市、智能制造等应用生态相结合，构成“AI+”行业新范式，在金融、人才、平台、政策等创新要素集聚下，创新物种形成创新群落，再迭代升级为创新系统（张辉和马宗国，2020），政府、跨国企业、国内外高校和科研院所等多个利益攸关方共同架构了政产学研创新生态系统（Cai 等，2019）。与此同时，人工智能核心企业与新兴产业核心企业共建生态试验基地和科技研发中心，在取得示范性成果后再联合高校、科研院所和其他企业共同建构联盟网络，促进融合模式从微利转向互利，从寄生转向共生（邵必林等，2018）。这些为人工智能与战略性新兴产业的应用层与重要产业要素（数据、人才、资金、网络和知识）的融合提供了前提。

综上所述，本书提出研究假设 H3。

假设 H3：环境因素正向影响智能化与战略性新兴产业的融合路径。

H31：环境因素正向影响智能化与战略性新兴产业的产业架构融合。

H32：环境因素正向影响智能化与战略性新兴产业的产业活动融合。

H33：环境因素正向影响智能化与战略性新兴产业的产业要素融合。

6.1.4　结论与假设

综上所述，智能化融合战略性新兴产业的融合路径是企业、产业和环境多种因素共同驱动下的结果，总结如图 6-1 所示，由此，本书提出第一组研究假设。

假设 H1：企业因素正向影响智能化与战略性新兴产业的融合路径。

H11：企业驱动因素正向影响智能化与战略性新兴产业的产业架构融合。

H12：企业驱动因素正向影响智能化与战略性新兴产业的产业活动融合。

H13：企业驱动因素正向影响智能化与战略性新兴产业的产业要素融合。

假设 H2：产业因素正向影响智能化与战略性新兴产业的融合路径。

H21：产业驱动因素正向影响智能化与战略性新兴产业的产业架构融合。

H22：产业驱动因素正向影响智能化与战略性新兴产业的产业活动融合。

H23：产业驱动因素正向影响智能化与战略性新兴产业的产业要素融合。

假设 H3：环境因素正向影响智能化与战略性新兴产业的融合路径。

H31：环境因素正向影响智能化与战略性新兴产业的产业架构融合。

H32：环境因素正向影响智能化与战略性新兴产业的产业活动融合。

H33：环境因素正向影响智能化与战略性新兴产业的产业要素融合。

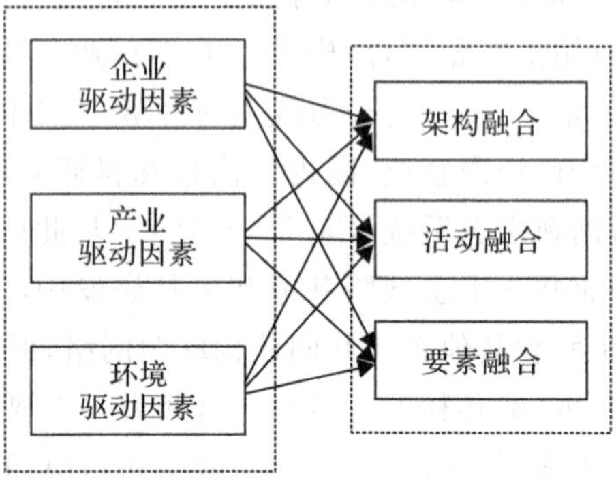

图 6-1　智能化融合战略性新兴产业驱动因素与融合路径

6.2　智能化与战略性新兴产业融合路径与融合成效

智能化融合战略性新兴产业实质上是由技术渗透所引致的产业智能化重组过程。作为战略性新兴产业高质量发展的驱动机制，产业智能化可以从三个层面进行剖析：从宏观层面来看，产业智能化是经济社会高质量发展的重要路径；从中观层面来看，产业智能化为各行各业智能化转型提供变革逻辑；从微观层面来看，产业智能化是企业价值增长模式和综合竞争力提升的核心主旨。产业融合的主体指从事融合型产品生产运营的企业，其产品聚焦于多元化知识整合且具备多产业属性和功能，产业融合下的产品创新实质上是产业边界模糊化下的模块化分工重组（胡金星，2007）。本书把智能化融合战略性新兴产业的融合路径分为产业架构融合、产业活动融合和产业要素融合三个方面，全方位深入探究其融合机理。其中，产业架构融合包含基础层、技术层和应用层三层融合结构；产业活动融合包括研发、生产、采供和营销四种运营流程；产业要素融合涵盖数据、人力、知识、网络和资金等五类战略性新兴产业组成要素。

6.2.1　产业架构融合与融合成效

（1）基础层融合与融合成效

作为战略性新兴产业发展的支撑者与使能者，人工智能基础层主要负责搜集数据资源和提供算力支撑平台，主要分为以大数据为核心的数据资源、以云计算为核心的算力平台以及以芯片和传感器为核心的硬件资源。基础层融合对战略性新兴产业融合成效的影响主要体现在数据资源运用、高效算力和自主学习三个方面。

数据资源是智能化融合获得长足发展不可或缺的重要组成部分之一，犹如为发动机提供充足的"燃料"，使用高质量和高关联度的数据集可以快速提高人工智能算法的准确性。例如大数据挖掘快速捕捉和处理车辆数据及环境数据，创建智能网联汽车的自动驾驶系统能力；基因测序技术产生的大量数据积累成为 AI 算法优质数据源；此外，智能机床数控系统利用大数据自主感知与连接内部电控数据，建立工况和运行状态之间实时且精准的互联互通关系。因此，数据资源的高效运用能够锻造企业的基础创新能力、技术创新能力和产品创新能力，在此基础上推动社会经济效益的不断提升。

高效算力是对智能化融合数据处理的有效手段。海量数据的存储、处理和传输依赖于云计算平台，通过云平台把大量计算资源封装抽象为 IT 资源池，创建高度虚拟化资源供用户使用，例如，云计算汇总、计算、调度和监管汽车运行信息平台并与车用无限通信网络一起实现车—云—路—人等多方互联；依托云平台智能机床云控制架构将云计算与开放式控制结构相结合，大幅提升运作过程中的计算存储效能（黄莹等，2018）。因此，云平台的高效算力不仅为构建原始创新能力提供了基础，同时也提升了智能化融合的效率和效益。

自主学习依赖于芯片为主体的硬软件资源。作为基础层核心，芯片具有极高的技术竞争门槛，是智能化发展水平的重要衡量标准和关键因素，传感器和芯片等硬件耗材搭载 AI 技术软件系统共同组成 AI 的智能系统，极大提高了系统运行的准确性和稳定性。例如，作为新一代 AI 技术和先进制造技术深度融合的产物，智能数控机床赋予机床自主学习能力，自主建模、优化并控制运行。在此领域，智能芯片融合嵌入式工业主板，通过自主学习，使智能机床在处理精密部件时兼具控制稳定性与运转精准性。因此，自主学习不仅是原始创新能力的内核，也是实现产业结构升级、促进社会经济效益的有效方式。

(2)技术层融合与融合成效

作为 AI 产业核心以及连接基础层和应用层的桥梁，技术层聚焦数据挖掘、学习与处理，以模拟人类智能相关特征为出发点，构建技术路径，依托基础层提供的算力平台和数据资源进行海量识别训练和机器学习建模，开发面向不同领域的应用技术，包括生物特征识别、类脑智能计算、自然语言处理、计算机视觉和机器学习等各类技术，涉及感知、认知和决策等不同智能方向。技术层融合通过算法和深度学习两方面对战略性新兴产业融合成效实施影响。

算法是人工智能技术驱动层的核心，这些技术通过深度学习框架和强化学习算法实现算法封装。技术层“玩家”开发底层框架、研究新型算法、提高通用技术水平，实现计算机从感知到认知的技术革命，在实现从基础创新能力和技术创新能力突破的同时快速推动人工智能融合战略性新兴产业的进程。

以深度学习为依托的生物特征识别、自然语言处理和计算机视觉等算法技术可以深度渗透战略性新兴产业关键核心技术。以新能源汽车产业为例，基于生物特征识别、自然语言处理、计算机视觉和机器学习等技术，搭载智能语音平台和高精算法地图的多屏互动、多模交互的智能车载操作系统面世，为智能座舱生态系统提供端到端解决方案；自动驾驶作为最大落地场景，AI 感知、决策和控制算法能够在极短时间内处理实况中的海量异构数据，并以超低时延上传控制终端，深度学习模型在出错后自主溯源和改进；AI 深度学习技术和智能交互式能源框架将改善集中能源控制中心，用于集成智能电池的 AI 模型与能源管理系统以及电动汽车充电器相结合支持可再生能源一体化（Ahmad 等，2021）。与此同时，深度学习技术还渗透入诸多生物医疗技术领域，如将深度学习技术应用于药物临床前研究，达到快速、准确挖掘和筛选合适的化合物或生物，从而缩短药物研发周期、降低新药研发成本、提高新药研发成功率。

此外，AI 深度学习技术也在推动数控机床和大型复杂结构件向柔性自动化集成方向迈进，例如，李广和杨欣（2018）将深度学习技术运用于数控刀具加工的寿命监控过程，构建的卷积神经网络能够精准监测刀具异常状态。对于大型复杂结构件产品，基于知识图谱、自然语言处理和计算机视觉等 AI 技术的智能编程能够建立面向结构件产品的定制化参数方案，且自适应编程结合逆向工程技术，提升薄壁弱刚性产品的合格率（孙瑜等，2021）。总之，深度学习加快了智能技术与战略性新兴产业关键核心技术的渗透融合，推动了基础创新能力和技术创新能力的构建与发展。

(3)应用层融合与融合成效

应用层融合的核心任务是实现人工智能在战略性新兴产业各垂直行业的场景化落地。得益于海量搜索数据、丰富的产品线以及广阔的市场优势，智能化应用节奏得以不断加快，加上国内外科技巨头对开源科技社区的推动，助力新创企业突破技术壁垒，直击终端产品研发。作为一项典型使能型技术，未来人工智能将广泛渗透于百行千业，引发全球范围内智能化深度变革，应用层融合主要通过智能机器人替代人工、人机协同等方式影响战略性新兴产业融合成效。

基于海量数据库和知识库的智能算法在高端制造、生物医疗和新能源等领域应用不断拓展，多类别智能机器人和智能化系统将高效替代人力劳动，为这些产业带来提效降费、转型升级的实际效能，进而推动生产力跨越式升级。在生物医疗方面，基于图像分析的影像辅助诊断和医学病例研究相结合，提高流程管理效率和医疗诊断准确性；外科手术中的智能机器人有利于寻找遗传密码之间的联系。在新能源汽车方面，自动巡航、主动刹车和车距保持等自动驾驶功能提供更加安全便捷的驾驶体验；车联网通过传感器、中控大屏等车载系统实现对车辆情况动静信息采集、存储和发送，利用移动网络实现人、车、路、云相互协同；智能座舱包含车载信息娱乐、空气净化、灯光控制等智能系统，提供更加简洁高效的多样化体验；多模式人车交互方式赋予新能源汽车多场景呈现和个性化、情感化交互能力。

高水平人机协同正成为主流生产服务方式，跨界融合作为重要经济形态加速新生态构建。在农村地区，虚拟助手或专家系统大幅改善健康服务问题；深度学习和机器学习技术因其强大的数据分析和特征提取能力，成为对疾病分类和药物发现的关键参与者。在后疫情时代，基于AI的药物携带智能机器人以及患者检测智能系统给予疫情防控极大支持，模式识别方法有助于研判患者体内风险发展状况（Kumain 等，2020）。此外，高端装备制造包含诸如航空航天耗材、城市交轨、海洋工程等建设领域，智能制造分阶段且持续性获取制造要素，建立、完善并扩展企业在研发设计、生产制造、物流仓储和产品服务等环节制造能力，最终形成完整高效且科学的智能制造系统，不仅为B端用户提供准确适用的冶金、钢铁和石化等原材料，生产具备感知环境、互联互通和远程可控的智能设备，而且诸如智能穿戴设备、智能3C产品还能同步实现C端用户个性化和定制化需求。

综上所述，本书提出假设H4。

假设H4：智能化架构融合正向影响战略性新兴产业融合成效。

H41：基础层融合正向影响战略性新兴产业融合成效。

H42：技术层融合正向影响战略性新兴产业融合成效。

H43：应用层融合正向影响战略性新兴产业融合成效。

6.2.2 产业活动融合与融合成效

（1）研发活动融合与融合成效

新产品研发是企业生存立足的基石，研发活动受技术层融合的推动成为产业边界模糊化的首要内容，人工智能产业作为知识密集型产业，其与战略性新兴产业的研发融合有助于智力成果的辐射和渗透，促进技术创新能力提升（傅为忠等,2017)。研发活动融合对融合成效的影响主要体现在调研预测、构思设计和试制评鉴三个方面,“AI+”应用为生物医学、新能源汽车等新兴产业提供高度可靠的计算方法,企业依赖自身探索获取核心技术、突破核心概念以及拥有独立知识产权(原长弘等,2015),提升原始创新能力,为企业初始研创工作提供必要支撑。

在调研预测方面,大数据部署和人工智能旨在通过控制制造装备线上不可预测的人为因素来实现预测性管理(Cooke,2020),达到对消费需求的精准把控。机器学习是涉及多个基于多种算法来识别数据模式的基本范例,能够精准预测不可见的数据集(Selvaraj,2021)。面对复杂而富有挑战性的经济商业环境,基于人工智能技术的灰色预测模型能够为企业开发和实施策略提供财务比率方面的指导。此外,通过人工智能算法对 Twitter、谷歌、百度引擎等数据集进行信息整合,构建流感预警模型,能够有效实现疾病预防和风险筛查。

新产品构思设计是一个依赖于完整的工程师团队所进行的高度个性化过程,基于人工智能的计算机辅助系统的建立有助于对公司内部现有组件进行概括性描述,并从中提取隐含的经验知识使其形式化和参数化,有效避免工程师在自动化产品设计过程中极易出现的设计冗余和时间浪费等问题(Krahe 等,2019)。产品创新能力在促进研发导向成效中起到重要作用,企业对商品或服务在基本特征、技术规范、设备组合或其他材料等方面进行显著改进或修改(Razali 等,2013),产品团队创造新想法以进行新产品开发,从而提升企业创造、设计和研发原创新兴产品以满足客户需求的产品创新能力(Yu 等,2017)。

当构思设计完成后,智能化通用技术也为新兴企业产品的试制评鉴过程降本增效。以药物研发和疾病预防为例,药物靶标确定后,人工智能和机器学习方法将应用于计算机辅助药物所涉及的每个步骤,利用其与高维数据的强大集成能力,进行临床试验输出预测结果,进而提高成功率和降低试验成本,为制药产业带来挑战和机遇(Selvaraj,2021)。研发活动中主要创新要素并非单向流动而是具备循环可转移性,有助于实现基础研究、应用研究和试验开发等创新链环节整体协同。

(2)生产活动融合与融合成效

新兴企业面临着更短交货时间与更快动态反应的双重影响,当前控制机制难以有效处理这些复杂、动态和不可预测的生产环境(Stricker 等,2018),亟需数据驱动方法为其提供有价值的解决方案(Kuhnle 等,2019),改变人类与 AI 成功合作的网络生产管理系统。生产活动融合对融合成效的影响主要体现在过程控制、生产调度和预测性维护三方面,全方位提升产业生产效率和资源配置效率，实现产业结构升级、部门结构优化和产业附加值提升的协调耦合（张翱祥和邓荣荣，2021）。

对于过程控制，人工智能能够揭示和学习过程控制中所涉及的参数组合与产品质量之间的依赖关系（Burggräf 等，2020）。其中，强化学习（Reinforcement Learning，RL）作为机器学习范式的重要分支，是人工智能在环境的奖励和惩罚下能够做出类似条件反射的预期刺激性反应，逐渐形成产生最大效益的人工智能与环境之间的习惯性互动激励行为。这种以数据驱动的最优控制为核心的强化学习广泛适用于无人驾驶、生物制造等战略性新兴企业生产活动中的动态决策控制过程，能够帮助提升资源配置效率和生产效率。

人工智能也为生产调度问题提供良好解决方案，使固有复杂性降低到易处理大小。基于 AI 的调度系统通过弥合主计划和详细计划之间的差距对 MRP 系统进行完善，快速生成与容量限制或其他指定约束相一致的详细且完整的高质量生产计划。智能化线性规划排程系统与 ERP、PLM 等系统协同运作，诸如启发式调度算法和作业计划规则有效解决了缺乏经验的生产调度问题，实现柔性生产（Wang 等，2021）。生产活动稳定运行有助于推动产业链一体化整合，增强链式资源掌控能力，维护供应链渠道安全高效，实现多环节跨企业分工协作和关键环节自主可控。

AI 能够根据当前机器状态和运行历史预测潜在故障。通过模拟任务执行过程，AI 可以发现制造过程中的潜在问题，并且基于传感器数据监测设备运行中的异常情况，主动预留磨损部件，为意外故障做好准备（Wang 等，2021）。这样较早执行预测和运行维护，将最大程度减少停机时间，从长远来看，预测性和规范性维护的智能化将改变机器的商业模式（Burggräf 等，2020），实现可持续制造。同时，生产维护的智能化能够对水、电和气等多种企业生产、生活运行所用所需的基础自然资源进行生产过程控制和合理调度，通过循环利用、节能减排和污染控制等措施，实现绿色可持续生态环保效益，高耗能、高污染且产能过剩的行业被压缩，促进产业内部结构整体优化。

（3）采供活动融合与融合成效

人工智能被公认为智能采购和智能物流的主要推动力之一（Woschank 等，2020），智能化先进技术与新一代采供活动相结合，全面提升采购系统、仓储系统和物流系统的智能化和自动化水平，加速厂—车—货匹配效率和运转效率。采供活动融合对融合成效的影响主要体现在采购需求精准预测、仓储库存高效管理和运输过程网络设计三方面，通过协调产业供应链上游成员输出与下游成员输入之间的转换递进关系，完成信息、产品和资金等要素的端到端流动，实现采供网络多环节集成管理和全渠道衔接(Nikfarjam 等,2015)。

供应链规划和管理很大程度上依赖于精准的需求预测(Hassija 等,2020),人工智能能够有效改进需求预测(Riahi 等,2021)。需求规划是企业劳动力调度、库存控制和新品开发促销等活动的基础,对需求的精准预测将减少企业固有的不确定性和可变性,传统的长短期预测技术如指数平滑法、移动平均法、时间序列法等仍固囿于遵循以往的需求模式,也即很大程度依赖于历史数据的准确性和有效性,因此,无法预测过去不存在的新产品或新服务的未来需求(Min 等,2010)。人工智能为克服传统预测技术的固有缺陷提供了可替代方案,具备从海量数据从提取模型的潜力,广泛适用于企业需求预测,从而转化为整个供应链的切实利益(Riahi 等,2021)。

库存管理指监督货物从制造工厂到仓储设施以及从这些设施到零售商店的过程(Hassija 等,2020)。库存是成本的主要来源,库存管理通过确保产品在正确时间可取用来增加可满足的需求数量(Riahi 等,2021),最低成本控制和计划库存正成为企业在竞争性市场中领先的决定性因素(Min 等,2010)。面对利率上升所带来的仓储成本增加,机器学习技术可以通过事先精准确定供应量和启动动态运营策略以减轻风险,为自动化库存系统、车辆部署策略和提高供应链决策敏捷性提供强大洞察力(Hassija 等,2020)。此外,人工智能系统能够自动跟踪销售情况,存储用于实时监控仓储的数据,避免库存冗余或不足,并自动生成关于需求变化的报告,人工神经网络建模技术能够精准处理高波动性数据,有效实现流程自动化(Riahi 等,2021)。

物流运输涵盖了交通网络设计、过程安全监控和运输车辆调度等诸多领域,遗传算法和蚁群优化算法被公认为处理传输网络设计问题各方面的人工智能技术形式,两种元启发式算法均为一种通用算法框架,可以应用于交通网络设计中的大量不同的组合优化问题,相较传统启发式方法更加灵活多变。此外,智能运输物流在交通数据优化和自动驾驶开发下取得巨大进展(Woschank 等,2020),诸如 GPS、GPRS 和 GIS 等技术实时监控重要道路和交通枢纽,跟踪运输车辆,最大限度减少交货时间延误,深度学习模型动态分析快速规划供应路线以节省燃料和时间(Hassija 等,2020)。

(4)营销活动融合与融合成效

技术进步通常引致业务范式的结构性转变,智能化技术的渗透性融合赋能营销活动全过程,使企业能够在以数据为导向的营销环境中保持持续竞争力(Salminen 等,2019)。营销活动融合对融合成效的影响主要体现在市场细分、用户体验和客户关系管理三方面,从总体上提升战略性新兴产业发展经济效益

(如规模以上企业利润和新产品销售收入)。

对整体市场结构(如品牌定位、竞争位势)的全局性分析是企业进行营销活动的首要内容,营销信息共享和销售网络共享提高了产业链产品应用协同水平(Fan等,2014)。机器学习技术为将客户细分为具有共同特征的群体提供了精准算法工具,使切分海量非结构化的数据集成为可能(Syam等,2018)。一旦目标定位完成,亟须在目标市场内进行需求估计和销售预测,神经网络可以有效处理基于混沌时间序列数据的需求预测。此外,自然语言处理使计算机能够基于受众目标的社会环境、需求和期望来感知含义,识别出潜在消费者语音和电子邮件中的关键词,预测其购买可能性,最大限度地提高产品销售量。

在"零售即服务"(Retail as a Service)概念渗透下,提倡"内容与互动的自然结合"的新零售模式逐渐成为主流,智能化技术为新零售提供更加个性化和全面化的多模态内容,助力消费者、产品和零售场景(即人—货—场)三方实现线上线下深度融合,极大提升消费者购买体验和参与度。当消费者在线浏览时,机器学习算法根据用户行为数据、交易数据和特征数据等,从中提取用户偏好,进行定向广告投放和个性化推荐,精准捕捉购买兴趣;当消费者访问实体店时,增强现实和虚拟试衣间等AI工具为其提供个性化和定制化帮助,通过人脸识别技术进行自主结算和支付,实现高效愉悦的购物体验;在购买后,智能机器人客服自动提供使用技巧等售后服务,语音识别和自然语言处理算法支持购买全过程查询处理(Ma等,2020)。以智能化技术系统和算法模型所驱动的全渠道新零售不仅能够全方位增强用户购买体验,而且可以优化供销存系统的运营效率,打通了上下游产业链,实现产业链整体效能地优化。

营销活动中的客户关系管理不仅指建立、发展和维护企业与客户之间的关系营销,还涉及对客户情绪的理解和预测,增强客户忠诚度和信任度等旨在进一步提高关系营销效用的所有行为(Mustak等,2021)。智能化融合是建立客户认知信任的有效手段,聊天机器人和嵌入式AI虚拟助手能够在除却社会因素情况下为客户问题提供快速而准确的解决方案,并且在与人类互动过程中增进情感信任和培养融洽关系。面对诸如文本、图像、音视频等非结构化的庞大客户数据,营销人员通过人工智能以识别数据中的结构、潜在含义和主导情绪,并为满足客户的需求进行衍生洞察,明确其进一步改进产品和服务创新的需求(Zhang等,2018),有助于消费结构不断升级,进而推动产业结构调整优化。

综上所述,本书提出假设H5。

假设H5:智能化活动融合正向影响战略性新兴产业融合成效。

H51:研发活动融合正向影响战略性新兴产业融合成效。

H52：生产活动融合正向影响战略性新兴产业融合成效。

H53：采供活动融合正向影响战略性新兴产业融合成效。

H54：营销活动融合正向影响战略性新兴产业融合成效。

6.2.3 产业要素融合与融合成效

(1)数据要素融合与融合成效

随着数字经济和智联时代的到来，建立在数据要素基础上的云计算、大数据、物联网和人工智能等通用技术所组成的信息技术系统，逐渐替代传统资源禀赋要素在价值创造中的核心地位(李若辉和关惠元，2018)。数据要素在要素市场化配置中的重要性愈加凸显，数据要素融合对融合成效的影响主要体现在数据挖掘、数据决策和数据管理过程。

数据挖掘是以模式和规则形式探索大量数据以发现关于数据有意义信息的过程，蕴含于无处不在的感知情境中。在大数据体积、速度和多样性等诸多挑战下(Klein 等，2013)，数据挖掘模型及其结果的可译性需求促使乃至强制性要求将机器学习方法应用于技术创新和产品创新(Nalepa 等，2021)，智能数据不仅应用于数据建模表征、数据清洗转换、关联聚类演化分析、数据质量评估等数据挖掘过程，还能够在自学习过程中实时且灵活更新知识和估计变量缺失，提升技术安全性，培育和强化原始创新能力。

在数据决策方面，人工智能技术能够为战略性新兴产业，例如智能电网提供大数据决策平台，此平台不仅具备可用性、可扩展性和计算性能，而且兼具良好稳定性和较强预处理能力，有助于实现能源供应的电网智能化发展(Hou，2021)，提升能源结构调整和消费升级。

人工智能技术同样使数据中心管理自动化成为可能，如利用数据科学的智能监控和管理系统，实时搜集和共享信息，实现远程跟踪；基于数字孪生仿真工具，模拟真实数据世界的多种场景；应用过程自动化的机器人技术(如物理机器人、软件机器人和云机器人等)，以减少特定过程和重复性任务中的人为错误。

随着数据来源逐渐拓展至社会环境、行业态势和企业管理等诸多方面，在存量治理和精细化发展需求的影响下，企业大数据平台效能也从相互交换发展为多方共建共用共享，推动产业结构高级化、高效化和合理化。智能化融合将分散在产业和企业内部各领域、各部门的相互孤立的数据资源互联互通，实现多源数据集成交换和深度挖掘，通过数据融合分析与管控，最大化发挥数据要素效能，捕捉不同新兴行业利益主体的需求，实现服务精准化供给、企业科学决策和高效内部治理。以数智赋能新零售为例，AI投入规模在零售业智能化转型建设中的比例持续上升，“AI+新零售”为数据互联互通提供新驱动力，从客户群体到货物供应，再到消费场景互动式重构，AI高度内嵌于新零售全流程，各环节通过数据纽带形成闭环，实现客户群体、零售商和生产商三方动态利益均衡，完成消费整体升级。

(2)人力要素融合与融合成效

随着弱AI技术日益普及，人类劳动在社会生产中所占比重渐趋下降，智能化环境下的劳动价值和关系分配得以优化。智能技术干预与新兴产业人力资源要素之间存在着不断发展的互惠互利关系，人力要素融合对融合成效的影响主要集中在人员招聘、员工学习发展和劳动力管理三方面。

在人员招聘方面，智能招聘的高准确性和低成本为业务功能实现带来各种长期社会经济利益。AI对各种图片文字等内容进行快速识别、信息抽离和格式化处理，提取人才典型特征，并运用自然语言处理技术构建模型，对简历中包含的KSAM内容(知识、技能、能力、动机)进行自动匹配，解析出最符合公司人才标准的候选人，再通过AI聊天机器人和AI视频面试对人才综合性考评结果进行初筛。

在员工学习与发展方面，智能课程推荐平台可以根据员工学习行为精准推送学习课程，AR/VR场景化培训与现实工作场景更贴合，在节省用料损耗的同时降低危险工种的事故发生率，兼备互动性和安全性。智能化融合也推动了人才异动的基础审核和员工绩效优化等HR流程的高效性和自动化，且线上绩效和360测评等AI系统能够对多维数据进行盘点并生成人才报告，实践证明神经网络、层次分析法和模糊输入法三者相结合能够应用于预测人力资源管理实践并对企业整体绩效产生深远影响(Manafi和Subramaniam，2015)。

在劳动力管理方面，业务场景多样增强员工体验感，智能考勤深度分析员工长短期工作状态与行为模式，从而制定灵活便捷的考勤管理制度；智能工时计算监测用工时间合规性，有效衡量劳动力利用率；智能排班满足员工个性化需求，尤对于大规模、多覆盖的企业来看，区域化排班能够根据业务情况和人员特征灵活调整计划，最大化用工柔性。AI部署下的信息决策更加透明高效，机器人自动化使员工更专注于创造性思维培养，达到企业绩效提升与职业进阶发展和谐共赢的局面。

新兴企业需要采取相应策略保留、激励和开发人力资源需求，通过智能化融合创设就业机会和工作技能，形成人工智能与人力资源两者相辅相成而非相互取代的良性关系(Khatri等，2020)。与此同时，智能化融合也倒逼工作者自身提高技术知识素养，培养学习能力和管理能力，具备对行业智能化发展趋势的高度敏感性，成为拥有综合素质的复合型专业人才。总之，在人力要素智能化环境下，一二三产业均呈现不同程度的分化、重组和互融，以人工智能为代表的新一代信息技术成为产业转型新动能，推动劳动密集型产业向技术密集型、环境友好型产业转移，实现产业结构渐趋合理化（李治国等，2021）。

（3）知识要素融合与融合成效

与模式化数据的信息不同，知识是行动的能力，包含一系列事实和经验法则，并以内隐或外显的形式展现，知识管理聚焦知识获取、分享和利用，从无形资产中为组织创造增值效益（Liebowitz，2001）。知识要素融合对融合成效的影响过程也即运用 AI 通用技术体系改善企业知识获取、知识共享和知识应用等主要职能的过程。

知识获取侧重于从领域专家或其他来源取得隐性知识并在知识管理系统中开发知识库，知识管理系统通过智能编辑程序对接和设计感应程序提取来获取知识。面对智能化融合下的知识获取增量呈指数倍增，战略性新兴产业所在层次由低端劳动密集型的简单初级层次向中端资金密集型的中级层次跃升，再实现高端知识技术密集型的高级层次的迭代过程，有助于实现产业结构服务化升级。

知识共享是知识所有者交流传播以发挥知识效能最大化的过程，在此期间个体知识转变为组织知识，进而成为知识共同体（张省和周燕，2019）。企业日常工作场景中所产生的大量经验和知识需要精准推送给潜在使用者，有关买方行为、客户概况、竞争动态以及社交舆情等方面的共享数据能够帮助团队从多个角度分析客户，从而更好设计用户体验。知识、信息、人才、资金和技术等要素在创新主体中循环流动，形成从知识创新到技术创新的链式循环，进而实现产品创新、工艺创新、组织创新和市场创新的要素协同创新（芮明杰，2016）。

企业是以适应需求、解决问题、做出决策和降低成本等为目的地有效应用知识（Markus 等，2002）。为识别并快速满足消费者需求和客户满意度，企业如何应对和利用不同类型的知识信息至关重要。知识图谱能够对海量结构化和非结构化数据进行知识萃取并形成网状结构，建立数据从实体、概念和关系到知识的映射，为图谱分析、知识检索、智能推荐、过程监督和规划预测等应用过程提质增效。以知识创新性应用为基线，不同知识创新活动组成创新链式循环，其中不同参与者通过在知识创新活动中进行转换和移动，获得知识创新增值效益和实现知识创新系统优化（Liang 和 He，2008）。

基于数据挖掘和知识图谱等智能化技术工具的融合应用，一方面，在细分领域打造知识共享和经验交流社区，引导科技型中小微企业和创新创业人员在开放创新平台中开展产品研发和应用测试，降低技术与资源使用门槛，营造全行业协同创新创业的良好氛围，提升原始创新能力和创新链整体效能；另一方面，战略性新兴企业通过构建符合自身特点的企业级内部知识管理平台和商业洞察系统，从多源异构海量数据中发现业务规律，形成从研发、生产、采供到营销的完整智能商业闭环，实现产业链全过程精准洞察、实时决策和高效运转，激发经济效益。

(4)网络要素融合与融合成效

战略性新兴产业的技术核心复杂性要求其具备更高网络强度和网络密度，网络要素与其他要素之间进行高频率互动互联，进而推动战略性新兴产业之间特别是跨领域之间的创新行为。网络要素融合对融合成效的影响主要集中于网络运行支撑、网络安全维护和网络持续优化三方面，网络要素融合从整体上能够实现网络管理自主高效。

智能化网络具备自我运营、自我配置和自我管理等特性(Long 等，2017)，当应用于网络运行支撑时，智能化网络为降低运营成本、提升运维效率和便捷性，以及增强资源编排精准程度等痛点问题提供了解决方案。随着物联网、网络切片等新技术和新场景的加入，在网络路径规划和流量调度方面，需要满足高吞吐量、低时延和随需而动的要求，基于人工智能对多维历史数据进行算法分析和流量预测，为后续路径优化处理和网络资源储备提供辅助，且 AI 算法能够学习历史 KPI 变化数据，检测实际网络环境和负载的波动情况，提升企业网络服务质量。

网络结构安全性是现代产业链供应链的高质量发展的重要影响因素之一(宋华和杨雨东，2022)，人工智能在网络安全维护领域的应用已成为新兴趋势和研发重点(Balmer 等，2020)。在日常维护中，AI 算法能够对网络健康度进行实时监测，判断并预测故障发生概率，实施前瞻性预防，当多层网络设备发生故障时，对各层次关联告警关系进行排查溯源，挖掘故障潜在特征和匹配规则。此外，基于深度学习的短信分类器可以对海量数据信息进行深度挖掘，甄别垃圾信息语义和内容，标记和排除对企业具有安全威胁的可疑网络站点。

网络智能优化赋能战略性新兴产业网络链路升级。AI 算法不仅能够进行最优路径计算和资源调度来指导网络流量调优，而且还可以结合场景特性分析和群体用户行为画像进行自动场景识别，对各应用场景下的网络参数进行优化。智能一体化 AI 服务器集群对勘探平台算力和存储扩容进行优化升级，每台服务器节点配置高速互联核心网络，形成 AI 服务器集群全节点全线速互联网络，在充分发挥性能的同时满足大吞吐量数据访问需求。

当前AI技术的大规模商用和网络人工智能平台的建设正趋于成熟，人工智能挖掘分析海量数据中的隐藏因素，辅助新兴企业提升网络运营服务效能，网络智能化应用得以落地并提升产业成效。智能化作为网络要素的重要使能技术已成为各战略性新兴产业共识，随着产业智能化网络应用不断落地并释放价值，网络智能化将贯穿企业网络端到端全生命周期的运营和演进，赋能网络“规划—建设—维护—优化”各个环节，进一步带动新一代信息基础设施的发展升级，为战略性新兴产业链整体带来泛在智能支撑。

(5)资金要素融合与融合成效

资金基础是智能化融合战略性新兴产业过程中实现自主创新的重要基础资源条件(唐孝文等，2021)，资金要素在两者融合的规模化推广阶段起到关键作用，企业财务管理职能特征正由物理过程向高度自动化的虚拟过程转变，“AI+金融”的智慧金融(Fintech)模式逐渐成熟，资金要素融合对融合成效的影响过程主要体现在智能筹资、智能投资和智能营运三方面。

高科技行业技术发展的主要因素是金融支持，在政策性金融举措的有效引导下，资金要素得以流入高投入高回报的战略性新兴产业。多元化融资平台有助于优化企业内部资本结构，提高融资流动性，多种银行理财产品与智能信息系统相结合，衍生出诸如智能货币池、智能仓位管理、智能供应链金融等创新产品，以及智能资金管理系统、智能投融资系统等共享平台(Polak 等，2020)。

技术创新推动资本市场产品和服务不断迭代升级，智能化促进资本市场联动发展，加快国内主板和中小企业板上市速度(Jing 等，2019)。基于AI算法的机器人投顾具备流程自动化运营和低成本消耗的双重优势，为新兴企业智能投资提供技术支撑，增添投融资渠道，有利于金融服务普惠化(Lee，2020)。智能投顾包含风险测试—资产配置—流程引导—资产管理—投后服务等环节，能够根据企业投资风险偏好、资本状况和财务目标，定制个性化资产配置方案，并实时跟踪调整投资策略组合，提供资产管理和投资建议服务，在企业可承受范围内实现效益最大化(Polak 等，2020)。

通用AI工具也为账户管理、现金流预测和智能支付等应用场景提供日常营运支持。账户是财会活动的起点和终点，账户系统运行流程包括财务核算、交易管理和资金管理等金融业务，AI图形计算技术能够对各种账户进行聚类和关联分析，提供更精准的企业画像，且区块链技术实现交易平台上的用户数字身份信息高效识别和安全管理，提升新兴企业跨境业务交易效能。此外，基于机器学习算法和知识图谱等技术建立现金流预测机制，有助于财务部门高效管理现金流量，并在固定参数内自动化匹配现金头寸和外汇交易组合，实现智能仓位管理（Polak 等，2020）。

融合于资金要素的智能化系统能够快速捕获分类并准确管理整合数据，广泛应用于金融危机预警、融资风险诊断和资金信息数据质量控制等领域（Polak 等，2020）。未来人工智能有望渗透战略性新兴企业财务管理全流程，实现资产投资、资产融通和财务营运等环节智能化管理。战略性新兴核心企业应抓住机遇，加速架构一体化智能财务管理共享平台，最大程度规避信息不对称、获客成本高以及风险不可控等遗留难题，推动战略性新兴产业、人工智能产业和金融服务机构三足鼎立局面的形成，最终实现综合经济效益提升。

综上所述，本书提出假设 H6。

假设 H6：智能化要素融合正向影响战略性新兴产业融合成效。

H61：数据要素融合正向影响战略性新兴产业融合成效。

H62：人力要素融合正向影响战略性新兴产业融合成效。

H63：知识要素融合正向影响战略性新兴产业融合成效。

H64：网络要素融合正向影响战略性新兴产业融合成效。

H65：资金要素融合正向影响战略性新兴产业融合成效。

6.2.4　结论与假设

综上所述，智能化融合战略性新兴产业路径涵盖架构（基础层、技术层和应用层）融合、活动（研发活动、生产活动、采供活动和营销活动）融合和要素（数据要素、人力要素、知识要素、网络要素和资金要素）融合三个方面，而融合路径的三个方面共同影响智能化融合后战略性新兴产业的融合成效，总结如图 6-2 所示，由此，本书提出第二组研究假设。

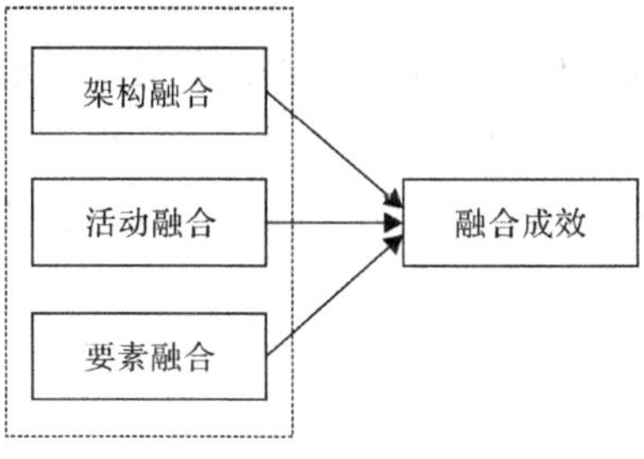

图 6-2　智能化融合战略性新兴产业路径与融合成效

假设 H4:智能化架构融合正向影响战略性新兴产业融合成效。

H41：基础层融合正向影响战略性新兴产业融合成效。

H42：技术层融合正向影响战略性新兴产业融合成效。

H43：应用层融合正向影响战略性新兴产业融合成效。

假设 H5:智能化活动融合正向影响战略性新兴产业融合成效。

H51：研发活动融合正向影响战略性新兴产业融合成效。

H52：生产活动融合正向影响战略性新兴产业融合成效。

H53：采供活动融合正向影响战略性新兴产业融合成效。

H54：营销活动融合正向影响战略性新兴产业融合成效。

假设 H6:智能化要素融合正向影响战略性新兴产业融合成效。

H61：数据要素融合正向影响战略性新兴产业融合成效。

H62：人力要素融合正向影响战略性新兴产业融合成效。

H63：知识要素融合正向影响战略性新兴产业融合成效。

H64：网络要素融合正向影响战略性新兴产业融合成效。

H65：资金要素融合正向影响战略性新兴产业融合成效。

6.3　理论模型构建

综上所述,依照前文所述对智能化融合战略性新兴产业的驱动因素、融合路径与融合成效之间关系的探讨,可以大致得到智能化融合战略性新兴产业的内在机理的概念模型(如图 6-3 所示)。由图 6-3 可以看到,在企业、产业和环境三方面因素的驱动下,智能化通过架构融合、活动融合和要素融合三种路径推动战略性新兴产业高质量发展,最终促使原始创新能力提升、产业结构优化、三链整体效能增强、社会经济效益稳步提升。因此,本书设计驱动因素作为自变量,融合路径作为中介变量,融合成效评估作为因变量,得到简化后的研究模型,如图 6-4 所示。对前文提出的假设进行总结归纳,可以得到本书的两组假设,所有假设汇总如表 6-1 所示。

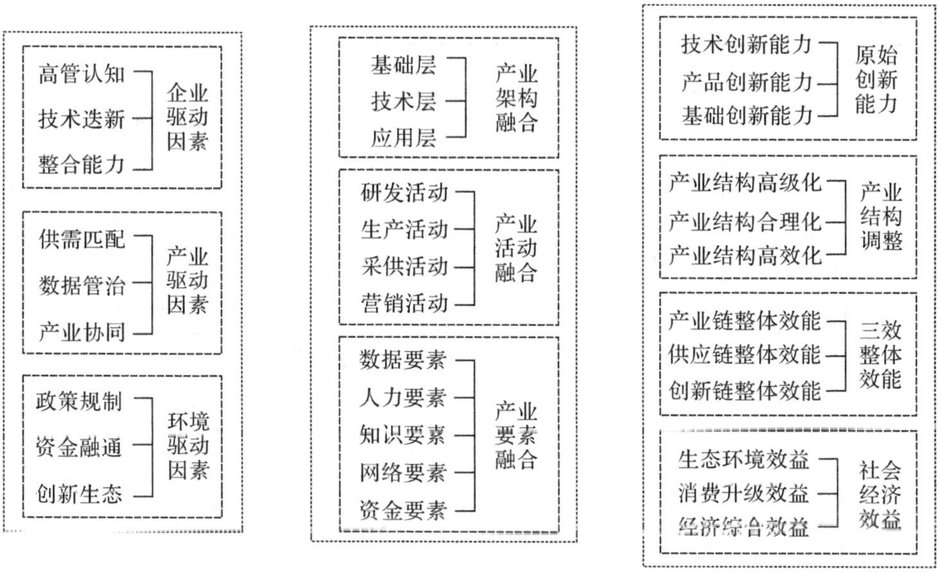

图 6-3　智能化融合战略性新兴产业内在机理的概念模型

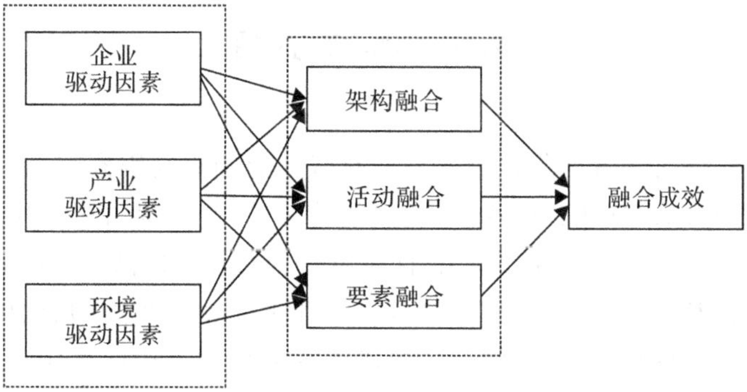

图 6-4　智能化融合战略性新兴产业内在机理研究模型

表 6-1　研究假设汇总

假设序号	具体描述
第一组假设	驱动因素与融合路径的关系
H11	企业驱动因素正向影响智能化与战略性新兴产业的架构融合
H12	企业驱动因素正向影响智能化与战略性新兴产业的活动融合
H13	企业驱动因素正向影响智能化与战略性新兴产业的要素融合

续表

假设序号	具体描述
H21	产业驱动因素正向影响智能化与战略性新兴产业的架构融合
H22	产业驱动因素正向影响智能化与战略性新兴产业的活动融合
H23	产业驱动因素正向影响智能化与战略性新兴产业的要素融合
H31	环境驱动因素正向影响智能化与战略性新兴产业的架构融合
H32	环境驱动因素正向影响智能化与战略性新兴产业的活动融合
H33	环境驱动因素正向影响智能化与战略性新兴产业的要素融合
第二组假设	融合路径与战略性新兴产业融合成效的关系
H4	智能化架构融合正向影响战略性新兴产业融合成效。
H5	智能化活动融合正向影响战略性新兴产业融合成效。
H6	智能化要素融合正向影响战略性新兴产业融合成效。

6.4 本章小结

本章主要探讨了智能化融合战略性新兴产业的驱动因素、融合路径与战略性新兴产业融合成效(融合成效)三者之间的关系,本书提出智能化战略性新兴产业驱动因素(企业、产业和环境)正向影响融合路径,融合路径(产业架构融合、产业活动融合和产业要素融合)正向影响战略性新兴产业融合成效(融合成效),在此基础上,本书提出了相应假设并构建了智能化融合战略性新兴产业内在机理的理论模型,为后续研究提供了前提。

第7章　智能化融合战略性新兴产业内在机理的实证分析与假设检验

第6章从驱动因素、融合路径和融合成效三个方面详细阐述智能化融合战略性新兴产业内在机理，并提出相应假设和模型。在此基础上，本章将通过实证检验进一步验证第六章中提出的内在机理模型和假设，在完善智能化融合战略性新兴产业理论体系的同时为智能化融合战略性新兴产业的实现路径和推进机制提供科学指南。

7.1　研究方法

由于本书的研究对象主要是战略性新兴产业核心企业，所涉及的驱动因素变量、融合路径变量和融合成效变量的相关数据无法从现有公开资料中获取，因而，本书采用问卷调查方式对所需数据资料进行搜集。此外，在借鉴相关文献已有量表的基础上，本书对问卷进行编制，在经过对问卷量表进行小样本预调研后，修缮形成最终调研问卷。通过问卷发放、问卷回收、数据整理以及数据分析等步骤进行实证研究。

7.1.1　变量设置

本书的研究变量主要从智能化融合战略性新兴产业内在机理的三个层次进行设计，分别将融合驱动因素作为解释变量，将融合作用路径作为中介变量，将融合成效作为被解释变量。由于本书涉及变量涵盖诸多内容，难以用单一指标进行测度，需要采取多项题目进行综合评价，以下对各变量维度构成、测度内容及其参考来源进行说明。

(1)解释变量

解释变量指智能化融合战略性新兴产业驱动因素,包含企业动因、产业动因和环境动因三个维度,每个维度下均细分为三个构成方面,每方面构成通过2个角度进行测度,测度内容及其来源如下表7-1、表7-2、表7-3所示。

表7-1 企业驱动因素测度

维度	构成	测度	参考来源
企业驱动因素	高管认知	企业高管具备较高的战略洞察能力	胡金星(2010)
		企业高管的思维认知与时俱进	岳中刚(2014)
	技术迭新	企业技术研发涉及行业共性技术	芮明杰(2018)
		企业技术体系持续升级	Brock 和 Wangenheim(2019)
	整合能力	企业产品生产已实现模块化分工 企业已对创新资源进行整合	袁野等(2021)

表7-2 产业驱动因素测度

维度	构成	测度	参考来源
产业驱动因素	供需匹配	企业所在消费市场扩大,消费需求趋于个性化定制化 产业人力、物质和资金等要素供给持续增加	綦良群等(2017)
	数据管治	产业已实现数据有效治理(如数据资产盘点和清洗重组等) 产业已实现数据有效监管(如数据中心运营和数据系统维护等)	任保平和宋文月(2019)
	产业协同	产业已制定多项标准(如产品服务标准和生产运营模式标准等) 产业已建立资源共享平台	张梦霞等(2020) Thuraisingham(2020)

表7-3 环境驱动因素测度

维度	构成	测度	参考来源
环境驱动因素	政策规制	政府已出台推动融合的相关激励政策 政府已撤除阻碍融合的相关管制规定 专利技术、信息资源等知识资产已在产业间自由传播	吴昊天(2014) 邵必林等(2018) 杜传忠等(2019)
	资本融通	资本市场已为融合提供支撑(如投融资补贴和税收优惠等)	Brock 和 Wangenheim(2019)
	创新生态	创新网络规模持续扩大,主体之间联系紧密 智能化融合已成为网络成员的共识	黄蕊等(2020) Arenal 等(2020)

(2)中介变量

中介变量指智能化融合战略性新兴产业作用路径，分为产业架构融合、产业活动融合和产业要素融合，每个维度分别下设 3/4/5 个方面构成，每方面对应一个测度项，测度内容及其参考来源见表 7-4、表 7-5 和表 7-6。

表 7-4　产业架构融合测度

维度	构成	测度	参考来源
产业架构融合	基础层	智能化已融于产业软件系统和硬件设备等基础结构	黄莹等(2018)
	技术层	智能化已融于产业关键核心技术	Kumain(2020)
	应用层	智能化已融于产业各应用场景(如 AI+安防)	孙瑜等(2021)

表 7-5　产业活动融合测度

维度	构成	测度	参考来源
产业活动融合	研发活动	智能化已融于产业研发活动(如调研情况预判、虚拟化产品设计和模拟试制评鉴等)	傅为忠等(2017) 何玉长等(2018)
	生产活动	智能化已融于产业生产活动(如生产柔性调度、过程动态控制和智能监测维护等)	Salminen 等(2019) Woschank 等(2020)
	采供活动	智能化已融于产业采供活动(如需求精准预测、库存高效管理和运输路线灵活设计等)	Toorajipour 等(2021)
	营销活动	智能化已融于产业营销活动(如市场细分、用户个性化体验和客户关系敏感洞察等)	Riahi 等(2021) Selvaraj(2021)

表 7-6　产业要素融合测度

维度	构成	测度	参考来源
产业要素融合	数据要素	智能化已融于产业数据要素(如数据挖掘、决策多源和集成管理等)	Liebowitz(2001)
	人力要素	智能化已融于产业人力要素(如智能招聘、交互学习和劳力管理等)	Manafi 和 Subramaniam (2015);Long 等(2017)
	知识要素	智能化已融于产业知识要素(如知识动态获取、实时共享和开放应用等)	李若辉和关惠元(2018) 张省和周燕(2019)
	网络要素	智能化已融于产业网络要素(如网络运行调度、安全维护和参数优化等)	Polak 等(2019) Yan 等(2020)
	资金要素	智能化已融于产业资金要素(如智能筹措、财务营运和智能投顾等)	Lee(2020) Nalepa 等(2021)

(3)被解释变量

被解释变量指智能化融合战略性新兴产业融合成效,其成效评估体系由原始创新能力、产业结构调整、三连整体效能和社会经济效益四个维度共同组成,各维度分别下设 3 个构成方面,每方面对应 1 个测度项,测度内容及其参考来源见表 7-7 所示。

表 7-7 融合成效测度

维度	构成	测度	参考来源
融合成效	原始创新能力	本企业技术引进和成果转化能力持续增强	唐孝文等(2021)
		本企业原创产品的投入产出率持续提升	李海超等(2015)
		本企业基础组件、基础工艺、基础材料和基础软件等持续升级	周毅彪(2021)
	产业结构调整	产业服务化水平全方位提升	Xu(2017)
		产业聚合与协同程度全方位增强	干春晖等(2011)
		产业生产效率和资源配置效率全方位提升	吴传清和周西一敏(2020)
	三链整体效能	产业链已实现空间均衡发展、多产业共同主导以及关键环节自主可控	芮明杰(2015)
		产业供应链已实现多环节跨企业分工协作,关键环节自主可控	刘明宇和芮明杰(2012)
		产业创新链已实现基础研究、应用研究和试验开发等环节整体协同	Hu 等(2018)
	社会经济效益	社会生态环境效益不断提升	Sun 等(2017)
		居民消费层次不断升级	姚战琪(2021)
		社会经济综合效益不断提升	Tian 和 Liu(2014)

7.1.2 问卷设计

问卷设计的根本目的在于将抽象问题具象化,将专有名词易理解化,问卷设计的合理性直接影响其后续问卷数据的信效度,进而影响研究模型和假设验证。本书问卷设计来源于两个途径:一是现有文献研究,从中提取相关题项;二是领域专家,根据其意见进行修改增删。由于本书所涉变量较为抽象,难以使用面板数据进行量化测度,因而,采用 Likert 量表法进行 5 点打分处理,其中数字 1～5

代表样本对象对题项的认同程度，数字从小到大代表认同度从低到高，具体来讲，1 代表“非常不同意”，2 代表“不同意”，3 代表“中立”，4 代表“同意”，5 代表“非常同意”。需要指出的是，由于题项中涉及专有名词，为方便理解，在问卷注意事项中对“共性技术”、“技术体系”和“创新网络”等名词进行简要解释（见附录），此外，为简化起见，问卷中以“产业”代指“企业所处战略性新兴产业”以“融合”代指“智能化与战略性新兴产业融合”。表 7-8 展示问卷设计过程与时间安排情况。

表 7-8　问卷设计过程及时间安排

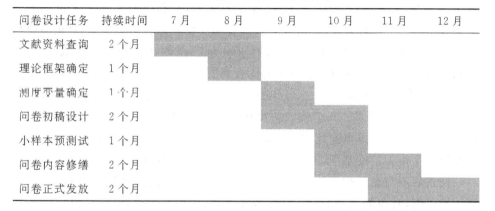

问卷设计任务	持续时间	7 月	8 月	9 月	10 月	11 月	12 月
文献资料查询	2 个月	■	■				
理论框架确定	1 个月		■				
测度变量确定	1 个月			■			
问卷初稿设计	2 个月			■	■		
小样本预测试	1 个月				■		
问卷内容修缮	2 个月				■	■	
问卷正式发放	2 个月					■	■

（1）查询文献资料，确定理论框架。本书查询并阅读大量与人工智能、战略性新兴产业以及两者融合的相关研究文献、政策批示和统计报告，从中梳理出智能化融合战略性新兴产业的内在机理框架，并由此建立理论模型。

（2）确定测度变量，设计问卷初稿。在综合借鉴参考上述文献资料后，确定研究测度变量，并对变量所涉题目进行初步拟定，在由项目组及相关研究领域专家进行指导修葺，形成问卷初稿。

（3）小样本预测试，修缮问卷内容，确定最终问卷。对问卷初稿进行小样本预调研，测试其信效度，并根据信效度结果以及填写人员意见对题项进一步修改增删，在反复斟酌后形成本书最终调研问卷，进行后续正式发放。

7.1.3　小样本预测试

在问卷题项编制过程中，本书参考借鉴现有研究，但需要指出的是，领域内现有关于智能化融合战略性新兴产业的相关量表较为匮乏，因而所涉题项较多来源于自行设计编制，并且结合数位管理学界专家意见进行补充修正，尽管如此，量表中的某些题项可能难以达到最终验证要求，需要对此进行后续修缮。因此，在正式调研之前，需要先对每个变量量表进行小样本预调研，测试其信效度水平。本研究小样本预调研时间为2022年3月，调研对象来自杭州市、金华市和绍兴市等与项目组有合作对象的区域，对其区域内企业人员进行问卷发放。问卷共发放130份，最终回收124份，其中115份为有效问卷，问卷有效回收率约为88.5%。可以进行后续验证。

(1)小样本预测试信度检验

量表检验分为信度检验和效度检验两个方面，信度(Reliability)指问卷量表的可信程度，反映不同测试者所得观测结果的一致性和稳定性，是检测问卷数据真实程度的重要指标之一(李怀祖，2004)。信度检验包含两类指标：修正后项与总计相关性(CITC)，以及删除项后的Cronbach'α系数，Cronbach'α系数在0～1之间，一般而言，Cronbach'α系数越大代表测度指标信度越高。Cronbach'α系数>0.9代表信度非常高，0.7<Cronbach'α系数<0.9代表信度较高，可以接受，0.5<Cronbach'α系数<0.7代表信度中等，若Cronbach'α系数<0.5则信度较低，不可接受，可考虑删除此项(Nunnally 和 Bernstein，1994；李怀祖，2004)。本研究以0.7作为信度基准，对于小于0.5的测度进行删减。

修正后项与总计相关性CITC主要针对每个题项之间的同质性检验，即在同一维度内，对应的每个题目与其他题目之间的相关关系，如果CITC值大于0.4则说明该题项与量表其他题项的同质性较高，如果CITC值小于0.4则说明该题项与量表其他题项整体存在较低相关性，可以考虑删除此题项。删除项后的Cronbach'α系数针对题项的内部一致性，观测此题项删除后整个量表题项的Cronbach'α变更情况，因此将删除项后的Cronbach'α系数与对应维度α系数进行对比，若前者明显高于后者，则考虑删除此题项。由此可见，在信度检测时，需要进行综合考虑，如果修正后项与总计相关性(CITC)高于0.4，删除项后的Cronbach'α系数高于0.6且显著低于维度α系数，则表示此量表较为合理，可以进行后续检验(吴明隆，2010)。

表7-9展示小样本预测试后的驱动因素信度分析结果，可以看出，题项B11～题项B36的修正后项与总计相关性CITC值均大于0.6(高于0.4)，且删除项后的Cronbach'α系数均高于0.8并低于对应各维度α系数，因而均符合保留保准，满足研究信度要求。

表 7-9　驱动因素信度分析(预测试)

变量	题项	修正后项与总计相关性 CITC	删除项后的 α 系数	维度 α 系数
企业驱动因素	B11	0.753	0.881	0.902
	B12	0.667	0.894	
	B13	0.689	0.891	
	B14	0.800	0.874	
	B15	0.694	0.890	
	B16	0.793	0.875	
产业驱动因素	B21	0.610	0.905	0.902
	B22	0.733	0.884	
	B23	0.696	0.889	
	B24	0.762	0.880	
	B25	0.856	0.864	
	B26	0.762	0.881	
环境驱动因素	B31	0.777	0.917	0.929
	B32	0.783	0.916	
	B33	0.868	0.905	
	B34	0.821	0.912	
	B35	0.767	0.919	
	B36	0.743	0.922	

表 7-10 展示小样本预测试后的融合路径信度分析结果，可以看出，题项 C11～题项 B35 的修正后项与总计相关性 CITC 值均大于 0.7(高于 0.4)，且删除项后的Cronbach'α系数均高于 0.8 并低于对应各维度 α 系数，因而均符合保留保准，满足研究信度要求。

表 7-10　融合路径信度分析(预测试)

变量	题项	修正后项与总计相关性 CITC	删除项后的 α 系数	维度 α 系数
产业架构融合	C11	0.782	0.878	0.901
	C12	0.823	0.844	
	C13	0.809	0.854	
产业活动融合	C21	0.812	0.895	0.919
	C22	0.832	0.888	
	C23	0.795	0.901	
	C24	0.814	0.894	

续表

变量	题项	修正后项与总计相关性 CITC	删除项后的 α 系数	维度 α 系数
产业要素融合	C31	0.836	0.916	0.934
	C32	0.835	0.917	
	C33	0.825	0.918	
	C34	0.802	0.923	
	C35	0.824	0.919	

表 7-11 展示小样本预测试后的融合成效信度分析结果，可以看出，题项 D11～题项 D43 的修正后项与总计相关性 CITC 值均大于 0.5（高于 0.4），且删除项后的 Cronbach' α 系数均高于 0.6 并低于对应各维度 α 系数，因而均符合保留保准，满足研究信度要求。

表 7-11　融合成效信度分析（预测试）

变量	题项	修正后项与总计相关性 CITC	删除项后的 α 系数	维度 α 系数
原始创新能力	D11	0.574	0.703	0.762
	D12	0.600	0.676	
	D13	0.610	0.663	
产业结构调整	D21	0.686	0.850	0.859
	D22	0.784	0.767	
	D23	0.744	0.792	
三链整体效能	D31	0.615	0.749	0.796
	D32	0.706	0.653	
	D33	0.601	0.763	
社会经济效益	D41	0.650	0.723	0.801
	D42	0.672	0.699	
	D43	0.615	0.760	

（2）小样本预测试效度检验

在量表题项均已通过小样本预测试信度检验的前提下，本研究继续对问卷效度进行验证。效度（Validity）指问卷量表能够反映所测试事物的真实程度，以及结构变量与测度指标之间的作用关系。效度可以划分为内容效度和结构效度，其中内容效度（Content Validity）指相关领域专家对量表题项的认同程度，题项文字是否真实反映某变量准确内涵，本研究在形成正式问卷前参考大量已有文献，并在相关专家学者的指导下进行反复修缮，具备较高的内容效度。结构效度(Construct Validity)指问卷题项与研究变量之间的内容一致性相符程度，本研究采用 KMO 值和 Bartlett 球形检验值进行效度检验，由于本量表非经典成熟量表，因此，在上述工作基础上加入探索性因子分析(EFA)，通过因子载荷系数判别效度。KMO 值越大代表效度越高，变量间共同因素越多，越适合进行后续因子分析，若 KMO 值小于 0.6 则说明效度较低，不适合进行后续检验，因子载荷系数较低(小于 0.4)时应考虑删除题项，并在删除过程中多次反复进行探索性因子分析，以使最终题项与研究变量之间保持较高一致性。

表 7-12　驱动因素效度检验(预测试)

变量	题项	因子载荷系数		
		1	2	3
企业驱动因素	B11			0.810
	B12			0.779
	B13			0.763
	B14			0.829
	B15			0.680
	B16			0.829
产业驱动因素	B21		0.685	
	B22		0.805	
	B23		0.807	
	B24		0.816	
	B25		0.901	
	B26		0.843	
环境驱动因素	B31	0.836		
	B32	0.845		
	B33	0.910		
	B34	0.838		
	B35	0.802		
	B36	0.750		
特征根值		7.119	3.351	2.250
方差解释度/%		39.549	18.618	12.497
累积方差解释度/%		39.549	58.167	70.665
KMO 值		0.883		
Bartlett 球形检验值			1426.079	
df			153	
Sig.			0.000	

表7-12展示预测试中驱动因素效度检验结果，从表中可以看出，驱动因素KMO值为0.883(大于0.6)，与此同时Bartlett球形度检验近似卡方值为1426.079，自由度为153，p值为0.000，通过显著水平为1%的显著性检验。在主成分提取中，初始特征值大于1的因子一共有3个，累积解释方差度70.665%，说明18个题项中提取的3个因子对于原始数据的解释度较为理想，其中因子1、因子2和因子3的特征根值分别为7.119、3.351、2.250，方差解释度分别为39.549%、18.618%、12.497%。根据旋转成分矩阵判断各题项因子归属，其中B11、B12、B13、B14、B15、B16等6个题目归属于因子3(企业驱动因素)，其因子载荷均大于0.6；B21、B22、B23、B24、B25、B26等6个题目归属于因子2(产业驱动因素)，其因子载荷均大于0.6；B31、B32、B33、B34、B35、B36等6个题目归属于因子1(环境驱动因素)，其因子载荷均大于0.7。综上所述，驱动因素量表数据的结构效度非常好，适合进行后续因子分析。

表7-13　融合路径效度检验(预测试)

变量	题项	因子载荷系数		
		1	2	3
架构融合	C11			0.800
	C12			0.815
	C13			0.843
活动融合	C21		0.831	
	C22		0.852	
	C23		0.816	
	C24		0.855	
要素融合	C31	0.814		
	C32	0.834		
	C33	0.810		
	C34	0.873		
	C35	0.802		
特征根值		6.988	1.698	1.061
方差解释度/%		58.233	14.151	8.843
累积方差解释度/%		58.233	72.384	81.227
KMO值			0.904	
Bartlett球形检验值			1137.707	
df			66	
Sig.			0.000	

表 7-13 展示预测试中融合路径效度检验结果，从表中可以看出，融合路径 KMO 值为 0.904(大于 0.6)，与此同时 Bartlett 球形度检验近似卡方值为1137.707，自由度为 66，p 值为 0.000，通过显著水平为 1%的显著性检验。在主成分提取中，初始特征值大于 1 的因子一共有 3 个，累积解释方差度 81.227%，说明 12 个题项中提取的 3 个因子对于原始数据的解释度较为理想，其中因子 1、因子 2 和因子 3 的特征根值分别为 6.988、1.698、1.061，方差解释度分别为58.233%、14.151%、8.843%。根据旋转成分矩阵判断各题项因子归属，其中 C11、C12、C13 等 3 个题目归属于因子 3(架构融合)，其因子载荷均大于 0.8；C21、C22、C23、C24 等 4 个题目归属于因子 2(活动融合)，其因子载荷均大于 0.8；C31、C32、C33、C34、C35 等 5 个题目归属于因子 1(要素融合)，其因子载荷均大于 0.8。综上所述，融合路径量表数据的结构效度非常好，适合进行后续因子分析。

表 7-14 展示预测试中融合成效的效度检验结果，从表中可以看出，融合成效 KMO 值为 0.918(大于 0.6)，与此同时 Bartlett 球形度检验近似卡方值为 807.378，自由度为 66，p 值为 0.000，通过显著水平为 1%的显著性检验。在主成分提取中，初始特征值大于 1 的因子仅有 1 个，该因子方差解释度为56.354%，特征根值为 6.762，说明 12 个题项中提取的 1 个因子对于原始数据的解释度较为理想。由于仅提取 1 个因子，无法进行旋转成分矩阵，因此，D11～D43 等 12 个题目均归属于因子 1(融合成效)。综上所述，融合路径量表数据的结构效度非常好，适合进行后续因子分析。

表 7-14　融合成效效度检验(预测试)

变量	题项	因子载荷系数
		1
融合成效	D11～D43	—
特征根值		6.762
方差解释度/%		56.354
累积方差解释度/%		56.354
KMO 值		0.918
Bartlett 球形检验值		807.378
df		66
Sig.		0.000

7.1.4 样本选择与数据搜集

(1)样本选择

首先,本书研究对象主要针对战略性新兴产业集群中的相关核心企业,浙江省作为全国战略性新兴产业发展大省,拥有众多战略性新兴产业集群,据统计,截至2021年,浙江省年产值亿元以上的产业集群超过500个,此外,据经信厅发布的2021年产业集群智造试点名单中,浙江省共36个产业集群区域入选,以上情况为本研究提供了充足的样本空间和研究基础。

其次,考虑到问卷题量较大,调研工作烦琐,进而影响发放回收率,因而,本研究样本选择将与作者有一定合作关系的区域作为主要调研区域,包含杭州市、宁波市、温州市、绍兴市、嘉兴市、台州市等城市。

最后,在确定样本调研区域后,本书进一步选择各城市战略性新兴产业集群中5～6家规模较大、年产值较高、员工人数较多的核心企业或机构作为调研对象。此外,由于题项涉及较多战略管理问题,因此,问卷发放对象集中在各核心企业或机构中的中、高层管理人员或部门主要负责人进行填写。

(2)问卷发放与回收

问卷发放与回收工作直接影响后续数据分析与研究结论,本研究通过以下三种途径对问卷进行发放:一是提前联系企业或机构管理人员,通过实地走访调研获取问卷数据;二是通过互联网邮件形式向企业或机构管理人员发放问卷;三是通过浙江工业大学管理学院MBA课堂对学员进行问卷调查。通过上述三种途径,本研究共发放320份问卷,最后回收292份,其中有效问卷有285份,问卷有效回收率为89%,回收结果较为理想。

(3)分析方法

在通过问卷调查方式获取问卷数据后,本研究采用SPSS22.0软件对搜集到的题项数据进行描述性统计分析、信度和效度分析以及相关性分析,探究变量之间的关系。再采用AMOS24.0软件对变量进行多元回归分析,验证结构方程模型。

7.2 数据分析

7.2.1 描述性统计分析

本研究对问卷回收后的各类基础数据进行描述性统计，主要包含企业所在区域、企业成立年限、企业员工规模、企业年均销售额和企业主营业务所在领域，以及受访者工作职位和受访者工作年限，样本基本特征如表7-15所示。从表中可以看出，本研究问卷发放集中在浙江省各城市，杭州、绍兴、宁波和金华等样本数量占比较高，总占比超过90%；样本所在行业领域分布较为均匀，其中新一代信息技术产业、高端装备制造产业、生物医药产业和新能源汽车产业较为集中，占比超过50%；样本企业成立年限在5～10年居多，少数为近5年成立的小微企业；样本企业员工规模集中在100～500人，占比超过50%；样本企业近3年年均销售额集中在500万～1亿元之间，其中1000万～5000万元最多；对于受访者而言，其工作职位以中层管理者和基础技术人员为主，且工作年限多为1～5年。

表7-15 样本基本特征

特征	特征值	样本数量	百分比(%)
所在区域	杭州市	121	42.46
	宁波市	88	30.88
	绍兴市	34	11.93
	金华市	25	8.77
	其他城市	17	5.96
行业领域	新一代信息技术产业	42	14.74
	高端装备制造业	34	11.93
	新材料产业	27	9.47
	生物医药产业	39	13.68
	新能源汽车产业	36	12.63
	新能源产业	28	9.82
	节能环保产业	26	9.12
	数字创意产业	24	8.42
	相关服务业	21	7.37
	其他产业	8	2.81

续表

特征	特征值	样本数量	百分比(%)
成立年限	5 年以下	28	9.82
	5～10 年	177	62.11
	10 年以上	80	28.07
员工规模	100 人以下	70	24.56
	100～500 人	153	53.68
	500 人以上	62	21.75
年均销售额	500 万元以下	25	8.77
	500 万～1000 万元	73	25.61
	1000 万～5000 万元	81	28.42
	5000 万～1 亿元	74	25.96
	1 亿元以上	32	11.23
工作年限	1 年以下	44	15.44
	1～5 年	179	62.81
	5 年以上	62	21.75
工作职位	高层管理人员	69	24.21
	中层管理人员	101	35.44
	基础技术人员	115	40.35

7.2.2 信度检验

在描述性统计分析基础上，本研究进而对问卷数据进行信度分析，检验标准与小样本信度预测试相同，即修正后项与总计相关性 CITC 大于 0.4，删除项后 Cronbach'α系数大于 0.7 并小于对应维度 α 系数。

表 7-16 展示驱动因素信度检验结果，由表可知，企业驱动因素、产业驱动因素以及环境驱动因素各题项修正后项与总计相关性 CITC 值均高于 0.6(大于 0.4)，且各题项删除项后Cronbach'α系数均大于 0.8 且低于对应驱动因素维度 α 系数，信度极高，符合研究信度要求。

表 7-16　驱动因素信度分析

变量名称		修正后项与总计相关性	删除项后的 α 系数	维度 α 系数
企业驱动因素	B11	0.737	0.863	0.888
	B12	0.626	0.880	
	B13	0.721	0.866	
	B14	0.767	0.858	
	B15	0.658	0.876	
	B16	0.715	0.867	
产业驱动因素	B21	0.688	0.892	0.902
	B22	0.729	0.885	
	B23	0.728	0.885	
	B24	0.730	0.885	
	B25	0.777	0.878	
	B26	0.749	0.882	
环境驱动因素	B31	0.791	0.915	0.928
	B32	0.781	0.916	
	B33	0.852	0.907	
	B34	0.826	0.911	
	B35	0.756	0.919	
	B36	0.745	0.921	

表 7-17 展示融合路径信度检验结果，由表可知，产业架构融合、产业活动融合以及产业要素融合各题项修正后项与总计相关性 CITC 值均高于 0.7（大于 0.4），且各题项删除项后Cronbach'α系数均大于 0.8 且低于对应融合路径维度 α 系数，信度极高，符合研究信度要求。

表 7-17 融合路径信度分析

变量名称		修正后项与总计相关性	删除项后的 α 系数	维度 α 系数
产业架构融合	C11	0.758	0.836	0.878
	C12	0.771	0.824	
	C13	0.769	0.823	
产业活动融合	C21	0.790	0.896	0.915
	C22	0.811	0.888	
	C23	0.797	0.893	
	C24	0.827	0.883	
产业要素融合	C31	0.772	0.905	0.919
	C32	0.800	0.899	
	C33	0.792	0.901	
	C34	0.790	0.901	
	C35	0.805	0.898	

表 7-18 融合成效信度分析

变量名称		修正后项与总计相关性	删除项后的 α 系数	维度 α 系数
原始创新能力	D11	0.612	0.732	0.788
	D12	0.639	0.706	
	D13	0.640	0.701	
产业结构调整	D21	0.672	0.792	0.832
	D22	0.732	0.733	
	D23	0.679	0.780	
三链整体效能	D31	0.682	0.744	0.820
	D32	0.722	0.706	
	D33	0.621	0.806	
社会经济效益	D41	0.738	0.760	0.845
	D42	0.721	0.774	
	D43	0.676	0.818	

表 7-18 展示融合成效信度检验结果，由表可知，原始创新能力、产业结构调整、三链整体效能以及社会经济效益各题项修正后项与总计相关性 CITC 值均

高于 0.6(大于 0.4),且各题项删除项后 Cronbach' α 系数均大于 0.7 且低于对应驱动因素维度 α 系数,信度极高,符合研究信度要求。

7.2.3　效度检验

在量表题项均已通过信度检验的基础上,本研究进而对问卷数据效度进行检验,通过 KMO 和 Bartlett 球体得到效度结果,反映量表题项对所测事物的真实程度,以及结构变量与测度指标之间的作用关系,与小样本预测试效度检验标准相同,KMO 值越大代表效度越高,当 KMO 大于 0.6 且 Bartlett 球形度检验结果显著,表明数据适合进行后续因子分析。表 7-19 显示各变量 KMO 值和 Bartlett 球形检验结果,可以看出,驱动因素、融合路径和融合成效的 KMO 值均大于 0.9,且 Bartlett 球形度结果均通过显著水平为 1%的显著性检验,说明问卷数据效度较高,可以进行后续检验。

表 7-19　各变量 KMO 和 Bartlett 球形检验结果

	驱动因素	融合路径	融合成效
KMO 值	0.919	0.915	0.943
Bartlett 球形检验值	3295.735	2484.293	1987.314
df	153	66	66
Sig.	0.000		

由于本量表非经典成熟量表,在小样本预测试中所有问卷题项均已通过进行探索性因子分析(EFA),因而,本研究进一步通过正式问卷数据进行验证性因子分析(CFA)。验证性因子分析包括内容效度、收敛效度和区分效度,其中内容效度也即模型拟合程度,由卡方自由度比、RMR、RMSEA 等指标评判,若拟合结果严格符合评价标准,则表示该模型内容效度较高。收敛效度也即聚敛效度,指各题项对潜变量变异的解释程度,由因子载荷、因子均方差 AVE 以及组合信度 CR 评判,当因子载荷和 AVE 均大于 0.5 且 CR 大于 0.7 时,表示模型聚敛效度良好。区分效度是在聚敛效度的基础上加入各维度间相关性系数,当变量间相关系数显著且小于 0.5,并低于对应潜变量 AVE 平方根时,表示模型区分效度较好。以下分别对驱动因素、融合路径和融合成效进行验证性因子分析,其中驱动因素和融合路径效度检验均包含内容效度、聚敛效度和区分效度,由于融合成效为单因子变量,因此只进行内容效度和聚敛效度检验。

(1)驱动因素验证性因子分析

表 7-20 显示模型拟合指标及对应标准,并附上驱动因素模型拟合结果,由

表可知卡方自由度比值为1.724(小于5),TLI、CFI、GFI以及NFI均严格大于0.9,REMSA严格小于0.08,尽管AGFI为0.896未严格小于0.9,但在0.80～0.89范围内均拟合结果合理,且RMR为0.054未严格大于0.05,在小于0.08范围内均可以接受,因而,总体上驱动因素模型拟合适配效果均理想,可以进行后续分析。

表7-20 驱动因素拟合结果

拟合度指标	χ^2	df	χ^2/df	TLI	CFI	GFI	AGFI	NFI	RMR	RMSEA
评价标准	偏小	—	<5	>0.9	>0.9	>0.9	>0.9	>0.9	<0.05	<0.08
拟合结果	227.546	132	1.724	0.966	0.970	0.920	0.896	0.933	0.054	0.050
是否符合			严格符合	严格符合	严格符合	严格符合	合理符合	严格符合	合理符合	严格符合

由表7-21驱动因素聚敛效度检验结果可知,企业驱动因素、产业驱动因素和环境驱动因素各潜变量对应各题目的因子载荷均大于0.6,说明各潜变量所属题项具备较高代表性,且各潜变量平均方差变异AVE均大于0.5,组合信度CR均大于0.8,说明整体聚敛效度较为理想。

表7-21 驱动因素聚敛效度检验

路径			Estimate	AVE	CR
B13	←	企业驱动因素	0.769	0.573	0.889
B12	←	企业驱动因素	0.662		
B11	←	企业驱动因素	0.796		
B14	←	企业驱动因素	0.817		
B15	←	企业驱动因素	0.714		
B16	←	企业驱动因素	0.771		
B23	←	产业驱动因素	0.773	0.609	0.903
B22	←	产业驱动因素	0.776		
B21	←	产业驱动因素	0.727		
B24	←	产业驱动因素	0.776		
B25	←	产业驱动因素	0.829		
B26	←	产业驱动因素	0.798		
B33	←	环境驱动因素	0.888	0.687	0.929
B32	←	环境驱动因素	0.812		
B31	←	环境驱动因素	0.826		
B34	←	环境驱动因素	0.867		
B35	←	环境驱动因素	0.789		
B36	←	环境驱动因素	0.786		

表 7-22 驱动因素区分效度检验

	企业驱动因素	产业驱动因素	环境驱动因素
企业驱动因素	0.573		
产业驱动因素	0.357***	0.609	
环境驱动因素	0.502***	0.342***	0.687
AVE 平方根	0.757	0.780	0.829

*** 代表 p 值小于 0.01,对角线为 AVE 评价方差变异抽取量。

由表 7-22 驱动因素区分效度检验可知,企业驱动因素、产业驱动因素和环境驱动因素之间均具备显著相关性(p 小于 0.01),潜变量间相关性系数小于等于 0.5,并均低于对应潜变量 AVE 平方根,说明各潜变量之间具备一定相关性和区分度,量表数据的区分效度较为理想。

(2)融合路径验证性因子分析

表 7-23 显示模型拟合指标及对应标准,并附上融合路径模型拟合结果,由表可知卡方自由度比值为 1.639(小于 5),TLI、CFI、GFI、AGFI 以及 NFI 均严格大于 0.9,RMR 严格小于 0.05,REMSA 严格小于 0.08,因而,总体上融合路径模型拟合适配效果均理想,可以进行后续分析。

表 7-23 融合路径拟合结果

拟合度指标	χ^2	df	χ^2/df	TLI	CFI	GFI	AGFI	NFI	RMR	RMSEA
评价标准	偏小	—	<5	>0.9	>0.9	>0.9	>0.9	>0.9	<0.05	<0.08
拟合结果	83.6	51	1.639	0.983	0.987	0.953	0.928	0.967	0.045	0.047
是否符合			严格符合	严格符合	严格符合	严格符合	严格符合	严格符合	严格符合	严格符合

由表 7-24 可知,架构融合、活动融合和要素融合各潜变量对应各题目的因子载荷均大于 0.8,说明各潜变量所属题项具备较高代表性,且各潜变量平均方差变异 AVE 均大于 0.6,组合信度 CR 均大于 0.8,说明整体聚敛效度理想。

表 7-24 融合路径聚敛效度检验

路径			Estimate	AVE	CR
C13	←	架构融合	0.834		
C12	←	架构融合	0.853	0.709	0.879
C11	←	架构融合	0.838		

续表

路径			Estimate	AVE	CR
C23	←	活动融合	0.851	0.731	0.916
C22	←	活动融合	0.853		
C21	←	活动融合	0.837		
C24	←	活动融合	0.878		
C33	←	要素融合	0.834	0.696	0.920
C32	←	要素融合	0.845		
C34	←	要素融合	0.822		
C31	←	要素融合	0.819		
C35	←	要素融合	0.850		

表 7-25　融合路径区分效度检验

	架构融合	活动融合	要素融合
架构融合	0.709		
活动融合	0.609***	0.731	
要素融合	0.629***	0.479***	0.696
AVE平方根	0.842	0.855	0.834

*** 代表 p 值小于 0.01，对角线为 AVE 评价方差变异抽取量。

由表 7-25 融合路径区分效度检验可知，架构融合、活动融合和要素融合之间均具备显著相关性（p 小于 0.01），潜变量活动融合与要素融合相关性系数小于 0.5，架构融合与活动融合以及要素融合的相关性系数在 0.6 左右，区分效度较小，但均低于对应潜变量 AVE 平方根，说明各潜变量之间仍具备一定相关性和区分度，量表数据的区分效度较为理想。

(3)融合成效验证性因子分析

表 7-26 显示模型拟合指标及对应标准，并附上融合成效模型拟合结果，由表可知卡方自由度比值为 1.596（小于 5），TLI、CFI、GFI、AGFI 以及 NFI 均严格大于 0.9，RMR 严格小于 0.05，REMSA 严格小于 0.08，因而总体上融合路径模型拟合适配效果均理想，可以进行后续分析。

表 7-26　融合成效拟合结果

拟合度指标	χ^2	df	χ^2/df	TLI	CFI	GFI	AGFI	NFI	RMR	RMSEA
评价标准	偏小	—	<5	>0.9	>0.9	>0.9	>0.9	>0.9	<0.05	<0.08
拟合结果	3.191	2	1.596	0.995	0.998	0.994	0.972	0.995	0.008	0.046
是否符合			严格符合	严格符合	严格符合	严格符合	严格符合	严格符合	严格符合	严格符合

由表 7-27 可知，融合成效潜变量对应各题目的因子载荷均大于 0.7，说明各潜变量所属题项具备较高代表性，且各潜变量平均方差变异 AVE 均大于 0.6，组合信度 CR 均大于 0.8，说明整体聚敛效度理想。

表 7-27　融合成效聚敛效度检验

路径			Estimate	AVE	CR
D1	←	融合成效	0.786	0.686	0.897
D2	←	融合成效	0.865		
D3	←	融合成效	0.814		
D4	←	融合成效	0.846		

7.3　结构方程模型检验

7.3.1　相关性分析

在对问卷信度和效度均符合要求的基础上，本研究对假设模型所涉及的 7 个变量均进行 Pearson 相关性分析，以探究变量之间的关系程度，如表 7-28 所示。一般而言，Pearson 相关性系数大于 0.7 代表变量间关系极为紧密，在 0.4～0.7 之间代表变量间关系较为紧密，在 0.2～0.4 之间代表变量间关系一般，系数正负代表正负向关系。从表中可以看出，变量间均为正向相关关系，其中产业驱动因素仅与产业活动因素关系较紧密，而与其余变量之间关系均较为一般，环境驱动因素仅与融合成效关系一般，与除产业驱动因素以外的变量均关系紧密，此外，企业驱动因素、产业架构融合、产业活动融合、产业要素融合以及融合成效之间均为存在显著正向相关关系，上述分析结果和本研究假设初步吻合，可以进一步进行回归分析。

表 7-28　变量相关性分析

	B1	B2	B3	C1	C2	C3	D
B1	1						
B2	0.324**	1					
B3	0.462**	0.310**	1				
C1	0.530**	0.330**	0.408**	1			
C2	0.448**	0.422**	0.405**	0.545**	1		
C3	0.513**	0.338**	0.506**	0.568**	0.437**	1	
D	0.402**	0.332**	0.339**	0.500**	0.497**	0.535**	1

** 在 0.01 水平(双侧)上显著相关。

7.3.2　结构方程模型

(1)模型设定

在上述数据分析信效度及相关性均符合研究要求的基础上,本研究进一步对概念模型进行验证分析,在 AMOS24.0 软件中绘制本研究结构方程模型如图 7-1 所示。对图中各变量间关系进行描述如下,并在后续对模型中的各条假设路径进行验证:

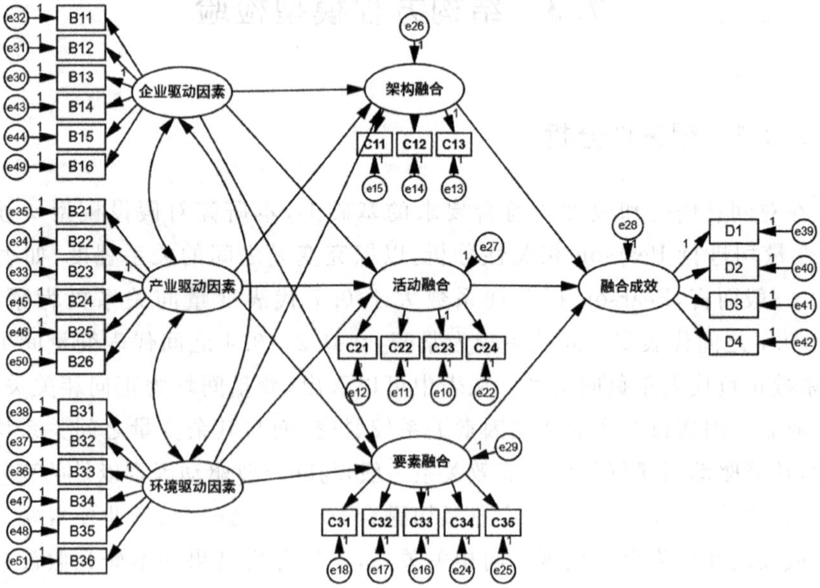

图 7-1　结构方程模型

纵向第一列为自变量驱动因素，包含 3 个外生潜变量——企业驱动因素、产业驱动因素和环境驱动因素，每个潜变量均包含 6 个题项。

纵向第二列为中介变量融合路径，包含 3 个外生潜变量——架构融合、活动融合和要素融合，每个潜变量分别对应不同外生显变量：基础层融合、技术层融合和应用层融合；研发活动融合、生产活动融合、采供活动融合和营销活动融合；数据要素融合、人力要素融合、知识要素融合、网络要素融合和资金要素融合，每个显变量均对应 1 个题项。

纵向第三列为因变量融合成效，对应 4 个外生显变量——原始创新能力、产业结构调整、三链整体效能以及社会经济效益，每个显变量均由 3 个题项构成。

(2)模型参数估计

本研究运用 AMOS24.0 软件，通过固定负荷法以及最大似然估计法对该模型进行参数估计，结构方程模型标准化拟合后的结果如图 7-2 所示。表 7-29 展示模型常用拟合度指标及其评价标准，并附上本模型拟合结果和符合程度。从表 7-29 中可以看出，拟合优度为 900.449，自由度为 512，卡方自由度比为1.759 小于 5 并严格小于 2，说明该模型与实际情况较好相符，整体模型拟合良好。TLI 非规范拟合指数和 CFI 比较拟合指数两者处于 0～1 之间，越趋于表示拟合

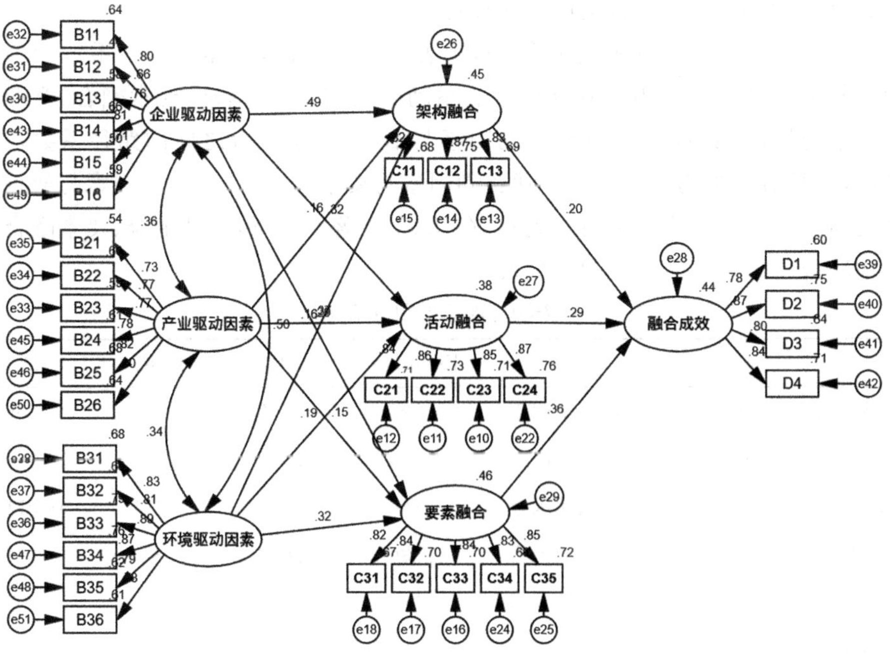

图 7-2　结构方程模型标准化拟合结果

表 7-29　拟合度指标

拟合度指标	χ^2	df	χ^2/df	TLI	CFI	GFI	AGFI	NFI	RMR	RMSEA
评价标准	偏小	—	＜5	＞0.9	＞0.9	＞0.9	＞0.9	＞0.9	＜0.05	＜0.08
拟合结果	900.449	512	1.759	0.938	0.944	0.846	0.821	0.879	0.066	0.052
是否符合			严格符合	严格符合	严格符合	合理符合	合理符合	合理符合	合理符合	严格符合

度越优，本模型拟合后的 TLI 和 CFI 分别为 0.938 和 0.944，严格达到标准（大于 0.9），说明拟合效果较好。GFI 为模型拟合度指数，AGFI 为 GFI 中剔除自由度影响后的拟合效果，两指数均在 0～1 范围内，越趋近于 1 表示拟合度越优，一般大于 0.9 表示拟合程度较高，NFI 规范拟合指数的标准同上，但对于 GFI、AGFI 和 NFI 严格大于 0.9 的良好拟合情况，有学者指出在 0.80～0.89 范围内也可以称之为拟合结果合理（Doll 等，1994），本模型拟合后的 GFI、AGFI 和 NFI 均大于 0.8，代表拟合结果可以接受。对于 RMR 拟合残差和 RMESA 近似均方根误差，两者均越趋近于 0 表示模型越优，一般小于 0.05 代表拟合较好，但当 RMR 不严格小于 0.05 情况时，小于 0.08 也被视为可接受结果，本模型拟合后的 RMR 指数为 0.066，可以接受，RMESA 指数为 0.052，严格符合。总体来看，该模型拟合度较高，整体适配理想。

表 7-30 显示理论模型分析结果，从表中可以看出，总体上路径系数较为理想。其中当显著水平为 0.01 时，企业驱动因素与架构/活动/要素融合、产业驱动因素与架构/活动融合、环境驱动因素与活动/要素融合之间的路径系数均为正向，当显著水平为 0.05 时，产业驱动因素与要素融合、环境驱动因素与架构融合之间的路径系数均为正向。此外，在 0.01 显著水平下，活动融合、要素融合和架构融合均显著正向影响融合成效。

表 7-30　理论模型分析结果

			Estimate	S. E.	C. R.	*P*
架构融合	←	产业驱动因素	0.191	0.073	2.609	0.009
活动融合	←	产业驱动因素	0.334	0.072	4.615	***
要素融合	←	产业驱动因素	0.160	0.063	2.556	0.011
架构融合	←	企业驱动因素	0.630	0.093	6.808	***
活动融合	←	环境驱动因素	0.186	0.064	2.930	0.003
要素融合	←	环境驱动因素	0.299	0.058	5.174	***

续表

			Estimate	S. E.	C. R.	P
要素融合	←	企业驱动因素	0.425	0.077	5.528	***
活动融合	←	企业驱动因素	0.385	0.084	4.586	***
架构融合	←	环境驱动因素	0.167	0.066	2.520	0.012
融合成效	←	活动融合	0.207	0.049	4.228	***
融合成效	←	要素融合	0.280	0.054	5.181	***
融合成效	←	架构融合	0.135	0.053	2.566	0.010
C23	←	活动融合	1.000			
C22	←	活动融合	0.992	0.055	17.932	***
C21	←	活动融合	1.031	0.059	17.327	***
C13	←	架构融合	1.000			
C12	←	架构融合	0.970	0.059	16.395	***
C11	←	架构融合	1.030	0.065	15.874	***
C33	←	要素融合	1.000			
C32	←	要素融合	1.059	0.062	17.112	***
C24	←	活动融合	1.018	0.054	18.744	***
C34	←	要素融合	1.024	0.061	16.909	***
C31	←	要素融合	1.062	0.065	16.431	***
C35	←	要素融合	1.116	0.063	17.694	***
B13	←	企业驱动因素	1.000			
B12	←	企业驱动因素	0.827	0.074	11.165	***
B11	←	企业驱动因素	1.156	0.084	13.845	***
B23	←	产业驱动因素	1.000			
B22	←	产业驱动因素	0.907	0.067	13.569	***
B21	←	产业驱动因素	1.002	0.079	12.703	***
B33	←	环境驱动因素	1.000			
B32	←	环境驱动因素	0.977	0.054	18.068	***
B31	←	环境驱动因素	0.976	0.052	18.838	***

续表

			Estimate	S. E.	C. R.	P
D1	←	融合成效	1.000			
D2	←	融合成效	1.147	0.071	16.058	***
D3	←	融合成效	1.055	0.073	14.441	***
D4	←	融合成效	1.075	0.070	15.447	***
B14	←	企业驱动因素	1.135	0.081	13.985	***
B15	←	企业驱动因素	1.008	0.083	12.201	***
B24	←	产业驱动因素	1.018	0.075	13.597	***
B25	←	产业驱动因素	1.058	0.072	14.792	***
B34	←	环境驱动因素	0.982	0.048	20.627	***
B35	←	环境驱动因素	0.916	0.053	17.156	***
B16	←	企业驱动因素	1.101	0.083	13.255	***
B26	←	产业驱动因素	0.959	0.069	13.949	***
B36	←	环境驱动因素	0.948	0.056	16.941	***

7.3.3 检验结果及讨论

在信效度和相关性分析的基础上，通过建立结构方程模型检验本研究模型假设，检验结果如表 7-31 所示，可以看到，本研究假设均在样本数据检验下成立，从两个方面分别对假设验证结果进行分析。

表 7-31 研究假设验证结果

假设序号	具体描述	是否成立
第一组假设	驱动因素与融合路径的关系	
H11	企业驱动因素正向影响智能化与战略性新兴产业架构融合。	成立
H12	企业驱动因素正向影响智能化与战略性新兴产业活动融合。	成立
H13	企业驱动因素正向影响智能化与战略性新兴产业要素融合。	成立
H21	产业驱动因素正向影响智能化与战略性新兴产业架构融合。	成立
H22	产业驱动因素正向影响智能化与战略性新兴产业活动融合。	成立

续表

假设序号	具体描述	是否成立
H23	产业驱动因素正向影响智能化与战略性新兴产业要素融合。	成立
H31	环境驱动因素正向影响智能化与战略性新兴产业架构融合。	成立
H32	环境驱动因素正向影响智能化与战略性新兴产业活动融合。	成立
H33	环境驱动因素正向影响智能化与战略性新兴产业要素融合。	成立
第二组假设	融合路径与战略性新兴产业融合成效的关系	
H4	智能化架构融合正向影响战略性新兴产业融合成效。	成立
H5	智能化活动融合正向影响战略性新兴产业融合成效。	成立
H6	智能化要素融合正向影响战略性新兴产业融合成效。	成立

(1)融合驱动因素与融合路径的关系

经样本数据检验,融合驱动因素显著正向影响融合作用路径,也即各主体驱动程度越强,越能推动智能化与战略性新兴产业在各维度进行深度融合。

企业层面驱动程度越强,越能推动智能化与战略性新兴产业架构融合、活动融合和要素融合。高管对产业未来向智能化发展的总体方向具备敏锐洞察力和快速响应能力,并对自身固有思维认知方式不断进行自我革新,以此指导企业在业务和战略上进行全流程和全要素智能化变革。此外,行业技术突破式创新和技术扩散依赖于各核心企业对共性技术深度研发,无论是数据资源、硬件耗材,还是算法理论,技术迭新驱动下所带来的是整体产业技术架构的非传统颠覆,从研发—生产—采供—营销,上述实现产品化过程也是技术内部循环过程,并贯穿要素融合全过程。与此同时,企业对资源持续整合创新能力在一定程度上影响融合进程中新业态、新产品和新服务的出现,加快底层技术研发、核心算法泛化和应用场景铺设。综上所述,H11、H12、H13 假设得到支持。

产业层面驱动程度越强,越能推动智能化与战略性新兴产业架构融合、活动融合和要素融合。受需求推力和供给拉力双向作用,当下消费市场拓延与消费需求日益升级并存,智能化融合为高端消费回流趋势提供解决方案,由此带动研发、生产、采供和营销向个性化、定制化精准施放,产业内要素禀赋升级也助力融合要素多维集聚和高效配置。另外,高质量数据是新兴产业革新基础,产业内部在先前数字化转型进程中的数据管理和数据治理已取得初步成效,不仅有助于各业务流程数据管控,且管制成果也为产业架构尤其是基础层和技术层提供高质量数据资源支撑。进一步地，涵盖产品标准、营运标准、生产标准等的产业标准体系建立肃清后续活动融合和要素融合多方面障碍，产业间平台构筑也有助于基础数据源和算法技术共享，加快布局架构融合路径。综上所述，H21、H22、H23 假设得到支持。

环境层面驱动程度越强，越能推动智能化与战略性新兴产业架构融合、活动融合和要素融合。除技术壁垒外，政策壁垒、资金壁垒等也是阻碍融合实施的障碍因素，国家或地区相继出台多项相关激励性政策，取消或撤除旧有限制融合进程的管制性规定，在"清除路障"的同时牢牢占据智能化时代发展先机，为架构融合、活动融合和要素融合提供政策基础。此外，专利技术、信息数据等知识资产在产业间自由流转，这类资产通用性提升各要素资产相似性，同步降低产业间架构融合和活动融合的互通难度和限制壁垒，降税减负、投融资支持的"增减"作用也为产业全过程全要素实施智能化融合割除资本壁垒，专款专项基金项目的广泛实施强力助推初创小中微企业在不同程度上发挥 AI 颠覆性作用。综上所述，H31、H32、H33 假设得到支持。

(2)融合路径与战略性新兴产业融合成效的关系

经样本数据检验，融合路径显著正向影响战略性新兴产业融合成效，也即智能化通过各维度融合战略性新兴产业的程度越深，越能提升战略性新兴产业实现高质量融合成效。

智能化与战略性新兴产业在架构层面融合程度越深，越能促使战略性新兴产业实现高质量融合成效。AI 在数据资源、算力平台和硬件耗材在基础层融合赋能新兴企业基础创新和产品创新，数据挖掘、生物识别、深度学习等行业核心技术的普适性渗透为生物医学、新能源汽车、高端装备制造等新兴企业共性技术迭代提供发展温床。在此基础上，产业总体结构向高集约化、高附加值化和高技术密集度的经济服务化方向动态延伸，传统一二产业与第三产业重组兼备和转移，产业间聚合速度和质量相较以前呈现合理化增长。在结构优化的另一方面带来多维链式升级，基础层、技术层和应用层的多层次融合新兴企业的过程实质上是上下游产业链、供应链和创新链的价值动态协调过程，所提供的云台环境助力各链上主体进行大规模跨区域、跨产业和跨环节分工协同，实现三链整体效能质的飞跃。最终，产业高质量发展落实于经济总体效益提升，产业资源消耗方式带来生态环境绿色创新，智能化的普适性应用将反哺社会整体消费结构升级。综上所述，H4 假设得到支持。

智能化与战略性新兴产业在活动层面融合程度越深，越能促使战略性新兴产业实现高质量融合成效。无论是调研预测、产品构思，还是柔性生产、预测性维护，研发活动和生产活动所涉及的参数组合和算法过程有助于强化企业技术创新、产品创新和基础创新能力。企业在智能化研发—生产—采供—营销的赋能过程中，生产效率和资源配置效率同步提升，产业间边界不断拓延和模糊化，不同产业间及产业各部门间聚合效应和协同程度全方位加强。与此同时，智能化融合下的上下游企业研发链—生产链—供需链—销售链相继进行空间重构和价值重构，信息流、商品流、技术流在链式循环中跨主体实现全渠道高效协同，由此带来重组下的创新链、供应链以及产业链三链整体效能提升，获取不可估量的可持续生态效益和社会经济效益。综上所述，H5 假设得到支持。

智能化与战略性新兴产业在要素层面融合程度越深，越能促使战略性新兴产业实现高质量融合成效。无论是技术研发还是产品生产，均涉及劳力、资金、设备、信息和材料等诸多资源协同运作，智能化融合下创新范式和思维认知蝶变，人工智能早已从技术要素跃迁为多维要素集合，深度渗透于数据、知识、人力、资金和网络等要素在各链式主体中循环流转过程，为企业初创阶段的原始创新能力提供必要支撑。而产业结构调整的实质也是各要素长短期均衡下的阶段性结果，不仅劳力和资本之间要素比重升级，而且全要素生产率高效高质提升下的占比结构优化和投入产出合理化，达到要素结构与产业结构的最佳适配。不仅如此，链式分工重组的实质是多层次多主体对资源、空间、技术和规模等要素的循环融通，在全要素智能化基础上，无论是创新链、产业链抑或供应链，上下游成员通过多环节将各要素进行端到端的全渠道紧密衔接。较低层次的基础材料整合转变为较高层次的数据知识协同，除综合经济效益指数增加外，随之带来低耗、低排、节能、循环的生态效益，并重构消费市场结构和消费偏好层级。综上所述，H6 假设得到支持。

7.4 本章小结

本章通过问卷调查方式对模型和假设进行验证分析，得到如下结论：(1)小样本预测试通过信效度检验以及探索性因子分析，均获得较好结果，可以进行后续正式调研；(2)正式调研中对搜集到的问卷数据进行描述性统计分析、信效度分析、验证性因子分析和 Pearson 相关性分析，均通过检验；(3)通过架构结构方程模型并对参数进行估算，结果显示拟合程度整体较优，所有研究假设均得到样本数据检验的支持而得到成立。

第 8 章　智能化融合战略性新兴产业的实现路径与推进机制

根据第 7 章的实证分析结果，本章首先制定了智能化融合战略性新兴产业的实现路径，接着从宏观（政府规制、资本融通和创新生态）、产业（供需匹配、和产业协同）和企业（高管认知、技术迭新和整合能力）三个层面提出了三位一体的智能化融合战略性新兴产业的推进机制。

8.1　智能化融合战略性新兴产业的实现路径

未来 30 年是中国战略性新兴产业提质增效、驱动创新和路径变革的重要时点，也是战略性新兴产业实现由小到大、由弱到强的关键时期。必须紧紧抓住数字化、智能化技术蝶变引发的百年难遇的战略契机，以实现战略性新兴产业强国为目标，以深化供给侧结构性改革为主线，以智能化融合为依托，科学制定中国战略性新兴产业智能化融合战略，坚持“持续创新、融合发展”的技术路线，围绕智能化部署创新链、产业链和供应链，围绕创新链完善资金链，形成科技、经济和资本的深度融合和良性循环，实现中国战略性新兴产业智能升级和跨越发展。

8.1.1　战略目标和战略方针

(1)战略目标

未来 30 年左右，中国的智能化融合战略性新兴产业总体将划分为两个阶段来实施。

第一阶段(2022—2030 年)：“智能化＋战略性新兴产业”——战略性新兴产业的智能化融合在全国得到推广应用，在发达地区和重点领域实现普及；同时，战略性新兴产业智能化融合在重点领域试点示范取得显著成果，并开始在多数企业推广应用。

第二阶段（到2031—2050年）：智能化融合在全国战略性新兴产业实现大规模推广应用，中国战略性新兴产业智能化融合水平走在世界前列，实现中国战略性新兴产业的智能化升级；战略性新兴产业总体水平达到世界先进水平，部分领域处于世界领先水平，为2050年把中国建成世界领先的战略性新兴产业强国奠定扎实基础。

(2)战略方针

未来，中国战略性新兴产业智能化融合发展必须坚持"创新引领、需求驱动、以企为主、产业升级"的战略方针，持续有力地实现自身的智能化升级。

创新引领。创新是引领发展的最大动力，要推进智能化融合战略性新兴产业，必须抓住新一代人工智能技术突飞猛进带来的新机遇，把新一代人工智能融合作为中国战略性新兴产业转型升级的主要路径，用创新实现持续超越，推动中国战略性新兴产业从跟随、并行向引领迈进，实现自主创新和跨越发展。

需求牵引。"智能化＋战略性新兴产业"必须服务于战略性新兴产业转型升级，服务于建设科技强国的战略诉求。企业是智能化融合的主体，推进智能化融合战略性新兴产业必然要满足企业在信息化、数字化和智能化不同层级的研发、生产、产品和服务需要，满足提质增效和创新发展的需求。

以企为主。坚持以企业为主体推动战略性新兴产业的智能化融合，以实现战略性新兴产业转型升级的战略任务。推动企业，尤其是中小微企业的智能化升级不能"千遍一律"，不能"面面俱到"，要结合企业实际情况；要"洋为中用"、科学合理地寻求符合自身特点的转型升级之路。

产业升级。推动智能化融合的最终目的是产业升级，要着眼于战略性新兴产业的每个企业、每个行业和整个产业。各级政府、社会各界要协同互动，共同营造良好的创新生态和产业生态，促进中国战略性新兴产业整体的提质增效、驱动创新和路径变革，实现中国战略性新兴产业智能化融合下的全方位转型升级。

8.1.2 发展模式

(1)政府主导模式

"政府主导模式"指智能化融合战略性新兴产业过程中，主要由政府作为主导力量。以美国为例，2016年，美国政府率先发布首份《国家人工智能研究和发展战略计划》，提出人工智能推动制造业、物流、金融等在内的八大重点领域产业升级的规划。2018年成立国防部联合人工智能中心和人工智能国家安全委员会，负责从制度、预算、技术等多个角度全方位部署人工智能驱动本国产业转型升级。2019年美国总统特朗普正式签署行政令开始启动“美国人工智能倡议”，涉及研发、开放资源、政策制定、人才培养和国际合作五大领域，进一步加快了人工智能驱动产业升级的步伐。由此，可以看出，“政府主导模式”是政府立足本国安全和发展利益，通过顶层战略设计本国智能化融合战略性新兴产业发展，同时，在智能化融合战略性新兴产业过程中，政府不仅与社会各界共同营造良好的创新生态、产业生态和社会生态，而且为提供资金、人才等各类资源，为实现智能化融合驱动战略性新兴产业转型升级目标奠定基础。设立并充分发挥“国家战略性新兴产业智能化融合领导小组”的领导和统筹协调作用，协调政府相关部门与战略性新兴产业智能化融合工作，使中央政府、地方政府、行业、企业围绕国家战略，形成系统推进、层层落实的智能化融合战略性新兴产业组织实施领导体系，有效促进人工智能与战略性新兴产业的深度融合，形成“用产学研金政”协同的、良性循环的战略性新兴产业智能化融合的发展生态。

(2)核心企业主导模式

“核心企业主导模式”，也称为“市场主导模式”。指智能化融合战略性新兴产业过程中，创新使命明确、组织体系完善、高强度创新投入、原始创新能力强、行业国际领先的产业主导企业，按照市场规律，在优化资源配置基础上，承担主要的推动作用。这类企业往往处于与国家利益或者国家重大战略息息相关的产业领域，因此，这些企业会受到政府支持和配合，能够在政府的大力扶持下迅速掌控行业发展方向，智能化融合战略性新兴产业同样如此。从某种意义看，智能化融合的一个重要功能就是加快了市场要素的流通速度，加强了市场之间的交流沟通，降低了信息不对称造成的市场效率损失，使得一般均衡理论能够更加精确地贴近真实市场的运行效率，进而激励核心企业发现非均衡过程和潜在的经济机会，不断推陈出新提高企业运行效率。因而，智能化融合战略性新兴产业必然会打破战略性新兴产业发展惯有的均衡路径，形成新的非均衡路径。通过市场的“再发现”过程，鉴别那些不均衡中潜在的机会，引导核心企业充分发挥自身资源整合能力，运用人工智能对战略性新兴产业进行融合升级。

(3)智能网络平台协同发展模式

“智能网络平台”协同发展模式即充分利用智能网络平台产学研的协同创新智慧和整合机制，通过平台共享和增值，发挥创新要素的乘数效应，实现智能化驱动战略性新兴产业转型升级的目标。智能网络平台一般由政府和“核心企业”共同发起，由“核心企业”依托商业模式的创新主导运营。智能网络平台诞生于第四次产业革命，通过与政府和市场协同发挥效能，引发全新的产业链条和产业模式。虽然政府和市场是实现智能化融合战略性新兴产业升级目标的“有形”和“无形”之手，但无法对战略性新兴产业面面俱到，而人工智能凭借海量的数据、灵活的算法、多样的形式和类人的思维等优势，能够深入战略性新兴产业升级的全过程、全产业链和产品全生命周期，弥补政府和市场的缺陷。智能网络平台由政府的产业政策有效驱动，通过整合战略性新兴产业发展的所有利益相关方，创建开放、实时和共享，集标准制定、自动控制与感知、工业云和工业互联网的创新生态系统，进而在全球范围内配置资源，推动实施国家重点研发计划和战略性新兴产业智能化重大产业工程，增强战略性新兴产业智能化融合的智能认知能力、智能配置能力、链接能力、数据能力和集成能力，促进全产业链的智能协同。同时，催生基于智能网络平台的创新产品，彻底改变现有战略性新兴产业的创新链、产业链和供应链，在链式反应基础上创造全新的产业模式和商业模式，完成战略性新兴产业的智能化融合目标。

(4)“工业 4.0”引领发展模式

“工业 4.0”引领发展模式聚焦互联网、产业互联网和人工智能对战略性新兴产业的作用机制，其中 CPS 是网络世界与实体世界的融合，具备感知空间和时间维度以及应对外部环境复杂性的能力，对产业互联网与工业互联网产生巨大影响，这种影响主要发生在高端制造业、信息通信和新产品设计等战略性新兴产业。CPS 包含了将来无处不在的环境感知、嵌入式计算、网络通信和网络控制等系统工程，使物理系统具有计算、通信、精确控制、远程协作和自治功能，能够提升大数据管理、机器互联、物联传感和自适应等能力，进而链接、整合和动态调整人、才、物、设备、厂房、服务和流程，实现跨界协同。因此，要推进“工业4.0”引领发展模式，必须提升 CPS 能力：一是智能融合能力。将产业链所有环节的“实体空间”要素进行智能化呈现与连接，实现万物智慧互联。二是智能决策能力。通过网络空间集成分析海量数据，实施人—机智能交换，提高认知层的智能决策能力。三是智能交互能力。推进网络与实体空间交互，形成基于智能价值网络的创新生态系统，实现智能协同增值。

8.1.3 实现路径

智能化融合驱动战略性新兴产业的实现路径，不是单一维度的“一刀切”过程，应该从智能化融合战略性新兴产业的内在机理出发，结合四种模式的固有特点，科学规划智能化融合驱动战略性新兴产业的实现路径。具体来看，对于智能化融合的基础层、平台层两个层次而言，二者与既有产业契合度最高，特别是其中所涉及的芯片制造、新材料、量子计算和软件信息等产业，更是与战略性新兴产业智能化融合息息相关，因此，智能化驱动战略性新兴产业升级的路径，必然以政府模式为主导，辅之以核心企业主导、智能网络平台协同和“工业 4.0”引领等模式。人工智能的实际应用层，更多地涉及智能化融合的场景应用，需要依托社会经济的供需主体、市场机制和智能网络来有效配置资源，创新商业模式，因此其实现产业升级的路径，应该以核心企业主导模式、智能网络平台协同模式和“工业 4.0”引领模式为主，辅之以政府主导模式。在此基础上，为了保证从宏观、产业和企业三个层面协调一致共同推进产业智能化融合，还需要构建政府主导模式、核心企业主导模式、智能网络协同模式和“工业 4.0”引领模式协同发力的耦合体系，形成智能化赋能战略性新兴产业升级的强大合力。

(1)战略性新兴产业智能化融合的三层次组合推进路径

宏观层面(顶层规划—重点突破—分步实施—整体推进)。政府层面要抓好战略性新兴产业智能化融合的顶层设计和总体规划，明确各阶段的主要目标和重点任务。具备智能化融合条件的经济发达地区、重点产业和重点企业，要先行先试、重点突破，发挥好引领和表率作用。分步实施，从点(企业)，到线(城市)，再到面(区域)，梯次展开。在此基础上，根据实际状况和条件在全国范围内整体推进，达到普及。

产业层面(探索—试点—推广—普及)。总结近几年战略性新兴产业智能化融合的经验，“探索—试点—推广—普及”的有序推进是科学合理的路径选择。探索是为了论证智能化融合的可行性，通过探索，可以确认智能化融合在企业是可行的。在此基础上，可以在少数核心企业试点。通过试点，一方面探索智能化融合应用可能出现的问题，进一步优化提升；另一方面让其他企业看到智能化转型实实在在的好处，激发智能化融合的内生动力。通过推广，扩大智能化融合范围，同时深入揭示存在问题，予以优化完善，使智能化融合系统整体解决方案更为科学可靠。通过普及，在区域、产业和国内范围内全面推行。这种循序渐进、可操作性强、风险小、成功率高，是一条高质量、可持续的实施路径。

企业层面(构建“产学研用金政”协同的智能化融合生态系统)。智能化融合的发展一定基于企业的自身需求。因此，战略性新兴企业在融合中是参与主体。而智能化融合必须有一批人工智能系统集成商、设备和软件供应商以及技术和产品研发的科技型企业、科研院校和研发机构共同组成智能化融合产业生态系统，才能有效进行。金融机构则通过融资租赁、融资担保和辅导上市等方式创新商业模式，为智能化融合资金的需求保驾护航。政府为智能化融合制定针对性政策和营造有利的发展环境，以促进智能化融合产业生态系统的形成，减小金融机构的投资风险，为人才引进提供优惠的条件。这样，整合各方力量，实现战略性新兴产业智能化融合的高质量推进。

(2)战略性新兴产业智能化融合的四模式组合推进路径

① 智能化融合基础层和平台层的四模式组合推进路径

以政府顶层规划和设计为主导，辅以核心企业主导、智能网络平台协同和“工业 4.0”引领，推动智能化融合核心领域的发展，借此促进新材料、芯片、高端制造和软件信息等产业实现转型升级。

首先，在遵循战略性新兴产业智能化融合客观规律的前提下，深入解析国内智能化融合战略性新兴产业现状与发展趋势，从国家和产业现实需求出发，对照发达国家通行的做法，对智能化融合战略性新兴产业进行顶层设计。顶层设计不仅需要梳理战略性新兴产业智能化融合的重点领域，而且应该对智能化融合的各个领域进行实时动态规划和管理，确保按时间节点和任务要求完成融合目标。当前，智能化融合战略性新兴产业主要面临两大瓶颈：一是高性能芯片和核心算法等人工智能关键核心技术。高性能芯片的设计制造与新材料、电子仪器和精密加工等产业息息相关；核心算法的设计研发与大数据、信息软件和物联网等产业直接关联。二是人工智能的基础层、平台层与战略性新兴产业的基础层、平台层的融合问题。这些问题的解决需要立足我国人工智能和战略性新兴产业各自技术发展的实际状况，从国家层面统筹规划突破智能化融合的两大瓶颈，促进战略性新兴产业智能化融合的进程。

其次，科学设计规划运行的体制机制和政策措施，确保规划能够坐实落地。根据信息经济学与合同理论，要真正落实一项设计规划，需要满足个体理性(Individual Rationality)与激励相容(Incentive Compatibility)两个基本条件。即在设计制度过程中，只有各参与主体自愿执行的前提下，才能确保最有效的参与主体最大限度地发挥自身水平。战略性新兴产业智能化融合的规划设计同样应该考虑“个体理性”和“激励相容”，以推动智能化融合各参与主体积极参与融合化进程。

同时，在规划主体框架和政府主导下，充分发挥核心企业、智能网络平台和“工业 4.0”的辅助作用，共同推动融合化战略目标的实现。制定好顶层规划之后，需要整合政府主导、核心企业主导、智能网络平台协同和“工业 4.0”引领等各类模式，以集聚各类主体，激励各主体协同发力，共同完成战略性新兴产业智能化融合的既定战略目标。在这个过程中，“目标落实加速器”的功能主要由核心企业主导模式和智能网络平台协同模式承担，它们负责把政府主导的顶层规划目标细化为所有参与主体的现实任务，并通过设计相应的激励机制促使各参与主体保质保量完成相应任务。

② 智能化融合应用层四模式的组合推进路径

以核心企业、智能网络平台和"工业 4.0"模式为主导，辅以政府规划，推动智能化融合场景应用领域的创新与发展，整合优化人工智能与战略性新兴产业各自创新链、产业链和供应链，形成全新产业链占领智能化融合的战略制高点。

人工智能的技术成果只有在场景应用中才能产生效用，才能发挥对战略性新兴产业的赋能作用。同样地，只有在实际应用场景中才能发现人工智能技术、创新链和产业链中的缺陷并加以不断完善，才能更好地促进战略性新兴产业的智能化融合进程。在这一进程中，作为市场主体——核心企业和智能网络平台发挥着主要作用，通过系统协调人工智能赋能战略性新兴产业过程中的各类主体，最大程度激发他们的参与融合的热情，在链接人工智能成果和智能化融合场景应用的同时，催生颠覆性融合创新成果，进而促进战略性新兴产业脱胎换骨。对核心企业而言，不仅要发挥其整合创新能力和技术资源的主体功能，也要激发其发现和培养企业家，实现"创造性毁灭"过程的重要责任，通过各种愿景指引、物质和精神奖励，引导和激励各个产业领域企业家积极运用人工智能赋能现有产业，实现驱动战略性新兴产业智能化升级和转型的战略目标。在政府和核心企业的引领外，智能网络平台和"工业 4.0"模式凭借大数据、云计算等技术成果，创新产业模式和商业模式，在更加有效地实现供需匹配的同时，以人工智能技术演进为主导逻辑，将不同种类、不同层级的产业整合在一起构建起全新的产业链条，为战略性新兴产业智能化融合提供了强大的内驱力。当然，尽管核心企业和智能网络平台占据着人工智能赋能战略性新兴产业的场景引用领域的主导地位，但同样不能忽视政府的作用。在智能化融合的实际应用层面，政府主要做好"裁判员"和"指导员"工作，其关注焦点在于游戏规则的制定，以及在宏观层面掌控人工智能融合战略性新兴产业的重点方向和关键领域，同时也应该从国家整体利益和安全的视角出发，制定相应法律法规合理规制融合过程中参与主体的行为。

③ 智能化融合的四模式耦合推进路径

以人工智能基础层、平台层以及应用层三层次融合战略性新兴产业的内在机理为基础，打造政府、核心企业、智能网络平台和"工业 4.0"四模式协同的耦合体系，"从里到外""从上至下"构建人工智能驱动战略性新兴产业智能化融合的巨大合力。

虽然基础层、平台层和应用层等人工智能的三个层次在战略性新兴产业智能化融合的内在机理中所起作用不同，政府、核心企业、智能网络平台和“工业 4.0”等模式在其中的功能也轻重有别，但决不能因此而割裂各层次个模式之间的紧密联系，应该统筹兼顾从更高视野厘清智能化融合战略性新兴产业的“三种机理”和“四种模式”。一是要打通链接基础层、平台层和应用层三个层次的“从里到外”融合战略性新兴产业的管道。三大层次在驱动智能化融合进程中既有不可替代的独特作用，又是密不可分、相依相存的有机整体。需要充分发挥政府、核心企业和智能网络平台各自职能，特别要发挥政府顶层设计和制度供给的主导作用，盘活各个层次和模式，形成协同共进的耦合关系，进而推进战略性新兴产业智能化融合。二是通过政府、核心企业、智能网络平台和“工业 4.0”四种模式的“从上至下”的整合驱动战略性新兴产业智能化融合的产业链条。

总体而言，战略性新兴产业智能化融合的政府、核心企业、智能网络平台和“工业 4.0”四种模式的基本逻辑分别是：政府做好顶层设计，主要对战略性新兴产业智能化融合的战略目标、重点领域和实现途径进行总体规划，同时以资源、制度和政策的支持以保障规划落地实施；核心企业负责整合创新资源和技术能力，发现和培养企业家，实现“创造性毁灭”过程的重要职能，通过各种愿景指引、物质和精神奖励，鼓励和引导各个产业领域企业家积极运用人工智能赋能现有产业；智能网络平台和“工业 4.0”主要发挥赋能效应，对战略性新兴产业进行智能化融合，孕育新产业和新业态。不过在现实中，这四种模式功能的发挥，不是独立的演进过程，而是相互作用、互为协同的“从上至下”的模式整合过程。因此，应该积极推进四种模式之间关联渠道的畅通，充分协调和发挥四种模式各自的职能，形成四者合力，建构智能化融合战略性新兴产业战略目标的模式体系。综上，整合“三种机理”和“四种模式”的能够协同演进的耦合体系能够促进战略性新兴产业智能化融合的进程，保证智能化融合的质量，进而从总体上全面实现智能化融合战略性新兴产业的战略目标。

8.2　智能化融合战略性新兴产业的推进机制

8.2.1　宏观层面

(1)政府规制

面对未来，应该准确把握新一代人工智能情境下智能化融合战略性新兴产业的发展规律，充分借鉴世界各国，特别是发达国家良好的产业实践和监管经验，加强政府规制和治理体系理论研究，探索符合中国国情实际的战略性新兴产业智能化融合的监管和治理框架，推进战略性新兴产业有序和高质量发展。

① 明确监管治理目标

战略性新兴产业智能化融合的监管和治理应以“智能化有益社会”为目标，既要充分释放智能化融合给战略性新兴产业带来的技术红利和价值，也要安全防范、及时解决智能化融合可能带来的机遇和挑战。因而，找到战略性新兴产业智能化融合的实践与有效监管和治理之间的平衡点是重点。对于战略性新兴产业智能化融合发展中出现的问题，既要避免过于严苛的监管而抑制创新活力，也不能任其发展而引发更严重的后果，应给予市场试错和回旋的相对空间，同时严守监管和治理原则底线，确保战略性新兴产业智能化融合符合产业规范和有序进行。

② 优化监管治理环境

政府应该承担战略性新兴产业智能化融合治理体系的顶层布局以及对相关技术与服务进行监督管理的职责，加强部门协同、资源统筹和信息共享，为战略性新兴产业智能化融合营造高质量发展的健康环境：顶层设计战略性新兴产业智能化融合的规范与保障体系，推动数据治理、标准制定和安全评估等能力建设；推动机器人、智能制造、自动驾驶和智能医疗等重点领域及应用场景的规则制定，强化对智能产品或智能服务的风险监测，制定合理合规的战略性新兴产业智能化融合的责任划分体系，探析高效可行的监管路径；加强数据产权问题研究，明确数据权属、使用、交易和共享机制，解决数据所有权、使用权和收益权等问题；强化智能化产品的监督机制，鼓励第三方机构依托标准开展评测，形成标准制定、产业推广和评价测试的联动推进策略。

③ 把握监管治理分寸

监管时机的把控要紧跟智能化融合战略性新兴产业引致的技术突飞猛进、主体业态剧变和监管压力倍增等情况，实施全面监管是必有之举。同时，为了防范智能化融合创新过程中产生的风险，监管尺度要张弛有度，不宜过严而导致创新成本的抬高贻误发展机遇，也不宜过宽而出现依赖擦边行为牟利扰乱市场秩序的问题。具体而言，主要举措有：

转变监管方式。与智能化融合战略性新兴产业情境下日趋复杂的创新行为相适应，应该抛弃现今单方面的机构监管，向功能监管转变，以实现智能化融合创新的同时防范风险。在技术上，可以用智能化手段实现对战略性新兴产业智能化融合的监管。

避免监管滞后。凡事预则立不预则废，监管者应该密切关注市场创新，及早介入，等到市场成熟再去监管必然会导致监管落后于实际情况，效率大打折扣。监管要深入市场，深入科技，密切关注战略性新兴产业融合化过程中的市场创新并和科研机构、高等院校建立更加密切的联系，紧跟市场的最新趋向，做一个开明且掌握实情的监管者，在学习过程中监管，监管过程中学习，然后才能形成好的监管方案。

实施智能监管。通过智能技术实现更有效的监管，智能化与战略性新兴产业的融合是全方位的、立体的，在监管方面也同样适用。监管也应该紧跟智能化融合趋势，借助智能化融合的力量实现有效监管。例如，监管部门通过运用大数据、云计算和人工智能等技术，能够较好地觉察风险态势，提升监管数据收集、整合和共享的时效性，及时发现潜在问题、提高风险识别的精确性和风险防范的有效性。

尝试创新手段。允许一定程度的“试错”，如借鉴“沙盒监管”，通过局部放宽现有产业领域的限制来促进创新，有条件地包容创新业务的模式，审慎设立新兴业务的牌照。建立负面清单制度（如数据使用），把行为按照信用进行正负分类，正信用的一类行为的则允许，负信用的一类行为的则杜绝，而不是根据主体判断监管准入。负面的行为一旦发生，可使用严格的成本收益方法追究，以确保禁止负面行为的发生。

④ 锻造多方共治模式

多元化治理主体、多样化治理手段是战略性新兴产业智能化融合治理的主要特征之一，其有效运行依赖于政府、企业和社会等在内的多主体利益相关方的参与合作，各尽所能、取长补短，以合适的角色、科学的手段实现协同共治。其中政府在治理中起着主导性作用，通过设立专门机构，制定和发布顶层规划、配套政策和法律法规等来实施治理规则；行业组织是治理的积极参与者，通过建立智能化融合战略性新兴产业的相关行业组织，制定战略性新兴产业智能化融合的产业标准和技术规范、解决共性技术难题、处理治理伦理和倡导行业自律等措施促使战略性新兴产业智能化融合规范发展；高等院校与科研机构致力于推进智能化融合战略性新兴产业及伦理研究，为社会提供基础性、公益性服务。如为社会各界提供分享治理观点的平台；研判战略性新兴产业智能化融合的政策和准则现状，提出治理指南与内容框架以及治理体系等。企业及开发者是践行行业自律自治的中坚力量，通过制定企业伦理原则、研发技术工具等，全力推进治理规则的落地。公众是治理过程中的重要参与者，拥有监督、意见反馈等权利，通过积极参与治理规则制定，适当介入相关监督过程，加强公众对战略性新兴产业智能化融合的理解和信任，更好地保护智能产品和服务消费者的合法权益。

⑤ 完善监管治理路径

根据战略性新兴产业智能化融合发展的不同阶段，因时因事构建全面、有效的战略性新兴产业智能化融合的治理路径，在不同发展阶段确立不同的治理重点和目标。近期应推进产品和服务标准的制定，利用“数据治理”推动战略性新兴产业智能化融合治理问题解决。应重点关注战略性新兴产业智能化融合过程中应用数据对个人权益、国家安全和企业利益带来的影响，以及人工智能对重点战略性新兴产业的赋能。如通过“数据治理”实现对算法和应用的治理，加快企业和个人信息保护、数据安全、数据流动、数据共享交换等制度建设；由行业协会或产业联盟出台行业标准和技术应用规范的方式优化产品和服务的稳定性与质量。中远期，应强化伦理和责任法律制度，实现法律与伦理原则衔接。应重新评估自发性的人工智能技术及其在战略性新兴产业领域的应用对现行伦理和责任体系带来的影响，明确战略性新兴产业智能化融合的研发、设计、制造、运营、营销和服务等环节主体的权利和义务，研究在产品伦理和责任法律体系中纳入软件、算法、数据等新要素的可行性，同时探求部分领域算法透明度的标准和程序。

⑥ 提升监管治理能力

进一步提升战略性新兴产业智能化融合的数字治理能力，不断完善适合战略性新兴产业智能化融合的法律法规环境。一是加强战略性新兴产业智能化融合治理研究力量，加大对战略性新兴产业智能化融合阶段人机共生社会关系等前瞻性伦理问题研究投入，加强战略性新兴产业智能化融合的基础理论、可解释算法、可信任 AI 评估测试、开源开放平台等技术研究，打造具有一定国际影响力的治理专业组织机构，以务实审慎的态度促进战略性新兴产业智能化融合。二是加强行业自律，依托企业、高等院校、科研机构和产业联盟等机构，制定优化和共享相关操作指引，支持产业界加强实践，推动人工智能融合战略性新兴产业的伦理和行业自律原则的实施落地。三是持续完善战略性新兴产业智能化融合标准体系，鼓励产业联盟等组织制定战略性新兴产业智能化融合标准、行业规范和技术标准，尽快形成国家标准顶层引导、行业标准先试先行、国际标准积极参与的良好局面。四是加强政府的智能化能力。通过与高校和科研机构合作建立智能化学院或培训中心，为各级政府提供智能化融合战略性新兴产业相关培训课程，提高政府部门智能化能力，为监管治理提供现实基础。五是根据战略性新兴产业智能化融合的基础平台、应用场景、影响范围、可能的危害程度的不同，采用分类治理的思路和方法：对于涉及国家安全、社会稳定等高风险领域（如自动驾驶、智能制造），加强事前监管与准入限制；对于涉及个人日常消费及服务等风险相对较低的领域（如电子商务、智能家居），采取基于结果的规制思路，侧重事中事后监管。

⑦ 综合监管治理手段

智能化融合战略性新兴产业的监管和治理应建立在对人工智能价值观思考的基础上，通过制定伦理原则、产业标准、技术规范和法律法规等措施，有效应对战略性新兴产业智能化融合带来的风险和挑战。一是伦理引导。利用伦理规范约束以使战略性新兴产业智能化融合过程向善和健康发展。相对于立法的滞后性反应，伦理规范约束可以先行预设，能够较为及时地反映出变化的社会关系。二是标准引领。战略性新兴产业智能化融合行业标准体系建设对战略性新兴产业智能化融合发展具有基础性、支撑性和引领性作用，是推动产业创新发展的关键抓手。三是工具研发。智能化数字技术本身也作为一项精准、高效的技术治理工具，可以被用来解决战略性新兴产业智能化融合带来的风险问题。应该积极开发数据筛选、算法设计和模型优化等技术工具，着力解决诸如隐私泄露、算法偏见、非法内容审核等问题。例如华为将"差分隐私""数据过滤"等技术应用于算法训练等数据使用过程，确保 AI 赋能战略性新兴产业的安全可控。四是法律法规。战略性新兴产业智能化融合带来的责任归属界定、隐私泄露等问题将持续挑战现行法律法规底线，需要考虑采取包容审慎、灵活弹性的应对方式，既要避免草率立法对战略性新兴产业智能化融合发展带来的挑战，也要跟上 AI 技术发展节奏，实现"敏捷治理"。

⑧ 建立效果评价机制

针对战略性新兴产业智能化融合过程中技术迭新和创新迅速的特点，治理手段与机制等也需要对新趋势、新问题进行及时响应、动态优化和持续改善，实现更为敏捷的治理。为此，应该导入治理效果评价与反馈（或治理绩效考察）机制，以准确掌握最新治理情况、及时发现问题，以制定更有效的应对策略。例如，对于伦理原则，可评估其可操作性和社会接受度；对于技术工具，可对其安全性、成熟度、稳健性和有效性等进行评价；对于行业标准，可评价其全面性和合理性；对于法律法规，可评价其社会满意度和监督问责等。

⑨ 参与全球合作治理

战略性新兴产业智能化融合是全球高度协作的成果，其未来的发展依赖世界各国优势互补、互利共享和合作共赢。战略性新兴产业智能化融合必须做到：一是秉持合作共赢和共同发展的理念，加强与各国之间的政策沟通，增进理解、建立互信，与世界各国携手共建共享安全高效、持续发展的战略性新兴产业智能化融合治理环境。二是积极参与世界有关战略性新兴产业智能化融合治理的多方对话，推动制定全球战略性新兴产业智能化融合伦理规则及标准，鼓励国内外企业及相关机构加强战略性新兴产业智能化融合国际标准化合作，不断强化战略性新兴产业智能化融合算法规则、数据使用和安全保障等方面的治理能力。三是在战略性新兴产业智能化融合领域构建包容性强的国际治理交流平台，与世界各国共同探讨、形成好的建议措施和治理规范共识。四是在多边合作机制下，分享治理经验与实践，共同探索合乎战略性新兴产业智能化融合发展需要的监管治理模式。

(2)资本融通

面对战略性新兴产业智能化融合过程中巨大的资金需求，应该整合政府、社会、金融机构和资本市场等各方面的资源和力量，形成能够推动战略性新兴产业智能化融合高质量发展的资金投入和资本融通的环境体系。

① 优化基础研究投入机制

优化和完善人工智能及其融合战略性新兴产业的基础研究投入机制，我国要在人工智能及其在战略性新兴产业赋能应用达到世界先进水平，就必须有针对性地提前布局，尤其是要大力度进行基础研究的经费投入。一是在各类国家级研发基金设立定向资助领域，定向投入人工智能及其融合战略性新兴产业领域基础研究，这部分投入将为智能化融合战略性新兴产业长期高质量发展奠定基础。应提倡科学家首创精神，鼓励和资助不同研究路线的学者竞争和合作。二是引导人工智能和战略性新兴产业领域核心企业与国家自然科学基金设立智能化融合战略性新兴产业联合基金资助定向基础研究。定向基础研究紧密连接科技成果转化，由领军联合国家自然科学基金向全世界相关领域专家邀约设计项目指南并提供前期资助，在加大基础研究投入的同时提升产学研合作水平和科技成果转化效率。

② 引导聚焦产业基础层

基础层产业是人工智能及其融合战略性新兴产业的最为重要的基石，应该引导和鼓励各类资金聚焦此类产业，以高端芯片为例，作为集成电路产业中的新兴细分领域，与传统领域相比，中国与发达国家差距较小，有望更快实现对发达国家的超越。因此，建议科技部、国家发展和改革委员会、工业和信息化部、各省市、自治区的相关部门以及集成电路产业发展基金的项目选择和资金投入等加大对高端芯片等我国具有优势的人工智能基础层产业的支持力度。同时，通过项目示范和资金引导，鼓励社会各界，尤其是核心企业和创新型企业聚焦高端芯片等产业基础层，加大资金投入力度，为智能化融合战略性新兴产业打下扎实基础。

③ 构建多元化融资渠道

充分体现国家财政投入的引领作用，吸引社会资本、核心企业和金融机构，构建战略性新兴产业智能化融合的多元化融资渠道。

加大政府财政资金投入。围绕发展智能化融合战略性新兴产业的关键环节多措并举，推动各类国家科技重大专项、科技计划加大对智能化融合的支持力度。二是用好技术改造专项资金推进智能化融合落地。将智能化融合作为技术改造和创新的主要任务，通过股权投资、贴息、事后奖补等方式支持企业开展智能化改造，推动智能化改造投入成为企业工业投资的主体。三是采取税收激励支持政策。符合规定条件的企业可享受企业所得税优惠和进口税收优惠政策。落实固定资产加速折旧政策，给予税收减免。对于企业开展智能化技术改造的项目投资列入研发加计扣除，建立留抵退税制度。对智能升级改造项目，在项目竣工投产后，从增收的税收中拿出部分给予返还奖励。

设立专门基金。按市场化运作方式组建各类智能化融合战略性新兴产业发展基金，大力鼓励金融机构依法创新符合智能化融合战略性新兴产业的产品和业务，依托基金引导社会风险投资、股权投资投向智能化融合战略性新兴产业领域。

提升产业孵化器。在已有人工智能产业孵化器基础上，增加人工智能与战略性新兴产业融合的投融资服务，在不同阶段的人工智能和智能化融合初创企业提供融资、场地、运营和人才等方面的不同孵化支持，尤其是更多有效的资金支持。对于拥有核心技术和发展潜力较大的初创企业，将为其提供高质量的融资服务，帮助企业突破成长瓶颈。

选择风投融资。针对初创期的非独角人工智能或者智能化融合企业，融资方尽可能选择对企业经营干预较少，能够给予较多资源支持，同时又能够给与企业充足的自由发展空间的投资方。此外，风险投资方的选择应该更注重具有丰富的行业经验，能为初创期的人工智能或者智能化融合企业提供更开阔的发展视野和发展路径。

加大信贷支持。鼓励和引导金融机构对技术先进、优势明显、带动和支撑作用强的智能化融合战略性新兴产业项目优先给予信贷支持。支持金融、投资、信用和融资担保、融资租赁、小额贷款等机构与智能化融合企业、系统解决方案提供商、客户相结合，创新融资模式和产品，采取分期付款、融资租赁等方法，支持智能化融合企业和新业态、新模式、新应用的发展。金融机构在风险可控的前提下，开展与智能化融合相关的知识产权质押贷款或以知识产权质押作为主要担保方式的组合贷款、信用贷款以及其他非质押类贷款模式创新、贷款产品创新，扩大对智能化融合企业和应用企业贷款抵(质)押品范围。

债务/股权融资。提高智能化融合战略性新兴产业直接融资比重,在科创板、创业板以及新三板设立专门的板块,拓宽企业直接融资渠道,支持智能化融合企业通过公开募股上市、挂牌融资。积极引导和支持智能化融合战略性新兴产业重点领域符合条件的企业发行公司债、企业债、短期融资券和中期票据等方式进行资金融通。

(3)创新生态

基于共生理论,企业间的融合创新模式就是共生模式,核心企业在创新系统发展中占据主导地位,创新系统发展包括点共生向一体共生、寄生向对称互惠共生两条演化路径,应致力于把单点和寄生共生模式转换为长期互惠共生模式。通过编制智能化融合战略性新兴产业技术路线图、构建以基础研究为首要任务的智能化融合国家实验室、建设智能化融合大数据库、构筑互惠共生的创新生态系统是破解人工智能与制造业融合阻碍。

① 编制智能化融合战略性新兴产业技术路线图

由政府主管部门主导,相关政府部门、产业界和学术界专家共同编制战略性新兴产业智能化融合技术路线图,引导智能化融合企业及时、准确地把握智能化融合战略性新兴产业现状及未来发展趋势。在编制技术路线图过程中,应该更加注重技术路线图及其预测功能,因为预测功能可以达成对智能化融合战略性新兴产业趋势的共识,更可以形成产业界与学术界之间的知识交互,推动产业界与学术界、不同领域、不同层次之间围绕战略性新兴产业智能化融合的发展方向及可能产生重大突破的领域进行深入沟通和交流,在交互过程中促进多学科知识共享、融合和扩散,而这些举措恰恰是未来智能化融合战略性新兴产业落地生根的基石。同时,为了促进战略性新兴产业智能化融合,应采用"共存"发展方法和"平行促进和综合发展"的技术路线图;也就是说,应通过整合智能制造,智能网络制造和新一代智能制造,迅速并充分利用快速开发的高级信息技术和综合创新的先进制造技术,从而在更高层次促进智能化融合转型。完成制定战略性新兴产业智能化融合的技术路线图后,应该定期和不定期根据宏观政策、国际环境、技术和产业发展变化进行动态调整,从而更好地指导未来的智能化融合战略性新兴产业理论与实践。

② 发挥智能化融合战略性新兴产业政策引导作用

智能化融合创新生态系统的构建和发展应该通过创新和完善政府的相关政策加以实现。从国家层面,要着眼于战略性新兴产业智能化融合发展的国际竞争态势和我国总体发展的现状,从顶层设计和制定全面科学的战略性新兴产业智能化融合的发展政策，推进智能化融合创新生态系统的建构和完善；从区域层面，各地区既要对接国家顶层规划和政策，又要结合本区域智能化融合发展的实际状况和需要，引领区域智能化融合方向和重点领域，并辅之以财政、税收和资本等手段。当然，无论是国家层面还是区域层面，智能化融合政策都应该强化针对性和时效性，尤其是应针对智能化融合细分领域的现状与需求，制定更加切实高效的智能化融合政策，同时，优化和完善各类推进政策的实施机制。

③ 加大智能化融合战略性新兴产业的关键创新

关键核心技术、应用算法与软件系统的创新突破是智能化融合创新生态系统的构建与完善的主要驱动力。首先，要大力支持智能化融合的基石——高性能芯片的研发，引导核心企业和创新型初创企业走芯片技术研发和设计的差异化道路，通过并购、技术联盟和合资等方式推进强强联合，集中人力、物力和财力实现“卡脖子”技术突破。促进产业链上下游互惠融通，依托国内丰富的战略性新兴产业智能化融合应用场景、潜力巨大的市场需求，加快国内高性能芯片技术迭新和商业化应用。其次，鉴于算法在智能化融合创新生态系统运行中的关键作用，应该汲取 Windows 操作系统主导 PC 互联网生态、安卓主导移动互联网生态的经验教训，竭尽全力整合全球创新资源，走创新和开放之路，用平台和生态系统思维去设计算法框架和系统集成。

④ 构建智能化融合战略性新兴产业有效机制

其一，在政府数据开放基础上，由政府相关部门、核心企业和特定专利机构共同组建一个标准统一、跨平台分享的数据开放生态系统。优化数据采集的相关规制，强调数据伦理和保护个人隐私，防止滥用数据；其二，强化数据作为核心生产要素全面参与价值创造和分配的能力，加快产业流程再造，发挥数据应用的生产力乘数效应，创新产业组织与运营模式，确保智能化融合创新生态系统的有效运行；其三，通过制定数据应用及其治理的相关政策，建立健全数据交易机制和定价机制，引导培育数据交易市场，成立国家级智能化融合大数据交易中心等方式，促进数据的流通和交易以及更高效的利用。

⑤ 成立智能化融合战略性新兴产业国家实验室

以政府研究机构为基础，联合人工智能和战略性新兴产业核心企业成立智能化融合战略性新兴产业国家实验室。智能化融合战略性新兴产业国家实验室需要聚焦于任务导向型、战略性“卡脖子”技术的研究，依托多学科协作和充沛资金支持智能化融合战略性新兴产业领域的基础性研究和协同创新，加强在群体智能、大数据、人机结合、高级机器学习、类脑智能计算和量子智能计算等跨领域基础理论研究。加强国家实验室与战略性新兴企业的联系，建立智能化融合战略性新兴产业国家实验室的理论研究与市场应用的对接渠道。

⑥ 构建智能化融合战略性新兴产业大数据库

由于现有战略性新兴产业领域主要以企业自身数据库为主，数据规模有限、数据质量不高，严重制约人工智能在战略性新兴产业领域的“自主学习”。因此，要实现人工智能与战略性新兴产业深度融合，就必须推进战略性新兴产业领域数据的获取、共享和整合，以参与智能化融合的企业数据库的融合为先行基础，创建全球领先和规模最大的战略性新兴产业智能化融合大数据库，并逐步形成自主标准体系，提高战略性新兴产业智能化融合的高质量发展。

⑦ 选择智能化融合战略性新兴产业模式

在智能化融合战略性新兴产业过程中，应该重点关注融合切入点和融合模式。对于融合切入点，由于我国战略性新兴产业企业主要分为连续型生产和离散型生产两类。连续型生产企业融合目标是实现生产过程、质量风险和成本风险透明化，即整合产品质量、生产工艺和设备状态三者参数，完成生产设备对其生产环节、产品质量和自身状态的感知、预测和调整。因而，连续型战略性新兴产业企业智能化融合的基点是工艺创新。离散化生产企业主要从用户需求进行产品创新和升级，并且进行小批量、多品种和高价值产品的定制化生产。因而，离散型战略性新兴产业企业智能化融合的基点更加关注服务创新、生产组织创新和产品创新。

⑧ 培养智能化融合战略性新兴产业“核心企业”

引导和鼓励企业进行产业链纵向和横向整合，支持人工智能企业与战略性新兴产业企业通过联盟重组、合资合作与跨界融合等方式进行战略联合，共建研发基地或协同创新中心，针对战略性新兴产业智能化融合的核心技术进行攻关。在此基础上，加快培育智能化融合水平高、技术创新能力强和产业整合能力强的“核心”企业，创建市场渗透力强的战略性新兴产业智能化融合知名品牌；充分发挥“核心”企业引领作用，以“核心”企业为舵手打造良好的战略性新兴产业智能化融合生态系统，形成产业全面融合、协同发展的良好氛围。依托“核心”企业，建设战略性新兴产业智能化融合“智慧工厂”，以产品研发和制造生产为核心，以产品生命周期数据为基础，应用仿真模拟、AR\VR 和实验验证等技术，在生产工位、生产单元、流水线以及整个工厂实现产品的智能化研发和生产。在信息化、数字化与智能化梯次进化的情境下，从基础 IT 与自动化，到业务流程变革，再到系统集成，参照 CPS 与工业 4.0 的技术标准，建立智能车间、智能工厂、智能化企业以及整个战略性新兴产业智能化融合生态系统。

⑨ 打造智能化融合战略性新兴产业教学体系

整合与开放智能化融合战略性新兴产业教育资源。鼓励高校(高职)整合校内人工智能和战略性新兴产业教学和研究资源,开设相应的新学科和新专业,大幅度确定相关专业招生名额,加强智能化融合的教学和研究的基础建设,尽快多层次、多元化的智能化融合战略性新兴产业的高等教育和高职教育的科研体系和教学体系。同时,推动高校与企业、社会团体等共同制定针对不同年龄、不同学历和不同阶层的培训课程和教材,打造智能化融合战略性新兴产业公共教育和培训平台,向公众免费和半免费开放课程;探索产学研合作的新培养模式。鼓励企业创办智能化融合研究机构,与科研院所和高校联合建设智能化融合实验室,培养智能化融合高精尖专业人才。鼓励创业创新,促进智能化融合成果转化和产业化。构建智能化融合战略性新兴产业园区(科创小镇)及其服务平台,依托平台推动人才、技术、资源和资金的交融,整合不同类型参与主体的优势,形成产业园区(科创小镇)协同演进作用。同时,将产业园区(科创小镇)内集聚的信息和数字资源对外开放,实现资讯的共享,将产业园区(科创小镇)创造成果与成功经验扩大到更大的市场范围,提升智能化融合战略性新兴产业的整体水平;此外,应该建立一支数量充足、结构合理和质量优良的智能化融合师资队伍,师资队伍建设需要有层次、有梯度和有序推进,一方面依托智能化和战略性新兴产业相近专业的师资打造智能化融合师资队伍,另一方面,聘请和引进智能化融合相关企业技术专家作为兼职教授和正式教师,充实师资队伍。

⑩ 建设智能化融合战略性新兴产业人才体系

建设智能化融合战略性新兴产业人才库。根据智能化融合战略性新兴产业对中高端人才持续增长的需求,打造智能化融合的具有成长性的人才库势在必行。成长性的人才库必须做到人才数量基本满足人才需求,人才的知识结构与技术发展趋势匹配,顺畅的人才流动机制以及可持续的发展。成长性的人才库可以从人才培养、吸引和留住三个方面着手:其一,人才培养。依托教育系统、企业培养和社会培养三位一体的教学体系。在教育系统内,中小学教育教学智能化融合战略性新兴产业基础知识,高校(高职)开设智能化融合专业和研究方向,推动跨区域、跨学院和跨学科的智能化融合合作;在企业培养方面,为企业与院校、科研机构合作牵线搭桥,鼓励企业自建人才培养体系,通过政策、资金等措施支持企业人工智能人才计划项目等。其二,人才吸引。打造集国家、城市、学校和企业品牌以及相对应的制度、社会、文化、自然、经济和技术等良好环境为一体的智能化融合人才吸引体系,同时,通过颁布智能化融合中高端人才专项政策和定期海内外人才引进活动吸引中高端人才。其三,人才留住。通过提供永久户籍、医疗资源、子女入学、老人养老、住房补贴、工作补贴和荣誉奖项等方面为智能化融合相关中高端人才提供便利生活环境，从而确保留住人才。

制定智能化融合战略性新兴产业人才评价体系。首先，立足于国内外智能化融合的现状和趋势，结合智能化融合企业在技术、能力和岗位的人才实际需求，全面整理人才结构、岗位类型、知识与技能等要求，形成以岗位类型为基础、以能力标准为导向的多元化、全方位的智能化融合人才岗位能力标准；其次，强化人才评价标准体系建设，按照分类分层原则设计合理的评价指标，建立权利、条件和机会平等的智能化融合的多元主体人才评价体系，充分发挥政府、高校、企业以及其他专业组织的主体作用，对智能化融合人才的专业性、技术性、实践性和创造性进行全方位的考评。

打造智能化融合战略性新兴产业人才服务体系。建立起反应敏捷、跟进快速和动态调整的智能化融合精准就业服务体系，确保人才适时、精准融入智能化融合相关产业，促进人才培养体系闭环建设：打造智能化融合全周期的就业指导服务体系，通过为培养人才开展职业规划、就业指导课程，帮助人才明晰就业方向和发展定位；构筑精准对接就业市场和精准匹配就业信息的人才服务体系。企业在与高校共建人才培养体系的基础上，可适当提前人才选拔周期，针对意向人才开展重点培养工作；同时，高校应该实时掌握人才就业动向，积极找寻匹配的就业渠道，实现人才求职意愿与企业需求无缝对接；建立人才就业状况反馈和就业数据实时追踪服务体系。利用大数据、人工智能等技术及时、准确跟踪智能化融合人才就业状况，根据反馈结果优化专业和课程设置、招生计划和实习基地建设等人才培养内容，确保智能化融合人才培养体系高质量发展。

8.2.2 产业层面

(1)供需匹配

① 智能化融合供给侧方面

一是通过政策驱动智能化融合战略性新兴产业的供给。由于异质性资源、技术和能力以“大杂烩”形式跨界融合，不但难以推动智能化融合产业发展壮大，还会增加市场交易成本和政府管理成本，进而影响智能化融合的供给。因此，政府应深入分析和研判智能化融合战略性新兴产业的影响因素，结合各个地区人工智能产业和战略性新兴产业的特点和供给态势，通过政策驱动人才、技术、数据和资金等资源进入具有区域特色和产业竞争力的人工智能和战略性新兴产业的细分领域，实现区域战略性新兴产业智能化融合供给的目的性和稳定性以及与智能化融合需求的匹配性。

二是示范应用带动智能化融合供给。提升战略性新兴产业智能化融合的积极性，推动战略性新兴产业智能化融合的集成创新、产业应用、产业化创新，促进产学研用金合作和共建产业技术创新联盟，共同推进离散型智能生产、流程型智能生产、大规模个性化定制和远程智能运维服务等战略性新兴产业智能化融合应用。支持智能化融合系统集成和应用服务，建立多元主体参与、多重路径并行的开放式产业创新和技术扩散机制和体系，架构能够集采产品、运营、服务、客户、价值链等多维大数据的智能化融合数据云，实现决策、计划、组织、领导和控制的智能优化。有序推进智能平台为核心的智能化融合技术的应用载体建设。制定智能化融合战略性新兴产业发展规划，聚焦重点人工智能和战略性新兴产业细分领域及其智能化融合，促使各类资源向核心企业和创新型企业集中，通过建设智能工厂、智能车间，流程制造智能化试点示范与离散型智能化生产试点示范以及关键工序、关键流程和关键供应链环节的智能优化控制，以场景应用为抓手，引领战略性新兴产业智能化融合升级。

② 智能化融合需求侧方面

政府应该以企业需求为导向，构建产业相关配套服务与措施，如成立智能化融合技术应用国家实验室、深度学习技术工程中心和智能化融合协同中心等，引导人工智能和战略性新兴企业探索智能化融合的商业模式和技术专利产业化路径，加快重大技术成果场景化应用，为突破人工智能“卡脖子”基础技术和核心技术的瓶颈及其在战略性新兴产业更多的有效融合提供更为有力的支撑。

同时，针对国内市场智能化融合产品，无论是硬件还是软件抑或是系统多数都采用英特尔、谷歌和高通等美国核心企业的产品的现状，政府应该规划和实施更为科学合理的集采政策，不仅各级政府部门、教育系统和各类事业单位，而且国企、民企和合资企业都应该优先采购国内企业智能化融合自主技术、产品和系统，并邀请专业机构帮助市场推广，以促使智能化融合的供需匹配，从而激发国内人工智能和战略性新兴企业创新，最大限度降低其智能化融合风险，进而促进战略性新兴产业智能化融合的可持续高质量发展。

③ 建构供需平衡生态

首先，强化智能化融合供给力量，组建企业融合战略联盟，推动核心企业和初创企业与政府部门、科研院所和高校等的协同发展，形成“1＋N”的空间发展布局，搭建融合资源共享平台、开源服务平台和公共数据库平台，支持数据和资源协同共享，打通智能化融合创新链、产业链和供应链技术壁垒、资源壁垒和空间壁垒，推动政产学研金深度合作。其次，在加强资源高效配置同时激发企业整体对智能化融合的内生性需求，创设多主体合作生态系统，激活价值链分工效能，推动协同赋能和智能化融合供需平衡。

（2）数据管治

① 推动数据开放共享

制定数据开放共享战略。首先，根据智能化融合战略性新兴产业对于海量数据的使用需求，政府应该制定一个有利于企业、社会公众和相关部门更好利用数据的战略，该战略不仅为相关政府部门设计战略性新兴产业智能化融合的数据开放共享应用行动设定一个清晰的框架，而且也为他们构建有凝聚力的高质量数据开放平台提供科学指南，在此基础上为参与战略性新兴产业智能化融合的企业、政府部门和社会各界提供良好、精确和针对性的数据服务，从而为战略性新兴产业智能化融合高质量开展奠定数据基础。其次，按照统筹兼顾的原则开放共享数据。在开放共享数据之前，应当统筹好国家层面和地方层面纵向数据关系，统筹好不同政府部门之间的横向数据关系，统筹好开放与保密之间的关系。再次，优化开放共享数据的制度与标准，包括数据格式要求、数据开放共享审核机制、安全保障和隐私保护、阶段性评估和考核等方面的相关制度。然后，建立"依申请开放"机制，进一步打通需求侧和供给侧，提供满足战略性新兴产业智能化融合应用需求的、个性化的开放数据。

推动政府数据联通共享。一方面，有效汇集和联通政府数据。政府亟须提倡发布数据集对于智能化融合战略性新兴产业的重要性，将人工智能的数据及数据标准公开放在工作的首要位置，通过实施"智能化融合公开数据"计划，着力推动地区之间和部门之间政府数据的汇集、确权和利用，创建和制作特定的注释数据集公开，实现公布大量政府数据集的目标。促进政府、学术机构和社会机构在人工智能公开数据标准的使用和最佳实践，从而突破当前"ABC 产业"（人工智能、大数据、云计算）与战略性新兴产业融合的主要瓶颈，实现战略性新兴产业智能化融合发展。另一方面，加大特定政府数据对企业的开放力度。促进与各种学术机构和公众的合作，为企业提供带注释的特定数据，进而推进智能化融合战略性新兴产业。对于政府数据中的非个人数据，以及个人数据匿名化后的数据产品，应免费或以成本价开放使用以促进智能化融合创新。对于与公民密切相关的公共事务中形成的个人数据、涉及国防与国家安全的数据，则需明确其权利人与开放对象。

加快企业数据开放共享。企业数据可以分为企业本身运营数据和企业采集的用户数据等两类。对于运营数据等非个人数据，企业应享有完整的所有权利，鼓励企业以各种恰当方式向社会开放共享。对于用户数据，数据采集者应通过公开、透明、明示授权等方式保护用户权利，在征得被采集用户同意后，可通过匿名化处理后再加以分析利用。对于保护个人隐私和避免数据滥用。需明确政府和企业收集用户信息的原则、程序，保密和保护义务，不当使用、保护不力的法律责任，以及监督检查和评估措施。

完善数据管理体系建设。作为一种生产要素、一种战略资源，尤其是中国行为数据的体量在全世界都有巨大优势，政府需要构建一整套完善的数据管理体系以确保数据能够成为推动战略性新兴产业智能化融合的主要动力。首先，制定相应的政策法规，以使目前数据的数量和质量、数据可供使用的前提和可能性得到保护；其次，通过龙头企业公开部分难以获得的行业及企业数据、出台法规做好群众的个人隐私保护问题等，打通跨场景数据流；再次，完善数据体系等基础设施的建设。打造数据开放平台，使政府部门领域的数据集以机器可读的形式供企业和社会公众使用；鼓励企业，特别是初创企业以联盟形式共同出资构建大型数据集。

② 加快开源数据平台建设

搭建政府数据共享统一门户。应从国家层面制定一系列机制来进行开源数据平台的建设，联合政府部门和社会组织共同建立国家、省市、行业及不同区域的统一的“一站式”开源数据平台。在保障数据安全的基础上，打破相关壁垒，并建立开源数据从收集、整合、传输、存储、开源到销毁等阶段及对应系统、规范的管理机制，从而促进开源数据生命周期的健康发展。通过多样应用格式、多种录入检索方式、多类信息条目等手段提高政府收集、整理、发布数据的管理效率；为政府建立起与企业和社会公众间的线上交互平台，为参与战略性新兴产业智能化融合的企业、社会公众获取、交流、再利用政府数据提供渠道。

确保数据开源平台有效运行。使用图计算、TensorFlow 等开源技术和框架进行开发，为开源平台和社区建设提供更加开放的环境，确保资源的协同互补；建立数据基础、数据交换、数据安全、数据服务等方面的数据治理体系，规范平台建设和发展；鼓励企业在国外优秀开源框架和技术的基础上进行自主创新，实现相对可控，并在保护知识产权的基础上分级分类公开使用，如可先开放责任主体划分清晰的公共数据，涉及个人隐私及商业秘密的应进行授权和监管后进行使用等。

③ 加强数据有效管理

战略性新兴产业智能化融合过程中数据通用性与数据访问必须基于清晰的数据管理愿景——谁拥有数据、数据的含义是什么以及如何管理数据。数据开源的过程中，涉及了组织、流程和工具等内容，可通过技术和管理相互结合的方式进行统一的管理，在这个过程中涉及的相关方主要有数据开源的统筹者、数据收集方、数据所有者、数据提供方、数据利用者、数据开源者、数据开源管理者等。他们各有定位并相互关联，只有形成协作关系，才能落实好数据开放的方向、流程，以达到较好的成效。同时应对开源组织进行管理，在开源的过程中可从开源组织的战略、组织架构、数据架构、数据生命周期、安全隐私、元数据、主数据、参考数据等范围进行管理。在评价阶段应综合考虑开源数据使用的促成因素、成熟度和审计等关键评价要素。例如，组织在数据开源过程中，应明确数据开源指导委员会，组织协调各方资源，设置开源数据治理工作组，界定数据的边际、质量、标准、使用规范等一系列的内容，并设置相关人员职责进行统一管理等，如设置首席数据官、数据开源科学家等相关职责，协同发展，形成良好的开源数据管理文化。在数据管理中，需要考虑的标准维度包括角色、格式、质量、集成、权限、流程、受益等。

数据管理的主导者主要是政府和企业。政府的主要工作一是建立依据数据价值分级管理机制。一方面，对于交通、气象和公共设施等公众关注度高又不涉及个人隐私、商业秘密的通用性数据，开放共享后不易引发争议，政府责任容易厘清，一般无需干预。另一方面，对于市场监管、地理空间等可能涉及个人隐私和商业秘密的数据和一些时效性要求较高的数据，需要政府投入更多的数据管理成本，可以在数据开放和使用中加强授权和监管，纳入依申请开放范围，或者通过合作形式引导企业加强数据安全工作。二是提供政府数据开放平台的增值服务。通过多种增值服务提升政府数据开放平台的价值，常用增值服务包括：基础服务（基础分析技术、数据清洗技术、可视化技术等基于云计算的公共基础设施）、应用服务（政府数据大赛项目、社会征集项目等）、网络伙伴服务（开发者和政府、投资机构、企业、研究机构等服务团体合作的项目等）。除了从海量结构化和非结构化业务环境和运行状况数据中提取和整理知识，企业，尤其是核心企业在战略性新兴产业智能化融合中的主要任务就是通过充分利用可用数据源，科学地进行市场预测，动态地改变竞争对策，针对性地进行创新研发，及时地调整运营模式，合理地建设确定员工队伍等措施，把握智能化融合战略性新兴产业的趋势。

④ 确保公开数据安全

为了确保数据在战略性新兴产业智能化融合过程的安全，必须在国家层面为数据保护立法，为数据存储和合理使用提供前瞻性的法律框架，以确保数据使用和商业利益的平衡。同时，与相关与商业和数据保护机构合作，通过云计算设计的数据保护认证等方式，为数据保护认证奠定基础。除了立法之外，可以借鉴国外的先进经验，成立战略性新兴产业智能化融合数据伦理委员会，该委员会将监控智能化融合发展并帮助确保解决道德问题，以便以合乎道德的方式解决使用数据的价值观问题。政府也可以准备一个包含特定工具（如指导方针）的工具箱，以帮助企业在使用数据时信守道德底线，承担数据责任。对于遵守数据使用道德准则的企业引入数据到的标签，并在其网站上显示，从而引领战略性新兴产业智能化融合中的数据使用典范。

当然，未来普遍存在的数据安全问题将涉及个人和企业的“信息自治”。个人和企业必须确信他们的数据不会被滥用，用户和消费者必须能够自行决定如何使用他们的数据。数据安全和信息自治是社会民主的重要基石，也是数据驱动智能化融合战略性新兴产业的可接受性和成功的先决条件。同时，政府应该探索额外的法规，包括针对 IT 安全漏洞的产品责任规则以及对硬件和软件制造商的安全要求是否有必要和有用；以及针对来自国外的工业间谍和网络攻击。此外，政府还应该对战略性新兴产业智能化融合过程中的数据商业化利用框架进行审查，包括版权、数据显示以及与服务提供商变更相关的数据传输指南。

(3)产业协同

积极探寻“智能化＋”与战略性新兴产业各分支行业融合创新的新模式，以互联网、物联网和 5G 为纽带，实现人、机、物的互联互通，加快高速、安全、互联和泛在的基础网络设施建设，以及智能化融合的制造设备、生产流水线、系统集成、产品、供应商和消费者之间的智能互联；坚持创新驱动，高质量推动智能化融合企业实施融合路径创新，通过引导智能化融合相关产业链及其生产要素的集聚整合形成合力，实现人工智能和战略性新兴产业技术革命的赶超，促进人工智能与战略性新兴产业深度融合协同发展。

① 创新产业体系有效智能化协同模式

人机协同。人机协同是产业智能化协同的基础，需要根据人和智能机器的各自特征，即要充分发挥人的思维的灵活性以及智能机器思维的逻辑性，通过融合激发创新性思维，推进战略性新兴产业智能化融合。不同特点决定了人和智能机器不同的资源优势，也决定了人和智能机器在融合过程中的任务和分工也存在显著差别，因此，清晰界定人和智能机器在智能化融合中所扮演的角色，可以合理安排资源配置和有效发挥人和智能机器的功能并实现协同，使得智能化融合活动能够得到有效地进行，进而推进战略性新兴产业智能化融合的高质量发展。

碎片化协同。鉴于历史造成的原因，我国的基础研究与产业应用始终存在脱节的问题，人工智能与战略性新兴产业同样如此，因此，需要将智能化融合过程中的各类碎片化的基础研究成果与各类碎片化的产业需求、消费者需求进行有效对接。与国外相比，我国在人工智能和战略性新兴产业的基础研究和产业化应用均较为分散，智能化融合所需的技术资源和资金难以匹配和衔接，导致智能化融合进程较为缓慢。为此，可以借鉴发达国家的成功经验，通过有效对接基础研究成果和市场需求，整合各种碎片化的资源，实现碎片化协同，从而提升战略性新兴产业智能化融合的质量和速度。

超导模式协同。智能化融合是对战略性新兴产业所有产业链环节的整合，下游环节满意是上游环节工作的最终结果，满足产业需求和市场需求是智能化融合的最终结果，产业链顶端——客户作为产品的市场需求群体也逐渐成为智能化融合的重要一环。传统上，企业根据客户的需求进行产品的定制，很少评价产品自身，而今，超导模式的协同提倡参与智能化融合进程的企业无论是产品设计，还是生产和销售，都需要更好地与客户进行沟通，使产品更加贴合客户的实际需求，进而推进智能化融合。随着信息化、数字化和智能化技术的日新月异，客户需求已经能够比较快地传递到上游供应链，同样的，上游供应链的意见也能够快速地反馈给客户，需求和供给的匹配将为超导模式的协同创造有利条件，极大提升智能化融合的效率。

需求串联协同。由于任何脱离市场需求和产业需求的智能化融合都是低效的，智能化融合的高质量进行应该以市场需求和产业需求为前提，紧紧抓住市场和产业的需求方向，根据市场和产业的需求，确定智能化融合的基本思路和方向，从思路上领先市场和产业提出的或者尚未提出的需求，从而制定最适合的智能化融合方案，依托方案的实施实现智能化融合活动的协同过程，即需求串联式协同。同时，打造客户、上下游企业良好的沟通机制，确保需求的一致性，提升串联式协同的质量。

全球化协同。要突出产业协同的"协同"，国内企业在智能化融合过程中要善于利用和吸收国际产业链重要环节的独特资源和创新成果，同时，也要善于分享自己的优势资源，在吸收和分享中提升技术和资源的整合效应，为智能化融合提供良好的产业协同环境。

② 打造产业体系智能化协同路径

基础设施路径。数据资源、算力算法和人工智能开放平台是智能化融合的核心基础设施，应创新智能化融合和人工智能基础设施建设资金投入方式，吸引核心企业主导智能化融合基础设施建设，拓展战略性新兴产业重点领域智能化改造升级的广度和深度，鼓励核心企业和初创型科技企业成为技术创新主体、投资主体和产业化应用主体，赋予他们更大的主导权和参与权，促进人工智能基础设施建设和深入融合应用。政府部门应侧重智能化融合环境的打造，大力支持关键核心技术研发，强化人才培养规模和质量，提升智能化融合基础设施建设和创新应用的财税、金融和产业政策的保障水平。

数据共享路径。为了突破智能化融合过程中的开放和共享数据瓶颈，需要构建结构化、共享开放和高质量的大数据平台，在此基础上，尝试建设对人工智能企业和战略性新兴企业开放和共享的大数据交易中心，通过新一代人工智能为海量数据提供通用算法，引导和推进人工智能和战略性新兴产业的不同行业、企业之间的数据融合和创新应用，在更宽广领域内释放智能化融合的应用价值。

技术应用路径。全面梳理我国新一代人工智能和战略性新兴产业两者的产业生态图谱，在此基础上，整合人工智能所涉及的芯片、算法框架、基础核心技术和产品制造等核心环节并应用于战略性新兴产业的智能化融合，进而突破智能化融合的技术应用瓶颈。

人才培养路径。尽快建设高校和科研院所的战略性新兴产业智能化融合的创新平台，推进战略性新兴产业企业智能化融合创新示范基地，打造企业与高校、科研院所与企业无缝对接的智能化融合协同发展模式，突破智能化融合成果转化和人才培养瓶颈。

生态发展路径。循序渐进建构起智能化融合基础层（智能芯片、数据采集和分析、分布式计算框架等）、平台层（如技术平台、算法框架等）和应用层（智能制造、智能家居、智能交通、智能安防、智能医疗、智能物流等）的智能化融合生态圈，突破人工智能生态产业发展瓶颈。

融合发展路径。突破人工智能与战略性新兴产业融合发展瓶颈，进一步加快人工智能、5G、云计算的融合发展，其中，低时延、大带宽、广连接的 5G 技术优势，结合战略性新兴产业各种细分领域应用场景，为智能化融合的带来质的飞跃；集聚多样化、多层次和多元化算力的云计算推动政府和企业进入“上云”的快车道，赋能智能产业化和产业智能化，成为智能经济时代的新引擎。

8.2.3　企业层面

（1）高管认知

① 强化高管战略定力

由于智能化融合是持续性投入而回报不确定的长期投资行为，因此，企业高管应该发挥企业智能化融合持续性的内在驱动力，强化智能化融合战略的定力，提高自身对智能化融合活动的认知水平、信念或意识准则，主导智能化融合资源、技术和资金等的长期配置方向和力度，保持智能化融合的聚焦、专注与持续投入。此外，高管除了高度重视智能化融合战略外，还需要具有智能化融合的独特解读视角，在聚焦自身智能化融合之余，应该将视野拓展到企业边界甚至产业边界之外发现新商机、新要素，主动搜寻和吸收产业内外的新知识，做到对智能化融合的新技术和新机会的动态反应，避免认知趋同性和标签化。

② 提升数据认知水平

智能化融合情境下，数据驱动成为企业高管的认知共识，企业高管应该迎合智能化的时代特征不断提升管理认知，增强认知水平和认知柔性。企业高管应该将大数据作为企业，尤其是智能化融合的宝贵资源，强大的分析和共享的技术和能力，以及一种先进科学的管理手段，而不是一种单纯的外部因素。高管应该更多地聚焦于企业的智能化融合，要充分认识数据资源与数字技术对企业智能化融合的驱动价值，深入思考企业的机遇挑战、优势劣势，制定符合自身资源和能力特色的智能化融合战略决策。

③ 提高自身智能技能

在企业智能化融合过程中，企业高管应该积极提升自身人力资本。为了更好地适应智能化融合环境，满足企业智能化升级诉求，每个高管都应该通过学历继续教育、专业培训等方式提升智能化思维和技能，培育更为宽广和深厚的智能化领导力，从经验感知升级为智能经验感知，推进智能化融合决策的科学化与合理化。同时，智能技术确实也降低了高管的决策技能门槛，通过数据可视化与认知智能技术辅助高管决策。因此，高管应该导入智能化决策系统，并融合高管智能化领导力，促进企业智能化融合进程。

④ 整合外部网络关系

数据驱动的智能化融合活动情境下，数据资源成为企业内外部网络关系互通的重要介质，数字技术及以此为基础的智能化管理系统为高管整合和管理内外部网络关系提供新的路径和方式。在内部网络关系整合和管理方面，高管需要改革信息拥塞和官僚化的层级组织结构，打造平台化和原子化的新型组织架构，给予技术团队创新自主的充分权力，突破了阻碍内部信息沟通的瓶颈，丰富决策主体及其来源。在外部网络关系整合和管理方面，高管需要大数据的智能化处理来加强与合作伙伴和社会各界的黏性，搭建更为生态化的产业链关系，从而推动企业智能化融合活动。

⑤ 打造团队双元能力

动态不确定是智能化时代的显著特征，长期来看，持续成长型企业通常致力于平衡战略突变和战略渐变之间的关系，智能化融合战略同样如此，由于组织双元能力能够有效整合战略突变和战略渐进之间的平衡，因此，企业应该构建高管团队双元能力，优化高管团队结构：一方面，应该关注锻炼高管团队智能化的职能岗位经历，培养其差异化的智能化思考视角和相应的智能化专业知识，在风险相对较小，渐进性的探索性管理下，提升团队依托已有知识和能力尝试智能化融合，确保动态环境下企业的生存和发展。另一方面，企业高管要开拓新的知识和能力，进行突破式的、风险较大的智能化融合创新活动，注重动态能力的培养和更新迭代，增强企业高管智能化融合战略决策能力和水平，促进企业智能化融合战略的高质量实施。同时，面对智能化情境下必需的组织敏捷性和快速反应，应该加快建设动态性的组织制度和文化，构筑适宜的管理自主权环境，有助于更好地发挥企业高管应对智能化融合战略突变的积极效应。

⑥ 扎实推进简政放权

政府应该最大限度地避免不合理地行政干预企业智能化融合活动，尽力创造宽松和包容的智能化融合的制度环境，为企业高管发挥战略创新思维、制定和实施智能化融合战略奠定基础，从而帮助高管将智能化融合投入意愿转化为实践。

(2)技术迭新

① 加快技术迭新规划

一是明确技术融合总体定位和重点任务，加速基础理论和应用技术研究，突破关键核心技术壁垒，聚焦关键智能产品研发、生产和推广，推动战略性新兴产业集群式创新。二是出台新兴产业大数据管理办法，引导核心企业合规合法进行数据采集、共享和使用，优化数据资源开放和应用，建设多类型、多行业大数据训练库，满足参与主体深度学习需求。三是大力发展技术开发平台、应用支撑平台和创新服务平台，加快智能软件和智能硬件的技术攻关和应用开放。

② 推进共性技术产业化

积极追踪人工智能及其与战略性新兴产业融合的发展趋势，推进新一代人工智能及其与战略性新兴产业融合的共性技术产业化，建立健全战略性新兴产业智能化融合的共性技术创新平台。充分利用和集聚现有科技资源和研发力量，建设面向全产业链的智能化融合战略性新兴产业创新中心，打造政产学研企业紧密结合的协同创新载体。重点聚焦人工智能赋能战略性新兴产业的基础前沿技术和共性关键技术，整合高校、科研院所和核心企业等优势资源，瞄准人工智能核心算法、高端芯片设计研发和开源开放平台等基础核心技术持续发力，围绕图像和语音识别、自动驾驶等应用场景，加大算法改进、芯片结构优化研发力度；重点突破智能化融合模块化、标准化体系结构设计、生肌电感知与融合、人工智能通用控制软件平台、人机共存等新一代智能机器人等关键共性技术和核心技术。同时,推进智能化融合共性关键技术标准体系建设以及检测体系认证与应用,不断夯实战略性新兴产业智能化融合的技术基础。

③ 发展关键智能零部件

从优化设计、材料优选、制造工艺、装配技术和智能产业化能力等方面入手,推进技术创新,突破技术壁垒,解决智能化融合过程中的关键零部件性能、可靠性和使用寿命等问题。聚焦感知、控制、决策和执行等智能化融合关键核心环节,突破关键核心与关键零部件,开发智能工业机器人、增材智能制造装备、智能传感与控制装备、智能检测与装配装备、智能物流与仓储装备等核心技术装备,以装备为支撑,全面提高高性能机器人专用伺服电机和驱动器、智能控制器、智能传感器、智能末端执行器等五大关键零部件的质量稳定性和产业化生产能力,奠定战略性新兴产业智能化融合的底层基础。

④ 推动产品迭代更新

首先,梳理用户逻辑,分解数据来源,战略性新兴产业智能化融合企业应该根据用户需求选取技术路线,为客户提供更时尚、更个性化的用户体验。同时,企业在产品创新时需要思考市场的真实需求,从而规划适合自身产品的商业路径。其次,产品迭代与测试需要形成闭环,不断优化与更新。产品落地需要选择基础设施、经过原型开发、迭代测试才能最终部署,这过程当中会不停积累用户数据,战略性新兴产业智能化融合企业应该以数据为驱动使产品测试与迭代形成闭环并且不断优化,为客户提供更加精简、高度网络化、更加专业化的企业服务。再次,根据用户反馈优化运营并且迭代产品。产品落地后的运营业需要根据不断收集和分析用户反馈进行调整,优化运营和产品。战略性新兴产业智能化融合企业的产品价值在于开源、增效和降本,而这些价值必须在对企业现有产品的深度优化中才能体现。

⑤ 实施自我发展战略

为了在激烈的竞争环境下充分发挥组织以及经营方式灵活等优势,求得生存与发展,成长型智能化融合企业应该在不同企业成长阶段规划和实施对应的战略:垂直领域的颠覆者。在发展初期,由于产业底层和通用型的产品已经被行业巨头所掌控,而成长型智能化融合企业多数“专精特新”企业,应该聚焦个核心技术点发展,向下渗透场景,灵活多变地把技术优势转化为产品优势,尽可能多获得市场份额,在此基础上,做垂直领域的先行者,积累用户和数据,结合技术和算法优势,成为垂直领域的颠覆者;逐级而上战略。在发展相对成熟之后,成长型智能化融合企业需要将技术落地于更多应用场景,在扩大市场规模的同时,减少对上游大企业的依赖度,并逐渐向上游产业环节发展;独辟蹊径战略。战略性新兴产业智能化融合尚处于起步阶段，行业龙头往往会首先涉足市场开放框架或者算法技术平台，为更多企业智能化融合提供基础支撑，而一些市场规模尚小的细分场景，龙头公司尚不会进入。由于如今战略性新兴产业智能化融合程度尚浅，融合性和体验性较好的终端产品尚少，市场仍然拥有很大的上升空间。因此，成长型智能化融合企业应当独辟蹊径确定一个具体赛道，强化场景和数据的获得能力，把迭代形成的数据优势变为“专精特新”优势。

⑥ 提升场景建构能力

随着智能化融合的深入，人工智能算法的技术壁垒会越来越低，在一些“非核心技术”上，使用者对算法之间的微小差别感知并不明显。如果技术壁垒不够高，产业上游的技术提供商和算法类成长型智能化融合企业很可能被直接替代。成长型智能化融合企业若只定位做技术提供商而不能直接向客户提供场景整体解决方案，其商业价值就会越来越小，容易被行业龙头将业务延伸到自己领域。因此，成长型智能化融合企业需要在技术窗口期抢占场景。在智能化商业时代，技术的产业化和商业化都有窗口期的概念，错过了窗口期就会失去做大的机会，当然进入过早也会有较高的失败概率。由于投资多数具有投资回报期的要求，成长型智能化融合企业要把控业务的时机和节奏感，而节奏感不仅来自对人工智能技术及其与战略性新兴产业融合程度的判断，而且还来自对融资环境的判断，对客户需求变化速度的判断，以及对竞争对手的判断。除了技术商业化外，商务能力的强化至关重要，要深入了解大客户合作模式，以及客户的预算、决策和何种情况下会采购产品。此外，也要留意政府监管和专利软著布局的要求，要了解自身的商业行为是否合理合规；要重视知识产权的规划，知识产权不仅仅是申请专利，更重要的是在哪些点上布局，要清楚在建立行业信誉和保护自身的同时进一步提升竞争力。

⑦ 加快公共服务平台建设

整合政府、企业、高校和科研机构优势资源，大力推动战略性新兴产业智能化融合基础资源公共服务平台建设，推动开放人工智能数据资源共享服务、场景应用解决方案，构筑产学研互动交流平台，打造技术应用交流社区，集成智能化融合相关专业培训、技术产业化、专利申请和法律咨询等服务，提供相关技术、产品和应用的针对性和安全性保障，推动战略性新兴产业智能化融合科学研究和产业化发展。

(3)整合能力

① 推动参与主体整合

战略性新兴产业智能化融合涵盖了众多的参与主体，且各个主体也涉及了较多的行业类型，个体差异较大，在智能化融合的过程中极易出现很多专业性的融合障碍。因此，企业的整合能力对智能化融合的推进至关重要。加强对参与主体的整合能力，要以实现共赢为最终目标，通过价值流动使各个主体得到利益的满足；通过彼此合作，将各自的优势资源整合在一起，打破原有的经营模式，开辟新的盈利途径，在各主体间实现“1＋1＞2”的整合效果。同时，由于各主体在商业模式中的角色作用不同，在不同环节也有着自身的盈利方式。因此，首先，应该确定共赢模式，明确在合作过程中彼此间应约定的权利和义务，通过规范化的机制准则来维持整体良性的运行；其次，要形成对各方核心能力和资源的共识，设计能力共建方案和商务合作方案，对于技术合作和场景共建合作，应该采用不同的利润共享模式，建立各方满意的合作机制；再次，要树立开放心态，包容不同文化。智能化融合过程中，各参与主体在文化和规模等方面差异巨大，需要参与主体用更理解、包容的态度适应合作方的风格；此外，投入智能化融合专门团队，给予充分重视。对于智能化融合过程中任何合作，管理层的重视对于合作是否成功至关重要。随着融合过程中跨界合作形式日益多样，合作参与主体都应更加重视合作，投入专门人才建立合作团队，制定合作章程，在组织内牵头推动合作成果落地，进而推动智能化融合进程。

② 鼓励实施逆向整合

充分利用我国在战略性新兴产业智能化融合应用场景优化及其相应商业布局方面所具有的显著优势，整合利用全球创新资源和技术能力，尤其是整合利用人工智能及其融合战略性新兴产业的基础技术、关键技术和核心技术以及关键零部件、高端装备方面的创新资源和技术能力。鼓励国内领军战略性新兴企业依托场景应用的优势、国内市场的巨大利润空间与资本融通的支持，与国际领先企业在智能化融合核心技术、关键技术和智能高端设备等领域加强研发合作。对于我国企业不能通过引进方式获得的、受发达国家管制的智能化融合的“卡脖子”技术与装备，可以利用主动出击的方式，融入发达国家的本地创新网络，逐步积累相关的“卡脖子”技术能力；鼓励我国战略性新兴企业在发达国家联合设立人工智能及其智能化融合研发机构，加强信息交流与研发合作，充分利用发达国家技术、资本和人才等创新资源，提升“卡脖子”技术领域的研发和产业化能力；鼓励核心企业“走出去”通过兼并吸收技术研发能力突出的国外中小科技企业以及战略联盟等方式获取国际高端技术要素，消化和吸收国外智能化融合新兴技术。

8.3 本章小结

本章制定了智能化融合战略性新兴产业的实施路径，包括战略目标、战略方针、发展模式、发展路径等；从宏观（政府规制、资本融通和创新生态）、产业（供需匹配、数据管治和产业协同）和企业（高管认知、技术迭新和整合能力）三位一体提出了智能化融合战略性新兴产业的推进策略。

第9章　结论与展望

第八章对智能化融合战略性新兴产业的实施路径和推进策略做了分析。本章节对全文研究内容及结论进行总结，提出理论贡献和实践启示，指出已有研究不足，为未来研究做展望。

9.1　研究总结

本研究围绕"智能化融合战略性新兴产业"这一命题进行多方面、深层次探究，依据"理论基础—模式选择—驱动因素—融合路径—评估体系—推进策略"的逻辑思路铺陈全文，架构较为完整系统的智能化融合战略性新兴产业的研究体系，本研究的结论概括如下：

(1)智能化融合战略性新兴产业是一个重大的国家战略问题。欧美的成功经验表明，战略规划对象和内容范围的科学界定将极大影响战略的清晰度和有效性，如果战略存在潜在盲点和模棱两可之处，往往会产生复杂、分层和矛盾的后果。因而，信息化、数字化和智能化的认知问题不仅会因为"数字化涵盖一切"的宽泛性使得政策难于聚焦，导致产业和企业在执行时的低效甚至无效，更会因为忽视"三化迭代演进"特性使政策陷入"数字化陷阱"，失去智能化融合赋能的最佳时机，从而进一步拉大我国战略性新兴产业与欧美等发达国家的整体差距。由此，智能化融合战略旨在以类人思维在价值网络重构中实现多主体协同增值、竞合共生和自我进化，是完全不同于数字化融合的战略，在欧美发达国家的战略性新兴产业已经进入智能化融合阶段，我国必须及时纠正数字化误区，尽快从顶层设计和制定智能化融合战略性新兴产业的战略，为赶超欧美消除制度和政策障碍。

(2)智能化融合是最具潜质的战略性新兴产业赋能模式。智能化是信息化、数字化迭代演进的最终结果,即信息化是数字化和智能化的前提和基础,数字化是信息化的全方位延伸,智能化是信息化和数字化的必然趋势和更高阶段。智能化具备类人思维、广阔的技术共同体和丰富的通用技术体系,在人—智交互方式指导下的基础层、平台层和应用层结构均向高阶递进,智能化融合时的战略性新兴企业处于成熟阶段,其所拥有的系统整合能力、集成创新能力和自我进化能力达到较高水平的协同,由此得出智能化融合是战略性新兴产业最具潜质的赋能模式。

(3)国内智能化融合战略性新兴产业取得一定成效。以国家专利网站上进行定向检索得到的全国及代表省市在近五年有效专利数据为依托,通过采用赫芬达尔指数法对智能化与战略性新兴产业的融合度进行测算得出:无论是全国还是代表性省市,其战略性新兴产业融合人工智能产业程度均匀分布在0.15~0.40之间,除北京市外,全国及其余4个省市融合度差异较小,均低于0.30,也即总体处于中高度融合和高度融合态势,并呈现下降趋势,融合程度整体上升。从局部来看,各省融合度从高度融合到低度融合依次排列为浙江省、江苏省、广东省、上海市和北京市,全国处于居中水平,全国战略性新兴产业与人工智能产业融合度集中在0.21~0.25之间,偏向高度融合;北京市产业融合度从0.40波动到0.30,变化幅度较大,相较其余地区融合程度偏低;广东省、江苏省和上海市的产业融合度均集中保持在0.20~0.27之间,每年变化细微,波动幅度小于0.05,产业融合度从中高度向高度缓慢趋近;对于浙江省,其近5年产业融合度均低于0.20,处于高度融合状态。

从数据分析可以看出全国及代表性省市战略性新兴产业智能化融合情况总体呈现中度融合向高度融合的发展趋势,反映出我国战略性新兴产业智能化融合在一定程度上已取得良好成效,这与近年来国家及各地区的扶持政策、科研布局和经济发展等方面有密切关系。相较于其他省市地区,浙江省政务服务领先、中小企业众多、经济科技发达、创新资源丰富,具备了扎实的智能化融合战略性新兴产业的发展基础,而测算结果也进一步说明浙江省智能化融合战略性新兴产业的良好态势,为本书选取浙江省内代表样本企业进行问卷调查和实证分析,检验人工智能融合战略性新兴产业内在机理模型提供现实依据。

(4)智能化融合战略性新兴产业的内在机理模型解构需要整合视角。针对战略性新兴产业智能化融合的复杂性、动态性和模糊性,需要驱动因素多重性、融合路径多层性、融合成效多样性的整合视角,才能更好揭示两者融合的基本逻辑与内在机理。驱动因素多重性体现在环境因素(政府规制、创新生态和资本融通)、产业因素(供需匹配、产业协同和数据管治)和企业因素(高管认知、技术迭新和整合能力);融合路径多层性包括架构(基础层、技术层和应用层)融合、活动(研发、生产、采供和营销)融合和要素(数据、人力、网络、知识、资金)融合;融合成效多样性从评估的指标来衡量,主要涉及原始创新能力(技术创新能力、产品创新能力和基础创新能力)、产业结构调整(产业结构合理化、产业结构高级化和产业结构高效化)、三链整体效能(产业链整体效能、创新链整体效能和供应链整体效能)和社会经济效益(经济综合效益、生态环境效益和消费升级效益)。

(5)智能化与战略性新兴产业的融合路径受企业、产业和环境三方面因素的显著正向影响。智能化与战略性新兴产业的融合路径包括架构融合、活动融合和要素融合等三个维度。研究表明:

① 企业层面驱动程度越强,即高管对智能化融合的思维认知越高,技术迭新的速度越快,资源整合的能力越强;越能推动智能化与战略性新兴产业的融合路径。高管对产业未来向智能化发展的总体方向具备敏锐洞察力和快速响应能力,能对自身固有思维认知方式不断进行自我革新,以此指导企业在业务和战略上进行全流程和全要素智能化变革。此外,行业技术突破式创新和技术扩散依赖于核心企业对共性技术深度研发,无论是数据资源、硬件耗材,还是算法理论,技术迭新驱动下所带来的是整体产业技术架构的非传统颠覆,这种颠覆影响从研发—生产—采供—营销的产品化过程也就是技术内部循环过程,并贯穿要素融合全过程。同时,企业对资源持续整合能力在一定程度上影响融合进程中新业态、新产品和新服务的出现,加快了底层技术研发、核心算法泛化和应用场景铺设。

② 产业层面驱动程度越强,即供需匹配越精准,数据管治越高效,产业协同越一致;越能推动智能化与战略性新兴产业的融合路径。受需求推力和供给拉力双向作用,当下消费市场拓延与消费需求日益升级并存,智能化融合为高端消费回流趋势提供解决方案,由此带动研发、生产、采供和营销向个性化、定制化精准施放,产业内要素禀赋升级也助力融合要素多维集聚和高效配置。另外,高质量数据是新兴产业革新基础,不仅有助于各业务流程数据管控,且管制成果也为产业架构尤其是基础层和技术层提供高质量数据资源支撑。进一步地,涵盖产品标准、营运标准、生产标准等的产业标准体系的建立消除了后续活动融合和要素融合多方面障碍,产业间平台构筑也有助于基础数据源和算法技术共享,加快布局架构融合路径。

③ 环境层面驱动程度越强,即政府规制越到位,资本融通越顺畅,创新生态越完善;越能推动智能化与战略性新兴产业的融合路径。除技术壁垒外,政策壁

垒、资金壁垒等也是阻碍融合实施的障碍因素，国家或地区应该出台相关激励性政策，取消或撤除旧有限制融合进程的管制性规定，在“清除路障”的同时牢牢占据智能化时代发展先机，为架构融合、活动融合和要素融合提供政策基础。此外，专利技术、信息数据等知识资产在产业间自由流转，这类资产通用性提升了所有要素资产的相似性，同步降低了产业间架构融合和活动融合的互通难度和限制壁垒，同时，降税减负、投融资支持的“增减”作用也为产业全过程、全要素实施智能化融合破除资本壁垒，专款专项基金项目的广泛实施强力助推了初创小中微企业在不同程度上发挥 AI 颠覆性作用。

(6)智能化与战略性新兴产业的融合路径显著正向影响战略性新兴产业融合成效。智能化融合战略性新兴产业的融合成效，即融合成效评价指标包括原始创新能力、产业结构调整、三联整体效能和社会经济效益。研究表明：

① 智能化与战略性新兴产业在架构层面融合程度越深，即两者在基础层、技术层和应用层融合程度越深；越能促使战略性新兴产业实现高质量发展。AI 在数据资源、算力平台和硬件耗材在基础层融合赋能新兴企业基础创新和产品创新，数据挖掘、生物识别、深度学习等行业核心技术的普适性渗透为生物医学、新能源汽车、高端装备制造等新兴企业共性技术迭代提供发展温床。在此基础上，产业总体结构向高集约化、高附加值化和高技术密集度的经济服务化方向动态延伸，传统一二产业与第三产业重组兼备和转移，产业间聚合速度和质量相较以前呈现合理化增长。在结构优化的另一方面带来多维链式升级，基础层、技术层和应用层的多层次融合新兴企业的过程实质上是上下游产业链、供应链和创新链的价值动态协调过程，所提供的云台环境助力各链上主体进行大规模跨区域、跨企业和跨环节分工协同，实现三链整体效能质的提升。最终，产业高质量发展落实于经济总体效益提升，产业资源消耗方式带来生态环境绿色创新，智能化的普适性应用将反哺社会整体消费结构升级。

② 智能化与战略性新兴产业在活动层面融合程度越深，即两者在研发、生产、采供和营销等活动融合程度越深；越能促使战略性新兴产业实现高质量发展。无论是调研预测、产品构思，还是柔性生产、预测性维护，研发活动和生产活动所涉及的参数组合和算法过程有助于强化企业技术创新、产品创新和基础创新能力。企业在智能化研发—生产—采供—营销的赋能过程中，生产效率和资源配置效率同步提升，产业间边界不断拓延和模糊化，不同产业间及产业各部门间聚合效应和协同程度全方位加强。与此同时，智能化融合下的上下游企业研发链—生产链—供需链—销售链相继进行空间重构和价值重构，信息流、商品流、技术流在链式循环中跨主体实现全渠道高效协同，由此带来重组下的创新

链、供应链以及产业链三链整体效能提升，获取不可估量的可持续生态效益和社会经济效益。

③ 智能化与战略性新兴产业在要素层面融合程度越深，即两者在人力、数据、资金、网络和知识等要素层面的融合程度越深；越能促使战略性新兴产业实现高质量发展。无论是技术研发还是产品生产，均涉及劳力、资金、设备、信息和材料等诸多资源协同运作，智能化融合下创新范式和思维认知蝶变，人工智能早已从技术要素跃迁为多维要素集合，深度渗透于数据、知识、人力、资金和网络等要素在各链式主体中循环流转过程，为企业初创阶段的原始创新能力提供必要支撑。而产业结构调整的实质也是各要素长短期均衡下的阶段性结果，不仅劳力和资本之间要素比重升级，而是全要素生产率高效高质提升下的占比结构优化和投入产出合理化，达到要素结构与产业结构的最佳适配。不仅如此，链式分工重组的实质是多层次多主体对资源、空间、技术和规模等要素的循环融通，在全要素智能化基础上，无论是创新链、产业链抑或供应链，上下游成员通过多环节将各要素进行端到端的全渠道紧密衔接。较低层次的基础材料整合转变为较高层次的数据知识协同，除综合经济效益指数增加外，随之带来低耗低排节能循环的生态效益逐步提升，并重构消费市场结构和消费偏好层级。

9.2 理论贡献与实践启示

9.2.1 理论贡献

本书借鉴产业融合、产业发展、产业价值链、产业共生、产业分工、消费升级和产业升级等理论，结合人工智能、智能化和战略性新兴产业等概念，深入探究智能化融合战略性新兴产业的基本逻辑、内在机理和推进策略问题，具有可供借鉴的理论贡献：

(1)厘清智能化融合的基本逻辑与内在潜质

对信息化、数字化和智能化进行清晰界定和明确区分，从中提炼出三者的演化关系，既是对原有关系逻辑的补充，也是在智能化情境下为跳出固有逻辑、破解认知误区而对迭代演进规律的研究尝试和探索突破；创新性地从技术范式、体系架构和融合能力三个维度解构三者融合新兴产业的潜力，不仅为后续智能化融合产业内在机理的深入研究提供一定的理论参考，而且能够对现有文献关于如何进行多主体对比的研究缺口有所贡献；对信息化、数字化和智能化的迭代演化问题进行探讨，有助于政策制定具备更清晰科学的战略指引性，明晰的顶层规划和方向指引将带动后续产业、企业的高效执行。

(2)全面深化智能化研究领域

在学术界已有技术层面研究基础上，从产业融合视角提出更为全面且系统的智能化融合的作用体系，细化智能化融合路径的维度分类，分别从架构层面、活动层面和要素层面深入把控“AI+”模式的本质属性及其运行逻辑，有助于建构智能化融合的理论体系。

(3)拓延战略性新兴产业交叉研究范围

相较于已有信息化和数字化视角，本研究从智能化视角详细解读战略性新兴产业赋能机制，拓宽和延展战略性新兴产业与产业融合交叉研究领域的边界范围，具有重要学术价值和借鉴意义。

(4)系统架构“融合动因—融合过程—融合成效”研究框架

本研究将智能化融合战略性新兴产业的内在机理设定为驱动因素、融合路径和融合成效三部分，多主体、多层次全方位解构动因机理和融合方式，完善已有高质量发展评价指标体系，对后续战略性新兴产业智能化的深入探究具有指导价值。

(5)深入揭示融合动因、融合过程和融合成效的作用关系

企业因素(高管认知、技术迭新和整合能力)、产业因素(供需匹配、数据管治和产业协同)和环境因素(政策规制、资本融通和创新生态)在不同程度上影响智能化与战略性新兴产业的融合路径(架构融合、活动融合和要素融合)，而架构融合、活动融合和要素融合同样对战略性新兴产业融合成效存在显著正向影响，明晰三者间作用机理和演变规律，为人工智能产业融合以及战略性新兴产业智能化解构提供坚实研究依据。

9.2.2 实践启示

本研究将浙江省战略性新兴产业核心企业作为研究对象，所得研究结果对浙江省乃至全国战略性新兴产业智能化高质量发展具有实践指导意义和管理启示，其中推进策略的精要如下：

(1)突出研发重点任务，加快技术迭代更新

其一，明确技术融合总体定位和重点任务，加速基础理论和应用技术研究，突破关键核心技术壁垒，聚焦关键智能产品研发、生产和推广，推动战略性新兴

产业集群式创新。其二，出台新兴产业大数据管理办法，引导核心企业合规合法进行数据采集、共享和使用，优化数据资源开放和应用，建设多类型、多行业大数据训练库，满足参与主体深度学习需求。其三，大力发展技术开发平台、应用支撑平台和创新服务平台，加快智能软件和智能硬件的技术攻关和应用开放。

(2)推动资源协同共享，建构供需平衡生态

其一，强化平台供给力量，组建企业融合战略联盟，推动新创企业和巨头企业协同发展，形成"1+N"的空间发展布局，搭建融合资源共享平台、开源服务平台和公共数据库平台，打通产业链供应链技术壁垒、资源壁垒和空间壁垒，支持政产学研深度合作。其二，将战略性新兴企业中与人工智能相关工作内容从原有部门中剥离，以自建或外包形式独立发展，在加强资源高效配置同时激发企业整体对智能化的内生性需求，激活价值链分工效能。其三，创设"国内国际、省内省外"的多主体合作生态系统，国际上建立海外研发、管理、分销机构，国内与各省成立行业协会和产业联盟，省内政府与私营部门进行公私合作，推动协同赋能和产业升级。

(3)完善融合支撑体系，增强政策倾斜力度

其一，建立融合标准体系及知识产权保障体系，抢占专利制高点，形成融合安全、融合技术、融合标准、融合应用等为一体的监管评价系统，提供基础服务供给，加快物联网、数据中心等新一代智能基础设施建设。其二，优化投融资结构，注重"金融税费"工具的使用，设立省级各类融合专项资金，金融机构开设信贷专项，采取公开招标等方式吸收社会资本和国有资本，出台首批融合产品保险补偿政策，中小微企业增值税抵扣等税收优惠政策。其三，加强国际国内合作监管，加快网络防御研发，防止恶意网络犯罪的攻击，对融合过程中的数据治理、信息处置和应用安全进行全方位保障，制定进出口管理规定，对技术、贸易、关税、货币等方面进行政策管制。

9.3 研究不足与研究展望

本书以产业融合为出发点，以浙江省战略性新兴产业为研究对象，从理论分析、模型建构以及假设检验等方面架构智能化融合战略性新兴产业内在机理研究体系，取得了一些研究成果。尽管如此，由于研究内容繁杂、知识储备欠缺和准备时间不充分等问题，本研究仍存在诸多不足之处，有待后续研究中不断修缮补充。

(1)融合潜质比较有待定量验证

为了弥补现有研究主要用定性方法对信息化、数字化和智能化融合战略性新兴产业的潜力进行比较的缺憾,未来研究可以以三维对比框架为参考设计相应量表,从战略性新兴产业高质量发展角度出发,采用实证方法评估信息化、数字化和智能化三者融合潜力,佐证结论。

(2)融合动因有待优化

产业融合领域涉及多学科内容,本研究对融合动因的设置仅从各主体层次进行考量,忽视了产业演进过程、产业融合类型等其他可能会影响到融合效果的因素,具有一定片面性。因而在未来研究中,除了进一步细分以厘清头部、腰部和底部子产业的融合形态外,还可以探讨产业类型、区域特征和行业规模等宏微观因素对融合过程的差异化影响。

(3)实证过程有待完善

样本量是保障实证研究有效度的基础条件,受到问卷准备仓促、发放经验不足、问卷填写者填写意愿等阻碍,本研究获取到 285 份样本量,虽基本符合分析要求,但相比大样本数据研究的高度严谨性仍有一定距离。此外,样本采集区域仅设置为浙江省,未能考量江苏省、北京市、上海市、广东省等全国其他智能化融合示范性省市,实证结论受限于地域因素,缺乏普适性。需要指出的是,中高层管理者作为重要被试对象,其对问卷题项回答的有效性程度难以评定,这也可能成为影响研究结果的关键因素之一。因而未来研究在扩大样本数量的同时,应将研究范围延伸至全国,对多省市研究结果进行分析对比,同时,考虑采取措施控制不同被试者对问卷题项的填写有效性,减小因为容易忽略的理解偏差对结果造成的误差。

(4)研究框架有待深化

本研究侧重融合模式的选择和研判,并详细阐述融合运作机制,然而产业融合是政府、产业和企业等多主体协同演化过程,本研究采用问卷调研方式对融合机理进行研究,论证结果在一定程度上忽视了各主体动态交互关系。因而未来研究中可以利用演化博弈和模拟仿真方法,探究智能化融合战略性新兴产业过程中政府、产业和企业等各参与主体在利益动态均衡下的优化路径,并据此提出政府、产业和企业层面三位一体的强化版推进策略。

在以美国为首的西方国家对智能化相关研究和实践日益深入的情境下,中国亟须探索本土情境下智能化融合新兴产业的相关研究,因此,尽管仍存在一些不足之处需要未来研究不断完善,但本书的核心价值和重要意义在于,一方面,强调对战略制定对象内涵范围的清晰理解和界定,目标明确才能取得思想共识,战略清晰才能扫清政策障碍，政策科学才能指引产业和企业高效运行，即“目标明确、政策清晰、规划合理、措施到位、执行有力”；另一方面，引起社会各界对智能化融合战略性新兴产业的重视，规避“数字化陷阱”，从政府、产业和企业等层面制定科学清晰的战略规划，助力战略性新兴产业驶上与欧美并驾齐驱的高速轨道，在智能化时代背景下向世界讲好中国故事。

9.4 本章小结

本章首先做了研究总结，主要结论有：智能化融合是最具潜质的战略性新兴产业赋能模式，国内智能化融合战略性新兴产业取得良好成效，智能化与战略性新兴产业的融合路径受企业、产业和环境三方面因素的显著正向影响，智能化与战略性新兴产业的融合路径显著正向影响战略性新兴产业融合成效等；接着指出了本研究的贡献，理论贡献包括厘清智能化融合的基本逻辑与内在潜质，全面深化智能化研究领域，拓延战略性新兴产业交叉研究范围，系统架构“融合动因—融合过程—融合成效”研究框架，深入揭示融合动因、融合过程和融合成效的作用关系等。实践启示包括突出研发重点任务，加快技术迭代更新；推动资源协同共享，建构供需平衡生态；完善融合支撑体系，增强政策倾斜力度等。最后，从融合潜质比较有待定量验证，融合动因有待优化，实证过程有待完善等三方面谈了研究的不足和未来研究的展望。

参考文献

[1]Abbas N N, Ahmed T, Shah S H U, et al. Investigating the applications of artificial intelligence in cyber security[J]. Scientometrics, 2019, 121(2): 1189-1211.

[2]Abernathy W J, Utterback J M. Patterns of industrial innovation[J]. Technology Review, 1978, 80(7): 40-47.

[3]Abubakr M, Abbas A T, Tomaz I, et al. Sustainable and smart manufacturing: an integrated approach[J]. Sustainability, 2020, 12(6): 2280.

[4]Abusubaih M. Intelligent Wireless Networks: Challenges and Future Research Topics[J]. Journal of Network and Systems Management, 2022, 30(1): 1-29.

[5]Acha V, Marsili O, Nelson R. What do we know about innovation? [J]. Research Policy, 2004(33): 1253-1258.

[6]Adadi A, Berrada M. Peeking inside the black-box: a survey on explainable artificial intelligence (XAI)[J]. IEEE access, 2018, 6: 52138-52160.

[7]Agrawal A, Gans J, Goldfarb A. Economic policy for artificial intelligence [J]. Innovation Policy and the Economy, 2019, 19(1): 139-159.

[8]Ahmad T, Zhang D, Huang C, et al. Artificial intelligence in sustainable energy industry: Status Quo, challenges and opportunities[J]. Journal of Cleaner Production, 2021, 289: 125834.

[9]AI A I. Fuzzy Logic and Artificial Intelligence: A Special Issue on Emerging Techniques and Their Applications[J]. IEEE Transactions on Fuzzy Systems, 2020, 28(12): 3063.

[10]Alfonso G, Salvatore T. Does technological convergence imply convergence in

markets? —Evidence from the electronics industry[J]. Research Policy, 1998, 27(5): 445-463.

[11]Allen G C. Understanding China's AI strategy: Clues to Chinese strategic thinking on artificial intelligence and national security[M]. Washington, DC: Center for a New American Security, 2019.

[12]Alseiari A Y, Farrel P, Osman Y. Notice of Removal: The impact of artificial intelligence applications on the participation of autonomous maintenance and assets management optimisation within power industry: A review[C]//2020 IEEE 7th International Conference on Industrial Engineering and Applications (ICIEA). IEEE, 2020: 113-121.

[13]Alsheibani S A, Cheung Y, Messom D, et al. Winning ai strategy: Six-steps to create value from artificial intelligence[C]//2020 Conference of the Association-for-Information-Systems(AMCIS). AMCIS, 2020: 1-10.

[14]Andersen B. The hunt for S-shaped growth paths in technological innovation: a patent study[J]. Journal of Evolutionary Economics, 1999, 9(4): 487-526.

[15]Andrew K, David D. Intelligent Manufacturing Systems[J]. Journal of Engineering for Industry, 1991, 113(2): 248-251.

[16]Ansari A, Riasi A. Modelling and evaluating customer loyalty using neural networks: Evidence from startup insurance companies[J]. Future Business Journal, 2016, 2(1): 15-30.

[17]Arenal A, Armuña C, Feijoo C, et al. Innovation ecosystems theory revisited: The case of artificial intelligence in China[J]. Telecommunications Policy, 2020, 44(6): 60-87.

[18]Arff S, Hasle G, Stokke G, et al. AI approaches to production management [J]. Expert Systems with Applications, 1991, 3(2): 229-239.

[19]Arrow K J. Information and Economic Behavior[D]. Cambridge, MA: Harvard University Press,1984:136-152.

[20]Bagaa M, Taleb T, Riekki J, et al. Collaborative cross system ai: Toward 5G system and beyond[J]. IEEE Network, 2021.

[21]Bain J S. Barriers to new competition[M]. Cambridge: Harvard University Press, 1956.

[22]Bally N. Deriving managerial implications from technological convergence along the innovation process: a case study on the telecommunications

industry[J]. Swiss Federal Institute of Technology, 2005, 11: 21-28.

[23]Balmer R E, Levin S L, Schmidt S. Artificial intelligence applications in telecommunications and other network industries[J]. Telecommunications Policy, 2020, 44(6): 101977.

[24]Barut M, Faisst W, Kanet J J. Measuring supply chain coupling: an information system perspective[J]. European Journal of Purchasing & Supply Management, 2002, 8(3): 161-171.

[25]Basole R, Accenture A I. Visualizing the evolution of the ai ecosystem [C]//Hawaii International Conference on System Sciences(HICSS). HICSS, 2021: 1-10.

[26]Bawack R E, Wamba S F, Carillo K D A. A framework for understanding artificial intelligence research: insights from practice[J]. Journal of Enterprise Information Management, 2021, 34(2):645-678.

[27]Berger M, Revilla D J. Do firms require an efficient innovation system to develop innovative technological capabilities? Empirical evidence from Singapore, Malaysia and Thailand [J]. International Journal of Technology Management, 2006, 36(1-3): 267-285.

[28]Berry L L. Relationship marketing of services-growing interest, emerging perspectives[J]. Journal of the Academy of Marketing Science, 1995, 23 (4): 236-245.

[29]Bez S M, Chesbrough H. Competitor Collaboration Before a Crisis[J]. Research technology management, 2020, 63(3): 42-48.

[30]Bilinskis I, Boole E, Mezerins A, Vedin V. Alias-free compressed signal digitizing and recording on the basis of Event Timer[J]. 2013 21 st Telecommunicaations Forum(Telfor), 2013: 443-446.

[31]Bredt S. Artificial Intelligence (AI) in the financial sector-Potential and public strategies[J]. Frontiers in Artificial Intelligence, 2019: 16.

[32]Breschi S, Malerba F. "Sectoral Innovation Systems: Technological Regimes, Schumpeterian Dynamics, and Spatial Boundaries." in Charles Edquist(ed.), Systems of Innovation: Technology, Institutions, and Organization. Oxon, UK: Pinter,1997: 130-152.

[33]Bresniker K, Gavrilovska A, Holt J, et al. Grand challenge: Applying artificial intelligence and machine learning to cybersecurity[J]. Computer,

2019, 52(12): 45-52.

[34]Brock J K U, Wangenheim V F. Demystifying AI: What digital transformation leaders can teach you about realistic artificial intelligence[J]. California Management Review, 2019, 61(4): 110-134.

[35]Buarque B S, Davies R B, Hynes R M, et al. OK Computer: the creation and integration of AI in Europe[J]. Economy and Society, 2020, 13(1): 175-192.

[36]Burggräf P, Wagner J, Dannapfel M, et al. Adaptive remanufacturing for lifecycle optimization of connected production resources: A literature review[J]. Procedia CIRP, 2020, 90: 61-66.

[37]Савичева О Ю, Кондратенко М В. GERMAN DIGITAL STRATEGY "DEDIGITAL 2025" [C]// THEORIE UND PRAXIS VON GERMANISTEN: STAND UND PERSPEKTIVEN. 2019: 118-124.

[38]Cai Y, Ramis Ferrer B, Luis Martinez Lastra J. Building university-industry co-innovation networks in transnational innovation ecosystems: Towards a transdisciplinary approach of integrating social sciences and artificial intelligence[J]. Sustainability, 2019, 11(17): 4633-4656.

[39]Camelo O C, Hernández L A B, Valle C R. The relationship between top management teams and innovative capacity in companies[J]. Journal of Management Development, 2005, 24(8): 683-705.

[40]Campbell M, Hoane A J, Hsu F. Deep blue[J]. Artificial Intelligence, 2002, 134(1-2), 57-83.

[41]Campbell M. Beyond Conversational Artificial Intelligence[J]. Computer, 2020, 53(12): 121-125.

[42]Cardoni A, Kiseleva E, Taticchi P. In search of sustainable value: A structured literature review[J]. Sustainability, 2020, 12(2): 615.

[43]Ceccobelli M, Gitto S, Mancuso P. ICT capital and labour productivity growth: A non - parametric analysis of 14 OECD countries [J]. Telecommunications Policy, 2012(5): 282-292.

[44]Chakrabarti A K, Lester R K. Regional economic development: comparative case studies in the US and Finland[C]//International Engineering Management Conference. IEEE, 2002, 2: 635-642.

[45]Chen P H C, Gadepalli K, MacDonald R, et al. An augmented reality

microscope with real-time artificial intelligence integration for cancer diagnosis [J]. Nature Medicine, 2019, 25(9): 1453-1457.

[46] Chertow M R. Industrial symbiosis: Literature and taxonomy [J]. Annual Review of Energy and the Environment, 2000, 25(1): 313-337.

[47] Chong L, Zhang G, Goucher-Lambert K, et al. Human confidence in artificial intelligence and in themselves: The evolution and impact of confidence on adoption of AI advice [J]. Computers in Human Behavior, 2022, 127: 107018.

[48] Chorfi Z, Benabbou L, Berrado A. A two stage DEA approach for evaluating the performance of public pharmaceutical products supply chains [C]//2016 3rd International Conference on Logistics Operations Management (GOL). IEEE, 2016: 1-6

[49] Chui M, Manyika J, Miremadi M. Four fundamentals of workplace automation [J]. McKinsey Quarterly, 2015, 29(3): 1-9.

[50] Chui M. Artificial intelligence the next digital frontier [J]. McKinsey and Company Global Institute, 2017, 47(3.6).

[51] Cihon P. Standards for AI governance: international standards to enable global coordination in AI research and development [J]. Future of Humanity Institute. University of Oxford, 2019.

[52] Colvin R M, Witt G B, Lacey J. Power, perspective, and privilege: The challenge of translating stakeholder theory from business management to environmental and natural resource management [J]. Journal of Environmental Management, 2020. 10: 110974.

[53] Cooke P. Gigafactory logistics in space and time: Tesla's fourth gigafactory and its rivals [J]. Sustainability, 2020, 12(5): 2044-2060.

[54] Culture, Media, Sport and Department for Business, Energy and Industrial Strategy. Part of the Industrial Strategy UK and the Commonwealth, 2017.

[55] Daniel S M. Analysis simulation and realization of an automatic digital wireline equalizer system [J]. 1973 IEEE Conference on Decision and Control including 12th Symposium on Adaptive Processes, 1973: 712-716.

[56] Danskin P, Englis B G, Solomon M R, et al. Knowledge management as competitive advantage: Lessons from the textile and apparel value chain [J]. Journal of Knowledge Management, 2005, 9(2), 91-102.

[57] Davenport T, Guha A, Grewal D, et al. How artificial intelligence will change

the future of marketing[J]. Journal of the Academy of Marketing Science, 2020, 48(1): 24-42.

[58]Deng Y, Jiang H. The Development Overview of Artificial Mind[C]// Proceedings of the 2nd International Conference on E-Education, E-Business and E-Technology. 2018: 111-116.

[59]Dess G, Origer N. In Strategy Formulation : A Conceptual Integration[J]. Integration the Vlsi Journal, 1987, 12(2): 313-330.

[60]Doll W J, Xia W, Torkzadeh G. A confirmatory factor analysis of the end-user computing satisfaction instrument[J]. MIS Quarterly, 1994, 18(4): 453-461.

[61]Dong F, Li W. Research on coupling mechanism of China's wind power industry chain[J]. International Journal of Green Energy, 2020, 17(12): 770-782.

[62]Dong F, Zhang S, Zhu J, et al. The Impact of the Integrated Development of AI and Energy Industry on Regional Energy Industry: A Case of China[J]. International Journal of Environmental Research and Public Health, 2021, 18(17): 8946.

[63]Dono G, Thompson G. Explaining changes in Italian consumption of meat: Parametric and non-parametric analysis[J]. European Review of Agricultural Economics, 1994, 21(2): 175-198.

[64]Dosi G. Technological paradigms and technological trajectories[J]. Research Policy, 1982, 11(3): 147-162.

[65]Du J, Zhang J, Li X. What is the mechanism of resource dependence and high-quality economic development? An empirical test from China[J]. Sustainability, 2020, 12(19): 8144.

[66]Duan Y, Edwards J S, Dwivedi Y K. Artificial intelligence for decision making in the era of Big Data - evolution, challenges and research agenda [J]. International Journal of Information Management, 2019, 48: 63-71.

[67]Duarte M, Restuccia D. Relative prices and sectoral productivity[J]. Journal of the European Economic Association, 2010, 17: 1-44.

[68]Dwivedi Y K, Hughes L, Ismagilova E, et al. Artificial Intelligence (AI): Multidisciplinary perspectives on emerging challenges, opportunities, and agenda for research, practice and policy[J]. International Journal of Information Management, 2021, 57: 101994.

[69]Edwards J S, Duan Y, Robins P C. An analysis of expert systems for business decision making at different levels and in different roles[J]. European Journal of Information Systems, 2000, 9(1): 36-46.

[70]Ehret M, Wirtz J. Unlocking value from machines: Business models and the industrial internet of things[J]. Journal of Marketing Management, 2017, 33(1-2): 111-130.

[71]El Azzaoui A, Singh S K, Pan Y, et al. Block 5G intell: Blockchain for AI-enabled 5G networks[J]. IEEE Access, 2020, 8: 145918-145935.

[72] Elsaid A E R, Desell T, Krutz D. Is adaptivity a core property of intelligent systems? It depends[C]//2019 IEEE/ACM 14th International Symposium on Software Engineering for Adaptive and Self - Managing Systems (SEAMS). IEEE, 2019: 153-154.

[73]Ene I, Pop M I, Nistoreanu B. Qualitative and quantitative Analysis of consumers perception regarding anthropomorphic AI designs[C]//Proceedings of the International Conference on Business Excellence. 2019, 13(1): 707-716.

[74]Escobar S A, Sciortino D. ARTIFICIAL INTELLIGENCE IN CANADA [J]. International Perspectives on Artificial Intelligence, 2021: 13.

[75] European Commission. White Paper on Artificial Intelligence: A European approach to excellence and trust[R]. European Commission, 2020.

[76]Eva B, Thomas V, Olaf S, Joerg F. Study based analysis on the current digitalization degree in the manufacturing industry in Germany [J]. Procedia CIRP 57, 2016: 14-19.

[77]Fan F F, Qiong W. Analysis of the Impact of Artificial Intelligence Technology on the Financial Industry[J]. Advances in Intelligent Systems and Computing, 2021, 1342, 840-847.

[78]Fan P F, Zhu R, Zhu J Y, et al. Research on comprehensive evaluation for synergistic effects of internet of things industry chain based on value net[C]//Applied Mechanics and Materials. Trans Tech Publications Ltd, 2014, 668: 1290-1296.

[79]Fathima Patham K. A study on the applications of AI in finishing of additive manufacturing parts [C]//Society of Photo-Optical Instrumentation Engineers (SPIE) Conference Series. 2017, 10326: 103260G.

[80]Fatima S, Desouza K C, Dawson G S. National strategic artificial

intelligence plans: A multi-dimensional analysis[J]. Economic Analysis and Policy, 2020, 67: 178-194.

[81]Figueiredo P N, Larsen H, Hansen U E. The role of interactive learning in innovation capability building in multinational subsidiaries: A micro-level study of biotechnology in Brazil[J]. Research Policy, 2020, 49(6): 103995.

[82]Fountas S, Espejo-García B, Kasimati A, et al. The future of digital agriculture: Technologies and opportunities[J]. IT Professional, 2020, 22(1): 24-28.

[83]France I A. Rapport de synthèse-France intelligence artificielle[R]. France I A, 2017, 21.

[84]Gambardella A, Torrisi S. Does technological convergence imply convergence in markets? Evidence from the electronics industry[J]. Research Policy, 1998, 27(5): 445-463.

[85]García-Muñiz A S, Vicente M R. ICT technologies in Europe: A study of technological diffusion and economic growth under network theory[J]. Telecommunications Policy, 2014, 38(4): 360-370.

[86]Gavighan C, Knott A, Maclaurin J, et al. Government use of artificial intelligence in New Zealand [M]. The New Zealand Law Foundation, 2019.

[87]Gereffi G. International trade and industrial upgrading in the apparel commodity chains. Journal of International Economics, 1999,48, 37-70.

[88]Gort M, Klepper S. Time paths in the diffusion of product innovations [J]. The economic journal, 1982: 630-653.

[89]Govermment U K. Industrial strategy artificial intelligence sector deal [R]. See https://assets. publishing. service. gov. uk/government/uploads/system/uploads/attachment_data/file/702810/ 180425 _BEIS_AI _Sector_Deal 4_. pdf (last checked 8 November 2018), 2018.

[90]Greenstein S, Khanna T. What does industry convergence mean? [C]. // Yoffie D B. Competing in the Age of Digital Convergence, Cambridge, MA: Harvard University Press, 1997: 201-226.

[91]Griliches Z. R&D and productivity: The unfinished business[M]. Chicago: University of Chicago Press, 1998.

[92]Guillén M A, Llanes A, Imbernón B, et al. Performance evaluation of edge - computing platforms for the prediction of low temperatures in agriculture using deep learning[J]. The Journal of Supercomputing, 2020, 77(1): 818-840.

[93]Guo L, Zhang D. EC - Structure: Establishing consumption structure through mining e-commerce data to discover consumption upgrade[J]. Complexity, 2019.

[94]Guo Q H, Hui W. An empirical analysis on the contribution rate of scientific and technological services to economic growth in Jiangsu Province from 1980 to 2010[J]. Proceedings of the 2012 9th International Conference on Service Systems and Service Management, 2012,8: 98-101.

[95]Haenlein M, Kaplan A. Artificial intelligence and robotics: Shaking up the business world and society at large[J]. Journal of Business Research, 2021, 124(C): 405-407.

[96]Hagberg J, Jonsson A, Egels-Zandén N. Retail digitalization: Implications for physical stores[J]. Hall W, Pesenti J. Growing the artificial intelligence industry in the UK[R]. Department for Digital, 2017.

[97]Hansen E B, Bøgh S. Artificial intelligence and internet of things in small and medium-sized enterprises: A survey[J]. Journal of Manufacturing Systems, 2021, 58: 362-372.

[98]Harhoff D, Heumann S, Jentzsch N, et al. Outline for a German strategy for artificial intelligence[R]. Available at SSRN 3222566, 2018.

[99] Hassija V, Chamola V, Gupta V, et al. A survey on supply chain security: Application areas, security threats, and solution architectures [J]. IEEE Internet of Things Journal, 2020, 8(8): 6222-6246.

[100]Hess D J. The politics of niche-regime conflicts: distributed solar energy in the United States [J]. Environmental Innovation and Societal Transitions,2015: 1-9.

[101]Hidalgo C A, Klinger B, Barabási AL,Hausmann R. The product space conditions the development of nations[J]. Science,2007,317: 482-487.

[102] Hirschman A O. The strategy of economic development [M]. New Haven: Yale University Press, 1958.

[103]Hobday M. Firm-level Innovation Models: Perspectives on Research in

Developed and Developing Countries [J]. Technology Analysis & Strategic Management, 2005,17(2): 121-146.

[104]Hofmann P, Rückel T, Urbach N. Innovating with Artificial Intelligence: Capturing the Constructive Functional Capabilities of Deep Generative Learning[C]//Proceedings of the 54th Hawaii International Conference on System Sciences. 2021: 5505.

[105]Hong Y, Can P, Xiaona Y, et al. Does change of industrial structure affect energy consumption structure: A study based on the perspective of energy grade calculation[J]. Energy Exploration&Exploitation, 2019, 37 (1): 579-592.

[106] Hou K. Application research of power big data decision based on artificial intelligence[C]//The International Conference on Cyber Security Intelligence and Analytics. Springer, Cham, 2021: 25-32.

[107] House W. Summary of the 2018 White House summit on artificial intelligence for American Industry[C]//United States. Office of Science and Technology Policy, 2018.

[108] Hsiao Y C, Hsu Z X. Firm - specific advantages - product innovation capability complementarities and innovation success: A core competency approach[J]. Technology in Society, 2018, 55: 78-84.

[109]Hu R, Skea J, Hannon M J. Measuring the energy innovation process: An indicator framework and a case study of wind energy in China[J]. Technological Forecasting and Social Change, 2018, 127: 227-244.

[110]Hu W, Tian J, Chen L. An industrial structure adjustment model to facilitate high-quality development of an eco-industrial park[J]. Science of the Total Environment, 2021, 766: 142502.

[111]Huang Z, Shen Y, Li J, et al. A Survey on AI-Driven Digital Twins in Industry 4.0: Smart Manufacturing and Advanced Robotics[J]. Sensors, 2021, 21(19): 6340.

[112]Humphrey J, Schmitz H. How Does Insertion in Global Value Chains Affect Upgrading in Industrial Clusters[J]. Regional Studies, 2002, 36 (9):1017-1027.

[113]Hurd W, Kelly R. Rise of the Machines: Artificial Intelligence and its Growing Impact on US Policy [M]. Subcommittee on Information

Technology, Committee on Oversight and Government Reform, US House of Representatives, 2018.

[114] Jaensch F, Csiszar A, Kienzlen A, et al. Reinforcement learning of material flow control logic using hardware-in-the-loop simulation[C]// 2018 First International Conference on Artificial Intelligence for Industries (AI4I). IEEE, 2018: 77-80.

[115] Jia Y, Liu S, Jiang S. Analysis of the development status of artificial intelligence technology at home and abroad [C]//2019 International Conference on Virtual Reality and Intelligent Systems (ICVRIS). IEEE, 2019: 195-198.

[116] Jing X, Peng P, Huang Z. Analysis of multi-level capital market linkage driven by artificial intelligence and deep learning methods [J]. Soft Computing, 2020, 24(11): 8011-8019.

[117] Journal of retailing and consumer services, 2017, 39(11): 264-269.

[118] Kadam D. Artificial intelligence (AI)-An Inflection Point In the Global History and its Significance For a National Strategy[J]. Indian Journal of Plastic Surgery, 2019, 52(02): 145-147.

[119] Katz Y. Manufacturing an artificial intelligence revolution[J]. Available at SSRN 3078224, 2017.

[120] Kazak A N, Chetyrbok P V, Oleinikov N N. Artificial intelligence in the tourism sphere[C]//IOP Conference Series: Earth and Environmental Science. IOP Publishing, 2020, 421(4): 042020.

[121] Khatri S, Pandey D K, Penkar D, et al. Impact of artificial intelligence on human resources[M]//Data Management, Analytics and Innovation. Springer, Singapore, 2020: 365-376.

[122] Kiamehr M, Hobday M, Kermanshah A. Latecomer systems integration capability in complex capital goods: the case of Iran's electricity generation systems[J]. Industrial and Corporate Change, 2014, 23: 689-716.

[123] Kim D. Artifical Intelligence Policies in East Asia: An Overview from the Canadian Perspective[M]. Asia Pacific Foundation of Canada, 2019.

[124] Kim M S, Kim C. On a patent analysis method for technological convergence[J]. Procedia-Social and Behavioral Sciences, 2012, 40: 657-663.

[125] Kitchens B, Dobolyi D, Li J, et al. Advanced customer analytics:

Strategic value through integration of relationship-oriented big data[J]. Journal of Management Information Systems, 2018, 35(2): 540-574.

[126]Klein D, Tran-Gia P, Hartmann M. Big data[J]. Informatik-Spektrum, 2013, 36(3): 319-323.

[127]Kolbjørnsrud V, Amico R, Thomas R J. How artificial intelligence will redefine management[J]. Harvard business review, 2016, 2(1): 3-10.

[128]Konstantinova L V. Integration potential of society: a conceptualization [J]. Sotsiologicheskie Issledovaniya,2019,8: 19-29.

[129] Kot S, Hussain H I, Bilan S, et al. The role of artificial intelligence recruitment and quality to explain the phenomenon of employer reputation[J]. Journal of Business Economics and Management, 2021, 22(4): 867-883.

[130]Krahe C, Iberl M, Jacob A, et al. AI-based computer aided engineering for automated product design-a first approach with a multi-view based classification[J]. Procedia CIRP, 2019, 86: 104-109.

[131] Krötzsch M. Too much information: Can AI cope with modern knowledge graphs? [C]//International Conference on Formal Concept Analysis. Springer, Cham, 2019: 17-31.

[132]Kuhn T S. Historical structure of scientific discovery[J]. Science,1962, 136: 760-4.

[133]Kuhnle A, Röhrig N, Lanza G. Autonomous order dispatching in the semiconductor industry using reinforcement learning[J]. Procedia CIRP, 2019, 79: 391-396.

[134]Kumain S C, Kumain K, Chaudhary P. AI impact on various domain: An overview[J]. International Journal of Management, 2020, 11(10), 1433-1439.

[135]Kumar A. National strategy for artificial intelligence[R]//http: //niti. gov. in/writereadata/Hiles/document_Publication/Natiŏna/Strategy-for-Al-Discussion-Paper. Pdf, 2020.

[136]Lau H C W, Nakandala D, Zhao L, et al. Using fuzzy logic approach in estimating individual guest loyalty level for international tourist hotels [J]. International Journal of Services Technology and Management, 2015, 21(1-3): 127-145.

[137]Lee J. Access to finance for artificial intelligence regulation in the

financial services industry [J]. European Business Organization Law Review, 2020, 21(4): 731-757.

[138]Lee M, Kwon W, Back K. Artificial intelligence for hospitality big data analytics: Developing a prediction model of restaurant review helpfulness for customer decision-making[J]. International Journal of Contemporary Hospitality Management, 2021, 33(6), 17-36.

[139]Lee V H, Leong L Y, Hew T S, et al. Knowledge management: A key determinant in advancing technological innovation? [J]. Journal of Knowledge Management, 2013, 17(6): 848-872.

[140]Lerch C, Gotsch M. Digitalized product - service systems in manufacturing firms: A case study analysis. Research Technology Management, 2015, 58(5): 45-52.

[141]Li B, Hou B, Yu W, et al. Applications of artificial intelligence in intelligent manufacturing: a review [J]. Frontiers of Information Technology & Electronic Engineering, 2017, 18(1): 86-96.

[142]Li B, Liu S, Guo Y, et al. Multi-core and cross-chain evaluation method based on multi-core mesh collaboration relationship[J]. IEEE Access, 2020, 8: 29-46.

[143]Li J, Bian W L. Empirical research design on the influencing factors of supply chain performance and their relationships [C]//Advanced Materials Research. Trans Tech Publications Ltd, 2012, 482: 331-342.

[144]Li J, Wang J, Zhang B. Are industrial structure adjustment and technical progress conducive to environmental improvement? [J]. Journal of Global Information Management (JGIM), 2021, 30(6): 1-17.

[145]Li P. Research on the application and security of artificial intelligence in financial industry[C]//IOP Conference Series: Materials Science and Engineering. IOP Publishing, 2020, 750(1): 012102.

[146] Li S X, Li R L. A discussion about the path of industrial chain integration[C]//Proceedings of 2014 2nd International Conference on Social Science and Health(ICSSH 2014 V56), 2014: 128-133.

[147] Li Z, Ding Y, Han D. Energy consumption transformation, cleaner production, and regional carbon productivity in China: Evidence based on a panel threshold model[J]. IEEE Access, 2021, 9: 16254-16265.

[148]Liang L X, He Y. The study on the cycle of technological innovation chain [C]//2008 4th International Conference on Wireless Communications, Networking and Mobile Computing. IEEE, 2008: 1-5.

[149]Licklider J C R. Man - Computer Symbiosis [J]. Ire Transactions on Human Factors in Electronics, 1960(1): 4-11.

[150]Liebowitz J. Knowledge management and its link to artificial intelligence [J]. Expert Systems with Applications, 2001, 20(1): 1-6.

[151]Lim C, Han S, Ito H. Capability building through innovation for unserved lower end mega markets[J]. Technovation, 2013, 33(12): 391-404.

[152]Lind J. Ubiquitous convergence: Market redefinitions generated by technological change and the industry life cycle[R]. New York: paper for the Druid Academy Winter Conference, 2005.

[153]Liyan T, Jing Z, Wei Z. Research on evaluation index system for industry integration degree [C]//2011 International Conference on Information Management, Innovation Management and Industrial Engineering. IEEE, 2011, 1: 53-57.

[154]Lombardi D R, Laybourn P. Redefining industrial symbiosis: Crossing academic - practitioner boundaries [J]. Journal of Industrial Ecology, 2012, 16(1): 28-37.

[155]Long F, Li N, Wang Y X. Autonomic mobile networks: the use of artificial intelligence in wireless communications[C]//2nd International Conference on Advanced Robotics and Mechatronics (ICARM), 2017, 582-586.

[156]Lundvall B Å, Rikap C. China's catching-up in artificial intelligence seen as a co - evolution of corporate and national innovation systems [J]. Research Policy, 2022, 51(1): 104395.

[157]Ma L, Sun B. Machine learning and AI in marketing - Connecting computing power to human insights[J]. International Journal of Research in Marketing, 2020, 37(3): 481-504.

[158]Madhavan R, Kerr J A, Corcos A R, et al. Toward trustworthy and responsible artificial intelligence policy development[J]. IEEE Intelligent Systems, 2020, 35(5): 103-108.

[159]Maes J, Jacobs S. Nature - based solutions for Europe's sustainable

development[J]. Conservation Letters, 2017, 10(1): 121-124.

[160]Malhotra A. Firm strategy in converging industries: an investigation of US commercial bank responses to US commercial-investment banking convergence[D]. University of Maryland, College Park, 2001: 1123-114.

[161]Manafi M, Subramaniam I D. Balancing performance by human resource management practices[J]. Asian Social Science, 2015, 11(10): 386-400.

[162]Markus M L, Majchrzak A, Gasser L. A design theory for systems that support emergent knowledge processes[J]. MIS Quarterly, 2002, 26(3): 179-212.

[163]Marsan G A. Artificial Intelligence in South East Asia: Upskilling 和 Reskilling to Narrow Emerging Digital Divides in the Post-Pandemic Recovery[J]. Georgetoun-Jarnal of Asian Affais, 2021, 7:58-64.

[164]Marxt C, Hacklin F. Design, product development, innovation: all the same in the end? A short discussion on terminology[J]. Journal of engineering design, 2005(16): 413-421.

[165]Mccarthy J. Artificial Intelligence, Logic and Formalizing Common Sense[J]. Philosophical Logic 和 Artificial Intelligence, 1989: 161-190.

[166]Mendonca S. Brave old world: Accounting for 'high-tech' knowledge in 'low-tech' industries[J]. Research Policy, 2009, 38(3): 470-482.

[167]Menguc B, Auh S. Development and return on execution of product innovation capabilities: The role of organizational structure[J]. Industrial Marketing Management, 2010,39(5): 820-831.

[168]Menz M, Kunisch S, Birkinshaw J, et al. Corporate Strategy and the Theory of the Firm in the Digital Age[J]. Journal of Management Studies, 2021, 58(7): 1695-1720.

[169]Mikhaylov S J, Esteve M, Campion A. Artificial intelligence for the public sector: Opportunities and challenges of cross-sector collaboration [J]. Philosophical Transactions of the Royal Society of London. Series A: Mathematical, Physical, and Engineering Sciences, 2018, 376(2128): 57-78.

[170]Min H. Artificial intelligence in supply chain management: Theory and applications[J]. International Journal of Logistics: Research and Applications, 2010, 13(1): 13-39.

[171]Modran H A, Ursutiu D, Samoila C, et al. Learning methods based on artificial intelligence in educating engineers for the new jobs of the 5th industrial revolution [C]//International Conference on Interactive Collaborative Learning. Springer, Cham, 2020: 561-571.

[172]Mun J, Lee S, Choi J, Bae K. Dataset retrieval system based on automation of data preparation with dataset description model [J]. Concurrency and Computation: Practice and Experience, 2019, 33(2).

[173]Mustak M, Salminen J, Plé L, et al. Artificial intelligence in marketing: Topic modeling, scientometric analysis, and research agenda[J]. Journal of Business Research, 2021, 124: 389-404.

[174]Nalepa G J, Bobek S, Kutt K, et al. Semantic data mining in ubiquitous sensing: A survey[J]. Sensors, 2021, 21(13): 4322-4348.

[175]Nam K, Dutt C S, Chathoth P, et al. The adoption of artificial intelligence and robotics in the hotel industry: Prospects and challenges [J]. Electronic Markets, 2020: 1-22.

[176]Nascimento L D S, Reichert F M, Janissek-Muniz R, et al. Dynamic interactions among knowledge management, strategic foresight and emerging technologies[J]. Journal of Knowledge Management, 2020, 25 (2): 275-297.

[177]Neuhofer B, Magnus B and Celuch K. The impact of artificial intelligence on event experiences: a scenario technique approach [J]. Electronic Market, 2021, 31: 601-617.

[178]Ng K K H, Chen C H, Lee C K M, et al. A systematic literature review on intelligent automation: Aligning concepts from theory, practice, and future perspectives [J]. Advanced Engineering Informatics, 2021, 47: 101246.

[179]Nguyen D C, Ding M, Pathirana P N, et al. Federated learning for internet of things: A comprehensive survey[J]. IEEE Communications Surveys and Tutorials, 2021, 23(3):1622-1658.

[180]Nguyen D K, Sermpinis G, Stasinakis C. Big data, artificial intelligence, and machine learning: A transformative symbiosis in favour of financial technology[J]. European Financial Management, 2022, 28 (3): 696-741.

[181]Nikfarjam H, Rostamy - Malkhalifeh M, Mamizadeh - Chatghayeh S. Measuring supply chain efficiency based on a hybrid approach[J]. Transportation Research Part D: Transport and Environment, 2015, 39: 141-150.

[182]Nishant R, Kennedy M, Corbett J. Artificial intelligence for sustainability: Challenges, opportunities, and a research agenda[J]. International Journal of Information Management, 2020, 53: 102104.

[183]Nunnally J C, Bernstein L H. Psychometric Theory[M]. New York: Mcgraw Hill, 1994.

[184]O'Reilly C, Tushman M. Organizational ambidexterity: past, present and future[J]. Acadmy of Management Perspective,2013,27: 324-338.

[185]Oswald G, Kleinemeier M. Shaping the Digital Enterprise[M]. Walldorf, Germany,2017.

[186]O'Cass A, Sok P. The role of intellectual resources, product innovation capability, reputational resources and marketing capability combinations in firm growth[J]. International Small Business Journal, 2014, 32(8): 996-1018.

[187]O'Leary D E. Artificial intelligence and big data[J]. IEEE intelligent systems, 2013, 28(2): 96-99.

[188]Paschen U, Pitt C, Kietzmann J. Artificial intelligence: Building blocks and an innovation typology[J]. Business Horizons, 2020, 63(2): 147-155.

[189]Patham F, Geiss A, Rascher R, Sperber P, Schinhaerl M, Pitschke E. Design and development of a novel computer controlled power device for electrical-assisted optical grinding[J]. Pavitt K. Sectoral Pattern of Technical Change: Toward a Taxonomy and a Theory[J]. Research Policy. 1984,13(6). P. 343-373.

[190]Pei X, Chen H. Study on the construction of innovation driven development evaluation index method system[C]//2016 2nd International Conference on Education Technology, Management and Humanities Science. Atlantis Press, 2016: 627-630.

[191]Pennings J M, Puranam P. Market convergence and firm strategy: New directions for theory and research[C]. Eindhoven: The Future of

Innovation Studies, 2001: 3-5.
[192]Peres R S, Jia X, Lee J, et al. Industrial artificial intelligence in industry 4.0-systematic review, challenges and outlook[J]. IEEE Access, 2020, 8: 220121-220139.
[193]Polak P, Nelischer C, Guo H, et al. "Intelligent" finance and treasury management: What we can expect[J]. AI and Society, 2020, 35(3): 715-726.
[194]Pomares J, Abdala M. The Future of AI Governance: The G20's Role and the Challenge of Moving Beyond Principles[J]. Global Solutions Journal (5), 2020.
[195]Porter H H. A Methodology for the Assessment of AI Consciousness. In: Artificial General Intelligence, 9th International Conference on AGI, 2016. Steunebrink B, Wang P, Goertzel B, Eds., Springer, Cham, 2016, 9782: 305-313.
[196]Porter M E. Competitive strategy: Techniques for analyzing industries and competitors[M]. New York: Free Press, 1980.
[197]Proceedings of the SPIE, 2017, 5: 1031607.
[198]Quintana G C, Benavides V C A. Innovative competence, exploration and exploitation: The influence of technological diversification [J]. Research policy, 2008, 37(3): 492-507.
[199]Rafique D, Velasco L. Machine learning for network automation: overview, architecture, and applications [Invited Tutorial][J]. Journal of Optical Communications and Networking, 2018, 10(10): D126-D143.
[200]Rahmanifard H, Plaksina T. Application of artificial intelligence techniques in the petroleum industry: A review[J]. Artificial Intelligence Review, 2019, 52(4): 2295-2318.
[201]Raisch S, Krakowski S. Artificial intelligence and management: The automation-augmentation paradox[J]. Academy of Management Review, 2021, 46(1): 192-210.
[202]Rathore M M, Shah S A, Shukla D, et al. The role of ai, machine learning, and big data in digital twinning: A systematic literature review, challenges, and opportunities[J]. IEEE Access, 2021, 9:32030-32052.
[203]Razali N F, Mohd Suradi N R, Ahmad Shahabuddin F A, et al. Technological innovation capability in Malaysian-owned resource-based

manufacturing companies: Early findings [C]//AIP Conference Proceedings. American Institute of Physics, 2013, 1522(1): 1483-1491.

[204]Riahi Y, Saikouk T, Gunasekaran A, et al. Artificial intelligence applications in supply chain: A descriptive bibliometric analysis and future research directions[J]. Expert Systems With Applications, 2021, 173: 114702.

[205]Roberts H, Cowls J, Morley J, et al. The Chinese approach to artificial intelligence: An analysis of policy, ethics, and regulation[J]. AI and society, 2021, 36(1): 59-77.

[206]Rosenberg N. Technological change in the machine tool industry, 1840-1910[J]. The Journal of Economic History, 1963, 23(4): 414-443.

[207]Rosienkiewicz M. Accuracy assessment of artificial intelligence-based hybrid models for spare parts demand forecasting in mining industry [C]//International Conference on Information Systems Architecture and Technology. Springer, Cham, 2019: 176-187.

[208]Ruiz-Real J L, Uribe-Toril J, Torres J A, et al. Artificial intelligence in business and economics research: trends and future [J]. Journal of Business Economics and Management, 2021, 22(1): 98-117.

[209]Ryu J, Byeon S C. Technology level evaluation methodology based on the technology growth curve[J]. Technological Forecasting and Social Change, 2011, 78(6): 1049-1059.

[210]Sahal D. Technological guideposts and innovation avenues[J]. Research Policy, 1985, 14(2): 61-82.

[211]Salminen J, Yoganathan V, Corporan J, et al. Machine learning approach to auto-tagging online content for content marketing efficiency: A comparative analysis between methods and content type[J]. Journal of Business Research, 2019, 101: 203-217.

[212]Santos R S, Qin L. Risk capital and emerging technologies: Innovation and investment patterns based on artificial intelligence patent data analysis[J]. Journal of Risk and Financial Management, 2019, 12(4): 189-213.

[213]Saßmannshausen T, Burggräf P, Wagner J, et al. Trust in artificial intelligence within production management-an exploration of antecedents [J]. Ergonomics, 2021: 1-18.

[214]Scherer M U. Regulating artificial intelligence systems: Risks, challenges,

competencies, and strategies[J]. Harvard Journal of Law & Technology, 2016, 29(2): 354-400.

[215]Schiølin K. Revolutionary dreams: Future essentialism and the sociotechnical imaginary of the fourth industrial revolution in Denmark [J]. Social Studies of Science, 2020, 50(4): 542-566.

[216]Schlögl S, Postulka C, Bernsteiner R, et al. Artificial intelligence tool penetration in business: Adoption, challenges and fears [C]// International Conference on Knowledge Management in Organizations. Springer, Cham, 2019: 259-270.

[217]Schonberger V, Cukier,K. Big Data: A Revolution that Will Transform How We Live, Work and Think[M]. Boston: Eamon Dolan/Houghton Mifflin Harcourt, 2013.

[218]Scupola A. Digital transformation of public administration services in Denmark: A process tracing case study[J]. Nordic and Baltic Journal of Information and Communications Technologies, 2018, 2018(1):261-284.

[219]Selvaraj C, Chandra I, Singh S K. Artificial intelligence and machine learning approaches for drug design: Challenges and opportunities for the pharmaceutical industries[J]. Molecular Diversity, 2021, 25(4):16-36.

[220]Sercovich FC, Teubal M. An evolutionary view of the infant-industry argument[J]. Technology Analysis & Strategic Management, 2013,25 (7): 799-815.

[221]Shackel B. Ergonomics for a computer[J]. Design, 1959, 120(3): 36-39.

[222]Sheng L, Min T, Yidan Z, et al. Research on the Development of New Industries, New Formats and Models Based on information technology [C]//2021 2nd International Conference on E-Commerce and Internet Technology (ECIT). IEEE, 2021: 289-295.

[223]Singh H. Big data, industry 4.0 and cyber-physical systems integration: A smart industry context[J]. Materials Today: Proceedings, 2021, 46: 157-162.

[224]Sj? din D, Frishammar J, Thorgren S. How Individuals Engage in the Absorption of New External Knowledge: A Process Model of Absorptive Capacity[J]. The Journal of Product Innovation Management,2018,12: 356-379.

[225]Sohrabpour V, Oghazi P, Toorajipour R, et al. Export sales forecasting using artificial intelligence[J]. Technological Forecasting and Social Change, 2021, 163: 80-90.

[226]Song Y, Luximon Y. Trust in AI agent: A systematic review of facial anthropomorphic trustworthiness for social robot design[J]. Sensors, 2020, 20(18): 5087-5108.

[227]Sozontov A, Ivanova M, Gibadullin A. Implementation of artificial intelligence in the electric power industry[J]. E3S Web of Conferences, 2019, 114: 1009-1015.

[228]Spanaki K, Sivarajah U, Fakhimi M, et al. Disruptive technologies in agricultural operations: A systematic review of AI-driven AgriTech research[J]. Annals of Operations Research, 2022, 308(1-2):491-524.

[229]Spender JC, Grant RM. Knowledge and the firm: overview[J]. Strategic Management Journal,1996, 17: 5-9.

[230]Stasinakis C, Sermpinis G. Big Data, Artificial intelligence and machine learning: A transformative symbiosis in favour of financial technology [J]. SSRN Electronic Journal, 2020.

[231]Stieglitz N. Industry dynamics and types of market convergence [R]. Paper to be presented at the druid summer conference on "Industrial dynamics of the new and old economy-who is embracing whom?"2002:1-6.

[232]Stricker N, Kuhnle A, Sturm R, et al. Reinforcement learning for adaptive order dispatching in the semiconductor industry[J]. CIRP Annals, 2018, 67(1): 511-514.

[233]Sun L, Miao C, Yang L. Ecological-economic efficiency evaluation of green technology innovation in strategic emerging industries based on entropy weighted TOPSIS method[J]. Ecological Indicators, 2017, 73: 554-558.

[234]Syam N, Sharma A. Waiting for a sales renaissance in the fourth industrial revolution: Machine learning and artificial intelligence in sales research and practice[J]. Industrial Marketing Management, 2018, 69: 135-146.

[235]Tanusondjaja A, Dunn S, Miari C. Examining manufacturer concentration metrics in consumer packaged goods[J]. International Journal of Market

Research, 2021, 63(4): 471-493.

[236] Tapscott D. The digital economy: promise and peril in the age of networked intelligence[M]. New York: McGraw-Hill,1996.

[237]Theler B, Kauwe S K, Sparks T D. Materials abundance, price, and availability data from the years 1998 to 2015[J]. Integrating Materials and Manufacturing Innovation, 2020, 9(1): 144-150.

[238]Thuraisingham B. Artificial intelligence and data science governance: Roles and responsibilities at the c-level and the board[C]//2020 IEEE 21st International Conference on Information Reuse and Integration for Data Science (IRI). IEEE, 2020: 314-318.

[239]Tian X, Liu X, Wang L. An improved promethee ii method based on axiomatic fuzzy sets[J]. Neural Computing and Applications, 2014, 25(7): 1675-1683.

[240]Tiguint B, Hossari H. Big data analytics and artificial intelligence: a meta-dynamic capability perspective [C]//International Conference on Business Management, Innovation and Sustainability (ICBMIS). 2020.

[241]Tilson D, Lyytinen K, SØrensen C. Research commentary - Digital infrastructures: The missing IS research agenda[J]. Information systems research, 2010, 21(4): 748-759.

[242]Toffler, A. The electronic cottage[J]. Creative Computing,1980,6(12): 82-90.

[243]Tolentino, Paz Estrella E. Technological Innovation and Third World Multinationals[M]. Routledge,1993.

[244]Toorajipour R, Sohrabpour V, Nazarpour A, et al. Artificial intelligence in supply chain management: A systematic literature review[J]. Journal of Business Research, 2021, 122: 502-517.

[245]Trakadas P, Simoens P, Gkonis P, et al. An artificial intelligence-based collaboration approach in industrial iot manufacturing: Key concepts, architectural extensions and potential applications[J]. Sensors, 2020, 20(19): 5480-5500.

[246]Tripathi N, Goshisht M K, Sahu S K, et al. Applications of artificial intelligence to drug design and discovery in the big data era: A comprehensive review[J]. Molecular Diversity, 2021: 1-22.

[247]Truby J. Governing artificial intelligence to benefit the UN sustainable development goals[J]. Sustainable Development, 2020, 28(4): 946-959.

[248]Trump D. Maintaining American Leadership in Artificial Intelligence [J]. Federal Register. https: //www. federalregister. gov/documents/ 2019/02/14/2019-02544/ maintaining-american-leadership-in-artificial-intelligence, 2019.

[249]Ulnicane I. Artificial Intelligence in the European Union: Policy, ethics and regulation[M]// The Routledge Handbook of European Integrations. Taylor 和 Francis, 2022.

[250] Ulrich K T, Eppinger S D. Product design and development [M]. Mcgraw-Hill Higher Education, 5th edition,2011.

[251]Van Rijmenam M, Logue D. Revising the 'science of the organisation': theorising AI agency and actorhood [J]. Innovation, 2021, 23 (1): 127-144.

[251]Van Roy V. AI Watch-National strategies on Artificial Intelligence: A European perspective in 2019 [R]. Joint Research Centre (Seville site), 2020.

[252]Venkatesh A N. Leadership 4.0: Leadership Strategies for Industry 4.0 [J]. Solid State Technology, 2020, 63(6), 2709-2713.

[254]Wadström C, Johansson M, Wallén M. A framework for studying outcomes in industrial symbiosis[J]. Renewable and Sustainable Energy Reviews, 2021, 151: 111526.

[255]Walls J L, Paquin R L. Organizational perspectives of industrial symbiosis: A review and synthesis[J]. Organization & Environment, 2015, 28(1): 32-53.

[256]Walters D, Rainbird M. Cooperative innovation: A value chain approach [J]. Journal of enterprise information management, 2007, 20 (5), 595-607.

[257]Wamba-Taguimdje S L, Wamba S F, Kamdjoug J R K, et al. Influence of artificial intelligence (AI) on firm performance: The business value of AI-based transformation projects [J]. Business Process Management Journal, 2020, 26(7): 1893-1924.

[258]Wang L, Liu Z, Liu A, et al. Artificial intelligence in product lifecycle management[J]. The International Journal of Advanced Manufacturing

Technology, 2021, 114(3): 771-796.

[259]Wang W, You X. Benefits analysis of classification of municipal solid waste based on system dynamics[J]. Journal of Cleaner Production, 2021, 279: 123686.

[260]White House, American artificial intelligence initiative: year one annual report[EB/OL]. (2020 - 2 - 28) [2020 - 12 - 1]. Available: https: //trumpwhitehouse. archives. gov/wp-content/uploads/2020/02/American-AI-Initiative-One-Year-Annual-Report. pdf.

[261]Wilson H J, Daugherty P R. Collaborative intelligence: Humans and AI are joining forces[J]. Harvard Business Review, 2018, 96(4): 114-123.

[262]Wirén S, Vuorela K, Müller T, et al. Turning Finland into the world leader in communications networks: — Digital infrastructure strategy 2025[J]. 2019.

[263]Woo W L. Human-machine co-creation in the rise of AI[J]. IEEE Instrumentation & Measurement Magazine, 2020, 23(2): 71-73.

[264]World Bank Group. Competing in the Digital Age: Policy Implications for the Russian Federation [M]. World Bank, 2018.

[265]Woschank M, Rauch E, Zsifkovits H. A review of further directions for artificial intelligence, machine learning, and deep learning in smart logistics[J]. Sustainability, 2020, 12(9): 3760-3783.

[266]Wu D D, Luo C, Olson D L. Efficiency evaluation for supply chains using maximin decision support[J]. IEEE Transactions on Systems, Man, and Cybernetics: Systems, 2014, 44(8): 1088-1097.

[267]Wu Y. Cloud-edge orchestration for the Internet of Things: Architecture and AI-powered data processing[J]. IEEE Internet of Things Journal, 2020, 8(16): 12792-12805.

[268]Xiao H, Muthu B A, Kadry S N. Artificial intelligence with robotics for advanced manufacturing industry using robot-assisted mixed-integer programming model[J]. Intelligent Service Robotics, 2020: 1-10.

[269]Xie X, Xie X, Martínez-Climent C. Identifying the factors determining the entrepreneurial ecosystem of internet cultural industries in emerging economies[J]. International Entrepreneurship and Management Journal, 2019, 15(2): 503-522.

[270]Xu W S. Research on the optimization direction of tax policy based on the perspective of industrial structure adjustment [C]//2017 7th International Conference on Social Network, Communication and Education (SNCE 2017). Atlantis Press, 2017: 685-688.

[271]Yamada C, Takemura R, Fukushima T, et al. Investigating problems of research and development of artificial intelligence technology in Japan [C]//2019 IEEE International Conference on Industrial Engineering and Engineering Management (IEEM). IEEE, 2019: 750-754.

[272]Yan K, Liu L, Xiang Y, et al. Guest editorial: AI and machine learning solution cyber intelligence technologies: New methodologies and applications[J]. IEEE Transactions on Industrial Informatics, 2020, 16 (10): 6626-6631.

[273]Yao T, Wang Y. Mechanism analysis of environmental regulation on regional industrial structure: A case study of Pearl river delta region, China[J]. Fresenius Environmental Bulletin, 2020, 29(12): 46-54.

[274]Yasnitsky L N. Whether be new "Winter" of artificial intelligence? [C]//International Conference on Integrated Science. Springer, Cham, 2019: 13-17.

[275]Yoffie, D B. Competing in the age of digital convergence[M]. Harvard Business Press. 1997: 59-90.

[276]Yoo Y, Henfridsson O, Lyytinen K. Research commentary-the new organizing logic of digital innovation: An agenda for information systems research[J]. Information Systems Research, 2010, 21(4): 724-735.

[277]Yu C, Zhang Z, Lin C, et al. Knowledge creation process and sustainable competitive advantage: The role of technological innovation capabilities[J]. Sustainability, 2017, 9(12): 2280-2296.

[278]Yu W, Graham J H, Min H. Dynamic pattern matching for demand forecasting using temporal data mining [C]//Proceedings of the 2nd International Conference on Electronic Business. 2002: 400-402.

[279]Yu X, Yan J, Assimakopoulos D. Case analysis of imitative innovation in Chinese manufacturing SMEs: Products, features, barriers and competences for transition [J]. International Journal of Information Management, 2015, 35(4): 520-525.

[280]Zamora E A. Value chain analysis: A brief review[J]. Asian Journal of Innovation and Policy, 2016, 5(2): 116-128.

[281]zdemir V, Hekim N. Birth of industry 5.0: Making sense of big data with artificial intelligence, "the internet of things" and next-generation technology policy[J]. Omics: a journal of integrative biology, 2018, 22(1): 65-76.

[282]Zhang C, Lu Y. Study on artificial intelligence: The state of the art and future prospects[J]. Journal of Industrial Information Integration, 2021, 23: 100224.

[283]Zhang C, Ueng Y L, Studer C, et al. Artificial intelligence for 5G and beyond 5G: Implementations, algorithms, and optimizations[J]. IEEE Journal on Emerging and Selected Topics in Circuits and Systems, 2020, 10(2): 149-163.

[284]Zhang H, Rao H, Feng J. Product innovation based on online review data mining: A case study of Huawei phones[J]. Electronic Commerce Research, 2018, 18(1): 3-22.

[285]Zhang S, Zhu D. Towards artificial intelligence enabled 6G: State of the art, challenges, and opportunities [J]. Computer Networks, 2020, 183: 107556.

[286]Zhang X, Ming X, Liu Z, et al. A reference framework and overall planning of industrial artificial intelligence (I-AI) for new application scenarios[J]. The International Journal of Advanced Manufacturing Technology, 2019, 101(9): 2367-2389.

[287]Zhou J, Li P, Zhou Y, et al. Toward new-generation intelligent manufacturing[J]. Engineering, 2018, 4(1): 11-20.

[288]Zhou L, Zhang L, Zhao Y, et al. A scientometric review of blockchain research[J]. Information Systems and e-Business Management, 2021, 19(3): 757-787.

[289]Zhu T. AI Governance in 2019-A Year in Review: Observations of 50 Global Experts[J]. Frontiers L. China, 2020, 15: 367.

[290]Zott C, Amit R, Massa L. The business model: Recent developments and future research [J]. Journal of management, 2011, 37(4): 1019-1042.

[291]艾伦. 做智能化社会的合格公民——探讨智能化时代人工智能教育的核心素养[J]. 中国现代教育装备,2018,288(8):4-17.
[292]鲍怡发. 智能化对中国制造业全要素生产率的影响研究[D]. 南京:南京信息工程大学,2020.
[293]毕克新,马慧子,黄平. 制造业企业信息化与工艺创新互动关系影响因素研究[J]. 中国软科学,2012(10):138-147.
[294]蔡跃洲,马文君. 数据要素对高质量发展影响与数据流动制约[J]. 数量经济技术经济研究,2021,38(3):64-83.
[295]曹剑飞,齐兰. 经济金融化对我国产业转型升级的影响及其对策[J]. 学术论坛,2016,39(01):66-69+130.
[296]曹江宁. 中国战略性新兴产业发展评价与路径选择研究[D]. 河北大学,2015.
[297]曹楠楠,牛晓耕,胡筱沾. 金融支持新能源产业集聚发展的实证研究[J]. 当代经济管理,2021,43(4):89-97.
[298]曾鸣. 打破智慧能源发展的“三大壁垒”[J]. 电力设备管理,2019(04):1.
[299]曾萍. 组织学习与绩效的关系:基于动态能力的中介效应[J]. 图书情报工作,2009,53(20):102-105+121.
[300]曾铮. 加快培育发展战略性新兴产业的思考[J]. 当代经济,2011(12):4-5.
[301]陈凡. 工程设计的伦理意蕴[J]. 伦理学研究,2005(06):84-86.
[302]陈桂芬,李静,陈航,安宇. 大数据时代人工智能技术在农业领域的研究进展[J]. 中国农业文摘-农业工程,2019,31(01):12-16.
[303]陈劲,朱子钦. 加快推进国家战略科技力量建设[J]. 创新科技,2021,21(1):1-8.
[304]陈劲. 集成创新的理论模式[J]. 中国软科学,2002(12):24-30.
[305]陈蕾,周艳秋. 区块链发展态势、安全风险防范与顶层制度设计[J]. 改革,2020,(06):44-57.
[306]陈柳钦. 产业融合的动因及其效应分析[J]. 西南金融,2007(4):10-11.
[307]陈柳钦. 关于我国发展战略性新兴产业的几点思考[J]. 四川行政学院学报,2011 (1):83-88.
[308]陈平,韩永辉. 粤港澳大湾区创新链耦合协调度研究[J]. 学术研究,2021(9):100-106.
[309]陈智. 人工智能的消费升级效应及其推动物流业高质量发展研究[J]. 商业经济研究,2021(24):122-125.

[310]程栋. 另一种“边缘突破”:基于智媒体必要的理论视角——兼与学界诸位老师商榷[J]. 中国传媒科技,2019(05):7-17.

[311]程广斌,杨春. 中国省域产业融合能力:理论解构、评价方法及时空分异分析[J]. 科技进步与对策,2019,36(07):61-67.

[312]程磊. 新中国70年科技创新发展:从技术模仿到自主创新[J]. 宏观质量研究,2019,7(03):17-37.

[313]程翔,孙迪,鲍新中. 经济高质量发展视角下我国省域产业结构调整评价[J]. 经济体制改革,2020(4):122-128.

[314]戴鸿绪,王宇奇. 产业链整合视角下我国聚酯产业链运行绩效评价研究[J]. 科技与管理,2021,23(1):26-32+43.

[315]党兴华,车渊彬. 区域战略性新兴产业重点领域选择研究——以西安航空新材料产业为例[J]. 中国科技论坛,2014(05):45-49+61.

[316]邓龙安,刘文军. 产业技术范式转移下区域战略性新兴产业自适应创新管理研究[J]. 科学管理研究,2011,29(02):7-11.

[317]邓龙安,徐玖平. 技术范式竞争下网络型产业集群的生成机理研究[J]. 科学学研究,2009,27(04):569-573.

[318]邓龙安. 战略性新兴产业技术范式演进中的企业动态集成创新管理研究[J]. 科技进步与对策,2013,30(16):43-47.

[319]董树功. 协同与融合:战略性新兴产业与传统产业互动发展的有效路径[J]. 现代经济探讨,2013(02):71-75.

[320]窦广涵. 商业生态系统战略进化的机理研究[J]. 改革与战略,2008(09):43-45.

[321]杜传忠,金华旺,金文翰. 新一轮产业革命背景下突破性技术创新与中国产业转型升级[J]. 科技进步与对策,2019,36(24):63-69.

[322]杜丹清. 互联网助推消费升级的动力机制研究[J]. 经济学家,2017(3):48-54.

[323]杜宏宇,岳军. 山东省制造业结构高效化及发展对策[J]. 山东大学学报(哲学社会科学版),2005(5):97-102.

[324]杜爽. 智能产业生态系统的结构性特征及发展路径[J]. 经济纵横,2021(04):79-86.

[325]杜悦英. 人类进入与人工智能共舞的时代[J]. 中国发展观察,2016(06):6-7+10.

[326]范太胜. 区域产业核心竞争力研究:持续竞争优势的来源[J]. 科技和产业,2006(06):31-34.

[327]冯居易,魏修建. 基于投入产出法的中国互联网行业经济效应分析[J]. 统计与决策,2021,37(15):123-127.

[328]冯学钢,王琼英. 中国旅游产业潜力评估模型及实证分析[J]. 中国管理科学,2009,17(04): 178-184.

[329]付凌晖. 我国产业结构高级化与经济增长关系的实证研究[J]. 统计研究,2010,27(08): 79-81.

[330]傅为忠,金敏,刘芳芳. 工业 4.0 背景下我国高技术服务业与装备制造业融合发展及效应评价研究——基于 AHP-信息熵耦联评价模型[J]. 工业技术经济,2017,36(12):90-98.

[331]干春晖,郑若谷,余典范. 中国产业结构变迁对经济增长和波动的影响[J]. 经济研究,2011,46(5):4-16+31.

[332]高文鞠. 区域装备制造业与生产性服务业融合效应提升机制研究[D]. 哈尔滨:哈尔滨理工大学,2021.

[333]龚炳铮. 推进我国智能化发展的思考[J]. 中国信息界,2012(1):5-8.

[334]顾弘. 从资源优化配置的角度探究企业组织创新[D]. 复旦大学,2003.

[335]郭爱芳,杨艺璇,王正龙,伍蓓. 企业技术搜寻行为与自主创新能力共演机制仿真分析[J]. 科技管理研究,2021,41(24):9-17.

[336]郭冬梅,王英. 基于产业集聚指数的我国医药制造业集聚度评价研究[J]. 中国药房,2013,24(25):2305-2307.

[337]郭会斌,王书玲,武宗志,杨隽萍. 互联网赋能与组织惯例重构——基于六家“中华老字号”的解释[J]. 中国人力资源开发,2017(06): 94-107.

[338]韩江波. 智能工业化:工业化发展范式研究的新视角[J]. 经济学家,2017(10): 21-30.

[339]韩文艳,熊永兰. 科技大国创新驱动产业结构优化的比较研究[J]. 科技管理研究,2020,40(11):1-8.

[340]韩霞,朱克实. 我国战略性新兴产业发展的政策取向分析[J]. 经济问题,2014(3):1-5.

[341]何清,李宁,罗文娟,史忠植. 大数据下的机器学习算法综述[J]. 模式识别与人工智能,2014,27(04): 327-336.

[342]何宇. GVC 下区域装备制造业与生产性服务业互动融合演进规律研究[D]. 哈尔滨:哈尔滨理工大学,2017.

[343]何玉长,方坤. 人工智能与实体经济融合的理论阐释[J]. 学术月刊,2018,50(5):56-67.

[344]贺艳，马英华."数字遗产"理论与创新实践研究[J]. 中国文化遗产，2016(02)：4-17.
[345]贺正楚，吴艳，蒋佳林，陈一鸣. 生产服务业与战略性新兴产业互动与融合关系的推演、评价及测度[J]. 中国软科学，2013(05)：129-143.
[346]贺正楚，吴艳. 战略性新兴产业的评价与选择[J]. 科学学研究，2011，29(05)：678-683+721.
[347]洪棋新. 产业信息化的运营模式：基于产业结构的视角[D]. 南京：东南大学，2004.
[348]胡汉辉，邢华. 产业融合理论以及对我国发展信息产业的启示[J]. 中国工业经济，2003(2)：23-29.
[349]胡金星. 产业融合的内在机制研究——基于自组织理论的视角[D]. 上海：复旦大学，2007.
[350]胡畔，于渤. 跨界搜索、能力重构与企业创新绩效——战略柔性的调节作用[J]. 研究与发展管理，2017，29(04)：138-147.
[351]胡永佳. 产业融合的经济学分析[M]. 北京：中国经济出版社，2008.
[352]黄建康. 产业集成：基于提升传统产业竞争力的分析[J]. 现代经济探讨，2004(2)：16-18.
[353]黄美玲，向辉. 人工智能与文化产业融合模式及规制路径研究[J]. 企业科技与发展，2018(11)：117-120+122.
[354]黄琪. 贵州省中药产业与互联网产业深度融合发展研究[D]. 北京：中南民族大学，2019.
[355]黄群慧，贺俊."第三次工业革命"与中国经济发展战略调整——技术经济范式转变的视角[J]. 中国工业经济，2013(1)：5-18.
[356]黄群慧."双循环"新发展格局：深刻内涵、时代背景与形成建议[J]. 北京工业大学学报(社会科学版)，2020，21(1)：9-16.
[357]黄蕊，郭文，赵意."人工智能+"产业融合发展问题研究[J]. 长春理工大学学报(社会科学版)，2018，31(6)：89-94.
[358]黄蕊，徐倩，赵意."人工智能+"模式下我国传统产业的效率锁定与解锁——基于路径依赖理论视域[J]. 经济问题，2020(2)：75-82.
[359]黄卫挺. 加快培育消费新增长点的基本思路与重点领域[J]. 宏观经济管理，2013，(02)：26-27.
[360]黄莹，卢秉恒，赵万华. 云计算在智能机床控制体系中的应用探析[J]. 机械工程学报，2018，54(8)：210-216.

[361]黄攸立,刘永锐. 企业创新基础能力识别——基于核心竞争力视角的实证研究[J]. 科学学与科学技术管理,2010,31(9):71-76.

[362]霍影,霍金刚. 地方产业经济发展策略选择:传统产业是否应让位于战略性新兴产业——协同发展视阈下战略性新兴产业布局与传统产业升级路径[J]. 科技进步与对策,2015,32(10):28-31.

[363]冀宏,赵黎明. 基于技术范式升级的循环农业发展研究[J]. 江苏农业科学,2013,41(11):427-430.

[364]贾根良. 第三次工业革命与工业智能化[J]. 中国社会科学,2016(06):87-106+206.

[365]贾洪文,赵明明. 金融发展、产业融合与经济高质量发展——基于门槛模型的实证分析[J]. 上海经济研究,2020(08):58-69.

[366]姜大鹏,顾新. 我国战略性新兴产业的现状分析[J]. 科技进步与对策,2010,27(17):65-70.

[367]姜江. 主要发达国家发展战略性新兴产业的情况及对我国的启示[J]. 领导之友,2010(05):10-12.

[368]蒋云钟,冶运涛,赵红莉. 智慧水利大数据内涵特征、基础架构和标准体系研究[J]. 水利信息化,2019(04):6-19.

[369]焦勇,公雪梅. 技术范式变迁视角下制造业新旧动能转换研究——兼论持续创新的制造业企业失败的原因[J]. 云南社会科学,2019(05):135-141+188.

[370]金晓彤,黄蕊. 技术进步与消费需求的互动机制研究——基于供给侧改革视域下的要素配置分析[J]. 经济学家,2017(02):50-57.

[371]金叶,许琳,王东旭,宋晓芳. 数据安全问题:云计算建设中需要解决的保障问题[J]. 财务与会计(理财版),2013(09):40-42.

[372]金媛媛,王淑芳. 乡村振兴战略背景下生态旅游产业与健康产业的融合发展研究[J]. 生态经济,2020,36(1):138-143.

[373]荆伟. 人工智能驱动下的设计产业融合创新探究[J]. 包装工程,2021,42(16):79-84+93.

[374]荆伟. 基于车载以太网的音响诊断技术开发[D]. 长春:吉林大学,2020.

[375]来亚红. 对战略性新兴产业几个关键问题的探讨[J]. 中国产业,2011(06):46.

[376]赖红波. 传统制造产业融合创新与新兴制造转型升级研究——设计、互联网与制造业"三业"融合视角[J]. 科技进步与对策,2019,36(8):68-74.

[377]黎春秋，熊勇清. 传统产业优化升级模式研究：基于战略性新兴产业培育外部效应的分析[J]. 中国科技论坛，2011(5)：32-37.

[378]李爱玲，范春顺. 信息产业融介的发展趋势与我国发展信息产业融合的对策[J]. 现代情报，2007(1)：27-28.

[379]李伯虎，林廷宇，贾政轩，施国强，肖莹莹，张迎曦，曾贲，李鹤宇，郭丽琴. 智能工业系统智慧云设计技术[J]. 计算机集成制造系统，2019，25(12)：3090-3102.

[380]李泊溪. 信息化与工业化的基本含义[J]. 中国信息界，2005(01)：16-18.

[381]李广，杨欣. 结合深度学习的工业大数据应用研究[J]. 大数据，2018，4(5)：3-14.

[382]李海超，张赟，陈雪静. 我国高科技产业原始创新能力评价研究[J]. 科技进步与对策，2015，32(7)：118-121.

[383]李虹. 物联网与云计算助力战略性新兴产业的推进[M]. 北京：人民邮电出版社，2011.

[384]李怀祖. 管理研究方法论[M]. 西安：西安交通大学出版社，2004.

[385]李京文. 当代科技发展趋势与我国现代化建设[J]. 中国社会科学，1994(01)：73-86.

[386]李俊珏. 智能化发展对劳动力就业的影响研究[D]. 昆明：云南财经大学，2020.

[387]李坤望，邵文波，王永进. 信息化密度、信息基础设施与企业出口绩效——基于企业异质性的理论与实证分析[J]. 管理世界，2015(04)：52-65.

[388]李廉水，石喜爱，刘军. 中国制造业 40 年：智能化进程与展望[J]. 中国软科学，2019(01)：1-9+30.

[389]李敏. 关于计算机网络安全防御技术分析[J]. 电子技术与软件工程，2018(19)：219.

[390]李明，李千滨. 基于生态环境效益补偿的绿色建筑激励机制研究[J]. 科技进步与对策，2017，34(9)：136-140.

[391]李若辉，关惠元. 智能化背景下基于开放式创新的企业商业模式演化[J]. 企业经济，2018，37(6)：25-31.

[392]李素峰，严良，庞林，等. 资源密集型区域“科技—环境—经济”优化方案研究——以黑龙江 省为例[J]. 科技管理研究，2015，35(23)：74-77.

[393]李西兴，郭顺生，杜百岗. 纺织机械制造企业数字化智能化制造与管理平台设计与实现[J]. 计算机集成制造系统，2016，22(3)：672-685.

[394]李修全. 当前人工智能技术创新特征和演进趋势[J]. 智能系统学报，2020,15(2):409-412 .
[395]李丫丫. 战略性新兴产业发展机制研究[D].武汉:武汉理工大学,2015.
[396]李彦臻,任晓刚.科技驱动视角下数字经济创新的动力机制、运行路径与发展对策[J].贵州社会科学,2020(12): 113-120.
[397]李璋琪.基于异构数据库的历史数据中心建设[J].电子技术与软件工程,2019(18): 154-158.
[398]李长江.关于数字经济内涵的初步探讨[J].电子政务,2017(09): 84-92.
[399]李治国,车帅,王杰. 数字经济发展与产业结构转型升级——基于中国275个城市的异质性检验[J]. 广东财经大学学报,2021,36(5):27-40.
[400]厉无畏,王振. 中国产业发展前沿问题[M]. 上海:上海人民出版社,2003.
[401]梁彬,田金平,陈吕军,周北海. 精细化工园区生态环境效益评价指标体系研究[J]. 环境污染与防治,2009,31(4):89-92.
[402]梁威. 战略性新兴产业与传统产业协调发展研究[D].南昌:江西财经大学,2016.
[403]梁伟军,易法海. 农业与生物产业技术融合发展的实证研究——基于上市公司的授予专利分析[J]. 生态经济,2009(11):145-148.
[404]梁毅芳.”5G＋金融“的应用前景及挑战[J].金融科技时代,2020,28(04): 37-40.
[405]廖荣俊.基于信息化的产业结构升级机制研究[D].金华:浙江师范大学,2010.
[406]林春艳,孔凡超. 技术创新、模仿创新及技术引进与产业结构转型升级——基于动态空间 Durbin 模型的研究[J]. 宏观经济研究,2016(5):106-118.
[407]林军. ”数字化“、”自动化“、”信息化“与“智能化”的异同及联系[J]. 电气时代,2008(1):132-137.
[408]林学军. 战略性新兴产业的发展与形成模式研究[J].中国软科学,2012(2):26-34.
[409]林毅夫.信息化——经济增长新源泉[J].科技与企业,2003(08):53-54.
[410]刘焕明.生态文明逻辑下的绿色技术范式建构[J].自然辩证法研究,2019,35(12): 40-44.
[411]刘嘉宁.战略性新兴产业评价指标体系构建的理论思考[J].经济体制改革,2013(01): 170-174.
[412]刘建华,孟战,姜照华.基于投入产出法的新能源核心技术和前沿技术研究

[J]. 科技管理研究,2017,37(7):26-33.
[413]刘京,杜跃平. 技术创新中资产专用性造成的转换成本问题研究[J]. 科技进步与对策,2005(8):113-115.
[414]刘君. 新一代数据中心的七大特征[J]. 计算机与网络,2015,41(15): 32.
[415]刘亮,李廉水,刘军,等. 智能化与经济发展方式转变:理论机制与经验证据[J]. 经济评论,2020(2):3-19.
[416]刘明宇,芮明杰. 价值网络重构、分工演进与产业结构优化[J]. 中国工业经济,2012(5):148-160.
[417]刘琼莲. 国家治理现代化进程中社会治理共同体的生成逻辑与运行机制[J]. 改革,2020(11): 147-159.
[418]刘淑茹. 产业结构合理化评价指标体系构建研究[J]. 科技管理研究,2011,31(5):66-69.
[419]刘双印,黄建德,黄子涛,等. 农业人工智能的现状与应用综述[J]. 现代农业装备,2019,40(6):7-13.
[420]刘祥恒. 旅游产业融合机制与融合度研究[D]. 昆明:云南大学,2016.
[421]刘艳华,俞鸿雁,易静华,张庆霞. 宁夏战略性新兴产业发展方向与布局选择研究[J]. 科技管理研究,2013,33(14): 82-85.
[422]刘英铎,陈奕. 企业人工智能战略驱动因素研究——基于 LASSO 回归和 CART 算法的分析[J]. 上海管理科学,2019,41(6):43-51.
[423]龙海明,姜辉,蒋鑫. 金融发展影响产业结构优化的空间效应研究[J]. 湖南大学学报(社会科学版),2020,34(2):42-48.
[424]卢文光,杨赛明,黄鲁成. 基于熵权法的战略性新兴产业识别和选择——以 LED、IPV6、太阳能电池三产业为例的实证研究[J]. 技术经济,2012,31(08): 75-79+127.
[425]卢鑫鑫,徐明. 科幻电影中人工智能的“身体”与“意识”建构[J]. 电影文学,2018(23): 44-48.
[426]芦永明,钱王平,邓多洪,等. 利用物联网技术实现钢铁企业智能化生产管理[J]. 中国冶金,2014(9):1-5.
[427]陆岷峰,虞鹏飞. 互联网金融背景下商业银行“大数据”战略研究——基于互联网金融在商业银行转型升级中的运用[J]. 经济与管理,2015,29(03): 31-38.
[428]陆小莉,姜玉英. 京津冀产业结构优化效果的统计测度[J]. 统计与决策,2021,37(8):90-93.

[429]罗以洪.大数据人工智能区块链等ICT促进数字经济高质量发展机理探析[J].贵州社会科学,2019(12):122-132.

[430]罗勇.云计算架构下网站群安全性的设计探究[J].科学技术创新,2019(29):89-90.

[431]罗宇航.科技创新基础能力研究——以西部地区重庆为例[J].科技进步与对策,2015,32(6):55-60.

[432]罗月江.互联网产业与传统零售业产业融合度测算及影响因素分析[D].广州:华南理工大学,2014.

[433]罗仲伟,任国良,焦豪,蔡宏波,许扬帆.动态能力、技术范式转变与创新战略——基于腾讯微信“整合”与“迭代”微创新的纵向案例分析[J].管理世界,2014(08):152-168.

[434]吕宏芬,余向平.集群式供应链下的技术创新网络构建[J].改革与战略,2007,163(3):39-42.

[435]吕荣杰,郝力晓.人工智能等技术对劳动力市场的影响效应研究[J].工业技术经济,2018,37(12):131-137.

[436]吕铁,贺俊.技术经济范式协同转变与战略性新兴产业政策重构[J].学术月刊,2013,45(07):78-89.

[437]吕一博,苏敬勤.后发国家汽车制造企业技术能力成长路径研究[J].科学学研究,2007(05):880-886.

[438]马健.产业融合理论研究评述[J].经济学动态,2002(5):78-81.

[439]马克思.资本论(第一卷)[M].中共中央马克思恩格斯列宁斯大林著作编译局译.北京:人民出版社,2004.

[440]马荣华.战略性新兴产业与传统产业互惠共生研究——基于共生经济视角[J].科技进步与对策,2015,32(19):61-65.

[441]马歇尔.经济学原理(上卷)[M].朱志泰译.北京:商务印书馆,1981.

[442]梅德奇.基于云服务的陕西国华锦界能源有限责任公司培训管理系统的设计与实现[D].济南:山东大学,2015.

[443]美国白宫报告:为人工智能的未来做好准备[J].信息安全与通信保密,2016(12):9-14.

[444]孟凡生,赵刚,徐野.基于数字化的高端装备制造企业智能化转型升级演化博弈研究[J].科学管理研究,2019,37(5):89-97.

[445]聂恩明,张林,肖翔,史彬,鄢烈祥.基于SVG矢量流程图的管道完整性管理系统的设计与实现[J].计算机与应用化学,2016,33(01):39-42.

[446]宁亚东，张世翔，孙佳. 基于泰尔熵指数的中国区域能源效率的差异性分析[J]. 中国人口·资源与环境，2014，24(S2)：69-72.
[447]彭冲，李春风，李玉双. 产业结构变迁对经济波动的动态影响研究[J]. 产业经济研究，2013(3)：91-100.
[448]彭卉，韩海潮. 互联网时代语音业务发展思考[J]. 通信企业管理，2015(05)：40-42.
[449]彭继增，陶旭辉，徐丽. 我国数字化贫困地理集聚特征及时空演化机制[J]. 经济地理，2019，39(02)：169-179.
[450]浦悦，胡斌. 基于AHP-熵权TOPSIS法的区域人工智能产业创新策源能力评价[J]. 生产力研究，2021(01)：67-71+131.
[451]戚聿东，肖旭，蔡呈伟. 产业组织的数字化重构[J]. 北京师范大学学报(社会科学版)，2020(02)：130-147.
[452]綦良群，蔡渊渊，王成东. GVC下中国装备制造业与生产性服务业融合影响因素研究[J]. 科技进步与对策，2017，34(14)：92-97.
[453]綦良群，高文鞠. 区域产业融合系统对装备制造业创新绩效的影响研究——吸收能力的调节效应[J]. 预测，2020，39(3)：1-9.
[454]钱志新. 产业金融[M]. 南京：江苏人民出版社，2010.
[455]秦红霞，蒋鹏举，陈华东. 企业知识共享伙伴选择的信号传递模型研究[J]. 情报杂志，2018，37(1)：179-185.
[456]邱淑萍. 乡村生态旅游与健康产业融合发展探究[J]. 广东蚕业，2021，55(2)：106-107.
[457]曲瑞. 丹东大梨树乡村旅游产业融合度及其影响因素研究[D]. 沈阳：沈阳农业大学，2017.
[458]全志薇，陈晓玲. 基于异构数据整合的吉林省区域创新数据库实现[J]. 软件导刊，2020，19(10)：214-217.
[459]饶玮，蒋静，周爱华，谢若承，裘洪彬. 面向全球能源互联网的电力大数据基础体系架构和标准体系研究[J]. 电力信息与通信技术，2016，14(04)：1-8.
[460]任保平，宋文月. 新一代人工智能和实体经济深度融合促进高质量发展的效应与路径[J]. 西北大学学报(哲学社会科学版)，2019，49(5)：6-13.
[461]任泽平，连一席，谢嘉琪. 人工智能新基建：迎接智能新时代[J]. 发展研究，2020 (9)：29-38.
[462]芮明杰. 构建现代产业体系的战略思路、目标与路径[J]. 中国工业经济，2018(9)：24-40.

[463]芮明杰.上海供给侧结构性改革的关键是产业化创新[J].科学发展,2016(11):25-28.

[464]芮明杰.上海未来综合性全球城市产业体系战略构想[J].科学发展,2015(8):17-27.

[465]邵必林,赵煜,宋丹,等.AI产业技术创新系统运行机制与优化对策研究[J].科技进步与对策,2018,35(22):71-78.

[466]邵文波.资本信息化与劳动力需求变化[D].天津:南开大学,2015.

[467]申俊喜,徐晓凡.消费升级引领战略性新兴产业高质量发展——基于全球价值链攀升的视角[J].南京工业大学学报(社会科学版),2021,20(5):49-64+111-112.

[468]盛国荣,葛莉.数字时代的技术认知——保罗·莱文森技术哲学思想解析[J].科学技术哲学研究,2012,29(04):58-63.

[469]盛国荣.技术哲学视阈中的技术范式[J].哈尔滨工业大学学报(社会科学版),2005(04):7-11.

[470]师博.人工智能助推经济高质量发展的机理诠释[J].改革,2020(1):30-38.

[471]施红星,刘思峰,郭本海,等.科技生产力流动与新兴产业成长问题研究[J].科学学与科学技术管理,2009(12):60-63.

[472]石建勋,卢丹宁,徐玲.第四次全球产业链重构和中国产业链升级研究.财经问题研究,2022(04):36-46.

[473]石婷婷,徐建华,张雨浓.数字孪生技术驱动下的智慧图书馆应用场景与体系架构设计[J].情报理论与实践,2021,44(03):149-156.

[474]史忠良,刘劲松.网络经济环境下产业结构演进探析[J].中国工业经济,2002(07):34-39.

[475]束哲.体系架构超网络建模与优化方法研究[D].长沙:国防科技大学,2018.

[476]斯密.国富论(上)[M].郭大力,王亚南,译.北京:商务印书馆,1981.

[477]宋德金,刘思峰.战略性新兴产业选择评价指标与综合决策模型[J].科技与经济,2014,27(01):66-70.

[478]宋德瑞,曹可,张建丽,景昕蒂,王相海,孙书翰,解鹏飞.大数据视域下的海洋信息化建设构想[J].海洋开发与管理,2017,34(09):50-53+77.

[479]宋河发,万劲波,任中保.我国战略性新兴产业内涵特征、产业选择与发展政策研究[J].科技促进发展,2010(09):7-14.

[480]宋红坤. 信息技术驱动的新兴产业形成机制研究[D]. 上海:复旦大学,2009.

[481]宋华,杨雨东. 中国产业链供应链现代化的内涵与发展路径探析[J]. 中国人民大学学报,2022,36(1):120-134.

[482]苏敬勤,崔淼. 复杂情境下中国企业管理创新类型选择研究[J]. 管理工程学报,2011,25(04): 26-35+242.

[483]孙承志. 新时代信息化与新型工业化深度融合发展与对策研究[J]. 情报科学,2020,38(02): 129-134+162.

[484]孙富春,刘华平,陶霖密. 新一代机器人:云脑机器人[J]. 科技导报,2015,33(23): 55-57.

[485]孙军,高彦彦. 产业结构演变的逻辑及其比较优势——基于传统产业升级与战略性新兴产业互动的视角[J]. 经济学动态,2012(07): 70-76.

[486]孙毅,罗穆雄. 美国智能制造的发展及启示[J]. 中国科学院院刊,2021,36(11):1316-1325.

[487]孙瑜,郑祖杰,圣冬冬,余岢,钦佩彦. 航天大型复杂结构件数控加工编程技术发展现状与趋势[J]. 工具技术,2021,55(6):13-17.

[488]孙远芳,段翠华,张培颖. 未来网络与网络操作系统发展综述[J]. 中国电子科学研究院学报,2017,12(06): 584-589.

[489]覃周展. 安徽省战略性新兴产业发展评价研究[J]. 北方经贸,2020(8):132-134.

[490]谭铁牛. 人工智能的创新发展与社会影响[J]. 中国人大,2019(3):36-43.

[491]汤双霞,徐赛. 协同创新模式下人工智能技术的应用与发展[J]. 现代信息科技,2019,3(23): 194-195+198.

[492]唐孝文,孙悦,唐晓彬. 中国高端装备制造业技术创新能力评价研究[J]. 科研管理,2021,42(9):1-9.

[493]唐雪芩. 德国促进中小企业数字化转型的动因与效果研究[D]. 广州:广东外语外贸大学,2018.

[494]唐志红,骆玲. 经济全球化时代国际产业博弈中的中美产业博弈[J]. 理论与改革,2005(01): 97-100.

[495]陶长琪,彭永樟. 经济集聚下技术创新强度对产业结构升级的空间效应分析[J]. 产业经济研究,2017(3):91-103.

[496]陶长琪,徐晔. 基于融合的信息产业结构的协同度研究[J]. 江西理工大学学报,2009,30(02): 1-5.

[497]万丛颖，徐健. 我国区域战略性新兴产业的发展评价[J]. 现代管理科学，2012(06)：82-84.
[498]万志远，戈鹏，张晓林，殷国富. 智能制造背景下装备制造业产业升级研究[J]. 世界科技研究与发展，2018，40(03)：316-327.
[499]汪向东. 行政效率低下的成因和提高行政效率的途径[J]. 人文杂志，2002(02)：144-147.
[500]王烽权，江积海，王若瑾. 人工智能如何重构商业模式匹配性？——新电商拼多多案例研究[J]. 外国经济与管理，2020，42(7)：48-63.
[501]王宏起，李佳，李玥. 基于平台的科技资源共享服务范式演进机理研究[J]. 中国软科学，2019(11)：153-165.
[502]王金杰. 我国信息化与工业化融合的机制与对策研究[D]. 天津：南开大学，2009.
[503]王缙. 湖南省战略性新兴产业与生产性服务业协同创新能力提升研究[D]. 株州：湖南工业大学，2018.
[504]王开科，吴国兵，章贵军. 数字经济发展改善了生产效率吗[J]. 经济学家，2020(10)：24-34.
[505]王玲玲，李芳林. 中国社会组织发展的社会经济效益量化测度与分析[J]. 统计与信息论坛，2017，32(3)：42-49.
[506]王茜. "互联网＋"促进我国消费升级的效应与机制[J]. 财经论丛，2016(12)：94-102.
[507]王雯殊. 人工智能相关研究及应用的演进模式分析：文献计量与主题建模视角[D]. 广州：华南理工大学，2019.
[508]王小平. 现代产业体系与服务业发展[M]. 北京：人民出版社，2011.
[509]王亚平. 以信息化带动工业化的发展[J]. 经济研究参考，2002(31)：30.
[510]王砚羽，苏欣，谢伟. 商业模式采纳与融合："人工智能＋"赋能下的零售企业多案例研究[J]. 管理评论，2019，31(7)：186-198.
[511]王毅，吴贵生. 以技术集成为基础的构架创新研究[J]. 中国软科学，2002(12)：67-71.
[512]王元. 我国高技术产业发展回顾与展望[J]. 科学新闻，2002(03)：35.
[513]王云飞. 基础前沿科学原始创新能力提升机制研究[J]. 科学管理研究，2018，36(5)：1-4.
[514]王蕴，黄卫挺. 当前消费形势与提高居民消费的对策建议[J]. 宏观经济管理，2013，(07)：12-14.

[515]王志标,刘冰冰.产业结构优化研究述评[J].社会科学动态,2017(10):24-29.
[516]魏礼群.坚持走新型工业化道路[J].求是,2002(23):17-20.
[517]文成林,吕菲亚.基于深度学习的故障诊断方法综述[J].电子与信息学报,2020,42(01):234-248.
[518]乌家培.推进企业信息化的思考[J].浙江经济,1999(10):14-15.
[519]邬晓燕.论技术范式更替与文明演进的关系——兼论以绿色技术范式引领生态文明建设[J].自然辩证法研究,2016,32(01):122-126.
[520]吴传清,周西一敏.长江经济带产业结构合理化、高度化和高效化研究[J].区域经济评论,2020(2):112-120.
[521]吴昊天.中国传媒产业发展研究[D].成都:西南财经大学,2014.
[522]吴吉义,李文娟,黄剑平,章剑林,陈德人.移动互联网研究综述[J].中国科学:信息科学,2015,45(01):45-69.
[523]吴明隆.问卷统计分析实务:SPSS 操作与应用[M].重庆:重庆大学出版社,2010.
[524]吴伟萍.信息化推动产业转型:作用机制与实证研究[J].广东社会科学,2008(03):52-58.
[525]吴晓波,张好雨.从二次创新到超越追赶:中国高技术企业创新能力的跃迁[J].社会科学战线,2018(10):85-90+2.
[526]吴正刚.基于能力的模块化企业群研究[D].南京:南京理工大学,2005.
[527]伍婷.农业与旅游产业融合模型及实证研究[D].桂林:广西师范大学,2014.
[528]武咸云,陈艳,杨卫华.战略性新兴产业的政府补贴与企业 R&D 投入[J].科研管理,2016,37(5):19-23.
[529]奚欣明.互联网经济对经济增长影响研究[D].南京:东南大学,2016.
[530]夏湾.制造业与互联网融合对制造业产业组织的影响研究[D].武汉:武汉理工大学,2019.
[531]夏云龙.我国战略性新兴产业发展模式研究[D].上海:上海交通大学,2011.
[532]肖迪.基于 AI 视角的媒介智能化发展研究[D].武汉:武汉大学,2018.
[533]肖文磊,曹宪,赵罡,夏明桢,邢宏文.面向数控加工的数字孪生系统[J].航空制造技术,2020,63(Z2):46-55.
[534]肖兴志,韩超,赵文霞,等.发展战略、产业升级与战略性新兴产业选择[J].财经问题研究,2010(8):40-47.

[535]肖艳.区域战略性新兴产业选择的评价指标体系及模型构建[J].社会科学战线,2012(10): 51-54.

[536]肖泽磊,李帮义,胡灿伟.基于综合区位熵指数的中国高技术产业科技资源布局研究[J].科学学与科学技术管理,2010,31(10):47-53.

[537]辛欣.文化产业与旅游产业融合研究:机理、路径与模式[D].郑州:河南大学,2013.

[538]熊广勤.战略性新兴产业发展的金融支持国际比较研究[J].现代管理科学,2012(1):89-91.

[539]熊勇清,李世才.战略性新兴产业与传统产业的良性互动发展——基于我国产业发展现状的分析与思考[J].科技进步与对策,2011,28(05):54-58.

[540]徐陶冶,姜学军.浅谈基于专家系统的人工智能在教育领域中的应用[J].科技信息,2011(11):55+31.

[541]徐伟杰,刘彦君.人工智能产业发展研究[A]2017年"电子技术应用"智能电网会议论文集[C].中国电力科学研究院有限公司、国网电投(北京)科技中心、《电子技术应用》杂志社,国网电投(北京)科技中心,2017: 4.

[542]徐耀勇,陈建逢.公安大数据应用思考[J].广东公安科技,2020,28(01):5-6+9.

[543]徐盈之,张瑞婕,孙文远.绿色技术创新、要素市场扭曲与产业结构升级[J].研究与发展管理,2021,33(6):75-86.

[544]徐宗本.数字化 网络化 智能化 把握新一代信息技术的聚焦点[J].网信军民融合,2019(03): 25-27.

[545]许士道,原小能.生产性服务业与制造业协同集聚促进产业融合了吗?——基于中国地区投入产出表的研究[J].南大商学评论,2021(2):22-38.

[546]许轶旻.信息技术范式的阶段性:理论与实证[J].情报科学,2013,31(10):113-118.

[547]许媛媛.安徽省战略性新兴产业与现代服务业融合发展研究[D].合肥:安徽财经大学,2015.

[548]严奇春,金生.知识创新视角下的产业融合分析[J].科技进步与对策,2013,30(3):55-59.

[549]杨华峰,申斌.装备制造业原始创新能力评价指标体系研究[J].工业技术经济,2007(11):85-89.

[550]杨京英,熊友达,何强,龚振炜."十一五"时期中国信息化发展指数(IDI)研究报告——中国信息化发展水平的国际比较与分析[J].中国信息界,

2011,(01): 67-74.

[551]杨俊.战略性新兴产业与优势传统产业融合发展形成主导产业的理论和选择研究[D].合肥:合肥工业大学,2013.

[552]杨文彩,易树平,丁婧,王海霞.制造业信息化环境下人-信息系统交互效率影响因素的因子分析[J].科研管理,2007,(06): 159-166.

[553]杨秀玉,乔翠霞.农业产业结构优化升级的空间差异性和收敛性[J].华南农业大学学报(社会科学版),2022,21(1):67-80.

[554]杨毅,向辉,张琳.人工智能赋能文化产业融合创新:技术实践与优化进路[J].福建论坛(人文社会科学版),2018(12):66-73.

[555]杨仲元,徐建刚,林蔚.基于复杂适应系统理论的旅游地空间演化模式——以皖南旅游区为例[J].地理学报,2016,71(06): 1059-1074.

[556]杨卓凡.我国产业数字化转型的模式、短板与对策[J].中国流通经济,2020,34(07): 60-67.

[557]姚媛.数字化、电子化、网络化和虚拟化名词的本质概念及应用[J].大学图书馆学报,2009,27(05): 13-17.

[558]姚战琪.产业数字化转型对消费升级和零售行业绩效的影响[J].哈尔滨工业大学学报(社会科学版),2021,23(4):143-151.

[559]姚铮,朱强.金融创新的技术共同体分析[J].科学学研究,2002(04): 445-448.

[560]叶初升."工业化、信息化与跨越式发展"全国研讨会综述[J].经济学动态,2001(10): 59-61.

[561]叶菁菁.中国居民消费升级水平的地区差异、分布动态及收敛性研究[J].经济问题探索,2021(4):12-26.

[562]尹西明,陈劲,贾宝余.高水平科技自立自强视角下国家战略科技力量的突出特征与强化路径[J].中国科技论坛,2021(9):1-9.

[563]游丽君.大数据背景下深化我国税收征管改革的研究[D].厦门:集美大学,2016.

[564]于刃刚,李玉江,麻卫华,等.产业融合论[M].北京:人民出版社,2006.

[565]于赛渊.财政补贴对企业社会经济效益影响的实证[J].统计与决策,2017(20):181-184.

[566]余冬筠,魏伟忠.工业化进程中信息产业对产业结构变动的作用[J].技术经济,2008,27(12): 87-92.

[567]袁利平,陈川南.美国教育人工智能战略新走向——基于《2019 年国家人

工智能研发战略计划》的解读[J]. 外国教育研究，2020，47(03)：63-78.
[568]袁野，汪书悦，陶于祥. 人工智能关键核心技术创新能力测度体系构建：基于创新生态系统视角[J]. 科技进步与对策，2021，38(18)：84-93.
[569]原长弘，章芬，高金燕. 产学研战略联盟与企业原始创新能力[J]. 研究与发展管理，2015，27(6)：29-39.
[570]岳中刚. 战略性新兴产业技术链与产业链协同发展研究[J]. 科学学与科学技术管理，2014(2)：154-161.
[571]张翱祥，邓荣荣. 中部六省碳排放效率与产业结构优化的耦合协调度及影响因素分析[J]. 生态经济，2021，37(3)：31-37.
[572]张彩江，覃婧，周宇亮. 技术扩散效应下产业集聚对区域创新的影响研究——基于两阶段价值链视角[J]. 科学学与科学技术管理，2017，38(12)：124-132.
[573]张翠菊，张宗益. 中国省域产业结构升级影响因素的空间计量分析[J]. 统计研究，2015，32(10)：32-37.
[574]张贵，周立群. 产业集成化：产业组织结构演进新趋势[J]. 中国工业经济，2005(7)：36-42.
[575]张华. 循环经济的技术范式与技术创新[J]. 西南民族大学学报(人文社科版)，2007(09)：113-117.
[576]张辉，陈海龙，刘鹏. 智能时代信息通用技术创新微观动力机制分析——基于沃尔玛信息技术演化的纵向案例研究[J]. 科研管理，2021，42(06)：32-40.
[577]张季平，骆温平. 基于云物流平台的技术与服务模式协同创新耦合机理研究[J]. 大连理工大学学报(社会科学版)，2019，40(03)：24-32.
[578]张丽. 模糊信息下战略性新兴产业评价模型构建及应用[J]. 统计与决策，2015(10)：81-83.
[579]张梦霞，郭希璇，李雨花. 海外高端消费回流对中国数字化和智能化产业升级的作用机制研究[J]. 世界经济研究，2020(1)：107-120+137.
[580]张其仔，李颢. 中国产业升级机会的甄别[J]. 中国工业经济，2013(05)：44-56.
[581]张倩男. 战略性新兴产业与传统产业耦合发展研究——基于广东省电子信息产业与纺织业的实证分析[J]. 科技进步与对策，2013，30(12)：63-66.
[582]张秦晋. 区域信息化与工业化融合问题研究[D]. 南京：南京理工大学，2015.
[583]张庆龙，邢春玉，芮柏松，崔楠. 新一代内部审计：数字化与智能化[J]. 审计

研究,2020(05):113-121.
[584]张省,周燕.人工智能环境下知识管理模式构建[J].情报理论与实践,2019,42(10):57-62.
[585]张炜.集成高校科技创新能力 促进区域经济发展科技进步[J].中国高等教育,2004(11):23-25.
[586]张新新,刘华东.出版+人工智能:未来出版的新模式与新形态——以《新一代人工智能发展规划》为视角[J].科技与出版,2017(12):38-43.
[587]张兴旺,赵乐,葛梦兰.人工智能时代数字图书馆智能化人机交互技术分析——以古代南海海图数字图书馆为例[J].图书与情报,2018(05):56-64.
[588]张学文,陈劲,田华.基于产品架构与组织能力匹配的内生性创新战略——以日本信息家电企业为例[J].技术经济,2017,36(10):9-13+122.
[589]张艳芳.财产保险公司绩效考核方案的设计与应用研究[D].济南:山东大学,2015.
[590]张银银,邓玲.创新驱动传统产业向战略性新兴产业转型升级:机理与路径[J].经济体制改革,2013(5):97-101.
[591]张永强.分布式平台下数据追踪与调控工具的设计与实现[D].武汉:华中科技大学,2014.
[592]张玉林,陈剑.企业信息化战略规划的一种新的分析框架模型[J].管理科学学报,2005(04):88-98.
[593]张治栋,朱国庆.战略性新兴产业与传统产业互动发展研究——基于产业演变的视角[J].科技管理研究,2015,35(10):144-147+154.
[594]张治河,潘晶晶,李鹏.战略性新兴产业创新能力评价、演化及规律探索[J].科研管理,2015,36(03):1-12.
[595]赵东.数字化生存下的历史文化资源保护与开发研究[D].济南:山东大学,2014.
[596]赵福全,刘宗巍,史天泽.中国制造2025与工业4.0对比解析及中国汽车产业应对策略[J].科技进步与对策,2017,34(14):85-91.
[597]赵林霞.信息化与工业化融合的理论及实践探索[D].南京:南京理工大学,2012.
[598]赵敏,朱铎先.中国工业互联网:高歌猛进为哪般?[J].卫星与网络,2020,(11):34-42.
[599]赵瑞霞,刘友金,胡黎明.基于行为生态学的企业集群规模研究[J].求索,2005(2):29-31.

[600]赵玉林,魏芳.基于熵指数和行业集中度的我国高技术产业集聚度研究[J].科学学与科学技术管理,2008 (11):122-126+180.
[601]赵振,彭毫."互联网+"跨界经营——基于价值创造的理论构建[J].科研管理,2018,39(09): 121-133.
[602]郑建明,王育红,张庆锋.中国社会信息化进程测度报告[J].情报科学,2000,(10):865-870.
[603]郑明高.产业融合发展研究[D].北京:北京交通大学,2010.
[604]郑明珍.人类社会生存发展的新概念:数字化[J].党政干部文摘,2000(08): 14.
[605]郑雨,沈春林.技术范式的结构与意义[J].南京航空航天大学学报(社会科学版),1999(01): 66-70.
[606]植草益.信息通讯业的产业融合[J].中国工业经济,2001(2):24-27.
[607]钟若愚.产业融合:深圳服务业发展的现实路径选择[J].深圳大学学报:人文社会科学版,2007(1):33-37.
[608]钟义信.信息化:现代生产力的呼唤——兼评现代通信技术[J].电子展望与决策,1995(02): 14-17.
[609]周鹏翔,史宝娟.河北省战略性新兴产业评价与优选[J].华北理工大学学报(社会科学版),2016,16(4):41-48.
[610]周绍东.战略性新兴产业技术创新研究综述[J].科技进步与对策,2012,29(16): 156-160.
[611]周涛,周亚萍,郭宇晨.装配式建筑产业链多维度阐释及其供应链自主可控力影响因素测评[J].建筑科学与工程学报,2022,39(4):192 203.
[612]周毅彪.江苏提升产业基础能力的实践与思考[J].现代管理科学,2021(7):3-8.
[613]周章伟,陈凤桂,张虹鸥,陈莉.2009 年广东省土地利用社会经济效益与生态环境效益协调发展研究[J].地域研究与开发,2011,30(6):116-120+135.
[614]周振华.产业融合中的市场结构及其行为方式分析[J].中国工业经济,2004(2):11-19.
[615]朱洪波,尹浩.基于"3S"模式的物联网科技产业创新发展策略[J].物联网学报,2017,1(02): 1-16.
[616]朱孔来.创新、自主创新、自主创新能力相关理论研究[J].山东工商学院学报,2008(05): 1-7+11.
[617]朱孟晓,胡小玲.我国居民消费升级与消费倾向变动关系研究——基于升级、支出与收入的动态关系[J].当代财经,2009(04): 17-21.

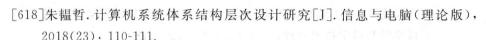

[618]朱韫哲. 计算机系统体系结构层次设计研究[J]. 信息与电脑(理论版)，2018(23)：110-111.
[619]左鹏飞. 信息化推动中国产业结构转型升级研究[D]. 北京：北京邮电大学，2017.630.

调查问卷

尊敬的女士/先生：

非常感谢您在百忙之中抽出时间填写这份问卷，本问卷旨在研究智能化融合战略性新兴产业的内在机理，为推动战略性新兴产业高质量发展提供对策建议。您的回答对我们的研究非常重要，我们真诚希望您能够根据自己的真实看法和实际经验来回答相关问题，协助我们完成这一课题研究。本问卷为匿名调查，所含内容不会涉及您的个人隐私及贵公司商业机密，问卷调查结果仅供科研使用，不会对任何人以任何形式公开，烦请您客观如实填写。

真诚感谢您的支持与合作，祝您工作顺利，事业通达！

浙江工业大学管理学院

第一部分　公司及个人背景资料

A1. 公司位于浙江省______市

(1)杭州市　(2)宁波市　(3)温州市　(4)绍兴市　(5)台州市　(6)其他城市

A2. 公司成立年限：

(1)5 年以下　(2)5～10 年　(3)10 年以上

A3. 公司员工规模：

(1)100 人以下　(2)100～500 人　(3)500 人以上

A4. 您的工作职位：

(1)高层管理人员　(2)中层管理人员　(3)基础技术人员

A5. 您的工作时间：

(1)1 年以下　(2)1～5 年　(3)5 年以上

A6. 公司近三年年均销售额为：

(1)500 万～1000 万元 (2)1000 万～1 亿元 (3)1 亿～2 亿元 (4)2 亿元以上

A7. 公司主营业务所在行业领域：

(1)新一代信息技术产业 (2)高端装备制造业 (3)新材料产业 (4)生物医药产业 (5)新能源汽车产业 (6)新能源产业 (7)节能环保产业 (8)数字创意产业

(9)相关服务业 (10)其他产业________(请填写)

第二部分 正式问卷

注意：以下题项中的"融合"代指"智能化与战略性新兴产业触合"，"产业"代指"本企业所处战略性新兴产业"。此外，为了您顺利准确填写问卷，请您仔细阅读以下关于本问卷中的主要术语解释，这对确保问卷质量非常重要。

(1)共性技术：一种能够在多个行业或领域广泛应用。甚至引领行业或领域发展的关键技术，如 5G 技术、物联网、人工智能、大数据和云计算等。

(2)技术体系：企业内各种技术相互作用、相互联系，按照一定方式或结构组成的技术集合体。

(3)创新网络：企业与其他相关行为主体(如供应商、客户、同业竞争者以及科研机构、中介机构、行业协会、金融机构和政府职能部门)之间通过技术合作、商务交易或信息沟通等合作交流形式，形成的关系集合。

(一)智能化融合战略性新兴产业驱动因素

B1：企业驱动因素

		不同意←——→同意
企业驱动因素	B11 本企业高管具备较高的战略洞察能力	1 2 3 4 5
	B12 本企业高管的思维认知与时俱进	1 2 3 4 5
	B13 本企业技术研发涉及行业共性技术	1 2 3 4 5
	B14 本企业技术体系持续升级	1 2 3 4 5
	B15 本企业产品生产已实现模块化分工	1 2 3 4 5
	B16 本企业已对创新资源进行整合	1 2 3 4 5

B2:产业驱动因素

以下题目中1～5分值表示您对该题项表述内容的赞同程度,请您在相应的数值上打√(1代表非常不同意,2代表不同意,3代表中立,4代表比较同意,5代表非常同意)

		不同意←——→同意
产业驱动因素	B21 本企业所在消费市场扩大,消费需求趋于个性化定制化	1 2 3 4 5
	B22 产业人力、物质和资金等要素供给持续增加	1 2 3 4 5
	B23 产业已实现数据有效治理(如数据资产盘点和清洗重组)	1 2 3 4 5
	B24 产业已实现数据有效监管(如数据中心运营和数据系统维护等)	1 2 3 4 5
	B25 产业已制定多项标准(如产品服务标准和生产运营模式标准等)	1 2 3 4 5
	B26 产业已建立资源共享平台	1 2 3 4 5

B3:环境驱动因素

以下题目中1～5分值表示您对该题项表述内容的赞同程度,请您在相应的数值上打√(1代表非常不同意,2代表不同意,3代表中立,4代表比较同意,5代表非常同意)

		不同意←——→同意
环境驱动因素	B31 政府已出台推动融合的相关激励政策	1 2 3 4 5
	B32 政府已撤除阻碍融合的相关管制规定	1 2 3 4 5
	B33 专利技术、信息资源等知识资产能够在产业间自由传播	1 2 3 4 5
	B34 资本市场已为融合提供支撑(如投融资补贴和税收优惠等)	1 2 3 4 5
	B35 创新网络规模持续扩大,各主体联系紧密	1 2 3 4 5
	B36 智能化融合已成为网络内成员的共识	1 2 3 4 5

(二)智能化融合战略性新兴产业作用路径

C1:产业架构融合

以下题目中1～5分值表示您对该题项表述内容的赞同程度,请您在相应的数值上打√(1代表非常不同意,2代表不同意,3代表中立,4代表同意,5代表非常同意)

		不同意←——→同意
产业架构融合	C11 智能化已融于产业软件系统和硬件设备等基础结构	1 2 3 4 5
	C12 智能化已融于产业关键核心技术	1 2 3 4 5
	C13 智能化已融于产业各应用场景(如AI+安防)	1 2 3 4 5

C2:产业活动融合

以下题目中1～5分值表示您对该题项表述内容的赞同程度,请您在相应的数值上打√(1代表非常不同意,2代表不同意,3代表中立,4代表同意,5代表非常同意)

		不同意←——→同意
产业活动融合	C21 智能化已融于产业研发活动(如调研情况预判、虚拟化产品设计和模拟试制评鉴等)	1 2 3 4 5
	C22 智能化已融于产业生产活动(如生产柔性调度、过程动态控制和智能监测维护等)	1 2 3 4 5
	C23 智能化已融于产业采供活动(如需求精准预测、库存高效管理和运输路线灵活设计等)	1 2 3 4 5
	C24 智能化已融于产业营销活动(如市场精准细分、用户个性化体验和客户关系敏感洞察等)	1 2 3 4 5

C3:产业要素融合

以下题目中1～5分值表示您对该题项表述内容的赞同程度,请您在相应的数值上打√(1代表非常不同意,2代表不同意,3代表中立,4代表同意,5代表非常同意)

		不同意←——→同意
产业要素融合	C31 智能化已融于产业数据要素(如数据挖掘、决策多源和集成管理等)	1 2 3 4 5
	C32 智能化已融于产业人力要素(如智能招聘、交互学习和劳力管理等)	1 2 3 4 5
	C33 智能化已融于产业知识要素(如知识动态获取、实时共享和开放应用等)	1 2 3 4 5
	C34 智能化已融于产业网络要素(如网络运行调度、安全维护和参数优化等)	1 2 3 4 5
	C35 智能化已融于产业资金要素(如智能筹措、财务营运和智能投顾等)	1 2 3 4 5

(二)智能化融合战略性新兴产业成效评估

D1:原始创新能力

以下题目中 1～5 分值表示您对该题项表述内容的赞同程度,请您在相应的数值上打√(1 代表非常不同意,2 代表不同意,3 代表中立,4 代表同意,5 代表非常同意)

		不同意←——→同意
原始创新能力	D11 本企业技术引进和成果转化能力持续增强	1 2 3 4 5
	D12 本企业原创产品的投入产出率持续提升	1 2 3 4 5
	D13 本企业基础组件、基础工艺、基础材料和基础软件等持续升级	1 2 3 4 5

D2:产业结构调整

以下题目中 1～5 分值表示您对该题项表述内容的赞同程度,请您在相应的数值上打√(1 代表非常不同意,2 代表不同意,3 代表中立,4 代表同意,5 代表非常同意)

		不同意←——→同意
产业结构调整	D21 产业服务化水平全方位提升	1 2 3 4 5
	D22 产业聚合与协同程度全方位增强	1 2 3 4 5
	D23 产业生产效率和资源配置效率全方位提升	1 2 3 4 5

D3：三链整体效能

以下题目中1～5分值表示您对该题项表述内容的赞同程度，请您在相应的数值上打√（1代表非常不同意，2代表不同意，3代表中立，4代表同意，5代表非常同意）

		不同意←——→同意
三链整体效能	D31 产业链已实现空间均衡发展、多产业共同主导，以及关键环节自主可控	1 2 3 4 5
	D32 产业供应链已实现多环节跨企业分工协作，关键环节自主可控	1 2 3 4 5
	D33 产业创新链已实现基础研究、应用研究和试验开发等环节整体协同	1 2 3 4 5

D4：社会经济效益

以下题目中1～5分值表示您对该题项表述内容的赞同程度，请您在相应的数值上打√（1代表非常不同意，2代表不同意，3代表中立，4代表同意，5代表非常同意）

		不同意←——→同意
社会经济效益	D41 社会生态环境效益不断提升	1 2 3 4 5
	D42 居民消费层次不断升级	1 2 3 4 5
	D43 社会经济综合效益不断提升	1 2 3 4 5

请您检查一下是否有漏选某个问题，再次谢谢您的合作，祝您工作愉快！

图书在版编目（CIP）数据

智能化融合战略性新兴产业的内在机理与推进机制研究 / 郑胜华等著. -- 杭州：浙江大学出版社，2024.6. -- ISBN 978-7-308-25167-9

Ⅰ. F269.24

中国版本图书馆 CIP 数据核字第 20240Z3R13 号

智能化融合战略性新兴产业的内在机理与推进机制研究

郑胜华　倪金美　章佳丽　王世杰　著

责任编辑　傅百荣
责任校对　徐素君
封面设计　周　灵
出版发行　浙江大学出版社
（杭州市天目山路 148 号　邮政编码 310007）
（网址：http://www.zjupress.com）
排　　版　杭州隆盛图文制作有限公司
印　　刷　浙江新华数码印务有限公司
开　　本　710mm×1000mm　1/16
印　　张　20
字　　数　370 千
版 印 次　2024 年 6 月第 1 版　2024 年 6 月第 1 次印刷
书　　号　ISBN 978-7-308-25167-9
定　　价　88.00 元